JN302327

リチャード・A・エプステイン著
松浦好治監訳

公用収用の理論：

公法私法二分論の克服と統合

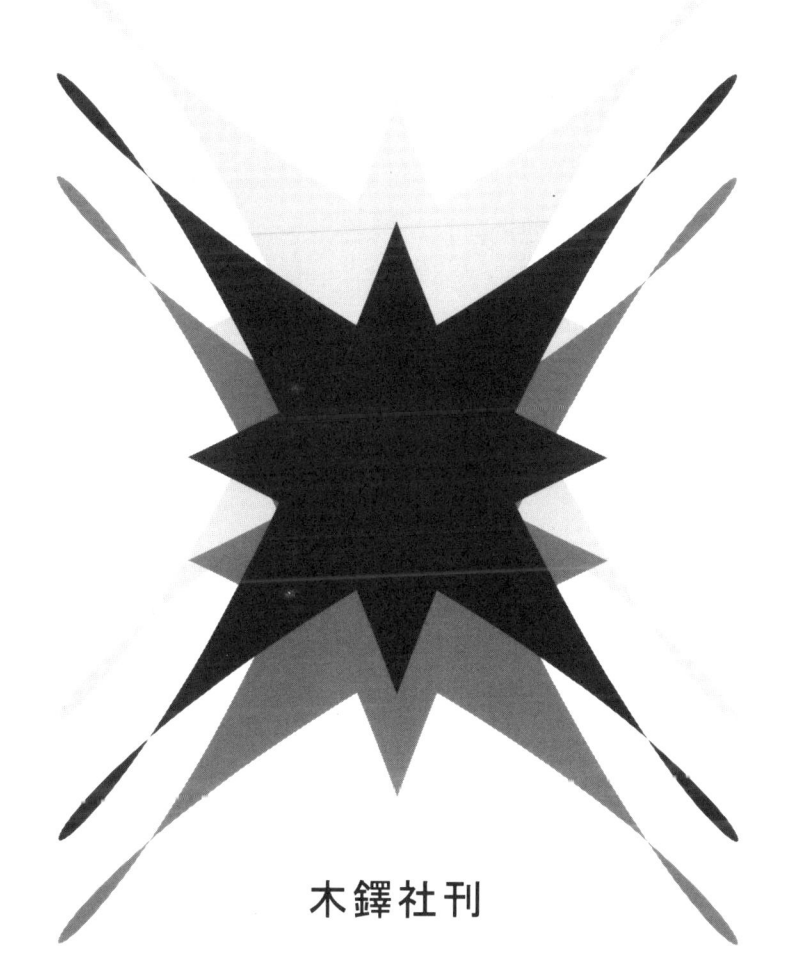

木鐸社刊

目次　3

緒言　7

第Ⅰ部　哲学的予備考察

第1章　2つのパイをめぐる物語　15
第2章　ホッブズの人間観とロックの世界像　19
第3章　憲法正文の全体的な調和　34
　　　　憲法解釈の重責　34
　　　　意味の曖昧さ　35
　　　　憲法は変遷するか？　40
　　　　憲法における諸々の価値　41
　　　　歴史的資料　42
　　　　司法の自己抑制と司法積極主義　46
　　　　考察すべき問題　48

第Ⅱ部　収用と推定されるもの

第4章　収用と不法行為　53
　　　　利得と損失　54
　　　　私有財産の破壊　55
　　　　責任の基礎　57
　　　　近接因果関係　65
　　　　結果損害　69
第5章　部分収用：所有権の一体性　78
　　　　諸権利の保存　78
　　　　所有権の一体性　80
第6章　占有と使用　85
　　　　占有　85
　　　　使用　88
　　　　占有と使用：水域権　89
第7章　処分権と契約　97
　　　　将来的な利便に対する干渉　97

　　　　　売却権行使の禁止　98
　　　　　不動産賃借権の更新　99
　　　　　営業権　102
　　　　　不実表示による収用　109
　　　　　契約権に対する干渉　110
第8章　多数からの収用：賠償責任ルール，行政規則，課税　　117
　　　　　特定個人からの収用から不特定多数からの収用へ　117
　　　　　コモン・ロー上の賠償責任ルール　120
　　　　　課税　123
　　　　　規制　125

第III部　収用の正当化根拠

第9章　ポリス・パワー：その目的　　133
　　　　　国家権力に固有な諸権限　133
　　　　　収用の射程を制限する法理　134
　　　　　ニューサンス規制の理由づけ　137
　　　　　私的ニューサンスから環境保護へ　145
第10章　ポリス・パワー：行使の手段　　153
　　　　　手段の吟味：不確実性と2つの誤謬　153
　　　　　運用　156
第11章　同意と危険の引受　　174
　　　　　同意　174
　　　　　危険の引受　179

第IV部　公共の用と正当な補償

第12章　公共の用　　191
　　　　　公共の用条項の黄昏　191
　　　　　公共の用と社会的増加価値の分割　192
　　　　　公共の用と公共財　195
　　　　　公共の用のための私的な収用　198

第13章	明示の補償	214
	補償の基準：取得費用ではなく市場価値　214	
	家賃規制　217	
	代替的開発権　219	
	開発権の中間収用　222	
	不適合土地利用の解消に関する法　224	
第14章	黙示の現物補償	229
	明示の補償が不要な場合　229	
	完全な知識とパレート原理　232	
	経済理論：未分割共有資源のプールの内と外　235	
	取引の連結　242	
	一般化，平等保護，代表　244	
第15章	財産と未分割共有資源のプール	253
	未分割共有資源のプール：先占　253	
第16章	不法行為	269
	ニューサンス　269	
	責任に関する一般ルール　279	
	訴訟への制限　284	
	労働者災害補償法　287	
	遡及立法　297	
第17章	規制	310
	土地利用規制　310	
	料金，価格，賃金規制　321	
第18章	課税	333
	特別課税　335	
	棚ぼた利益税　338	
	州の採掘税その他　342	
	所得税：累進性　343	
	遺産税および贈与税　351	

第19章　無償給付と福祉受給権　　　　　　　　　　　　359
　　　　無償給付と福祉受給権　359
　　　　社会を白紙に戻すとして　360
　　　　社会の現状を踏まえて　379

結論　哲学的含意　　　　　　　　　　　　　　　　　391
　　　要約　391
　　　理論的競争相手　393

監訳者解説　　　　　　　　　　　　　　　　　　　　414

判例索引　　　　　　　　　　　　　　　　　　　　　419

事項索引　　　　　　　　　　　　　　　　　　　　　423

緒言

　1968年に初めて教壇に立って以来，私の主たる関心対象はコモン・ローであり，その歴史的展開と論理構造とに目を向けてきた。憲法は私にとって専門外であった。それにもかかわらず，本書は，所有権と経済的自由を規律する現代憲法の根本的な前提に挑戦しようとするものである。この計画には危険が伴っているので，なぜ私があえてそのようなことをしようとするのかを説明しておきたい。

　コモン・ロー，つまり不動産法・契約法・不法行為法について思索を巡らす場合，誰でも尋ねたくなるのは，それらの法には安定した知的統一性があるのかということである。私は，あると考えている。財産法が規律するのは，外界に存在する物に対する権利さらには自分自身に対する権利の取得である。不法行為法が規律するのは，私的に所有される物の保護である。契約法は，そのようにして取得され，保護されている権利の移転を規律する。取得・保護・移転というこの三位一体によって，人と人との間の法的関係すべてがカヴァーされる。古典的なコモン・ローの法的な成果に整合性と力を与えるのは，この普遍性にほかならないのである。

　当初，私は，このような連関は私法に限定されると考えていた。政治理論は当然として，公法でさえもコモン・ローシステムを組織立てることに関する私の思索に居場所をもってはいなかった。しかし，これらの領域の研究を続ける中で，私は，公法と私法という区別は理論的にも実践的にも消滅するという確信をもつにいたった。

　その点の説明を財産法から始めよう。取得に関する一般原則は，無主物先占のルールである。一見したところでは，そこでは1人の人と1つの物だけが問題であり，それは私的な行為であるように見える。しかし，考えてみればすぐ分かるように，この見方は明らかに誤りである。先占のルールは，先占した人に対世的な権利つま

り世界に対して主張できる権利を与えるものだと言われているから，その行為自体は私的なもののように見えようとも，その法的効果についての言明は，所有権がその根底においては社会的な観念であることを明らかにしている。

　不法行為法においても事情は同様である。因果関係の理論は，AがBを殴ったというような単純な事件から出発するかもしれない。その段階では，これ以上に私的に見える行為はないであろう。しかし，われわれがそれを両当事者関係として見るようになるのは，Bには身体損害について訴える権利があるという決定をわれわれが下してからのことなのである。権利があるのはBであって，B以外の人であってはなぜいけないのか。すべての人に対してBを殴打することを差し控え，彼のものを取り上げてはならないと求める義務の源は何なのであろうか。そう考えると，不法行為法の根底には対世的な効力をもつ所有権の理論が横たわっているのが分かる。つまり，不法行為法もまた所有権に関する社会的な観念を前提にしているのである。

　最後に契約法についていえば，Dに対するCの約束は2人の間の私的な行為のように見える。しかし，どうしてCとDは相互に契約関係に入る資格をもっているのかということを尋ねるならば，それに対する回答は，彼らが合意を形成することについて干渉してはならない義務を回りの世界が負っているからだという前提から引き出されてくる。名誉棄損と将来的な利益に対する干渉という不法行為が生まれたのはこうした理由からである。CがDと契約を結ぶ権利は，両者の間の契約から獲得されるものではない。それは，対世的な効力をもった所有権の始源的な束の一部に間違いなく含まれているものなのである。ここでもまた，権原に関する集団的な承認がコモン・ローの根底に存在している。

　財産法・不法行為法・契約法に関するこれらのコモン・ローのルールは，たんなる社会的な抽象物以上のものを表現している。それらはわれわれの法文化の基盤ではあるが，自動的に実施されるものではない。さらにそこには，それらを実施するための費用に関する問題がある。財産法，不法行為法，契約法の法理を検討する場合，取引交渉と法を遵守させる費用はゼロかそれに近いものと想定して検討を始めるのが便宜である。このような強い前提を置くと，われわれは法理を個人の自律の原理を中心として組織立て，事件ごとに事情に応じた正義を実現するという徳を賛美しがちになる。このような要素は，19世紀の法思考に顕著に認められるが，その法思考は，2当事者間の訴訟と相対的に小さな取引費用を通常念頭に置いていたのである。力点はどこでも個人の自己決定と同意に置かれたが，それは各人を取りま

く権利の輪郭についての社会的承認に基づいていたのである。

　しかしながら，初期コモン・ローの事件においてさえ，このシステムに問題があることは明らかであった。取引費用はつねに小さいわけではなかったから，事情に応じた正義の追求がいつでも可能であったわけではなかった。自律は社会秩序にとって不可欠なものであったが，たとえば，緊急事態においては，医者が人事不省に陥った患者を治療するための余地が認められなければならなかった。同様に，人が自分の生命を守るために他人の財産を取り上げたり，使用する場合には，財産所有者の意思に反する交換の強制が認められた。溺れかけている人が自分のボートを他人のドックに係留することは認められたが，その人は，それによって発生させた損害について賠償義務を負う可能性があった。ニューサンス法では，交換の強制が多く見られるが，それは多くの利害関係人の間で相互に有利な取引を実現することが困難だからであった。もっと一般的にいえば，ある取引が仮に行われたならばすべての人の利得になる場合であっても，取引の費用が手に入る利得以上である場合には，自発的な取引は行われない。それが隣り合う土地の所有者の間の関係に当てはまることは，それはもっと大規模な社会秩序における関係について妥当するように思われる。

　そうなれば，私法の研究は，自律原理の効用と限界に関する詳細な分析によって大きく影響を受けることになる。それに止まらず，コモン・ローにかかわるこの問題は，そのまま個人の自律を侵害する国家の活動についてもまた問われるのである。公用収用法は，私的所有権に対する社会的な制約を他の何よりも具体的に表現するものである。そのことは，「正当な補償なしに，私有財産を公共の用のために収用されることはない」と規定する合衆国憲法の公用収用条項の法文から明らかである。コモン・ロー上の不法な行為のカタログのどこを見ても，われわれは他人の私有財産を取り上げるというテーマを見てとることができるし，それは今や公用収用条項の中で捉えることのできるテーマとなっている。この条項の射程範囲は，人間が考えつくことのできるあらゆる収用形態を包摂するほど広い。しかし，どの場合についても，公用収用条項は個人の自律の要求が日常生活に広く見られる軋轢によって制約されざるを得ないことを認識している。この条項は，緊急性に関する法やニューサンス法においてみられる交換の強制を憲法レベルで正当化しているのである。自律は，失われたものと同等のものを提供することによって保護されるべきものだとしても，それは絶対的に保護されるものではないのである。

公用収用条項の適用範囲については，内在的制約は何もない。単純な事件からより複雑なものに考察を移すに従って，われわれは私法から公法への連続線上を動いていく。その連続線上において，2当事者間の紛争と200万人の間の紛争との間にはっきりした断絶は存在しない。私法と公法とはもはや別々の領域に区分されるものではない。現代的な見解によれば，私法は急速に公法の中に解消されていくものとされる。しかし，私の見解はその全く逆である。システムを意味あるものとするためには，われわれは私法を用いて「正体を明らかにし」なければならない。公法のルール群が意味をもつのは，私法的な用語で理解可能な命題にそれらが「還元される」場合に限られるのである。個人から成る集団についての命題は，個人についての命題として解釈できるものでなければならない。2当事者間の取引行為は，原子のような基本単位であって，そこから国家の複雑な構造が組み立てられるものなのである。

　と，だいたいこのように私は考えていた。しかし，判例法には，それとは非常に異なるストーリーが見られる。憲法とは，連邦最高裁判所の宣言するところの法であるが，その判決を若干検討しただけで，法の私的側面と公的側面との間にはっきりとした断絶のあることは明らかである。事件が起こるたびに繰り返し繰り返し，連邦最高裁判所は，国家的コントロールは私的所有権と両立可能であるという判決を下してきた。今日，国家はそれが代表する人々の権利の上位に立つことができる。というのは，国家にはそれが便益を提供すべき対象である人々から派生しえないような新しい権利を主張することが許されているからである。かつては私有財産が政府の権力に対する防御壁として捉えられたことがあったかもしれないが，現在では必要があると主張さえすれば，その防御壁は簡単に破られてしまうものになっている。最高裁判所の判決が部分的収用，因果関係，ポリス・パワー，危険の引受，比例原理に反する負担賦課の有無について語っているのは適切なことである。これらの大きなテーマについては，それぞれコモン・ローに対応する部分があり，しかもそのどれもが包括的な公用収用理論にとって不可欠の要素を成している。しかし，音色自体は同じでありながら，メロディは同じではない。なぜなら，最高裁判所は，これらの法観念を私法の研究者には理解できないような仕方で結び合わせて，現行法下で，私的所有権制度が現代福祉国家に特徴的な政府活動の規模と方向についてほとんど何の制約も課さないようにしているからである。

　本書は，本来の憲法構想と国家権力の拡大との間の対立を主題としている。一般

的なレベルにおける本書の主張は，限られた政府権力と私的所有権から成るシステムは，ニュー・ディールの大規模な改革やそれに先行あるいは後続した改革を許すほど弾力的なものではなかったという点にある。私が主張しようとするのは，憲法の公用収用条項とそれに並行する条項は，20世紀の先駆けとなった改革や制度の多く，たとえば土地利用規制・家賃統制・労働者災害補償法・所得移転給付・累進税などを根拠の薄いものあるいは違憲の疑いのあるにするということである。政府が考案したこれらの制度は原理的に見て存続可能であるとしても，それはしばしば縮減され，限定された形態になる筈である。

私の当初の意図は，私法と公法との間，成立時の憲法構造と現在のそれとの間に見られる明らかな緊張関係を指摘する短い論文を書くことであった。私は，話の範囲を判例だけに限定できるだろうと考えていた。しかし，理論的な要請があまりに強かったために，この研究はいっそう展開することとなった。1つの問題を解決するとすぐに次の問題がでてきたのである。つまり，もしすべての税・すべての規制・財産法・不法行為法・契約法に関するコモン・ローのルールのいかなる変更も公用収用であるとすると，政府は一体どのようにして機能することができるのであろうかというわけである。無数の批判と反証例に駆り立てられて，本来は小論文であった筈のものが徐々に書物に成長していった。私は，問題を論じ尽くしたというつもりはないが，私自身の分析のやり方の骨子の概要は示すことができたと願いたい。

本書を執筆する作業は，8年近くに及び，本来の構想は一度ならず大小の点において変更された。1978年の冬，私は，行動科学高等研究センターのフェローとして本書の執筆作業を開始した。その後の何年かの間に私は本書の部分をブリガムヤング大学，クレアモント・カレッジズ，ノースウェスタン・ロー・スクール，サンディエゴ大学ロー・スクール，ワバッシュ・カレッジ，イェール・ロー・スクールにおける講義やセミナーで公表した。私の研究は，シカゴ大学の法と経済学プログラムから支援され，1983年の秋には教育問題研究所（the Institute of Educational Affairs）から研究助成を受けた。

私は，多くの友人や同僚のコメントから非常に多くのものを得た。ラリー・アレクサンダー，ダグラス・ベアード，デヴィッド・キューリ，フランク・イースタブルック，ランス・リーブマン，フランク・マイクルマン，ジェフリ・ミラー，ダニエル・ルービンフェルド，キャロル・ローズ，ジェフリ・ストーン，カス・サンスティンは，皆，草稿について幅広い，しかも示唆に富む批判を加えてくださった。

それらに対して私は応答しようと努めた。私はまた，ブルース・アッカーマン，ランディ・バーネット，ゲイリー・ベッカー，メアリ・ベッカー，ウォルタ・ブラム，ジェームズ・カプア，ジェルハード・キャスパ，ロバート・クータ，ロバート・エリックソン，ドナルド・エリオット，デニス・ハッチソン，ジョン・ラングバイン，リチャード・ポーズナ，ジョセフ・サックス，アラン・シュウォーツとの会話から多くを学んだ。シカゴ大学の数期にわたる学生諸君の中からは研究調査について熱心なアシスタントを得た。アラン・バン・ダイクの仕事に対しては，イリノイ州法曹会の助成金が充てられたが，彼は本書の初期草稿について無限の時間をそそぎ込んで下さった。ラッセル・コックスは，本書の最終的な推敲段階でダイクと同様の仕事をして下さった。私はまた，シャロン・エプステイン，ロス・グリーン，マシュー・ハメル，ジャネット・ヘドリック，マーク・ホームズ，メリッサ・ナチマン，ジュディ・ローズから受けた優れた補助作業について感謝したい。スーザン・キャロル・ワイスは，本書の初期草稿について次々となされる修正を繰り返しタイプして下さった。ハーヴァード・ユニヴァーシティ・プレスのペグ・アンダースンは，最終原稿を厳しい眼とたしかなタッチできちんと仕上げてくださった。最後に，本書を出版にまで導いて下さったハーヴァード・ユニヴァーシティ・プレスのマイケル・アーロンスンに格別の謝意を表したい。

第Ⅰ部

哲学的予備考察

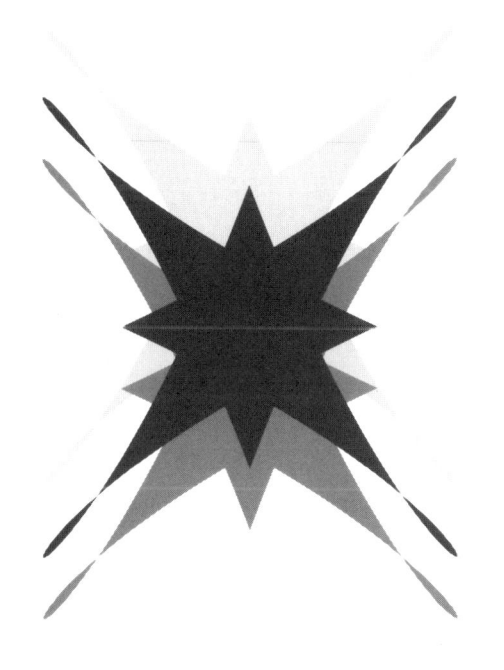

第1章　2つのパイをめぐる物語

　本書は，個人と国家の適切な関係とはどのようなものかに関し広い範囲にわたって考察を行うものである。本書では，この問題を検討するために，特殊な道具立てを用いる。それは，合衆国憲法の公用収用条項である。この条項は「正当な補償なしに，私有財産を公共の用のために収用されることはない」と規定している。本書では，考察を重ねていく中で，憲法の他の規定についても同様に検討する。公用収用条項が呈示する問題は，政治上の責務と組織に関わるものである。なぜ国家は形成されねばならないのか。国家は，国家が統治も代表もする個々の市民に対しいかなる要求を行うことができるのか。こうした問題を最も単純な形で呈示するなら，パイを2つ描けばよい。（次の図を参照。）

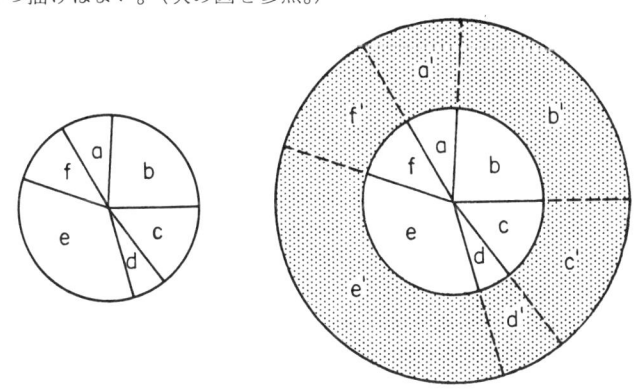

　左側のパイは，政府による効果的なコントロールが行われていない世界の状態を示している。aからfの各個人には，（自然権思想の伝統にのっとり）一定の個人的

権利が賦与されている。しかし，それら権利の価値は自然状態だと小さい。なぜなら，なかには，他の人が当然の権利として有しているものを絶えず収奪しようとする個人がいるからである。このように不確かで油断のならない状況だと計画を立てて行動することが難しく，そのため個人は自らの才能と外界の財を活用して成果を上げることができない。統治の問題は，労働と財産についての自然権をどのような形で保障し，その価値を増大させるために政治権力をどのように用いればよいか，ということである。ところで，この政治権力というのは，ロック(Locke)の定義によると，「財産を規制し保護するために，死刑，そして当然にそれ以下のあらゆる刑罰を伴う法を作る権利であり，またそうした法を執行し，諸外国による侵害から自国を防衛するために共同体の力を使用する権利であり，こうしたことはすべて公共の利益のためにのみ行うことができる」のである。

右側の大きい方のパイは，政治的組織が存在することにより得られる利益を表わしている。網かけで示されたドーナツ部分全体は，新たに得られた社会的総利益を示しており，破線で分けられた各部分は，社会の各個人が分前として受け取ることのできる利益を表わしている。ここにおいて，政治権力の行使に対し，暗黙のうちに課される規範的な制限がある。それは，政治権力の行使は，社会集団の構成員間でそれぞれに割り振られている権原を，社会秩序の形成とその現実の運用のいずれにおいても，守るものでなければならないということである。政府の行為が正当化されるのは必ず，社会が小さい方のパイから大きい方のパイに移行する場合に限られる。

この2つのパイの図を使えば，国家の起源と公用収用条項の適用結果の両方に関係するすべての要素を確定することができる。左側のパイを分割している境界線は，私的権利が国家により保護される限度を示している。つまり，それは正当な補償なしには収用することのできない私有財産を表わしている。私的権利を保護するという目的を達成するために，ポリス・パワーが最高権力者に与えられ，それは図のように定められた境界を越える私的侵害を防ぐために用いられねばならない。かくして，いかなる国家もこのような本来的な権力をもつにいたる。ただし，その権力は，それが行使される目的とその目的を実現するために選択される手段の点で制限を受けねばならない。さらに，国家の形成と運営は諸々の資源を個人の私的な手から公共の手に移すことを求める。すなわち，私有財産は，公共の用に供されねばならないのである。とはいえ，国家が公共のために収用をなしうる権力を有することにな

るのは，国家が運営上必要な資源を自由意思による寄附や交換によっては得られないと思われるからである。もし，収入と権力がこれら寄附や交換によって充分に得られるのであれば，通常の市場システムで解決できない問題を国家が引き起こすことはないであろう。しかし，国家との間の交換は自由意思によっては起こらないため，強制によって行わざるをえない。それゆえ，交換を行わせるための条件を規制することがきわめて重要となってくる。正当な補償という要件は，国家が各人に，収用したものとおよそ等価値のものを提供することを保障するものである。つまり，右側のパイの扇形 a は左のパイの扇形 a と等しくなければならず，b 以下もそのようでなくてはならない。次に，公共の用の要件は強制的権力の行使の制限に関わる。それは，国家の活動により得られたいかなる増加分——先の図の網かけで表わされたドーナツ部分——も個人が当初持っていてその後収用された部分の大きさに応じて個人に分配されねばならない，という制約である。したがって，公共の活動から得られたいかなる利益も個人だけに帰属すべきものであって，そうした利益の何 1 つ市民を超越した存在である国家に残されてはならないのである。

　基本的に統治システム全体が前提にしているのは，自然状態では私的権利の体系に関し 2 つだけ欠点があるということである。まず 1 つは，私人間で生じる侵害行為を防ぐことができないということである。これは，ポリス・パワーがあれば適切に対応することができる。もう 1 つは，自由意思による取引だけでは，そうした私的な侵害と闘うのに必要な中央集権的な権力が発生しないということである。取引費用，ゴネ得，フリーライダーといった，ほとんど解決しがたい問題が，きわめて多数の個人の行動が組織されねばならない場合には生じる。この問題に対する適切な対応は，権力を行使して，代償を与えた上で，公共の用に役立てるため強制的に交換を行わせることである。こうした問題を収用により解決するというやり方を検討することで，どのように政府を組織すれば，侵害と公共財の提供という一対の問題を克服することができるのかが分かる。国家の発生を促す問題は，もっぱらこの 2 つであるがゆえに，これらの問題は国家が物理的力を独占しうる限界を画定することになる。そしてまた，国家の形成を正当化する理論は，国家が果たすべき適切な目的とは何かを確定するものでもあるのである。

　2 つのパイの単純な構造による説明が前提としているのは，われわれには，何が個人の権利と見なされるか，そしてそれら権利を守るためになぜ政府が必要とされるのかについてきわめて明瞭に理解できているということである。かくして，私が

考察を行う場であり，また公用収用条項自体が結びついている政治的伝統は，「自然権」理論に依拠するものである。この理論は個人の権利が神より与えられたものであることを前提とせず，私が信ずるに，個人の権利についてのリバタリアニズム的正当化とも功利主義的正当化とも整合的なものである。これらの正当化は，適切に理解するなら，およそいくつかのきわめて重要な主張に収斂する。どのような相違点があるにせよ，その核心において自然権理論はすべて，私有財産と個人の自由は国家の創造物にすぎないという考え方を否定する。国家の方こそ，とてつもない権力を与えられた同輩でしかない，と考えるのである。したがって，自然権理論は，私有財産と個人の自由は国家の創造物にすぎないという主張とは全く逆の主張を行う。つまり，国家の目的は自由と財産を保護することである。なぜなら，自由と財産という観念は国家の形成とは独立して，かつそれに先行して理解されるべきものだからである。国家が恩恵的に保護すると決めたことのみを理由とするのでは，いかなる権利の正当化も規範的な意味でなされたことにはならない。個人の自由についてよく挙げられる例を示そう。殺人が悪しき行為だからこそ，国家は殺人を禁止しなければならないのであって，国家が殺人を禁止しているから，殺人が悪しき行為となるのではないのである。同じことは財産権についても言える。侵害が悪しき行為なのは国家が禁止しているからではなく，個人が私有財産を所有しているからである。それゆえ，重要な局面ごとに個別のルール——典型的には，取得・保護・処分のルール——によって，いかにして財産は取得されるか，そしてその取得によりどのような権利が発生するかが明確に定められている。これらルールのいずれも，権原の存在を国家の存在に依拠させたりはしない。そもそも国家とは，私的な権原の理論に基礎づけられた権利と義務を実現する存在でしかないのである。

1　John Locke, *Of Civil Government*, ch. 1, ¶ 3 (1690).

第2章　ホッブズの人間観とロックの世界像

　絶対君主権力の擁護者であるホッブズ（Hobbes）をわが合衆国の憲法秩序を築いた父祖の1人と見るのは奇妙なことに思われるかもしれない。しかし，ホッブズは，どのような人間の本性を基礎として立憲政治体制が成り立っているかについて説明を与えてくれるのである。ホッブズの説明では，人類が完全無欠であるなどという幻想は抱きようもないものであって，利己的な個人が利己的に行動するだけで，世界にはそうした個人の欲求・情念・野心を抑えるようないかなる外在的権威も存在しないということが繰り返し強調される。このような世界で唯一ありうる「権利」とは自己保存の権利であり，したがって個人は誰しも近隣の者に対して侵害行為をなすか，あるいは自衛行動をとることを余儀なくされるかのいずれかである。このような状況における生は「孤独で，貧しく，険悪で，野蛮なうえに，短い」のである。自然状態とは「万人の，万人に対する」戦争状態のことである。統治機構が組織されていなければ，人間のおかれた状態は不確かで不安定であり，そのため個人の人格の発展も，芸術と文化の発達も，そして知識と知恵の習得もなしえないのである。

　このような状況を前提にして，ホッブズは政治理論にとって中心的な，次のような問題を立てた。それは，どうすれば人は，自然状態に遍在する危難から逃れ，代わりに相当程度の人的安全と社会的秩序を手に入れることができるのか，という問題である。ホッブズが考え出した答は単純にして劇的である。秩序を手にする代償として，自由と財産を絶対的な最高権力者に譲り渡せというものである。人間の強欲と利己心のために，自然状態での自由よりも全面的な服従が好ましいものとなり，

それゆえ，すべての良識ある人は最高権力者に服従しなければならない。中庸を得ようとする立場は，それを押し潰そうとするさまざまな圧力に耐えられないのであり，統治に制限を設けようとするいかなる理論も成立しえない。権力のコントロールはただ1人の人物に委ねられねばならず，いかなる個人も最高権力者の命令に反する形で，正・不正について個人的判断を下すことはありえないのである。[4]

わが合衆国連邦憲法は，ホッブズ流のこのような乱暴な考え方を認めてはいない。しかし，連邦憲法にも，私有財産とわれわれの統治システムの関係を理解するうえで重要な要素が2つ含まれている。1つは，抑制なき利己心がもたらす危機についてホッブズ流の説明がなされていることである。この利己心は，隣人を隣人と敵対させ，公共善に反させる原因となるものである。もう1つは，（仮説的なものであるにしても）包括的な契約——ホッブズは「誓約（covenant）」という語を好んだが——という考え方を採るよう暗に求めている点である。この包括的な契約により，人は安全を手に入れる代わりに自由と財産を差し出すのである。ホッブズの考え出した契約概念は単純であり，それがもつ魅力的な特徴は，すべての契約当事者は最高権力者による支配がない自然状態よりも最高権力者に支配されたほうが良い生を営めるようになる，という点である。かくして，ホッブズの呈示する論拠には，国家の形成に関して功利主義的な正当化が暗に含まれている。これを今度は馴染みのあるパレートの定式で言い換えるなら，自然状態から市民社会へ移行することにより誰もがより良い生を送ることができるが，けっして誰の生も悪くなることはない，ということである。

しかしながら，ホッブズの社会構想に数々の難点があるのもまた明白である。この社会制度に参画することになる個人はかつてよりはいくぶんよい生を営めるものの，やはり最高権力者が絶大なる勝者なのである。主権者たる君主についてウェーバー（Weber）が行った著名な説明は——それはまずはホッブズにおいて，つづいてロックにおいても暗に示されているものだが——，ディレンマの原因がどこにあるのかを明らかにしている。つまり，君主は「一定の領域内で物理力の正統な行使の独占を要求する」のである。[5] 物理力のこのような合法的独占者は，行動をなんら束縛されていないその他の独占者同様の振舞いをするものである。このような独占者は法律やルールを作って，政治的連合から得られる利益の大半を収奪し，政治的連合体の構成員各人には，静かにじっとしていたいという最低限の意欲しか許そうとはしないであろう。自然状態における個人の幸福の総計が100で，社会が組織され

ている場合にそれが150になるとしたら，君主は増益分の50のすべてとまではいかなくともその大半をわが物とすることができよう。ことによると君主も自制するかもしれない。というのも，君主（最高権力者）は，個々の市民がどれくらいの保護を得られれば権利を譲り渡してもよいと考えるものか分からないし，また革命を恐れるからである。しかし，増益分の収奪が制約されることがあるのはただ，思慮深い判断がなされるからであって，規範的判断によるのではない。したがって，ホッブズ流の解決策は，政治秩序はいかにして形成されうるのかという問題に答を与えることはできるが，報償の公正な分配はいかにして可能かという問題は無視することになるのである。

　近代立憲理論の発展は，ホッブズの議論に対する応答と見るときわめてよく理解できる。ホッブズが与えた解答は拒否されたものの，彼が立てた問題の定式化のほうは反発を招かなかった。つづいて，ロックの所論に話を移しても，ホッブズの説明に見られた2つの要素は，そこにおける議論を方向づけている。第一に，個人の利己心と強欲に関するホッブズの説明は，いかにして秩序を作ることができるのかという問題に答える必要があることをはっきりと示している。たしかに，ロックは，個人は自然状態において他者と平穏に仲良く暮らしており，それは「理性」[6]の力によってコントロールされていたからだと主張した。しかし，正常な時についてこのように楽観しているからといって，ロックが，政府がないと個人は他者と戦争状態に陥り，力によって力を制しなければならなくなる[7]というありふれた真実に気がついていなかったわけではない。このように侵害を受ける危険があり，したがって自衛権の価値が不確かであったからこそ，良識ある個人は自然状態から市民社会へと移る気になったのである。なにしろ，市民社会では，権力に対する中央集権的なコントロールによって，私的紛争を最終的に解決することが可能であり，しかもそれは個人の偏見や悪意に囚われない公平な場において行われるからである。つまり，自然状態から市民社会への移行を余儀なくさせたものは，樽の中の腐ったリンゴ[8]なのである。ロックによると，「腐敗と悪徳にまみれた下劣な人間がいなければ，別の共同体を求める必要はなかったであろう。人がこの大きな自然の共同体と別れを告げて，いくつものより小さな結合体を作る必要などなかったのである。」[9]このような言い方で，ロックは，いかなる人間も卑しい本能的衝動に駆られるものであるというホッブズの人間観には異議を申し立てた。とはいえ，ホッブズの残した遺産は，次のような認識の中に引き継がれている。すなわち，それは，相当な数の人間が悪

しき振舞いをするために市民社会を作ることが社会の他の構成員を保護するのに緊要になるということである。

　ホッブズの議論の中でその後に生き残った第二の要素は，自然状態から市民社会へ移行することを理由づけるために社会契約説の論理を用いた点である。ロックはホッブズの立論形式はそのまま受け容れ，個人が君主権力を受け容れるためになした契約の内容だけを変えようとしたのである。ホッブズ流の解決は本質的には，すべての個人が協定を結んで，直接的な自衛の場合以外はたがいに対する実力の行使を放棄しあうようにするというものであった。これとは対照的に，ロックは第三の道（tertium quid）を求めた。すなわち，一群の制度的協定を締結することで，個人が社会的無秩序に伴う不安定さと危険から逃れることができ，かつ最高権力者に個人としての権利の何もかもを譲り渡してしまわずにすむ方法である。もっと現代風に言うと，ロックが創出しようと努めたのは，正当な力の使用を独占するにもかかわらず，けっしてそこから独占利潤を得ようとはせずに善き秩序を維持しようとするような最高権力者だったのである。したがって，彼の市民政府論が説明しなければならなかったのは，人々が連合することから得られる余剰利益を，最高権力者にではなく，かように統治されている市民らの手に渡しながらも，統治機構を作ることはいかにして可能かということであった。ふたたび前に述べた単純な例を持ちだすと，自然状態での幸福の総計が100で，市民社会ではそれが150になるとするなら，統治における課題は，その増加分のうち，国家統治上必要な分を除いたすべてを連合体の個々の構成員が保持できるよう保障することである。最高権力者に絶対権力を認めるような制度的協定を構想することは容易だが，一方，このような中庸を得た状態を達成することはそれよりはるかに困難である。そのようなことをロックはいかにして達成したのであろうか。

　まず最初に，ロックは強調に強調を重ねて，財産を獲得し保持する権利をも含め，個人の自然権は最高権力者から与えられたものではなく，人類共通の贈り物であると主張した。ロックの労働価値説そのものの問題点は，その出発点が次のような想定にあるところにある。つまり，聖書を引用して，「神は……『地を人の子に与えたまえり』とあるように，地は共有物として人類に与えられたのである」としていることである。始源状態についてのこの主張は，ロックにとって少なからぬ困難を引き起こした。というのは，彼は当時，共有財産たる土地を個人が他人の同意なしに，どうして彼がかくも信奉する私的所有権の対象とすることができるのかを説明する

ことにかなり苦慮していたからである。ロックの解答は，個人の財産取得に関する単純な方法に依拠することであった。すなわち，個人には，最初に自らが占有することになったものを保持することが許されるということである。ロックが立てた原則は，（ロックの時代には相当程度に確立していた）コモン・ロー上の一般的ルールにうまく馴染むものであった。そのルールは，外界の事物が人類によって共有されていることを否定し，誰の所有にも帰していない物の所有権は，その物を最初に占有した者に認めるというものであった。

　ロックの考えによれば，無主物先占のルールが有効に機能するのは，2つの異なる理由からである。1つには，才能と労働は共有されておらず，各人がそれぞれ個人的に所有しているということである。「大地と人間以下のすべての被造物はすべての人々の共有物であるが，しかし，すべての人間は誰もがそれぞれ自分自身の身体についての財産権を有している。これについては本人以外の誰もいかなる権利も有していない。」もう1つには，労働が財産と混合されたとき，その混合物の価値の99％は労働に由来するということである。まるで共有物の意義は無視できるかのようであり，それはほとんど法は些事に関せず（*de minimis*〔*non curat lex*〕）の法理によって正当化されているように見える。

　にもかかわらず，まさしくロックの見解によれば，財産権に対してある一定の制限がその共同所有権を根拠として課されることになるのである。ロックが述べているところでは，労働によって外界の事物を取得することが可能になるが，それは外界の事物が「少なくとも共有物として他人にも充分かつ豊富に残されている場合」に限られる。また，別のところでは次のように述べている。財産の取得は有効利用のためになされねばならず，単なる浪費のためであってはならない。ロックは，こうした条件をつけたからといって，どのような形態での私有財産の取得も妨げられることはないと考えていた。しかし，同時にロックは，ある人が共有財産の何もかもすべてを取ってしまうならば，それは必然的に他者を完全に排除することになり，それは義務違反に当たると考えていたのである。とはいえ，ロックは，このように厳格な意味での制限とは言えないような制限を財産取得に関わる個人の権利に課しているが，その際，物についての財産権を認めることで，所有せざる者にもある利益がもたらされることを無視していた。つまり，財産権がはっきり確定されると，所有せざる者は（依然，自身の労働力を所有してはいるが）交換により利益を得る機会が増大することになるのである。無主物先占の世界では遅れてやって来た者に

はもはや失われているものが，通商の世界では，原始共有物から何も取得していない者の状況改善のために用意されているのである。

　もし，ロックが私有財産についての正当化に関し神授的な発想をとらずに，始源状態についてのコモン・ローの伝統的理解を採用していたなら，きっと適切な見解をもつにいたったことであろう。すなわち，個人は各自労働力を所有しており，この世界にある外界の事物は先占者がそのものを取得するまでは誰によっても所有されていない，という見解である。原初的な共同所有権など想定しなくても，無主物先占のルールはまだ所有されていないものが所有されることになる場合に限定して用いることができる。無主物先占のルールは必ずしも，共同所有権を排除する一方で個人の私的所有権を創出するわけではない。しかしながら，財産の取得に関するロックの説明に見られる短所の数々も，彼の説明がもつ政治的意義を決定的なまでに減ずることはない。それらが示しているのはせいぜい，ロックが行った私的所有権についての正当化は，本当なら彼がなしえたであろうほど確かなものとならなかったということぐらいである。にもかかわらず，ロックは，自身の議論が果たした主要な使命は私有財産制度を労働価値説によって正当化したことである，と信じていた。実際，始源状態についての彼の説明を修正して，原初的な共同所有に関する議論の痕跡を一切取り除けば，彼の見解が適切なものとなるのはなおのこと疑いない。政治理論上の諸問題については，ロックが犯したミスは後代に悪影響を残すことはなかった。だが，憲法理論上の諸問題にとって重大だったのは，ロックが自身の説明で私的所有権を正当化できたと思ったことであり，そして彼に追従した者たちも同様に考えたことである。ロックが見解をもっと慎重に表現していれば，彼の議論に見られる短所は回避できる性質のものであるなどというのは，全くの的外れである。

　ロックの議論における第二のポイントは，国家を組織するのにすべての自然権を最高権力者に譲り渡す必要はないということである。最高権力者はもはや余剰利益を握っていない。その代わりにロックが提案する統治システムでは，統治により得られた純益が人民一般に委ねられている。そこで中心的要素を成しているのは，代表による統治に関する理論と，国家という「最高権力」による私有財産の収奪に対する禁止である。

　ロックは立法府について次のように記している。

　　「第一に，それ［立法府］は，人民の生命と財産に対し絶対的なまでに恣意

的な存在ではないし，またそのような存在でありえない。立法府とは，社会の全構成員の権力が1つにまとめられ，立法者たる個人ないし集会に委ねられたものである。それゆえ，立法府は，社会に移行する以前に人々が自然状態においてもっていて，そして共同体に委ねることにした当のものでしかない。というのは，誰も自分がもっている以上の権力を他人に譲渡することなどできないし，また誰も自分自身や他人に対して，自分自身の生命を絶ったり，他人の生命や財産を奪ったりできるような絶対的に恣意的な権力などもっていないからである。」[16]

　この見解は，本書における今後の分析を支える柱の1つを成すものである。とりあえず略述しておくと，国家の諸権利は，国家がいかなる所定の行為をする場合においてもそれが代表している個々人にのみ由来するということである。コモン・ローにおけるそれに類した法格言は，*Nemo dat quod non habet*――誰も自身が持っていないものを他人に譲渡することはできない――である。ロックの見解によれば，国家それ自体は，主権者として，その統治に従う人々に対する新たなもしくは独立の権利を創り出すわけではない。神より与えられし国王の権利のような，自然状態における個人間の権利義務に関する通常のルールを一時的に効力停止にできる権利などはない。最高権力者には，権利を創出できるようないかなる絶対的権力もない。国家は，国家意思を表明しさえすれば何かを獲得できるわけではなく，国家の要求については自身が保護している個人の権利の観点から正当化しなければならない。つまり，「国家たるもの，独断（*ipse dixit*）によって，私有財産をなんの補償も無く公有財産にしてはならない……。」[17] 個人間の関係についての私的な権利は，それゆえ，市民社会が形成された後ですら，できるかぎり保護されるのであり，それが制限されるのは，内外の安寧を維持するためのみである。というのも，そのためにこそ政治権力が必要とされているからである。かくして，最高権力者にまつわる神秘的要素は消え失せ，最高権力者はいかなる場合も，権力を主張するにはそれを正当化しなければならないのである。国家と個人の間での行為は，したがって，私人間の行為として理解することができ，そのうち最高権力者の地位をもっている者もいれば，そうでない者もいるにすぎないのである。

　国家の地位を私人間関係から類推するというやり方は，国家と個人の間の基本的な関係を明らかにする。会社法はしばしば，会社とその個々の株主との間の行為（たとえば，会社による株の買戻し）を分析する際に持ち出されるが，それはそもそも，

個々の株主間の行為の分析に使われているものである。会社とその株主との間のいかなる行為も必ず株主間の一群の行為に分解できるということを認識するのは、きわめて重要である。いかなる独立の権利義務も会社そのものに帰属したりしない。当然のことながら、権利義務を担うのは個人なのである。会社を経営している者たちが自分たちの行為を正当化できるのは、国家を運営している者たちと同じく、彼らが代表する株主たちから得られた権利に基づいている場合のみである。団体そのものも、それが株主から成るものであれ市民から成るものであれ、もちろん理論上重要ではあるが、あらゆる点において団体の権利は個人の権利に依拠している。いかなる団体も、その各部分の総計よりも多くの権利をもってはいないのである。

ロックがなした第二の主要な貢献は、統治の全体構造の中で私有財産に決定的に重要な役割を与えたことである。私有財産は、個人が国家の支配圏外で維持することのできる財の総体を表わしている。公的な支配の外に一定の価値あるものを置くことによって、ロックはホッブズの呈示した難題に暗黙の解答を与えた。彼は、最高権力者による支配がもはや独占利潤を生まないようにするためのルールの概略を示してみせたのである。それは、国家は、統治上必要なもの——つまり、統治のための費用——を手に入れることはできるが、それ以上のものを得ることは一切できない、というものである。

「最高権力といえども、同意を得ずして、誰からもその財産のどの部分も奪うことはできない。財産の保全こそが統治の目的であり、そのためにこそ人々が自然状態から市民社会に移行するのであるがゆえに、人々が財産を有することは当然に想定され、要求されるのである。そのような想定と要求が認められないなら、人々は社会に移行することによって、社会に移行するそもそもの目的であったものを失うと考えなければならなくなる。それでは、あまりにも不合理であり、そんなことは誰も是認しえないであろう。」[18]

しかしながら、ここで、統治に関するロックの説明には、とりわけ同意についての扱い方には、重大なアンビヴァレンスが見受けられる。国家形成の説明として現実の同意を持ち出すことはできない。というのも、あまりに当事者が多すぎて、そのような契約が締結されることは現実には起こりえないからである。現代風に言うなら、一群の市場の失敗が遍在するがゆえに、国家は、自然人たちの間で結ばれる一群の現実の契約によっては成立しえないのである。ロック自身はこの目に見えて明らかな困難をはっきりと分かっていた。それを回避すべく、彼は黙示の同意とい

う考え方を持ち出した。「いかなる国家の領土のどの部分であれそれを所有ないし享受している者は誰しも，そのことによってまさに黙示の同意を行っているのであり，それを享受している間は，その国家の下にあるすべての人と同様に，その国家の法に従わねばならないのである。」[19]

このロックの考察は，上述の代表による統治の理論と高度の緊張関係にある。黙示の同意が現実の同意でないなら，代表による統治の理論は自身が行った宣伝通りの役割を果たすことができない。というのも，国家は，明確には被統治者の同意に由来していない権力を行使しなければならなくなるからである。しかしながら，ロックは，どのような立憲的統治の理論であれいかにすれば明示の同意を根拠とせずに済ますことができるのかについてはなんの説明も与えなかった。黙示の同意についての彼の説明には欠陥がある。というのも，その説明は，同意（一連の行動などから実際に存在したことが黙示される同意）の観念を，国家による保護という利益を受けた見返りとして拘束されるという観念へと言葉上すり替えているからである。しかし，見返り利益という考え方は契約理論よりも，与えられた利益を扱う原状回復理論あるいは法律家風に言えば準契約理論にむしろ関わっている。準契約は，通常の契約理念とのつながりと隔たりの両方を示すものである。この難点にもかかわらず，ロックの見解は，強制的徴収を行う場合には，黙示の同意を根拠としてそれを正当化しなければならないという制限を最高権力者の権利に間違いなく課している。そのような制限がないと，黙示の同意はやがては深刻な事態を招くことになる。つまり，ロックの描いた制度では立法者の手に引き渡さないことが望ましいとされている余剰利益のうち不当なまでに多い分前を立法者に与えることになってしまうのである。[20]

ロックの構想を実現可能なものとするのに必要なのは，契約に基づく拘束を根拠づけるものとしての黙示の同意という考えを放棄することである。そして，その代わりに，最高権力者と個人の間における強制的交換に関する明快で厳密な理論を打ち立て，それによって力の独占と，自由と財産の保護の両方を説明できるようにすることである。個人の防護壁はもはや，自身の財産が絶対的に保護されるというところにではなく，今や，個人が自身の財産の一部でも奪われることがあったなら，その個人は国家から（すなわち，それを奪った者たちから）それと等価のないしはそれ以上の利益を，その交換の不可欠の一部として，必ず提供されるのでなくてはならないというところに求められる。それゆえ，財産は黙示の同意なくして奪われ

てはならないという定言命令は，財産は正当な補償が与えられるならば奪われることも許されるという規定に書き換えられなければならない。かくして，ロックが描いた，自然状態から市民社会への移行の図式に，収用の定式における2つの要素が取り入れられることとなる。個人が譲り渡さなければならないのは，実力行使をする権利であり，その対価として得られるのは，より高度な形態での公的な保護である。そこには，契約などなく，ただ，誰もが以前よりも良い生活を送れるようにするために行われる強制的交換のネットワークだけが広がっているのである。

公用収用条項に含まれる公共という語はまた，ロックの一般的な構想と合致している。ロックの定義によると，政治権力とは公共の福祉のためにのみ行使することのできる権力である。もっとも，この表現についてロックはその著作のなかでしかと分析しているわけではない。それでも，ロックが公共の福祉という問題についてはっきりと言及することで保障しようと努力したのは，政治的連合体の形成により生み出される余剰はもっぱら（あるいは，その大部分さえ）最高権力を授けられた特定の者たちの利益となるものではないということである。憲法構造において暗示されている，私用のための収用と公共のための収用の対比は，まさしく次のように内部構造化されたものであることが明らかとなるであろう。すなわち，政府により私有財産を収用されたすべての当事者は，得られた利益をそれぞれ収用された割合に応じて配分されるよう保障されるようになっている，ということである。[22]

公用収用条項上のポリス・パワーに対する制限もまた，ロックの図式によく適合する。統治の主要な目的は，領土内において平和と秩序を維持することであり，したがって，私有財産に対する収用の禁止を解釈して，政府が，自身の存在を正当化している当の使命を果たせないようにしてしまうことはできないであろう。もし，私人に自己防衛の権利があるなら，自然権を失ったことに対する補償を私人から求められる政府にもそれと同じような権能がなくてはならない。したがって，権力行使の目的と，それを達成するために用いられるであろう手段は，この基本図式に適合的なものでなくてはならないのであり，19世紀にポリス・パワーについて綿密な説明が行われたことから分かるように，最高権力についての構想を論理的に一貫したものにすることが統治機構の構造全体にとって決定的に重要な意味をもっているのである。[23]

合衆国憲法が採択された時代においては，ロック理論が支配的であった。ロックの国家論は，ブラックストン（Blackstone）の『釈義』（*Commentaries*）でも採用

されているし，外敵からの財産の保護は，当時の政治思想において繰返し取り上げられた中心的なテーマであった。私有財産の保護は，憲法の当初の枠組における中心的目標であったけれども，合衆国憲法は，拡大された公用収用条項のような形にはなっていない。実のところ，憲法にざっと目を通せば明らかとなるように，個人の権利の明示的な保護は，当初の憲法の構想においては小さな役割しか果たしていなかったのであり，また公用収用条項はその構想の本来的部分を成していなかった。当時の基本的な憲法構想は，統治機構の抑制を間接的なやり方で表現しようとしている。憲法の最初の数条は統治機構の各部について定めている。議会は第1条で，執行府は第2条で，司法府は第3条で取り上げられている。そして，その後につづいて，選挙の方法と，各種の権力を与えられた公務員の権限についての定めが置かれている。いたるところで窺えるのだが，憲法上の重要関心事は，権力が少数の手に集中するのを防ぐことなのである。公務員の選定に関する複雑な規定が企図していたのは，選挙民が皆いちどきに1つの意思を表明できないようにすることで人民主権が孕む危険を小さくすることであった。上院議員は任期6年で，各州の立法府によって選出される。下院議員は上院よりも定員数がはるかに多く，2年ごと選挙が行われる。大統領は任期4年であり，間接選挙で大統領選挙人団により選ばれるが，このような制度が作られたのはまさしく上述の目的のためであった。

　同様に，連邦権力の管轄権に対し限界を設けたのは，一定の圏域を集団統治の対象外として画定することによって，最高権力者の権力を制限しようとする一層の努力の現れであった。連邦権力は無限定なものではなく，個別に限定列挙されており，それゆえ，連邦権力が及ぶのはおおよそロック流の公共の福祉の対象となるものに限られるのである。すなわち，陸軍・海軍・郵便，さらには，それらよりもはるかに広がりをもった商取引である。そして，チェック・アンド・バランス，あるいは権力分立のシステムは，政府に認められている権力の行使をなおいっそう容易には行わせないようにしている。この考え方のヒントを与えたのはロックであり，彼は，理由を挙げて立法府を行政府から分離している。しかし，この考え方自体は，モンテスキュー（Montesquieu）の『法の精神』におけるこの上なく有名で影響力のあった表現を受け継いだものである。『法の精神』では，「権力の分立」という語が作り出され，その原則が正当化された。そのような体制では，力には力を対置することで，個人の自由に対する保障が強化される。権力を濫用したいという衝動があるかぎり，権力を分割して，互いに抑制しあうようにしておかなければならないのであ

る。合衆国憲法では，そこで，この目的を達成するために，特殊な手段を生み出した。つまり，大統領は立法府に対し拒否権を有するが，議会は再可決により拒否権を覆すことができる。また，司法は独立しているが，大統領に裁判官の指名権があり，議会にはその指名に対する承認権がある。議会には宣戦布告をする権限があるものの，最高司令官は大統領である。とはいえ，軍に対する支出の権限は議会にあるのである。

これらの点に関するかぎり，憲法は個人の実質的保護ということについて一言も語っていない。実のところ，憲法の当初の枠組内では，多数に及ぶ手続的な保護と権限分割による保護が，ある実質的な目的を果たしてくれるものと考えられていたのである。そして，その目的とは，もちろん，私有財産の保護であり，ロックが統治の目的と考えた「生命・身体・財産」の保護であった。手続的な保護は間接的な保障であって，それは，国家に対し，自身が保護することを目指すべき財産権を侵害するような法律を成立させないようにするものであった。ハミルトン(Hamilton)は次のように記した。「憲法は，それ自体で，あらゆる合理的な意味における，そしてあらゆる有益な目的のための，権利の章典である。[28]」

このような背景を知れば，今や，権利章典が憲法の当初の枠組にどれほど適合的なものであるか理解することができる。権利章典はまさしく統治の目的そのものであり，それら権利を保護するために，連邦権限の制限・間接選挙制・権力分立という体制が作り上げられているのである。しかし，ここで，連邦主義という厳然たる事実の存在が政治理論の応用を複雑にしている。というのも，権利章典は本来，連邦政府に対する制限として機能するものであって，州の権力を制限するものではないからである。この点については，明瞭かつ正当な見解を，マーシャル(Marshall)連邦最高裁判所裁判官が，Barron v. Baltimore 事件の全員一致の判決で述べている[29]。州の権力に対する制限は，実務上は，州との関係で個人に与えられる特別な保護を連邦憲法の中に取り込むというやり方でなされているのであり，公用収用条項もその保護の1つである[30]。本書は政治理論と憲法理論を融合させたものであるがゆえに，筆者は現行法を前提とし，公用収用条項は州の行為にも連邦の行為にも適用できるものとして扱う。そうすることは，ロックの基本的な構想に適っており，それは，公用収用条項がなんらかの形ですべての州憲法に取り入れられていることにも表れているのである。

1 このような見方についての言及があるのは，Walter Berns, "Judicial Review and the Rights and Laws of Nature", *1982 Sup. Ct. Rev.* 49, 62-63.
2 Thomas Hobbes, *Leviathan*, ch. 13 (1651).
3 Id.
4 この点をとくに強調しているのは，Berns, supra note 1, at 62.
5 Max Weber, "Politics as a Vocation", in *From Max Weber: Essays in Sociology* 78 (H. H. Gerth & C. Wright Mills ed., trans., Galaxy ed. 1958) を参照。ウェーバーはこの自身の定義を「人間共同体」を修飾する形で述べており，したがってそれはホッブズの絶対制の構想にはあまり適合的でない。
6 John Locke, *Of Civil Government*, ¶ 19 (1690).
7 Id. at ¶ 21.
8 Id. at ¶ 125.「第二に，自然状態においてはすべての諍いを，確立した法にしたがって判定する権威を有する周知の公平無私な裁判官が存在しない。」
9 Id. at ¶ 128. 文脈からいって明らかなように，より小さな結合体というのは，個々の市民社会のことである。
10 たとえば，ホッブズの第二の法は，「人は，平和のため，そして自分自身の防衛のために必要と思われる限りで，他の人々も同様に考えているようなら，進んで，万物に対するかの権利を放棄すべきである。そして，自分が他の人々に対してもつ自由について，人は，他の人々が自分に対してもつことを認めるのと同程度のもので満足すべきである。」Hobbes, supra note 2, at ch. 14. バーンズは適切にもこの一節を次のように言い換えている。「誰も『実力をふるって侵害行為に及んだり，他人の生命を奪おうとする』者たちに対して抵抗する権利を放棄しなくてもよいということを別とすれば，自然の法は人々に対し，たがいに誓約しあうことにより自然の諸権利を相互に放棄することを要求する。」Berns, supra note 1, at 59.
11 Locke, supra note 6, at ch. 5.
12 Id. at ¶ 27.
13 Id. at ¶ 27;¶ 40.
14 Id. at ¶ 27.
15 より詳細な論述については，Richard A. Epstein, "Possession as the Root of Title," 13 *Ga. L. Rev.* 1221 (1979) を参照。
16 Locke, supra note 6, at ¶ 135.
17 Webb's Fabulous Pharmacies, Inc. v. Beckwith, 449 U. S. 155, 164 (1980). 判決ではその後に，「たとえ，一定期間，裁判所に預託された場合であっても」と続いている。当該事件それ自体は，フロリダ州のある制定法に関するものである。同法の定めによると，競合権利者確定訴訟において係争物受託者たる州に預託された金

銭から得られる果実はすべて公有財産であり，ゆえに州に帰属することとなっていた。引用した文は，その規定を反駁するために用いられたものである。同法はまた，州に対し，競合権利者確定訴訟に要した費用と同額の手数料を徴収することを認めていた。当該事件で暗黙のうちに前提とされていることについて気づく必要がある。すなわち，公用収用条項は，部分収用に関しても適用され，問題となっている規定のような単なる意思表明は，公用収用条項に対し効力をもたない。州が徴収できる手数料は，当該裁判費用額に留まるべきものであって，競合権利者確定手続が私人たる当事者にもたらした利益にまで及ぶものではないのである。原則として，これら論拠はすべて，国家によるその他すべての形態の規制活動にも，公有水に対する規制からゾーニング規制にいたるまで，適用することができるであろう。これらについては，それぞれ第15章と第17章を参照。しかしながら，裁判所の論法では，一般的な前提命題から論理的演繹を行ったことについては何も触れていない。したがって，Webb's Fabulous Pharmacies事件は，当該制定法のちっぽけな1規定に関わるものとなり，憲法の主要構造を描き出すものとなっていないのである。

18 Locke, supra note 6, at ¶ 138.
19 Id. at ¶ 119.
20 このような懸念は，単に仮説的なものにとどまらない。課税権に関するこれまでのいかなる拡大もその根拠としてきた考えは，文明社会で暮らせるというごく当然の利益で，政府が行いたいと思うどのような課税に対する代償としても充分であるというものであった。第19章のCarmichael v. Southern Coal & Coke Co., 301 U. S. 495 (1937) の議論を参照。
21 Locke, supra note 6, ¶ 3.
22 第12章を参照。
23 たとえば，次のものを参照。Thomas M. Cooley, *A Treatise on the Constitutional Limitations Which Rest upon the Legislative Power of the States of the American Union* (1868); Ernst Freund, *The Police Power, Public Policy and Constitutional Rights* (1904); Christopher G. Tiedeman, *A Treatise on the Limitations of Police Power in the United States* (1886). この主題が歴史的重要性をもっていることを教えてくれる1つの指標は，Lochner事件において裁判所に呈示された当の問題が，契約の自由はデュー・プロセス条項の下で保障されるか否かではなく――契約の自由がそのように保障されることは当然のこととして前提されていた――，そのように強制された契約を制限することはポリス・パワーの下で正当化されるか否かであった，ということである。ホームズの有名な発言である「修正第14条は，ハーバート・スペンサー氏の静態社会論を規定したものではない」という言葉は，おそらくはティードマンに向けられたものだったのだろう。ティードマンは，まさには

っきりとそのような考えに立っていた人物である。このことについてはたとえば，Tiedeman at 67, 329 を参照。

24 Charles Beard, *Judicial Review and the American Constitution* (1913); Jenifer Nedelsky, "American Constitutionalism and the Paradox of Private Property" (manuscript 1982); Nedelsky, Book Review, 96 *Harv. L. Rev.* 340 (1982).
25 Berns, supra note 1, at 81-82 を参照。
26 Locke, supra note 6, at ¶ 143-144.
27 Montesquieu, *The Sprit of the Laws*, Book 11 (1748).
28 *The Federalist* no. 84, at 515 (A. Hamilton, Mentor ed. 1961); referred to by Berns, supra note 1, at 66. また，合衆国憲法には，州政府の権力を制限する規定——第1条第10節を参照——が置かれている点にも注意せよ。それら規定は，実のところ実質的な意味をもつ。というのも，まさしく，連邦憲法は，州内部の権力の配分については定めを置けない（「共和国政府」についての全般的な保障を除いて）ことになっているからである。
29 32 U.S. (7 Pet.) 243 (1833).
30 Chicago, Burlington & Quincy R. R. v. Chicago, 166 U.S. 226 (1896).

第3章　憲法正文の全体的調和

憲法解釈の重責

　ホッブズとロックの行った政治的考察はわれわれの憲法となって結実し，それは手続的規定と実体的規定から成る精緻なネットワークを構成している。国家形成を特定の観点に従って行うことは，しかしながら，健全なる統治へと向かう長い道のりにおけるほんの第一歩でしかない。次になすべきは，憲法が定める諸々の政治的な協定を守っていくことである。合衆国では，制度的協定を守る方法は，ロックもモンテスキューも全く予想だにしなかったような形での権力分立理論に多分に依拠したものとなっている。司法審査制度は，法を作る権限を，単純だが優れて効果的なプランに従って立法府と裁判所に分割している。立法府のみが立法に関し発案権を有しているが，裁判所は，立法は行えないものの，当の立法を打ち消すことができる。とりわけ公用収用条項が裁判所に対し立法を打ち消すよう命じているのは，財産が収用されたにもかかわらず，正当な補償がなされない場合である。

　したがって，司法審査制度は，憲法解釈が導き出す諸々のルールに非常な圧力を及ぼしてくる。問題行動のないかぎり，つまりふつうは終身職務を遂行する裁判官は，彼ら自身が選挙により選ばれていないにもかかわらず，選挙により選ばれた公務員の決定を無効にすることができる。裁判官のこのような権限を正統化しようとすれば，裁判官はもう1つの政治的統治機関として行動するわけにはいかない。裁判官は民意に訴えかけることができないだけに，彼は，立法は何を果たすべきかに関する個人的な信念を単に表明するものではない権威ある解釈を憲法正文について

是非とも提供しなければならないのである。裁判官に原則に基づいた解釈をさせるためには，憲法の文言は，憲法が述べていることに同意しない者をも拘束するぐらい充分に明確かつ厳密でなくてはならない。なぜなら，裁判官が，憲法がある場合でもそれがないのと同じくらい自由に，事件について判断を下すことができるならば，憲法に基づく統治はすぐさま失敗に終わることになるにちがいないからである。

　言葉の力により裁判官の意思を拘束することはどのくらいまでできるものなのかについては，憲法の主要な規定の多くで検証されるであろう。ところで，公用収用条項に含まれている一群の用語について，憲法そのものにはその定義がない。その用語とは，すなわち，私有財産・収用・正当な補償・公共の用である。契約・デュー・プロセス・平等保護・政教分離・言論の自由といった条項にはどれも，アメリカの法律用語辞典でももっともありふれてはいるが，この上なく難しい用語が含まれており，しかもそれら用語は非常にアピール力はあるが，きわめて抽象度の高い仕方で組み合わされて条文中で使われている。憲法に意味を付与するものであるとされている理解共同体は，当然ながら，憲法正文の外部に位置する。しかしながら，その外部の理解共同体から憲法正文へと意味が流れ込んでくるのは，それら用語が，日常的な言葉のやりとりにおいて，現代における通常の社会的・文化的な言語生活の中で教養を身につけてきた人々によって使われているためなのである。

意味の曖昧さ

　日常言語というこの規準は，あまりに曖昧であって，理解の困難な正文においてその意味が何であるかについての合意を生み出すことなど全く不可能である，としばしば言われる。グレイ（Thomas Grey）が強調したように，日常的な言葉のやりとりにおいて「私有財産」という用語は決まった１つの意味などもっていない[1]。グレイが述べているところでは，ある場合には財産は不動産を指しているし，また別の文脈ではそれは，世界に対してその効力を主張できる権利（契約を結んだ特定の相手方に対してのみ主張できる権利とは異なる）を指している。また，財産は，損害賠償とは異なる，原状回復や差止命令といった救済手段を指すこともある。さらに財産についてのその他の意味として，結果指向的なものもある。たとえば，それは，効率的な配分を促す手段と見なされることもあれば，個人の安全や独立を守る手段と見なされることもある。そして，もっとも示唆を与えるのは，財産は，公用収用条項に基づく政府による接収から保護される（また別の）権利の集合を指すこ

ともある，とグレイが述べている点である。財産という用語について可能な限りの意味を並べた後，グレイは，この語には全くもって大した意味はないとして次のように結論づけている。

「このようなことを総合して考えると結論として言えるのは，財産という語はその持ち出され方もばらばらで，互いに関連のない一群の使われ方をしているということである。この語の用法に関しそれよりも実りがあり有益なものとしては，理論家たちによって規定されているものがある。とはいえ，それらは互いに関連性が極端に乏しく，通常の用法からも甚だしく隔たっている。他方，法の世界における『財産』という語の意味は，原初的な形態での事物の所有という観念と強く結びついており，それだけに，法・法理論・経済学の学問上の一般的枠組にはどうにもうまく納まりきらないのである。それゆえ，現実の用法の幅が広いのを目にすると，次のように結論することも適正だと思われる。つまり，一定の専門家たちが，先進資本主義経済社会の法的構造を設計し操作しているが，そうした彼らであれば『財産』という語を使わなくとも容易にやっていくことができるであろう，ということである。」

このことにつき検討してみたい。グレイの議論において大いに非難されるべきなのは，彼の議論が，絶望とは行かないまでも，根拠のない知的懐疑主義を助長するものであるという点である。グレイは，言葉というものが意味の点で不可避的に複数の緊張関係を孕んでいるものであるがゆえに，英語においておよそ普遍的な用法を有する語が存在することを拒否しながらも，それに代わる結論を呈示していない。「私有財産」という語の意味を無視できるなら，制度を支えている憲法上の支柱を倒壊させることは簡単になる。そして，その結果，政府の規模も裁量権も拡大することになるであろう。

しかしながら，一見して難しそうだからというのは，言葉と取り組むことをやめる理由にはならない。この問題に対するはるかに優れたアプローチについては，ピトキン（Hanna Pitkin）がその卓越した研究である『代表（representation）という概念』において述べている。その中の重要な文節は少々長いが，解釈という作業を行う努力に対する正しい態度について的確に捉えているものであるがゆえに，引用するだけの価値がある。

「代表の理論をめぐる混乱状況は，私には，代表の理論に関し絶望するだけの理由になるとは思えないし，またそれがゆえに代表という概念を捨て去るべきであるとも思われない。代表という概念には確定的な意味がなく，曖昧であ

り，重要な点でわれわれが知っているその他の概念と違っているということなど，なんら問題ではない。その概念が『異なる文脈においてさまざまな意味で用いられて』いるからといって，その言葉が特定の文脈においてさまざまの意味で用いることが（正しい）ということにはならない。その特定の文脈において，その語の適切な用い方というのは決まっているのである。『用法が多様であることは，用法が曖昧であることと同義ではない。』全くその逆である。『用法を区別しなければならないということは，用法を区別できなかったために生じる曖昧さとは正反対のものである。』しかしながら，そこにおいて問題なのは，ある語の正しい意味を言うことではなく，その語がさまざまな文脈においてどのように用いられているかのヴァリエーションのすべてを特定することである。

　それゆえ，私がまず最初に用いる前提は，代表という語は実のところ同定できる一定の意味を有しており，それはコンテクストが異なればその用い方も異なるが，ある程度制約され，意味を見出しやすい形で用いられているということである。代表という語は，その意味が曖昧でも流動的なものでもなく，単一の高度に複合的な概念である。そして，この概念は17世紀以来その基本的な意味を大きく変化させてきた。実際，この代表という語の基本的な意味を一文定義風に定式化することは大して難しいことではないし，その定式は充分に射程が広く，その語がさまざまなコンテクストで使われるそのあらゆる用法をカヴァーすることもできるものである。論者のなかには実際にそうしている者もおり，その意味で1個の正しい定義を選び出してくることができる。つまり，代表という語の意味は，その語の語源が示唆しているように，まさに再現前化（*representation*）であり，すなわち，再び目の前に存在させるということである。しかしながら，その始源の用法を別とすれば，この語はつねに，たとえば，誰かが本を部屋に持って来る，といったような文字通りの意味での現前化以上のことを意味してきた。それゆえ，むしろ，代表という語の意味は，一般的に解するなら，文字通りあるいは事実としては目の前に存在しないものであってもともかくその何かをなんらかの意味で現前させることである。」

　グレイをあれほど困らせた「私有財産」という用語についても，これと同様の概念的アプローチを採ることができる。ともかくも，その基本的な意味を適切に捉えることは，可能なのであって，その語の用法を取り巻く多様な意味のネットワークに妨げられたりすることはない。『釈義』におけるブラックストンの定義を取り上げてみよう。「財産権ほど，かくも広く人類の想像力を喚起し，その心を魅了するものはない。すなわち，それは，1人の人が外界の事物に対して主張し行使する唯一の

独裁的な支配であり，世界中の他の人々がその事物についての権利をもつことを全面的に排除するものである。」別の箇所で，ブラックストンは，財産に対する所有権の中に暗に含まれている諸権能について詳述している。「第三の絶対的な権利，これはイングランドの人間なら誰もが生まれながらにして持っているものだが，この権利とは財産についての権利であり，それは，自分が取得したものは何であれそれを自由に使用，収益，処分できるということである。そして，それが制約を受けたり減らされたりすることは，唯一国の法律によるのでなければ，一切なしえないのである。」

　ブラックストンは，言葉の日常的な意味を理解しようと努めたのであり，それゆえ，彼が与えた定義はそこからさらに精緻なものにしていくことが可能なものである。そしてまた，彼の定義は充分に優れており，まさしくピトキンが示したようなやり方でグレイからの反論をすべてはねのけることのできるものである。かくして，ブラックストンが行った次のような定義に対する論難などありえないであろう。すなわち，不動産は私有財産のもっとも主要な形態の1つであり，また，財産は契約の対極に位置するものであり，そして財産権への侵害に対しては，その結果として，時には損害賠償が，時には差止命令が認められるのである。これらの領域についてはかなり詳細な研究を行うことができるものであり，本書の全体を通じて行われるのもそのような研究である。

　加えて，さまざまな役割を私有財産が果たすために，その言葉の意味がうまく理解できないというようなこともない。私有財産は，効率的な配分や個人の安全と独立という目的に役立つものである。私有財産はこれらいずれの目的にも役立ち，そしてこれらの目的はきわめて相互依存的なものであることもあろう。また同じく，ブラックストンの定義は，先進資本主義国家における所有権の社会的・経済的諸形態を排除するものでなく，実のところそれらを促進するものである。区分所有や法人などは，私有財産に伴う処分権——それは譲渡されていくものであって，行使により消滅する権利ではない——が繰り返し使われた結果，生み出されたものである。種々さまざまに既得の権原が組み換えられていくさまは，私有財産という制度の柔軟性を示すものであって，そのために理解が不能であることを意味するものではない。

　本書の探求にとってきわめて重要なことだが，私有財産についてのブラックストンの説明は，その語が公用収用条項においてどのような意味で使われているのかを

明らかにしてくれている。憲法において私有財産の保護が望まれているのなら，私有財産の意味は日常的な用語法から引き出してくる必要がある。グレイは，その用語について，ブラックストンの定義に完成度と普遍性と重要度の点で比肩するものとなりうるような定義を１つも呈示しなかった。グレイは，英語から中心的な用語を排除したいと願ったが，その代わりとなるようなものを憲法理論に対し提供してはくれなかった。このグレイの摩訶不思議な方法に従うと，言論・出版・信教・結社といったものの自由を憲法上保護することがもはやできなくなってしまう。これらの用語を理解することは，私有財産の場合同様に困難であり，とりわけ社会的な決定がそれら用語の意味理解によって左右される場合にはそうである。

　したがって，憲法について探求する場合，用語の意味の曖昧さの問題は，ピトキンが述べているように，適切な視点から捉えておく必要がある。たしかに，どのような概念であれそれを用いるのが難しい場合があり，とりわけ，私有財産という語のように一般によく使われているものなどはそうである。土地の所有者がAとBのいずれであるかを決定することがほとんど不可能な場合がある。たとえば，占有はAがBよりも先だったが，囲いを作ったのはBが先だったという場合や，時間的にはAにまず譲渡されたが，登記上はBに対する譲渡が先となっている場合などがそうである。だが，もっと危険なのは，用語が急性の法律家病に見舞われることである。たしかに，限界事例は訴訟の対象にされる。だが，それらは人間社会の基盤を成すものとはならない。私有財産に関して言えば，他の概念の場合同様，訴訟の対象にならない厖大な事例は，基本的な法概念で充分に理解できるのである。土地や家畜を占有するとはどういう意味かについて論じた書物が浩瀚なものであることが示しているのは，数々の法的権利を実にしばしば根拠づけるものである「占有」という語が多義的なものだということである。たとえば，受寄者や被用者は占有権を主張しうるか，なぜ占有権は放棄によって消滅するのか，相続人は擬制占有をしているのか，など。しかし，いかに学説上その意味がはっきりしないにしても，確立した法的ルールによって，99.9％以上の場合は，占有が誰にあり，誰が所有しているのかは完全に明らかとなるのである。用語の意味の曖昧さや多義性は，法制度の健康を致命的なまでに損ねるものとはならない。それは，病気に感染したからといって，必ず死ぬわけでないのと同じことである。たしかに，場合によっては用語の意味の曖昧さや多義性が，法制度を死に致らしめることもあるが，しかし，大半の場合，そのようなことは起こらない。法律家というものは，法律問題について論ずる

際，たとえ言葉の意味が曖昧でややこしいものであっても，厳格明瞭なものとして述べることができるものである。古いイギリスの諺を引用するなら，黄昏どきだからといって，昼でも夜でもないということはない，のである。

憲法は変遷するか？

　言語についての懐疑主義が次第に大きなものになってくると，主流になってくる考え方がある。つまり，憲法上の規定は必然的に時を経るにつれてその意味が変化するものであり，その結果，世代が新しくなるたびその世代が自身のために改めて解釈を行わねばならないという考え方である[9]。しかし，憲法は状況の変化に応じて発展しなければならないという考えは，法の支配の瓦解を招く。次の世代がしたいようにできるなら，憲法が絶えざる修正を招くものでしかない場合には，そもそもなぜ憲法について悩まねばならないのであろうか。

　憲法解釈を時に応じて変えていくのが当然だと思われるのはただ，言葉の意味に関する2つの別個の意味的局面を混同した場合のみである。最初の局面は，次の問題に対するものである。つまり，どのような規定であれその意味論上の意味はなんであるか，である。次は，規定の意味が分かったなら，それはいかなる個々の集団の欲求にとっても重大なものなのか，あるいはそれらの欲求に呼応するものなのか，ということである。第一の問題に関して言えば，主張される定義のなかに明らかに間違いであると言えるものがある。なぜなら，ただ1つの安定した意味というのは原理的にはありうるものであり，通常，実際に把握可能なものだからである。第二の社会的な受容性の問題に関して言うと，かなりの違いが気質や風潮の点で，世代内部でも世代間でも見られるものである。原理的マルクス主義者は，私有財産の廃止に賛同し，それは私有財産が富者による貧者の搾取を許すものであるからとする。社会民主主義者は，生産物の私的所有は維持するが，それを再分配的な課税の対象にしようとする。そして，ロック主義者は，私自身そうだが，私有財産制度は生産と分配の両方の面で優れた機能を果たし，したがって課税は共同の防衛とその他経済的公共財を目的とするものに制限すべきだとする。これら3つの世界観の違いは，かなり大きく深甚なものである。しかしながら，「私有財産」という用語は，それを廃止したいマルクス主義者にとっても，それを制限したい社会民主主義者にとっても，そしてそれを擁護したいロック主義者にとっても，同じ意味である。マルクス主義者が公用収用条項を彼らの憲法から排除するのは，相応の理由があってのこと

である。

　こうした主張全般に対する返答としてありうるのは，社会的組織というのはダイナミックで時の経過とともに必ず変化していくというものである。とはいえ，嗜好やテクノロジーが変化するからといって，法制度まで必ず根本的に変化するとは言えない。[10]たとえば，私的権利の制度はただ，いかにして財産は取得されるのか，そしてどのような手段を用いれば財産をある人から別の人へと移すことができるか，ということのみを明確化したものである。それは，取得はどのような事物に対してなされねばならないか，いつそれらは移転されねばならないか，またその支払うべき対価はいくらか，といったことについて明確化したものではないのである。たいていの場合，外的な変化が起こったことの説明として，自由意思に基づく取引において交換される事物の相対価格が変化したことを挙げることができる。しかし，交換を行うための枠組たる制度的構造を改変するだけの理由が存在することはめったにない。同様の分析は，公共部門についても当てはまる。政府に対する要求は戦時には大きくなることがあるが，これに対処するもっともよい方法は，税率を全般的に引き上げることであって，公用収用条項で禁止されている没収という手段を用いることではない。制度的な変化を称揚することはただ，集団決定に対する求めを増大させるだけで，そうした決定の質を向上させることにはつながらないのである。安定した制度というものは，ある種の不安定性を除去することができる。その結果，私的・公的エネルギーのすべてを，世界全般に現に存在する解消しがたい不安定性に伴うコストを最小限にするような制度の創出に振り向けることができるのである。

憲法における諸々の価値

　言葉には標準的できっちりとした意味があるという事実はまた，法の規定の意味をそれが達成すべきだとされている目的に照らして見出そうとする解釈アプローチに疑問を投げかける。このアプローチでのよくある形の議論は次のように行われる。たとえば，修正第1条が目指しているのはオープンで盛んな政治的議論を促進することであるがゆえに，名誉毀損訴訟を起こす公務員ないし公人は当該批評家の現実の害意を立証しなければならない，[11]というように。この場合，修正第1条の意味を理解するには，同条が実現すべきだとされている目的や社会的価値を理解している必要があることになる。しかし，大いに疑問なのは，誰がその価値を選ぶのか，であり，またそうした選ばれた価値が資するのは社会的な目的なのか，それとも私的

な目的なのか，ということである。たとえ，そうした価値を追求しても，それによって意味論的な意味を発見する作業を免れることができるわけではない。憲法上の諸目的についての命題もまた，言葉で，それもしばしば要領を得ない言葉で表現されている。そうなると，今度は憲法正文の意味を明らかにするために持ち出された価値を解明しなければならなくなり，そのためには憲法正文の意味を明らかにした場合と同様さらにそれを根拠づける価値が必要となるが，その段階ではそのために参照すべき価値はなんら存在しないのである。とはいえ，このディレンマから脱け出すことはできる。名誉毀損で言えば，問題は，言論の自由とはどういう意味かということである。発言する自由は，人が望むことを言う権利を意味しない。これは，移動の自由が，人の望むところに移動する権利を意味しないのと同様である。名誉毀損に関する通常のルールが言論の自由の限界を画定しているやり方は，不法侵入に関する法が移動の自由の限界を画定しているのと同じやり方である。名誉毀損に絶対的免責が与えられないのは，言葉による権利侵害が自由に含まれないからであり，行為による権利侵害についてもそれは同様である。つまり，名誉毀損が権利侵害であるのはまさしく，第三者について虚偽の陳述がなされていて，それがその第三者の不利益となるからである。[12]

　同様の原則が公用収用条項にも適用できる。もし，私有財産が，グレイが示唆しているように，自律性の保護や富の最大化にとって本質的に重要なものと考えられるなら，誰かがこれらの用語の意味について説明をしなければならない。すべての用語はその目的に照らしてのみ理解しうるものであるなら，説明はすぐさま無限後退に陥ってしまう。そのような探求から得られるものなどほとんどない。遅かれ早かれ，意味論的な意味を明らかにするという作業に直面しなければならず，それには早く直面したほうがいいように思われる。憲法起草者たちが公用収用条項を導入して，市場ないしは自律性を，もしくはその両方を保護しようとしたのか否かを論ずることは可能である。しかし，結局は，次のように考えた方が，より大きな前進につながるであろう。すなわち，公用収用条項が設けられているのは，同条項が述べていることを実現するため，つまり，私有財産は正当な補償なしに公共の用のために収用されないことを保障するためなのである，と。

歴史的資料

　いま述べた説明は，憲法規定内部での調和的意味理解に力点を置くものであり，

草案を起草したり成案に署名したりした当事者たちの誰であれそうした人たちの有していた歴史上の実際の意図については全く考慮していない。このような力点の置き方を正当化する単純な理由としては，そのような細かな歴史的事項に目をやるといっそうの混乱を招きかねず，それを減らすことなどできないであろうということが挙げられる。合衆国憲法案は，ある人たちにより起草され，また別の人たちによって承認されている。そして，多くの人たちが，憲法案を可決成立させるために条項１つ１つの意義や機能について解説を行っている。彼らは，憲法の規定はかなり長い射程をもつものだと内心では思っていたにもかかわらず，反論をかわすために公式にはその射程は短いものであると明言しているかもしれない。同様の事態は，また逆に，当該憲法案の成立に反対した者たちの発言についても見られる。とどのつまり，そうした外部に現れているどのような証拠においても言葉が用いられているがゆえに，そうした証拠は，個々の憲法の規定を説明するために用いることができるようになる以前に，明らかにされ理解されていなければならないのである。憲法正文以外の二次的な資料を用いることは，なまのデータを増やすことにはなるが，おそらくいっそうの混乱を来すばかりで，理解の助けにはならないであろう。問題は，必ずそうなるということではなく，およそそうなるだろうという点である。憲法の場合のように，その成立に関わった当事者の数が多く，見解の相違が大きい場合には，正文の意図をもっともよく表しているのは，正文の文言それ自体なのである。

　部分的にこうした困難を回避しうる方法として，立法当時定評のあった著述家の著作を調べるというのがある。このアプローチは，かつて私が指摘したように，日常的な言葉の意味が何であるかを発見するうえで是非とも必要となるものである。問題は，そのアプローチが，正文に基づく解明とは別個のなんらかの目的のために用いることができるのかということである。たとえば，憲法規定が予防することを目指している問題とはどのようなタイプのものなのかを確定するためなどに使えるのかということである。しかし，その場合，しばしば提起されるある問題が生じる。つまり，ある憲法の規定は，それが意味論的に意味する範囲を充分にカヴァーしていない一定の狭い事例を念頭において作られたものであるかもしれない，ということである。言論の自由に関する規定がそもそも作られたのは，新聞に対する政府の検閲への怒りからかもしれないが，その条項の言葉は，その条項を生み出す原因となった事例よりもはるかに広い意味をもっている。言葉のうえでは「言論の自由」

となっているし,この自由の保障が深刻な問題となる現代の数々の事件では,言論の領域全般における個人の自由について説明する試みがなされている。政教分離条項はたしかに,公式教会の指定に対する制限を課すものであるが,その条項がもつ射程はまた,特定の,そしておそらくはすべての宗教団体に対する特別な援助や支援によって生み出される「部分的な」国教樹立にまで及ぶものである。

　公用収用条項も同じ問題を惹起する。この条項を生み出す主たる理由となったのは,政府軍の物資補給のために戦時において食糧その他の必需品を徴発したことだったのかもしれない。しかしながら,この事例は,防ぐべき権力濫用の1例を示すものでしかない。言葉それ自体はもっと広い意味をもっている。それゆえ,言葉の意味が及ぶ範囲をどれくらいのものとして読み取るべきなのかという問題が生じる。サックス(Joseph Sax)は,公用収用条項の歴史的背景に関する入念な説明の中で,次のような見解を述べている。グロティウス(Grotius)は,賃金と価格の統制を拡大することは収用原則に反することにはならないと信じていた[13],と。しかし,この主題についてのグロティウスの見解が,修正条項を起草したり承認した者たちをも含めた,この同じ問題に直面していた他の者たちによっても共有されていた,と信じる理由はどこにもない。ただ1人の著者の著述を基に憲法正文を推論することは,よくてせいぜい混乱を招くだけである。

　しかしながら,とりあえず次のように想定してみよう。当時の共通した見解では,財産の収用という場合,どのような賃金や価格に対する統制であれそれらはすべて収用に当たらない,と考えられていた,と。だが,どうしてそのような事実が決定的に重要なのであろうか。制定された規定には,それらの法律は立法府の絶対的権力の及ぶ範囲内にあるものである,とは記されていない。そこに記されたのは,私有財産の収用は,補償なしには認められないし,また公共の用のためにのみ許される,ということである。まずもって忠誠をつくすべきなのは,成文化された正文に対してであって,その正文によりもたらされる結果について立法者が抱いていた見解のほうではないのである。修正第1条が(そしてまた修正第14条さえそれが)採択されたときには,名誉毀損に関するコモン・ロー上のルールが憲法修正の対象となっているという認識はほとんどなかったことは疑いない。しかし,結局のところ,もし言論の自由の要請が,民事の名誉毀損訴訟に対するなんらかの制約を必要不可欠なものとしているのなら,(権利章典であれ,修正第14条であれ,その)立法者たちの書かれざる期待は,正文に記されている内的論理に道を譲らねばならない。

同じ論拠は，収用の事例についても適用できる。なるほど，賃金や価格に対する包括的な統制が，指定商品に対する選択的統制とも，また郵便局を作るために個人の土地を収用することとも違うのは，明々白々である。相応の理論であれば，そのような相違がどんなもので，それらの相違が一般理論とどう結びつくかについて説明できるにちがいない。しかし，だからといって，それらの相違がそもそも自然なカテゴリーを成すものであり，それゆえ，価格統制は，一般的なものも特別なものも，全体として公用収用条項の射程外にあるが，他方，土地の没収に関しては同条項によってカヴァーされる，などと考える必要はない。この問題に解答する最良の方法は，問題となっている実際の事件の数々を仔細に検討して，それら事件が公用収用条項とどのように結びついているのかを理解することである。その際，公用収用条項は自己充足的で合理的に理解可能な規定として捉えられねばならない。そして，このことは必ずしも立法者の意図を排除することにはならない。ことによると，立法者は，公用収用条項と賃金・価格統制と間の潜在的な緊張関係を知らずに，両者をともに是認するつもりだったのかもしれない。もし立法者たちが両方を認めることができないなら，立法者により明示的に行われている選択のほうが暗示的なものよりも優先することになる。いまかりに立法者がAとXの両方とも信じていたが，AはXを包含していないとしよう。もし，Aが憲法正文なら，Xは認められないことになるのである。

　歴史的な立法者の意図を無条件的に信頼するとまた，社会状況の変化の中で生じてくる新種の制度に関する問題に直面することになるにちがいない。立法プログラムのもつ射程全体について，立法者は完全には知らなかった筈である。立法者は，謎めいた地代・家賃統制や労災補償，石油・天然ガス業界の企業連合，複雑怪奇なゾーニング制度といったものを目にすることはけっしてなかった。何らかの特定の歴史的意図を，そうしたプログラムの合憲性を判断するためのリトマス試験紙にしようという努力はどれも，2つの受け容れがたい極端な結果のいずれか一方にたどり着く。つまり，新種の制度はつねに有効なものであるか，それともつねに無効なものであるか，のいずれかとなってしまう。しかし，公用収用条項できわめて一般的な言葉が用いられている理由の1つは，まさにこうした白か黒かの判断を回避することにあるのであり，そうすることで原則に基づいた判断を，立法者にはまだ知られていなかった制度についても下せるようにしてあるのである。かくして，何らかの特定の歴史的意図を探求することは全くの見当外れである。権利章典で採用さ

れた言葉の形態から指摘できることは、立法者たちは、われわれ同様、立法革新の問題に気づいていたということである。立法者たちは、未来については知りえないことを知っていたのであり、それに応じた草案を作成したのである。

そこで、歴史的資料に対して取りうる1つの適切な態度としては、歴史的資料にはアンビヴァレントに臨むというのがある。歴史的資料は、憲法正文に組み込まれているような日常言語の標準的な意味を理解するうえでは非常に有用であるが、他方憲法正文の成立を確かなものとした集団的な目的や隠された議事を分離抽出するための道具としてはきわめて不備なものである。また、それらは、憲法の条項に照らして吟味されねばならない個々の制度枠組を評価するうえでは、なおのこと価値がない。これら資料を有効活用することについての一般定式化は困難だが、それらが限られたものであれ一定の価値をもっていることは、とりわけ公用収用条項に関しては充分に確立していると言える。歴史的論拠はこれまで、憲法条項の現実の解釈においては実のところ何の役割も果たしてこなかった。私が知る限りでは、連邦最高裁判所が歴史的資料に依拠して、公用収用条項と政府の特定の行為の関係を説明したことは一度としてない。

それでも、次のことは驚くべきことではない。つまり、きわめて明白なことだが、立法者たちは、ロックやブラックストンが私有財産に対して抱いていたのと同じ感情をもっていたのであり、それだからこそ権利章典の中に公用収用条項を入れたのである。にもかかわらず、権利章典をめぐる議論の大半は、それが実質的に何を命じているかについてではなく、むしろ手続的な問題に向けられていた。すなわち、憲法本体が施行される機会を得る前に、憲法枠組におけるかくも根本的な修正を行ってよいものか否かという問題に向けられていたのである。[14] 結局、憲法の諸規定に対し与えられた正当化理由は表現としては漠然としたものであった。もっとも、それは当時の状況においては適切なことであったが。そうして、特定の条項がどういう意味であり、またそれらは特定の状況にどのように適用されるのかという問題については、後の世代に委ねられたのである。実際、もし個々の条項にこだわっていたなら、権利章典全体の成立は危うくなっていたであろう。

司法の自己抑制と司法積極主義

公用収用条項の下で問題となる制定法について、もし一定の推定をおくとすれば、それはどのようなものであろうか。その推定のおき方に応じて、これまで、選択は、

司法積極主義かそれとも司法の自己抑制かという形で与えられてきた。いかなる推定をおくにしても，基本的に，その推定は，正文に基づく論拠や歴史的な論拠がいずれの方向を選択するべきかをはっきりと（決定的に？）指し示していない場合にはつねに，一定の結論を指定する規定としての役割を果たすのである。司法の自己抑制を支持する伝統的な論拠によれば，経済的な問題についての選択は，民主的手続により選出された，人民の代表者たちに委ねるのがもっともよい，とされている。[15] 司法積極主義を支持する論拠は，民主的プロセスには数々の難点があり，そのせいで財産権をも含めた個人の諸々の権利は剥奪される結果になる，という認識に基づいている。[16] 民主制を強調することは，往々にして「合理的根拠」というテストを持ちだすことになる。このテストでは，さしたる審査は行われないため，大半の立法は当然のことながら合憲と判断されるのである。民主的統治の不完全性を強調することは，厳格審査を求め，さらには司法に対するより強い積極性を求めることになる。

　この議論のいずれの立場も他方を理論的に打ち負かすことはけっしてできない。憲法の規定の中には，決定が，選出された代表者たちによって行われるよう保障することを企図しているものがある。また中には，この同じ選出された代表者たちの権力を制限しようと企図しているものもある。伝統的な議論がしばしば誤った形で行われたのは，積極主義にしろ自己抑制にしろどちらかを選択すれば，妥当な結果が得られるか否かについてまずは適切な予測を立てることができると考えられていたからである。憲法は，いかなるタイプの大衆民主制を採るべきかはっきりと推奨してはいないが，しかしながら，同様に，憲法は，立法府には為すべき仕事など何もないと考えてもいないのである。

　われわれは何の推定もなしに済ませることなどけっしてできないが，どのような推定をすべきかについて一定の制限を行うことは可能かもしれない。推定が必要となるのはただ，今もっている以上の詳しい情報が手元にない場合のみであり，そのような情報こそわれわれが得ようと努めるべきものである。分析を左右するような諸原則は，正文の解釈から生ずべきものであって，正文の解釈を縛るものであってはならない。基本的な正文の分析が精確なものになるにつれ，推定の重要度は減少していき，それとともに，一定の結論を指定する推定に依拠する必要もなくなっていくのである。そして，諸々の事例についての決定は，いっそう理論を基礎として行われるようになり，司法の役割について当初抱かれたステレオタイプ的な捉え方

に基づくことはなくなっていく。かくして，司法積極主義と司法の自己抑制についての議論はきわめて小さな役割しか果たさなくなり，結局は，私が思うに，そのような議論がなされるのは，制度的枠組と，しっかりと確立されきっちりと定式化された憲法上のルールとの調和がどのくらい困難であるかをどうしても測りかねるような場合のみであろう。

以下の行論で，私は，一定の司法的介入を，現在行われているよりもはるかに広い範囲で認めることに賛同しており，それは，実際，これまで行われてきたよりもずっと広範にわたるものとなる。だが，いかなる点においてもけっして，その論拠を，経済的自由の事例に見られるような司法積極主義に対する信頼に置いたりはしていない。むしろ，私は次のように信じている。以上において指摘してきた方法こそが，必要な示唆を与えてくれるものであり，しかもそれは，憲法正文と，その具体像としての国家の基礎理論に基づいたものである，と。

考察すべき問題

さてそれでは，この当の理論はどのようにして構築されるのか。すでに述べたように，合衆国憲法はロックが展開した基礎理論に依拠している。その理論では，まず第一に，国家の権利と権力のすべては，その被治者たる個人に由来するものと理解される。したがって，国家と私人の間のいかなる取決もすべて，それぞれの個人間の関係のネットワークの中に吸収されることになる。そのアプローチは，公用収用条項の2つの重要な局面を理解するうえで決定的な役割を果たす。1つは，私有財産を収用するとはどういうことなのか，という点である。そして，もう1つは，私有財産を収用する場合，どのような正当化が可能であるのか，という点である。とはいえ，国家は，その構成要素の単なる寄せ集め以上の存在である。というのも，公認された権力をもっている者たちは公共のために交換を強制することができるからである。第三と第四の問題は，それゆえ，交換の強制を公共の用と正当な補償の規定によってコントロールすることに関わるものとなる。

およそ，考察すべき事項は次の4つの問題に絞ることができる。

1. 私有財産の収用は行われたのか。
2. そのような私有財産の収用を正当化する事由はあるのか。
3. その収用は，公共の用に供するためか。
4. そのようにして収用された財産に対する補償はなされているのか。

これらの問題は，このあと本書で，順次，また相互に組み合わせながら取り上げていくことになる。

1　Thomas Grey, "The Disintegration of Property," in *Property* (J. Roland Pennock and John W. Chapman eds., NOMOS monograph no. 22, 1980).
2　Id. at 163.
3　Hanna Fenichel Pitkin, *The Concept of Representation* (1967).
4　Id. at 8-9, citing in part Harvey Pinney, "Government—by Whose Consent?," 13 *Social Science* 298 (1938).
5　W. Blackstone, *Commentaries* 2 (1765).（ブラックストンの著作からの引用についてはすべて，その初版のページ数を挙げている。）
6　Id. at 2. 最後の文章を当然の前提と見なすなら，「国の法律」という言葉をブラックストンがどのような意味で用いたかにつき疑義が生じるであろう。しかし，それは，正規の手続によらなければ個人からその財産を奪うことはできず，特例的で臨時的な手続では裁判の代わりにはなりえないということを意味するものでしかなかったように思われる。それゆえ，その箇所を，財産は立法府の恩恵により保持できているのだという風に言っていると読んでしまうなら，ほとんど意味をなさなくなる。それは，たとえ，議会の優位が進んでいて，そのためまさしくそのような立法府の恩恵で財産が保持できているという可能性がありうる体制であっても，そのように読むべきではないであろう。なにしろ，ブラックストンの時代にあっては，そのような議会優位の発展は見られなかったのであるから。
7　このテーマでの詳述については, Richard A. Epstein, "The Social Consequences of Common Law Rules," 95 *Harv. L. Rev.* 1717 (1982) を参照。
8　See, e.g., Oliver Wendell Holmes, Jr., *The Common Law* ch. 6 (1881); F. Pollock and R. Wright, *Possession in the Common Law* (1888).
9　See, e.g., Bruce A. Ackerman, *Rediscovering the Constitution* (1984).
10　この点については次の拙稿で詳述した。Richard A. Epstein, "The Static Conception of the Common Law," 9 *J. Legal Stud.* 253 (1980).
11　See, e.g., New York Times Co. v. Sullivan, 376 U.S. 254 (1976).
12　どのような名誉毀損については公用収用条項によりカヴァーできるかに関する議論は，第7章を参照。
13　Joseph L. Sax, "Takings and the Police Power," 74 *Yale L. J.* 36 (1964).
14　See 1 *Annals of Congress* 440-468, 730-792 (J. Gales ed. 1789).
15　See Robert H. Bork, "Neutral Principles and Some First Amendment Prob-

lems," 47 *Indiana L. J.* 1 (1971); Robert H. Bork, "The Impossibility of Finding Welfare Rights in the Constitution," 1979 *Wash. U. L. Q.* 695.

16 このように手続を問題にする立場についてのもっとも包括的な論述に関しては，たとえば，次のものを参照。John Hart Ely, *Democracy and Distrust: A Theory of Judicial Review* (1980).

第Ⅱ部

収用と推定されるもの

第4章　収用と不法行為

　私有財産の収用禁止は，どの法制度においても古くから強力に主張されている。たとえば，初期コモン・ローは，動産窃取・移動（asporation）や土地の占有侵奪を私有財産の収用の典型として扱っている。この種の事例について，救済を無条件で得るためには，典型的で厳格な次の4要件を満たさなければならないと考えられている。第一に，当該財産が，被告にとっても原告にとっても同等の価値をもつものであること，第二に，被告による収用が自覚的かつ故意に基づくものであること，第三に，収用が第三者や自然力の助力や介入なしに，被告の純然たる直接的行為によってなされたということ，第四に，収用が部分ではなく全体に対してなされることである。

　これらの4要件がすべて満たされれば，私有財産の収用があったことを否定する余地はなくなる。収用の限界が論じられるのは，まさにこれらの4要件のいずれかあるいはすべての充足度が不完全で，被告が原告の財産を収用したという主張が真実であるか否かが問われるときである。たとえば，被告が原告よりも高くその財産を評価している場合や，その逆の場合を考えて見よ。あるいは，被告が財産を保持しておらず，破壊したりあるいは第三者に譲渡してしまっている場合を考えてみよ。また，その財産の収用や破壊が故意に基づくものではなくて，単なる過失やあるいは全くの偶然によるものであった場合を考えてみよ。そして最後に，その財産全体が収用されたのではなく部分的に収用されたにすぎない場合を考えてみよ。

　この章の最も重要な主張をここで述べることができよう。それは，これらの変形事例は，単独でも全体としても，AがBから私有財産を収用したという主張を覆す

ことはない，ということである。これらの変形事例は，単独でも組み合わせても，私人である原告から私人である被告に対する訴訟原因を奪うものではない。[2] 4要件の充足度が変わると，不法行為理論に従うかあるいは不当利得返還論に従うかの選択に影響の出る可能性がある。厳格責任の法理に訴えることが要求されるかもしれない。また因果関係理論の範囲の限界を検討する必要が生じるかもしれない。また損害賠償額を算定する適切な基準が改められるかもしれない。しかし，これらのうちどのような選択がなされようとも，原告は依然として明らかに，収用された財産に関し被告に対して何らかの財産回復の権利を持っているという基本的な主張が覆されることはない。

　私法における状況を分析すれば，公法に必要な帰結が得られる。ロックの原理に従えば，財産が公用収用されたか否かの判断につき，政府はそれが代表しているところの国民以上の地位にあるわけではない。したがって，単純明快なテストが決定するのは，政府の責任の限界はどこかではなく，政府の行為が公用収用条項の許す範囲内にあるかどうかである。つまり，政府の行為は，その行為がもし私人によってなされたとしたなら，私有財産の収用として扱われるかどうかである。もし収用として扱われるとすれば，私有財産の収用があったということであり，さらに，補償が支払わなければならないか否かの決定の吟味に進まなければならない。もし収用として扱われないならば，私有財産の収用はなかったのであり，政府は当然，公用収用条項に基づく主張に反論するであろう。したがって，まずはじめにしなければならないのは，「AがBの私有財産を収用した」という命題成立の許容範囲の検討である。

利得と損失

　AがBから財産を収用するが，その後その財産をAがみずから消費するかあるいはCに売ってしまうと想定しよう。この場合，もはや同一物の返還は不可能であるから，裁判所としてはAからBに支払われるべき損害賠償の算定基準を選択しなければならない。はじめの収用が故意によるものであった場合，原告は「不法行為訴権の放棄ルール（waiver of tort）」により，通常，私人である被告に対し不法行為で訴えるか不当利得返還で訴えるかの選択ができる。[3] 原告の損失が被告の利得を上回る場合には，原告は不法行為理論によって彼の受けた損失の全額を回復する。被告の利得が原告の損失を上回るときには，原告は不当利得返還理論に基づいて，と

きには被告がみずから支出した費用を控除することなく，その利得を獲得する。救済方法の選択がなされるのは，利得と損失の額がほぼ同じであるか，あるいはかなりの差があるときである。しかし，この議論全体が理解できるのは，まさに，救済が必要とされている最初の不法な行為が私有財産の収用であるということが前提とされているからこそである。この単純な命題を証明しさえすれば，具体的な救済方法はともかく，公用収用条項が重要な関連性をもっていることは明らかとなる。不当利得返還を求めるか不法行為に基づく損害賠償算定基準に訴えるかの救済方法の選択は，公用収用条項の構成要素である公共の用と正当な補償の両者の検討にあたって決定的重要性をもっている。これらについて，以下順次検討を加えることにする。

私有財産の破壊

今まで進めてきた方法によって，政府が私有財産を収用したのではなく破壊した事例を分析するための枠組が与えられる。もちろんここでは，次のような条文解釈上の議論が可能である。すなわち，収用といえるためには政府が少なくとも暗黙に当該財産を保有する必要性を主張することが必要であるから「収用された (taken)」という動詞を「損害を与えられた，あるいは破壊された (damaged or destroyed)」という動詞とは対立した意味で解釈すべきである，という議論である。多くの州憲法が合衆国憲法の文言とは明らかに異なり，「財産を収用されあるいは損害をうけた」という言い回しを明白に用いていることを指摘して，この見解をさらに補強することは可能であろう。

しかし，公用収用条項をこのように狭く解釈することは拒絶されるべきである。理由は数多くある。政府が他人の財産を自己の財産のために収用したり結合する場合，たとえば，Aの土地から収用した材木で裁判所を修復するような場合，政府は，他の私人と同様に補償の義務を負う。政府が私人から財産を収用し，公有財産の改善のためにそれを使用し，その仕事の完成後にそれを放棄する場合でも，国の補償義務はそのまま残る。たとえば，国が建築足場のためにAの木を収用し，その後裁判所の修復が完成した後，足場を投棄するような場合である。とすれば，そのような場合と，政府が職務の遂行にあたって物の正式な譲渡手続を省略した場合，たとえば政府がAの木を裁判所修復にあたって燃やしてしまう場合とでは，どんな違いがあるというのだろうか。

私法において収用と破壊との唯一の違いは，横領（conversion）の主張が不法な破壊に対する主張となるという点である。破壊があれば，被告の得た利益の算定が非常に難しくなる。そのため，不法行為理論に基づく算定基準——原告の被った損害——が原則として財産回復のための唯一の基準となっている。しかし財産の横領と財産の破壊とはきわめてよく似ている。横領は，所有者からその物の占有を移転させるために力を用いることを意味している。一方，破壊は，所有者の占有する物に物理的変化を加えるために力を用いることを意味している。このように収用と破壊は代替可能なほどに互いにきわめてよく似たものであり，どちらも不法行為法の本質的部分をなしている。不法行為責任が横領以上の領域をカヴァーするのと同様，公用収用条項の下における国の明白な責任も同様の広がりをもっている。建物を爆破しただけであって，私有財産を収用したわけではないと国が主張できるとか，あるいは爆破された建物について補償を支払うことなく，国は建物のあった土地を収用できると主張する者などいないであろう。政府による収用という直接的な方法が補償の必要によって阻まれている場合，公用収用条項は，政府の行き過ぎを，まさに財産の破壊という間接的な方法を阻むことによって制限しているのである。つまり，公用収用条項は，政府が私有財産を収用した場合にも破壊した場合のどちらにも適用されなければならない。

　この議論の説得力は，初期の連邦最高裁判所の判例である Pumpelly v. Green Bay Co. 事件で承認されている。この判例は，その議論の規範的な力ゆえに決定的な原理となっている。[6] すなわち，原告は，被告の建設したダムにより堰止められた水が原告の土地に浸水し，その結果発生した損害について，政府の許可を受けて行動した私企業である被告に対して補償を求めた。被告は，原告は浸水があった後も自己の土地の占有を続けているのであるから，補償は必要ないと主張した。この主張は即座に次のような鋭い原告の反論を受けた。

　　「被告の主張は，ここでは憲法の条項の意味における土地の収用はなかったとし，損害は，政府がその有する河川の流れを改良する権利を行使した間接的結果であるとするものである。
　　その趣旨が，つねに個人の権利を政府から保護し確保するために採択されたものとして一貫して理解され，しかも法律家，政治家，識者からは，コモン・ローの正当な原理をそれらを改変あるいは支配しようとする通常の立法府の権限外におくものとして賞賛をうけてきた憲法条項の解釈に当たって，もし次の

ような判決，つまり，政府が公共の用のための不動産の横領を完全な形では行わない場合には，言葉の最狭義の意味では公共の用のための収用には該当しないことを理由として，政府は，その不動産の価値を完全に損なわせ，回復不可能なほどの永久的損害を加え，なんら補償を支払うことなく事実上完全に破壊することができるという判決を下すべきだというのであれば，それは非常に異様で全く不充分な結論であろう。そのような解釈は，憲法の条項を，政府に対してではなく，コモン・ロー上権利の認められている国民に対しその権利を制限するものとして悪用するものである。そしてこのような解釈によって，公共の福祉という口実の下，個人の権利の侵害を正当化してしまうのであり，それはわれわれの祖先の法や慣習において一度も許されたことのないものである。」[7]

責任の基礎

厳格責任の優越

われわれは，私法において，財産の横領と破壊の両方を基礎づけるような責任の適切な根拠を確立しなければならない。ここでもまた，横領の事例が分析の出発点となる。私法においては，被告は自分が故意に収用したものを返還しなければならない。それを偶然や錯誤によって得た場合，たとえ彼が所有権の所在を確かめるべく細心の注意を払っていたとしても，この結果が異なることはほとんどない。[8]被告はまだ目的物を所持しており，自分の過ちから利得を手にしてはいないかもしれない。その場合，過失はどこにも見られない。しかし，その物の返還義務は厳格責任である。というのは，はじめの権利侵害によって生じた不均衡状態が是正されるのはまさに問題となっている物の返還がなされたときのみだからである。差止の場合と同様，原告の権利は，被告の行為が害意や過失に基づくものであった場合に限られない。原告の財産に対する侵害のおそれが存在する限り，それをなくすことができるのである。もし，厳格責任が財産の収用のおそれに対する差止の適切な根拠を提供するとすれば，厳格責任は，損害発生防止ができないときに求められる差止よりも穏やかな救済である損害賠償をもカヴァーするのである。[9]

財産の収用と破壊に同質性が認められる以上，不法行為上の問題に対する解決は容易に見つかる。すなわち，厳格責任のルールは，両者に適用されるべきなのである。公用収用条項が「過失あるいは故意によって」収用された財産ではなく，単に収用された財産と述べていることは，この見解を確認するものである。さらに，政

府による収用の事例はたいていは私人に故意に損害を与えるものであるけれども，そうではない場合であっても，厳格責任法理は，たとえば，政府の安全対策が「承認された最新のデザインを採用しており，その利用も一般的に認識され承認された方法によっていた」ようなニューサンスの事例においても，依然用いることが適切な法理である。[10]

しかしもっとも重要なことは，厳格責任が必要だということではない。なぜなら，面識のない他人同士が関係する事件においては，厳格責任原則は州法がほとんど従うところであるからである。たとえコモン・ローがそれとは異なるルールを採用していたとしても，この結論はほとんど不可避的であろう。なぜなら，厳格責任は，公用収用条項の論理や構造に完全に一致したルールだからである。過失責任と厳格責任とを区別する主たる理由は，被告の一連の行動から生じると予期される便益の取り扱いに関わっている。過失ルール——それが少なくとも United States v. Carroll Towing Co.事件で示された著名なハンド（Hand）の定式にならったものである場合——が定めているのは，ふつうならば人や財産に対する不法行為となる加害行為であっても，損害発生を防止しないことから得られる便益が損害という予期される費用を上回る場合には免責されるということである。したがって本質的にこの過失ルールは，原告に生じる費用と引換にして，被告が自分の行為から自分が（あるいは全体としての社会が）便益を受けることを認めているのである。[11]

このような一般的過失責任ルールに対する反対論は，このルールに従えば，被告が——たとえ彼の行動が，前もって禁じられていなかったとしても——少なくとも，自分の行為によって他人やその財産に損害を発生させた場合には，それに対して償いをすることが原則として必要であるとされてきた道徳的要求を拒絶することになると主張する。厳格責任の背後にある道徳的主張とは，利得と損失の配分は社会のパイの大きさと同程度に重視すればよいというものである。この点は以下のように説明できる。すなわち，予期される費用が便益を上回る際には，過失のあった者は全額賠償をなさなければならない。他方，便益が予期される費用を超える際は，不当利得返還についての議論を類推して，便益を得た被告は財産を収用したり破壊したことから生じた損害を賠償しなければならない。つまり，他人に生じさせた損害は，賠償の支払が対応できる範囲で，自己加害つまり被告があたかも自分自身の財産を破壊したかのような取り扱いをすべきである。私法におけるこの重要な観点は，ホームズ（Holmes）によって強力に指摘されている。すなわち，「意図的な加害行

為によって財産の価値を減じた者は，その財産が誰かのものであることを知っている。その財産が自分のものであると考えている場合には，どんな損害を生じさせようとも，それが自分の「懐」から賄われることがわかっている。それなのに，隣人のものであることを知れば負担から逃れられるということになれば，それはおかしなことであろう。[12]」厳格責任についてのこのような説明は，被告が私人ではなく，国家が補償の要求に応えなければならないとする公用収用条項にも非常によくあてはまるものである。補償がなされるべきか否かという問題は，不法行為で被告とされる者が便益を得るということが損害を被った原告に対して賠償すべき何らかの理由を追加するような場合に，最初にある種の行為を許すべきか否かという問題とは区別して考えられるのである。[13]

連邦不法行為請求法（Federal Tort Claims Act）

　私法と公法の関連性は，不幸にも連邦最高裁判所の Laird v. Nelms 事件において見失われることとなった。[14] 原告の農場小屋が政府の飛行機から生じる衝撃波によってなぎ倒され，その賠償が連邦不法行為請求法（以下 FTCA と略称）によって求められた。同法は，「アメリカ合衆国が私人であったならば，作為や不作為が起こった場所の州法に従って原告に対し法的責任を負わねばならないような状況において，政府は公務員の過失，不法な行為，不作為等によって生じた」すべての財産損害に対して法的責任を負う（いくつかの重要でない例外がある）と定める。[15] 本質的にこの制定法は，被告が私人である場合に適用される原理に従って政府が不法行為責任を負うことを推定しており，憲法の理念を制定法上表現したものとなっている。

　ところが，FTCA において政府と私人である被告が明らかに同等に扱われているにもかかわらず，連邦最高裁判所は，原告は「過失，不法な行為，不作為」のいずれも立証することができなかったとして，敗訴判決を下した。政府のどの公務員にも過失はなく，損害自体は「不法な行為」を構成するにはあまりに間接的すぎると判示された。つまり，政府は，不法侵入のような直接的な不法行為の責任追及をされているのではなく，それ自体は不法行為にあたらない行為（すなわち，飛行機が飛ぶこと）による有害な結果（すなわち，衝撃波）に対して責任を追及されているだけであるというのである。このような連邦最高裁判所の FTCA 解釈は，法が要件とする不法行為とは衝撃波を生じさせたことであって飛行ではないという反論にあうであろう。しかし，たとえこの反論に沿った法解釈が誤りであるとしても，それ

は，FTCA 自体が適用において違憲であることを明らかにするだけのことである。

政府による私有財産の収用に対する補償の支払が憲法上要求されているにもかかわらず，連邦議会は長く，不法行為に対する政府の責任については立法府の与える恩恵であると考えてきたのかもしれない。実際，主権免責理論は，国王は不法をなしえず，という古くからのイギリス法の法理を修正したものに基づいている。合衆国においては，このような原理は，政府は合憲的でなければならないとする要求を満たすべく変化させる必要があるが，その専制主義的起源はホームズによって示された古典的弁明，すなわち，「主権者たる者が訴えられることはない。それは，形式的概念や時代遅れの理論からそうなるのではなく，権利がまさに依拠しているところの法を創造する権威に対抗するような権利は，いかなるものも存在し得ないという論理的かつ実践的な根拠に基づいている」によく現れている[16]。主権免責は，このように絶対的な政府権力に依拠しているが，これは公用収用条項が前提としている国家理論とは真っ向から対立するものである。国家がその代表している国民の権利からのみ権威を得ているものであるとするならば，すべての権利の根源であるという理由によって補償義務の免責を主張し得る筈がない。憲法の背後にある自然権論はこれを認めはしない。

FTCA の下で与えられている訴権は，立法府の与える恩恵としてではなく，公用収用条項の下で憲法が要求するものとして尊重されるべきである。この結論は急進的なように思われるかもしれないが，原理的にも，またさまざまな先例によっても支持されるものである。Armstrong v. United States 事件[17]において，アメリカ合衆国は，元請け契約者であるライス (Rice) 造船会社から大量の船を買うことを予定していた。アームストロング (Armstrong) はこの船のために労務と材料を供給した下請人であり，その労務と材料につきこれらの船にメイン州法上完全に有効な先取特権 (lien) を設定した。アメリカ合衆国は元となる第一の売買契約に，売主であるライスの債務不履行の際には船の「移転・引渡」を求める権利を取得するという条項をもりこんだ。ライスの引渡債務は，次に，財産（船）に設定されたこの優先的な先取特権 (paramount lien) によって担保されて，これにより船に対する政府の前払が確保されることとなった。ライスが債務不履行に陥った際，政府は船の移転・引渡を要求し現実にこれを得た。そして主権免責の抗弁を差し挟み，それによってアームストロングが自己の有効な先取特権を行使するなどの方法で実現するのを妨げた。最高裁判所は，政府の先取特権に優先性があると考えたが，このことに

よってアームストロングが収用を受けたという主張を否定されるものではないことを認識していた。船は政府の先取特権以上の価値を当然有していたと考えられるため，主権免除の抗弁が認められるならば，それは後順位の先取特権を消滅させることになる。しかし，後順位の先取特権は，それ自体財産であり，公用収用条項によって無補償の収用から保護されるべきものである。

　ブラック（Black）裁判官は，Armstrong 事件の中で自分がデリケートな問題を扱っていることを知っていた。彼は，Armstrong 事件において政府は主権免責の抗弁を差し挟むことによって，船に対する負担のない完全な物権を要求しているのであって，それは「発注者が私人であれば，誰にもできる筈のないことである」[18]というFTCAの中にはっきり見られるテーゼを指摘した上で，『政府の行為による合法的な財産の破壊について，補償を必要とする「収用」と，「間接的」なものであるため補償の必要のない破壊』[19]とを区別すべきであるという主張が適切であるかどうかという点の探求をきっぱりと拒否したのである。公用収用条項は主権免責論に必要な制限を課しているため，アームストロングの主張は憲法上の問題でもあり，制定法によって完全にこれを退けることはできない。主権免責の法理がそれによって完全に廃止されるというわけではない，なぜなら政府はそれが選び出すどの特定の財産についても，つねにそれを先取特権のない形態で保有できるし，徴発できるからである。要点は，先取特権を消滅させることはできるが，それならば収用したものに対して一般の歳入から補償をなすべきだというところにある。

　そこで，このような Armstrong 事件の論理を，この事件に固有の「特別」な事実にのみあてはまるものとして限定することが可能か否かという問題が生じる。限定のための根拠として，2つ挙げられよう。1つは，この判決意見は，先取特権が存在する事例にのみ適用されるものであって，土地所有権利益に関わる事例には適用されないとするものである。しかし，定義上制限的な利益にすぎない先取特権権が公用収用条項の保護対象となるとすれば，ましてや土地所有権は当然保護対象とされなければならない筈であるから，この根拠はどう見ても奇妙である。もう1つは，Armstrong 事件において先取特権は消滅したが，目的物自体は破壊されていないとするものである。しかし一体，このことは原告の損害にどのような違いをもたらすというのだろうか。物の破壊を収用と同一視することにおいて Pumpelly 事件は正しいのであるから，保護されている利益が先取特権なのか担保権を上回る目的物の余剰価値（equity）なのか，あるいはその両方なのかは，大した問題ではない。

Pumpelly事件において侵害された財産が抵当に入っていたとしたなら，たとえ抵当権者の利益の限度であったにせよ，必ず全損害が補償されたことであろう。

Armstrong事件における法理をこの事件のみにできるだけ狭く限定しようとする努力は，逆収用（inverse condemnation）の事件に照らしてみても，成功しているとはいえない。この種の事件は，FTCA法成立の前にも後にも起こっているが，不法行為と横領の間にあるかすかな区別の消滅を再び示すものである。Keokuk Hamilton Bridge Co. v. United States 事件[20]において，原告の所有する橋は，アメリカ合衆国が管理権をもつ川を拡幅するための爆破が行われた際に損害を受けたが，破壊されるまでには至らなかった。「破壊は通常の方法で行われ，通常以上の注意を払って行われた」[21]のであり，ホームズ裁判官は，全員一致の法廷を代弁して，損害は軽微で回復可能な程度でありまた故意によるものでもないため，アメリカ合衆国に対する救済の求めは認められないと論じた。川の流れを改善する事例において不法行為と収用を区別することが困難である点をとらえ，ホームズ裁判官は，「これは，川の流れを改善する際に起こりがちな損害の通常の事例であり，私人が与えたとすれば不法行為となりそうな損害であるが，それ以上のものではありえない」との結論を下した。[22]

しかしながら，この事件が明らかにしているのは，不法行為と収用の区別は維持する価値はないということのみである。なぜなら，それは補償の有無を被告の精神状態または損害の大きさにかからしめるからである。さらに，制限的代議制の理論が，成り行きを決定づけている。公用収用条項によれば，私人に対して請求を成り立たせるのに充分な行為があれば政府に対しても請求が成り立つとされるので，救済を否定するホームズの理由は，逆になぜそのような救済が与えられるべきなのかをよりうまく説明することになる。不法行為と収用との間に原理上の違いはないため，上に示した2つの根拠はかりに妥当であるとしても，別の論点に関してのみ妥当するものである。すなわち，損害の大きさは不法行為のなされた賠償額の問題につながる。また，損害に関する故意の本質は寄与過失や同様の抗弁を排除し，懲罰的損害賠償問題に関する証拠となりうる。これらの2つの要素は，単独でもあるいは組み合わされても，公用収用条項の適用を阻むことはない。

FTCA成立後，不法行為と収用を区別する苦労は減ったが，依然として，この区別はしばしば手続上の理由から訴訟で争われている。Myers v.United States 事件[23]が基本的な問題を明らかにしている。原告は土地を所有していたが，政府はその土

地の上の通行権を収用してしまったのである。原告の訴訟の原因は，政府と契約を結んだ者がその通行権の範囲内にその活動を限定せず，原告の保有する隣接地にまで踏み込んで損害を与えたことである。訴状によれば，原告の私道の破壊，砂利道の損害，保有地の表面の毀損，農業や庭園地域への損害，公道へ至る通路の妨害等が主張されている。原告の補償要求は争点ではなかった。この事件は，訴えが「不法行為法による」ものなのか，それとも「憲法による」ものなのかの判断を求めるものであった。「不法行為法による」ものなら，訴訟はアラスカの適切な法廷地でFTCAの下で進められ，「憲法による」ものなら，タッカー法（Tucker Act）[24]が専属管轄権を与えている合衆国請求裁判所で進められるのである。[25]第9巡回区連邦控訴裁判所は請求裁判所の裁判権を支持して判決を下しているが，これは以下の通りである。

> 「アメリカ合衆国に対してなした上訴人の主張が，上訴人が所有していたと主張する財産が，公共の用のために収用手続をとらずに収用されたことに対する損害の補償についてであることは明らかである。アメリカ合衆国の行った収用を当該土地への不法侵入や不法投棄として法律構成することは，上訴人によって繰り返しなされているが，これはそれらの主張を不法行為法上の事件に転換し，それによってFTCAの下連邦地方裁判所に裁判権を与えるものではない。憲法修正第5条は，正当な補償なしに公共の用のために私有財産を収用することを禁じている。われわれの判断によれば，アメリカ合衆国に対する上訴人の主張は憲法に基づいたものであり，訴えられているアメリカ合衆国の行為は逆収用と見られるものである。[26]」

基本的にアメリカ合衆国は，憲法上の義務を尊重する覚悟がある限り，請求の提出されるべき裁判所を選定することができる。この意味で，アメリカ合衆国には収用と不法行為とを区別する権限がある。奇妙なのは，原告は政府を誤って不法侵入と不法投棄で訴えている，と裁判所が主張している点である。この問題を制定法解釈の1つとしてのみ見れば，FTCAの方がタッカー法よりこの訴訟に適しているように思われる。しかし，請求裁判所がMyers事件において裁判権を持っていたという事実からすれば，部分収用，本件の場合に私有財産の使用や破壊といった部分収用が憲法の対象範囲内にあり，Laird v. Nelms事件で強調されているものも含めてFTCAの課すさまざまな制約によってこの憲法的側面を制定法上の命令によって無効にすることはできないということは明らかである。タッカー法の下で「不法行

為で訴える」か否かにかかわらず，政府に対するすべての不法行為訴訟は憲法に基づいている。それゆえ，タッカー法は単に立法上の恩恵の問題としてとらえられることはなく，憲法がまさに保護している個人の権限の正当性を主張するために選ばれた手段としてとらえられうるのである。たとえこの制定法が明日廃止されたとしても，公用収用条項における政府の義務は少しも減じられることはないであろう。たとえ原告がこの制定法の下で連邦裁判所というフォーラムを否定されたとしても，修正第5条の下で連邦裁判所か，必要ならば州裁判所が用いられよう。

　結論がこうなるべきことは，損害賠償を得るための憲法上の訴訟原因が，憲法の修正第5条以外の他の条項からも推察されることを示す先例の存在によって，補強される。この点に関して関係のある先例の中で最も重要なものは，Bivens v. Six Unknown Federal Narcotics Agents 事件である[27]。この事件において最高裁判所は，州法を口実として相当な理由もなく原告のアパートに侵入し，原告を麻薬法違反で逮捕した被告連邦公務員に対する原告の主張は，修正第4条の下の有効な連邦法上の訴訟原因にあたると判示している。最高裁判所は，私人が損害賠償を求めることを明文で認める条項が憲法自体の中にはないことを認めたが，公務員による不法侵入やその他の不法な行為から個人を保護する必要があるため，そのための根拠を憲法から推察する用意があるとした。この見解を擁護するにあたって，ブレナン(Brennan)裁判官は，私の主要なテーゼとパラレルな仕方で，修正第4条により個人は国家に対し，他の私人に対する以上に大きな権利を保障されると述べている。被告が私人であれば捜索令状のような武器を携えてはいないし，また侵害を受けた当事者に代わって行動する警察によって被告が不快な思いをする場合が少なくともいくつかあり得るからである。主張を憲法レベルにまで高めることによって，原告は当然，公務員の不法な行為を主張する訴訟において FTCA 上用いられてきた，アメリカ合衆国に対し救済を請求するにあたって課せられるさまざまな制約を回避することができたのである[28]。公務員に対する憲法上の訴訟が当然できるとなれば，同様の訴訟を公務員の雇用主である政府に対しては行うべきでないとする理由はなくなる。

　私人の訴訟原因が，憲法が与えるさまざまな具体的保障から推察されるとする最高裁判所の判例は，Bivens 事件のみではない。Butz v. Economou 事件において[29]，私人の訴訟原因は修正第1条から認められた。Davis v. Passman 事件では[30]，私人の訴訟原因は，連邦議会の議員に対する性差別訴訟の中で，修正第5条のデュー・プロセス条項の平等保護の面を根拠とする主張について認められた。そして，Carlson

v. Green 事件では，私人の訴訟原因は，連邦刑務所局(Federal Bureau of Prisons)に対する訴訟の中で，修正第 8 条の残酷で異常な刑罰禁止条項から推察して認められた[31]。公用収用条項を根拠とする私人の訴訟はいっそう強力であり，この訴訟においては，「正当な補償」という言葉によって，その他の多くの言葉が規定し損なっている損害賠償の救済が与えられるのであり，この私人の訴訟が制約を受けるのは，ポリス・パワーや黙示の現物補償の法理によって正当化される場合のみである[32]。

近接因果関係

　近接因果関係(proximate causation)の問題は，すべての収用事件において生じる問題である。通常の横領訴訟においては，原告の財産を自らの手で収用（占有奪取）したとして被告が訴えられるのが典型である。しかし，このような典型的な事例で，責任の境界が明確に画定されるわけではない。被告が罠を仕掛けたところ，無過失の原告の動産がその罠にかかってしまった場合，その動産の取得は実力行使ではなく，罠によるものだということを理由にして，被告はその動産を保持できるわけではない。同様に，被告が原告に対し動産を預かるから置いていってよいと偽りを告げ，返すときになってその返却を拒む場合，被告はこれを収用したのである。しかしながら，この動産を自分に渡したら，もう返さないと被告が告げていた場合には，被告は責任の境界の外にある。すなわち，このような場合は収用ではなく贈与であり，語られた言葉の真否が公用収用条項の適用範囲の限界を設定することとなる[33]。

　すべての横領事件において，原告から被告へ占有の移転を完了するのに必要な被告の行為に加え，移転の間に介在するあらゆる行為を考慮することが厳格に求められている。しかし，占有の移転における中間の段階がもっぱら被告の実力行使や不実表示から引き起こされている限り，占有移転の行程の長さは，両当事者の相対的な権利関係を変更するものではない。代議制統治の中心的前提によって，政府が私人である被告の立場に立つときにも同一のルールが適用される。

　因果の鎖の同様な拡大は，破壊の事件においても見られるものであり，これによって，困難な不法行為法上の問題である近接因果関係の問題が公用収用条項の法の中にまで入り込むこととなる。およそすべての因果関係論は，極限といえる困難な事例においてはうまく機能していない。しかしながら，極限事例でうまく機能しない可能性があるからといって，適切な因果関係論の力が——それが国家による凶果

関係であっても——直接の暴力により加えられた損害に関してまで弱くなるわけではない。因果関係は不法侵害によって始まるけれども、どの私法制度もこれまで不法侵害を不法行為のすべてであるとして満足したことは一度もない。コモン・ローにおいても大陸法においても、因果関係は間違いなく間接損害や結果損害の事例を一部含んでいる。上に述べた横領事件と全くパラレルな事例について考えてみよう。被告が原告を直接的に殴って傷つけたのではなく、被告が据え銃や罠をしかけ、原告がそれに触れて傷ついたとしよう。あるいは、被告は原告を害したわけではなく、渓谷の底から出る安全な道がないのにあると偽ったとしてもよい。ここでは、因果の鎖の拡大がなされなければならない。ローマ人は、奴隷やある種の動物を「殺すこと」を制定法によって禁じていた。[34]しかし、原告に薬だと偽って毒を盛る場合のように、死の原因を被告が作ったという意味で被告が原告を殺した場合にパラレルな状況を規制するために、「類似の」訴訟（特殊主張訴訟 action on the case と同様のもの）を創設せよという状況に内在する論理によって動かされる場合があった。[35]制定法によって「衡平」が考慮される事例は、憲法によっても衡平が考慮されるべき事例なのである。

間接的因果関係は、Eaton v. B.C. & M.R.R.事件[36]において適切に扱われているが、これは、Pumpelly 事件の直後にその精神を汲んで判決されたニューハンプシャー州の公用収用事件である。Eaton 事件においては、公的許可を得て行動した被告鉄道会社は、丘の尾根を大きく削り、その結果、自然水が間歇的に原告の土地に洪水を起こし、耕作に支障を生じさせてしまった。公用収用条項という公法と不法行為法という私法との密接な関係は、判決意見の最初の文で明らかにされている。「尾根を削ったのが、原告や立法府から何の権利も得ていない私的土地所有者であれば、この訴訟において回復を求められた損害の賠償責任が肯定されることは、ほぼ異論のないところである。[37]」

裁判所は忠実にこの前提を近接因果関係の問題に適用した。裁判所の指摘によれば、原告が不法行為法上のトレスパス（不法侵害）理論に基づいて訴えるのか、あるいは自然力が原因として介入していることを理由に Rylands v. Fletcher 事件[38]のルールにならった理論に基づいて訴えるのか、は全く本件の本質には関係がない。スミス裁判官は全く適切な因果関係論を展開し、被告がこれまで保水していた「土壌を加工し」たことを考慮して、水は原告の土地に「自然に」流れ込んだのだという主張を認めなかった。スミス裁判官によると、「尾根がもとの自然のままの状態で

保たれていた場合に，被告が洪水のもとになる水を尾根の頂上の蛇口にポンプで送水し，蛇口からの水で直接原告の土地に水を溢れさせることができたであろうか？もしそれができないならば，重力によって水が必然的に原告の土地を水浸しにするような水路を被告はどうして維持できるというのだろうか？　問題となっている被害は特殊主張訴訟によって救済されるものであって，トレスパス訴訟によって救済されるのではないということは，憲法問題とは何の関わりもないことである。なぜなら，コモン・ローの訴訟制度を「複雑にし，負担を多くする」ような細かい技術的な区別から成る迷路の中に自分たちの考えを封じ込めようというような意図を憲法制定者がもっていたと信じる理由はないからである[40]。損害発生前に被告が原告から権利を購入していたとすれば，被告は「溢水のための地役権を得ていたと言うことができよう。しかし，そうであるとしても，それは，被告にとってほとんど助けにならない。なぜなら，そのような制限的権利の事前購入がなされず，洪水が起こっているからである[41]。」原告には占有が残るとはいえ，所有権の重要な内容の1つである通常の使用を奪われたのであるから，その本質をみれば，このような土地への損害は土地の部分収用にあたる。

　しかしながら，公用収用条項の基本原理を見失い，Pumpelly事件やEaton事件に見られる素朴な形式主義に戻ることは非常に容易である。とくに，空間地役権などに関連する法が，溢水事件に関する初期の分析から有益な示唆を全く受けていないことは明らかであろう。混乱の種はUnited States v. Causby事件[42]で蒔かれたのである。この訴訟において，裁判所は，軍用飛行機が離着陸の際原告の上空に恒常的に侵入することについて，上空飛行の地役権という形の収用に対し，政府は私人である土地所有者に補償する義務があると判示した。しかし，原告の上空に侵入する行為自体は，空間に対する通常のトレスパス（すなわち収用）として扱われたので，土地所有者の不便や生活妨害は，訴訟を基礎づけるに足る損害の1構成要素にすぎなくなった。残念ながらこのような理由づけは，侵入によって生じた生活妨害ではなく，保護された領空へ侵入することそれ自体が政府による権利侵害に対する訴訟の核心であるという含みをもってしまう。

　しかしながら法理上の誤りは，容易に結果の誤りにつながる。Batten v. United States事件[43]において，裁判所が述べたところによると，問題は「影響を受けた財産に物理的な侵害は全くないものの，合衆国の空軍基地における軍用ジェット飛行機の発着と駐留により財産の使用と収益を妨げるような騒音，振動，排煙が発生して

いる場合，修正第5条の下で補償されるべき財産の収用があると言えるのか否か」であるとされた。裁判所はこの問題について，財産の収用と財産への単なる加害というすでに論破されている区別を強調して，否定的な答を出した。裁判所は，「記録によれば，使用と収益の妨害以上のことがあったことは示されていない」と述べて，救済を否定した。しかしこの妨害こそ，まさに補償が当然なされて然るべき理由である。19世紀の不法行為法上の区別のうちほとんど擁護できない区別の1つが，爆破による損害は厳格責任ルールが支配し，振動その他は過失ルールが支配するという区別である。Batten事件において裁判所は，この区別を憲法レベルで適切であるとして扱った。なぜなら，裁判所の見解によれば，加害の特徴と原因についてのこの区別は，たんに過失の主張と立証が必要かどうかという問題のみならず，補償がそもそも与えられる事例なのかどうかというより大きな問題にまで及んでいると考えられるからである。

　たしかにBatten事件は，換気扇でトンネルから排出され，原告の財産を通過する排煙と悪臭について救済を認めたRichards v. Washington Terminal Co.事件のように，いくつかの事例においては補償が必要であると認める一定の余地を残している。Richards事件は，この法理をしぶしぶ承認したのだが，それ以上の格段に重要な意味をもっている。というのも，それは，収用に損害と破壊の両方が包摂される場合に限って公用収用条項の統一性が保持されるということをPumpelly事件が予示した方法で明らかにしているからである。この承認は，核心的な点を強化するにすぎない。というのは，Richards事件は，すべてのニューサンスは「物理的侵害」として扱うべきものであり，それゆえ公用収用条項により補償がなされるべき一見して明らかな収用として扱うことを求めているからである。Batten事件における裁判所のように通常のニューサンスは物理的侵害ではないと主張することは，通常のニューサンスの位置に関する正しい理論に反するのみならず，古今の一貫した判決にも反することになる。ニューサンスという不法行為が，正面から私有財産の保護を目的としている公用収用条項の関知するところでないなどということはありえない。ここにおいて判例法上，Batten事件の立場の修正がなされつつある一方で，Batten事件の立場に従うと許される筈もないような不当な結果が生じるということが立法レベルで一部認識されるようになったことは歓迎すべきことである。「補償なしの」立場からの退却があると，それを憲法上の要求によるものではなく，立法府による恩恵だとみなし，ニューサンスがあたかも，理由はともあれ公用収用条項

の範囲外に位置する衡平さに関わる問題を発生させているかのように論じるやり方は，非常に魅力的に見えるかもしれない。しかしながら，必要なことは，気まぐれで原理に基づかない一時しのぎではなく，コモン・ロー上及び憲法上の原理の問題として，Batten事件とそれに含まれている哲学とを完全に拒否することである。原則として，完全補償が求められるのである。

結果損害

　公法の事例においても私法の事例においても，因果関係の問題は結果損害の問題に発展する。すなわち，最初の違法行為から生じた損害のうちのどこまでが補償されるべき損害なのであろうか。この問題を生じる状況はふつうに見られるものであり，このような状況においては財産の収用と破壊のいずれによっても，原告は利得や営業を失い，移転費用や弁護士費用といった支出をしなければならない結果になりうる。[51] 最も極端な例は，多くの小規模事業や家々を破壊するのみならず，コミュニティの意味をも破壊してしまうような広大な地域を収用する場合である。ジェネラル・モーターズの工場に譲渡するためポールタウン近隣を収用するにあたって，デトロイト市が公用収用権を用いたことは，問題の実例の1つにすぎない。[52] 当該土地に付随する物の価値減少を考慮せずに失われる土地の補償算定を行うことは，損害の遠隔性テスト（tests of remoteness of damage）を再び用いることであり，それは私人である被告にとっても実際のところ政府にとっても全く不適切なものである。にもかかわらず裁判所は，政府は土地を占有するに至ったのみであり土地の喪失に付随する物については収用していない，という文言解釈を根拠として，それらの請求を一括してすべて否定した。したがって，政府が土地を自らの事業で使用できない場合，ポイントは，所有者の失った価値ではなく政府に移転した価値におかれる。つまり，「事業が破壊されたとしても，それは土地の収用からは予期されていなかった，付随的な出来事にすぎないのである。」[53]「所有者の失った物こそが問題なのであって，収用者の得た物は問題ではない」[54] という一般的ルールは維持されているものの，あらゆる種類の間接損害は，政府はその得た物に対してのみ補償する必要があるという理由を使うことによって，このルールの適用範囲から閉め出されてしまっている。

　しかし，公用収用の事例において，結果損害を原告の損失から除外することが正当化される筈はない。公用収用条項は，憲法のすべての規定と同様，所有されてい

る物の保護を目的としているわけではない。そうではなく，物の所有者の保護こそが意図されているのである[55]。それゆえ，補償を適切に算定するものとして機能するのが所有者の損害であるなら，許された収用に起因するすべての結果損害は，破壊も含めて，被告が私人である場合に通常回復可能であるのと同様，回復できるのである。財産の破壊が公用収用条項における収用に該当するのであれば，結果損害を引き起こすことは，やはり同じく公用収用条項の適用される部分収用に該当する。正義の問題として見ると，これらの結果損害が一切無視されている限り，原告個人には完全な原状回復がなされていない。一般的な社会福祉の問題として見れば，このルールは政府に，予想される損害が予想される社会の利得を越えるような計画に着手するよう促し，その結果，長期的にはすべての人が実質上損失を被ることとなってしまう[56]。

　現在のルールの不正義は，それはそれとして，判例や学術文献で広く認識されている[57]。しかし基本点についての，このような広い学術上の合意があるにもかかわらず，裁判所は，確立されたこの法理を積極的に廃棄するところまではきていない。現代の「進歩的な」裁判所が，自分自身の正義感覚を抑圧するためどこまで内容の乏しい分析にふけるかを示す最近の事例の１つに，Community Redevelopment Agency of Los Angels v. Abrams 事件がある[58]。この事件で，原告は，都市再開発機関により包括的な都市改造計画の一部として収用されるに至った場所で開業していた老齢の薬剤師であった。再開発機関は収用した土地に対する補償を行ったが，２つの付随的損害費目，すなわち，営業権の喪失と医師の処方箋なしには売れない薬の在庫の廃棄について原告エイブラムズ（Abrams）に補償することについては躊躇した。都市改造計画がエイブラムズの長年の顧客を分散させてしまい，また彼の高齢や健康上の不安ゆえ，不可能ではないにせよ新しい土地で商売を再開することは困難であることからすると，営業権の喪失は収用に起因するものであると考えることができよう。医師の処方箋がある場合にのみ販売できる薬が廃棄された理由は，該当するカリフォルニア州保健規則によれば，いったん梱包を解けば，このような薬は他の薬剤師に売却するに際して，事前に州当局による開封検査が必要であり，この場合の手続にかかるコストは薬自体の市場価値を上回るものであったためであった。

　被告が私人であったなら，その人は，ある所有者を強制的に開業場所から立ち退かせたような場合，付随的に生じる両損害につき補償を免れられなかったであろう

が，裁判所はこれらの2つの費目の請求を認めなかった。さらに，州による補償を認めるべき理由は，カリフォルニア州最高裁判所が——明らかに，本件では，不法行為訴訟における被告に対する管轄権を有しない——救済を否定するために持ち出したもっともらしいが実は不適当な不法行為とのアナロジーに照らしてみると，完全に明らかになる。判決文中のある箇所で，裁判所は，原告の損害を彼自身の衰弱した健康状態が原因となっているとした。しかし，原告の顧客の離散は，たとえ原告が精気みなぎる若者であったとしても防ぐことはできなかったであろうから，この主張は事実問題としても成功していない。また，若い原告であれば損害を減らすことができたかもしれないということも，重要ではない。カリフォルニアにおいては他の州と同様，不法行為者は，原告をその人の頭蓋骨が薄かろうと，老齢であろうとそのままの状態で受け入れなければならないのである。まさに政府もこのような立場にある。

　医師の処方箋がなければ販売できない薬に対する補償請求の否定も議論として成功していないのは同じである。原告は州に強制されて，薬を廃棄した。すなわち，他者の脅威の下で廃棄を行う原告と脅威を及ぼす被告の間において，たとえ被告が損害から時間的にも場所的にも離れていたとしても，その損害は脅威を及ぼした被告の責任であることは当然である。つまり，その人は，自らを害するよう，私を強制したのである。この見解は，強迫について理解を示している法体系ならどこにおいても，論争の余地のないものである。不法行為のコンテクストにおいて普遍的に拒否されてきたあまりに限定的な因果関係理論は，公用収用条項事件においても政府を支援するよう用いられるべきではない。営業権や結果損害は，補償される損害の一部なのであり，明らかにそのようなものとして補償されるべきものである。

　結果損害の問題はまた，個人財産所有者が収用の過程で支払う専門家の鑑定評価料や訴訟遂行費用の問題をも伴っている。この点に関し受け入れられている法的原理は，Monogahela事件におけるブルーワ（Brewer）裁判官の重要な主張からの当然の帰結として生じている。これは，所有者の被った損害に対してではなく，「収用された財産」についてのみ補償がなされる，とするものである。政府は原告の費やした訴訟遂行費用や鑑定評価費用を保有することにはならないため，通説の分析によると，政府はこのような損害に対して補償をなすよう要求されてはいないということになる。この結果を正当化する見解として，土地が自由市場において売却されたとき私人所有者は通常これらすべての費用を負担しなければならないため，正味

取り戻せるのは，売却の費用を控除した支払価格であるという意見に基づくものがある。しかしながら，公用収用権力の下での政府への売却は任意でないとすれば，このアナロジーは全く不適切である。自由市場において，売主が取引に応じたという単純な事実は，売主が，正味の価格が譲渡した財産と公正に釣り合っていると考えている証拠である。しかし，所有者が，財産の使用から生じる永続的な収入の方を，収用の結果としての補償の支払より望んでいることは明らかであるから，売却が任意でないところではこのように推論することはできない。つまり，所有者は，失う財産と公用収用条項理論の基本的要求に従ってなされる補償について，どちらでもよいわけではないのである。[64]

それゆえ，まさに真の問題は，これらの付随的な費用をどのように考慮に入れるかの決定である。財産の評価あるいは収用への反対の際に支出した出費すべてについて個人所有者に補償することには，明らかに危険がある。なぜなら，所有者である私人は，政府が請求書の支払をしなければならないとすれば，気前良く支出してしまいがちだからである。考え得る1つの解決策としては，ケースバイケースで出費が適切なものであるかどうかを吟味することである。その結果，公共の用のためとは言えないという理由で収用に反対する努力にかかる費用は，土地が公道のために収用される場合には認められないであろう。ケースバイケース方式には，さまざまなタイプの財産に関係する費用コストの差異をとらえられるという長所がある。しかし，この長所に対応して，制度運営のための行政上のコストを増加させ，また誤りの混入を許してしまうという短所がある。これらのコストを考慮した上で，さまざまな種類の財産について支払われる算定額を増加させるべく，行政上慣例とされる公式を発展させることは望ましいであろう。これによってまた，個人所有者は，請求が多すぎたりあるいは不合理だと判決された場合に政府に償う覚悟がある限り，付随的費用を自ら証明することが認められるようになる。このような補償制度の細部がどのように機能するのかについては，深刻な見解の不一致があり得よう。しかし，選択の幅は充分適切に定義されているので，どれを選択しようとも，それは現在のルールがこのような補償を原則として否定することに比べ，より憲法の文言にかなったものとなるであろう。

1 動産の侵害については，James Bar Ames, *Lectures on Legal History* (1913) 56-63頁を参照。物的訴訟の歴史については，A.W.B.Simpson, *An Introduction to*

the History of the Land Law (1961) 24-44 頁参照。

2 この点の議論については，以下を参照。

3 不法行為訴権の放棄により，原告は自己の損害に対する不法行為に基づく算定基準を放棄し，被告の利得に対する不当利得返還上の基準によって訴えることができる。一般的な事柄については，Arthur L. Corbin, "Waiver of Tort and suit in Assumpsit," 19 *Yale L.J.* 221 (1910) 参照。応用については，Edwards v. Lee's Administrator, 265 Ky. 418, 96 S.W. 2d 1028 (1936) 参照。

4 See, e.g., Maye v. Tappan, 23 Cal. 306 (1863). 古典的な公式によれば，原告の権利の侵害が故意に基づくものであった場合には被告の費用との相殺が否定されるが，所有権の存在に関し被告に錯誤があった場合には否定されない。

5 「損害を受けた」かあるいはそれに近い語が含まれている多数の州憲法の収集については，William B. Stoebuck, "Nontrespassory Takings," in *Eminent Domain* 5 (1977) 参照。

6 80 U.S. (13 Wall.) 166 (1871).

7 Id at 177, 178.

8 See, e.g., Maye v. Tappan, 23 Cal. 306 (1863).

9 私法上類似しているものについては，Richard A. Epstein, "Cauation and Corrective Justice: A Reply to Two Critics," 8 *J. Legal Stud.* 477, 500-501 (1979) 参照。

10 St. Louis-San Francisco Ry. Co. v. Matthews, 49 P.2d 752 at 753 (1935).

11 159 F.2d 169 (2d Cir. 1947). この定式化の詳細については，Richard A. Posner, "A Theory of Negligence," 1 *J. Legal Stud.* 29 (1972) 参照。批判については，Richard A. Epstein, "A Theory of Strict Liability," 2 *J. Legal Stud.* 151, 152-160; Richard A. Epstein, *Modern Products Liability Law* ch. 4 (1980) 参照。

12 O. W. Holmes, Jr., *The Common Law* 97 (1881).

13 不法行為原理と正当な補償原理との間の暗黙の関係は，コモン・ロー判例においてはよく理解されており，とくに法の厳格責任の立場を採用する見解においてよく理解されている。See, e.g., Bamford v. Turnly, 3 B. & S.62, 22 Eng. Rep. 27 (1862); Vincent v. Lake Erie Transportation Co., 109 Minn.456, 124 N.W. 221 (1910).

14 406 U.S. 797 (1972).

15 28 U.S.C. §§ 1346(b) and 2674 (1982).

16 Kawananakoa v. Polyblank, 205 U.S. 349 (1907).

17 364 U.S. 40 (1960).

18 364 U.S. at 48.

19 Id. at 48. この部分には，一連の判例が引用されている。その中には，第6章で議論される Pennsylvania Coal Co. v. Mahon, 260 U.S. 393 (1922) 以下で議論される United States v. Causby, 328 U.S. 256 (1946)，第8章で議論される United States v. Central Eureka Mining Co., 357 U.S. 155 (1958) が含まれている。
20　260 U.S. 125 (1922).
21　Id. at 126.
22　Id. at 127.
23　323 F.2d 580 (9th Cir. 1963).
24　Id. at 582.
25　28 U.S.C. 1491 (1982).
26　323 F.2d at 583.
27　403 U.S. 388 (1971).
28　FTCA, 28 U.S.C. § 2680(h)(1982).
29　438 U.S. 478 (1978).
30　442 U.S. 228 (1979).
31　446 U.S. 14 (1980).
32　たとえば，タッカー法による訴訟の唯一の法廷地をワシントン特別区巡回区裁判所とすることが過度の負担を課すものではなかったことがもし証明できるのであれば，公用収用条項を根拠としてこの法廷地ルールを問題にすることはできないであろう。しかし，外的な物理的損害が政府によっていくぶん離れた場所で引き起こされた場合には，その結果の理由を，政府のえこひいき以外の理由で説明することはきわめて困難なように思われる。便宜上のバランスからすれば，損害発生場所を法廷地とすることが強く推奨される。法廷地が連邦政府による規制と行政行為がなされるワシントン特別区とされる理由を理解することはきわめて容易である。See generally, Cass R. Sustein, "Participation, Public Law, and Venue Reform," 49 U. Chi. L. Rev. 976 (1982).
33　修正第1条との並行関係に注意せよ。そこでは，適切にも，真実の言明が虚偽の言明よりもはるかに大きな保護が与えられている。See, e.g., Gertz v. United States, 418 U.S. 323 (1974) (per Powell, J.).
34　See Dig. Just. 9.2. 正文全体とその分析については，F. H. Lawson, Negligence in the Civil Law (1950) 参照。
35　Dig. Just. 9.2.7.6.-9.2.9.3.
36　51 N. H. 504 (1872).
37　Id. at 506-507.
38　See Fletcher v. Rylands, 1 Ex. 265, aff'd sub nom, Rylands v. Fletcher, LR. 3.

39 51 N. H. at 513-514.
40 Id. at 520.
41 Id. at 516.
42 328 U.S. 256 (1946).
43 306 F.2d 580 (10th Cir. 1962).
44 Id. at 581.
45 この判決は、「あるいは損害を受けた」という言葉を省略することは、公用収用条項における判決に何ら影響を与えるものではないという主張を覆す傾向にある。See Bruce A. Ackerman, *Private Property and the Constitution* 191 (1977).
46 306 F.2d at 585.
47 19世紀の鍵となる判例は、爆破による損害について厳格責任による訴えを認める Hay v. Cohoes Co., 2 N.Y. 159 (1848) と、Booth v. Rome, W. & O.T.R.R.Co., 140 N.Y. 2d 11, 250 n.E.2d 31, 302 N.Y.S. 527 (1969) である。この区別は、Spano v. Perini Corp., 25 N.Y.2d 11, 250 N.E. 2d 31, 302 N.Y.S. 527 (1969) において放棄され、爆破によって生じた損害のみならず振動損害を訴えるにあたっても厳格責任が認められた。しかしながら、理論状況は、ニューヨークにおいては未だ決着がついていない。というのは、Copart Industrues Inc. v. Consolidated Edison Co., 41 N.Y.2d 564, 362 N.E.2d 968, 394 N.Y.S.2d 169 (1977) が、超危険物質との区別が非常に困難なニューサンス事例において過失ルールの適用の方向を示しているためである。
48 第16章で議論される 233 U.S.56 (1913) 参照。
49 See, e.g., Thornburg v. Port of Portland, 233 Or. 178, 376 P.2d 100 (1962); Aaron v. City of Los Angeles, 40 Cal. App 3d 471, 115 Cal. Rptr. 162 (1974).
50 新聞論調については、Lindsey, "Jet Noise in Los Angeles Is Dooming 1, 994 Holmes," *New York Times*, July 21, 1971 at 1, col.3 参照。この記事は、Charles Donahue, Thomas E. kauper, and Peter W. Martin, *Cases and Materials on Property* 382 (1974) に再録された。See also Aviation Safety and Noise Abatement Act of 1979, Pub. L. No.96-193, 94 Stat. 50 (49 U.S.C. のさまざまな箇所で、成文化されている).
51 Note, "Eminent Domain Valuations in an Age of Redevelopment: Incidental Losses," 67 *Yale L. J.* 61 (1957).
52 See, e.g., "Poletown Neighborhood Council v. City of Detroit", 410 Mich 616, 304 N.W.2d 455 (1981). その検討については、Frank I. Michelman, "Property as a Constitutional Right," 38 *Wash. & Lee L. Rev.* 1097 (1981) 参照。公共の用に関

する重要な法理上の問題については，第12章参照。

53 Mitchell v. United States, 267 U.S.341 (1925); see also Kimball Laundry Co. v. United States, 338 U.S.1 (1949). この事件の争点は，政府が上訴人の洗濯場を一時的に収用した場合，上訴人企業にとっては非常に価値あるものであったが政府にとってはなんの価値ももたない経路価値の損失について，政府は補償しなければならないかどうかということであった。裁判所は，「一時的な使用がもっていたかもしれない譲渡価値」の補償を認めた。Id. at 16. これに対して，反対意見は，Mitchell事件を根拠として，完全に救済を否定していたようだ。権利の譲渡価値は使用価値より遥かに低いものであったと思われるので，多数意見の渋々の譲歩はあまりに小さすぎる。損害を算定する適切な基準は，洗濯場としての占有継続中の収入の現在の価値にさらに占有終了時における経路システムの価値の損失を加えたものである。

54 Boston Chamber of Commerce v. City of Boston, 217 U.S. 189 (1910).

55 この指摘は，ブラックストンに始まる。W. Blaclstone, *Commentaries* 139:「この事件およびこれと同様の事件において，介入し，個人に黙従を強制できるのは立法者のみであり，頻繁に立法者はそのような行動をとっている。しかし，それはどのようにして，介入し強制するのであろうか。恣意的方法によって臣民から完全に財産を剥奪するのではなく，その行為によって発生する損害を完全に補償するか，同等の代替物を交付することによってである。今や公民は他の個人と取引交渉をする個人と見なされている。立法者が行うのは，所有者に適切な価格で自己の保有物を譲渡するように義務づけることだけである。しかし，これすら権力の行使なのであり，立法者は注意深くそれを行使しなければならず，また立法者のみが行いうるものである。」「その行為によって発生する損害を完全に補償するか，同等の代替物を交付する」ということには，結果損害が含まれることに注意せよ。

56 Note, supra note 51; see also, Gideon Kanner, "When is 'property' not 'Property Itself': A Critical Examination of the Bases of Denial of Compensation for Loss of Goodwill in Eminent Domain," 6 *Cal. W. L. Rev.* 57 (1969).

57 構造的な補償の不充分さから生まれる潜在的意味合いについては，第17-19章参照。

58 15 Cal. 3d 813, 543 p.2d 905, 126 Cal. Rptr. 473 (1975).

59 Unite States v. Miller, 317 U.S. 369 (1943); United States v. Reynolds, 297 U. S. 14, 16 (1970).

60 See, e.g., Warren A. Seavey, "Mr. Justice Cardozo and the Law of Torts," 39 *Colum. L. Rev.* 20, 32-33; 52 *Harv. L. Rev.* 372, 384-385; 48 *Yale. L. J.* 390, 402-403 (1939).

61 See generally, Richard A. Epstein, "A Theory of Strict liability," 2 *J. Legal*

Stud. 151, 174-177 (1973). ここでただ 1 つ問題なのは，第三者による強制があった場合，その強制の下で行動した個人は責任を免除されるべきか否かという点である。しかしながら，強制が，損害の責任を負うべき当事者によってなされている場合には，事件の処理は，先例を見るまでもなく明らかである。

62　Monongahela Navigation Co. v. United States, 148 U.S. 312 (1893).

63　支配的な見解が最近の改めて確認されたことについては，United States v. Bodcaw Co., 440 U.S. 202 (1979) 参照。Bodcaw 事件は，実際に不充分であった政府の補償申出額を不充分であると証明するのに必要な土地査定費用分を補償額に含めることを連邦控訴裁判所が認めた事件である。See United States v. 1, 380. 09 Acres of Land, 574 F. 2d 238 (5th Cir, 1978). 連邦最高裁判所は，これらの費用が通常発生する損失であり，それゆえ，通常救済の否定される訴訟費用，専門家証言費用との区別が非常に難しいことを指摘して，この判決を破棄した。最高裁判所の短い判決は，この争点から生じる困難な問題を徹底的に検討することなく，単に判例を引用してこの結果を正当化した。「土地所有者に収用行為の結果としてその人が被ったすべての費用が補償されるようになれば，おそらくそれが公平にかない，効率的にもなろう。」440 U.S. at 204, citing Douglas Ayer, "Allocating the Costs of Determining 'Just Compensation'" 21 *Stan. L. Rev.* 693 (1969). しかし，公平や効率を無視して，この結果は一体どうして正当化されるというのだろうか。

64　この点に関するもう 1 つ先の問題に注意しておく必要がある。それは，合衆国における私人が行う通常の訴訟において，弁護士費用は通常の不法行為訴訟では回復されないのであるから，政府は私人である被告が通常得ている利益を単に主張しているにすぎないという見解である。これに対しては 2 つの対応が可能である。1 つは，私人の領域におけるこのルールは原理上誤っており，弁護士費用に関するイギリス法のルール——勝者がすべて得る——に改められるべきであるとする対応である。第二は，政府のおかれた状況は，私人のそれとは区別可能である。なぜなら，原告にも被告にもなる可能性が等しく存在する私人間の訴訟とは異なり，収用するという政府の決定は自覚的なものであるため，政府はつねに弁護士費用無補償ルールを有利に利用できるからである。このルールの示唆している比例原理に反する負担賦課の有無というテストに関する議論については，第14章参照。

第5章　部分収用：所有権の一体性

諸権利の保存

　部分収用を適切に扱うことは，重要ではあるが同時に困難なことでもある。それゆえ，別に章を設けてこの問題を論じる必要がある。中心となるテーマ自体は容易に記述できる。公用収用条項が私有財産の基体の各々の部分に与える保護は，私有財産全部に与える保護と同じであって，多くもなければ少なくもないというものである。所有権の束に含まれる基本的な諸権原は，どのように分割されようと，その分割が何度行われようと，1個1個をすべて合わせても，1個1個ばらばらでも，それらは公用収用条項の射程内にある。諸権原保存のルールが公用収用条項の背後に控えているのである。仮にAとBがひとまとまりの諸権原を所有しているとすると，彼らが自分の持っているものをどのように結合しようと，彼らの諸権利は世界や国家との関係では，減少も増加もしないのである。

　この命題は，国家が4エイカーの区画から土地を2エイカー収用する場合だと，すぐに理解されよう。所有者にどのくらい土地が残ろうと，一応，収用された土地に対しては補償されなければならない。同じ原理は，どのような形態の分割がなされる場合でも当てはまる。政府が所有権から何らかの属性を取り除き，何らかの形で所有者の諸権利を縮減させたとしよう。その場合，たとえ変化がわずかであったとしても，たとえその適用が一般的であったとしても，公用収用条項の射程内に入ってくるのである。

　もし他の立場をとるとするならば，ただちに自家撞着に陥ってしまうだろう。た

とえば，甲地の空中権をAが所有し，地表権をBが所有しているとする。政府が空中権を収用すれば，Aは一応，補償を受ける権利を獲得する。Aが政府の行動前にBに自己の権利を売却したとすれば，どうだろうか。ほんのわずかの違いでも生じるだろうか。たしかに，売買により，Aからの全部収用だったことがBからの部分収用に転化する。しかし，たとえ今度は異なった人物が補償を受ける権利を持つからといって，基礎となる権利や政府行動の性格づけに変化はありえないのである。4エイカーの小区画地の事例で決定的なのは，何が収用されたかであって，何が残っているかではない。権利を主張する者の所有物は収用された2エイカーだけなのか，4エイカー全部なのかという点も，どうでもいいことである。どちらの場合であっても，補償の義務は変わらないからである。2人の私人が共謀して収用財産に対する政府の補償義務を上積みすることが可能であってはならないのと同様，彼らが自分達の利権を共有したり，分割したりする方法のせいで，政府の義務が軽減されるようなことがあってはならない。これとは異なる立場をとるとするなら，私的所有権に服するものがいくつなのかをまず決め，ついで，政府権力が私的所有者に向けられるたびに，その辻褄合わせをしようとするような所有権理論を必要とすることになる。公用収用条項は，「私有財産は公共の用のために正当な補償なしで収用してはならない」と規定しているのである。その意味は，「私有財産は，全部であれ一部であれ，公共の用のために正当な補償なしで収用してはならない」ということである。

　しかしながら，公用収用条項の保護が権利の束自体のみならず，束ねられた権利の1つ1つに及ぶことを示す方法は他にもある。考えられる例を2つ挙げてみよう。第一の例では，国家が土地を全部収用し，その後，許される使い方に関する一定の新しい制限に服させた上で，その土地を返還する。第二の例では，国家が土地全部を収用するのではなくて，法令により，所有者に対して付随的な使用制限を課すものとする。第一の筋書きが公用収用条項によってカヴァーされるという点に疑問はない。ここでの収用は全部であり，補償が部分的であるにすぎない。というのも，土地が新たな制限に服した以上，何の負担もない状態のそれと価値において同じであるとはいえないからである。もし国家が正式な収用を迂回して2段階を1段階に圧縮すれば，そのとき国家の義務に何か考えられる違いが生じ得るだろうか。その違いが強力でないのは，流水権の逆収用の例と同じである。公用収用条項は，部分補償を伴う全部収用に対しては及ぶが，何の補償もない部分収用については全く及

ばないと論じることなどできるだろうか。

所有権の一体性

　それでは所有の諸権利とは何だろうか。この問題に対する伝統的な回答は，コモン・ローシステムでも，大陸法システムでも同じである。すなわち，特定のものに対する所有の諸権利とは，占有，使用，処分という3つの属性をもち，世界の誰に対しても有効な対世的効力を伴うひとまとまりの無期限の諸権利である。ここでの範疇は新奇なものではない。たとえば，ローマ法のテキストの中では，ius possendi（「占有する権利」），ius utendi（利用する権利），ius abutendi（「濫用する権利」）が論じられており，この「濫用する権利」は，ただちに処分の権利をカヴァーするとの解釈を施されている。[2] ブラックストンが所有権に関する彼自身の説明の中で述べたのも，まさにこの三位一体の諸権利である。[3]

　United States v. General Motors Corp. 事件における連邦最高裁判所の判示は，確立した法学的叡知を次のようによくまとめている。

> 「［公用収用条項に含まれる］重要な文言は『所有権』『収用する』『正当な補償』である。1番目の文言は，法によって認められた諸権利を市民が行使する際の対象となる物という，日常的で非技術的な意味で使われたということは充分に考えられる。しかし，それは，より厳密な意味，つまり，有体物を占有し，使用し，処分する権利という市民と有体物の関係に固有の一群の諸権利を示すという意味で用いられてきた可能性もある。本件の事実に照らしてみれば，その言葉に与えられてきた解釈は後者である。」[4]

　この諸権利の束が特定の物の所有権を構成すると理解されてきた事実そのものが，憲法上の文脈では決定的であると言わなければならない。私有財産権というのは憲法典上は定義のない用語であるが，それが当時の一般的な語法と完全に矛盾して理解されていたとか，単なる占有を意味していたと考える理由はない。むしろ単なる占有と私有財産権は，物的財産に関するイギリス法及びローマ法のいずれの下でも，長い間ずっと対比されてきたのである。[5]

　しかしながら，この歴史的な説明は同じ観念を分析的に取り扱うことで補強される。ここでは2つの独立したやり方で問題に接近してみたい。まず第一に，所有権の概念に対して何を余分につけ加えることができるか問うてみよう。なるほど，どんな所有者でも，他者の請求の対象となる物の占有，使用，処分をコントロールす

る権利を要求するであろう。しかし，所有権が一般的な観念であることが理解されれば，こういう広範な要求は，必然的に他の人々の同様の諸権利にも認められてしまう。所有権の考え方によれば，物にどのような使用法が認められるとしても，それは所有者の排他的な領域にとどまっていなければならない。何が許される使用法であるかは，自然の境界を重視する実質的な方法で定義される。たとえば，他人の土地を物理的に侵害しない限り，各人は自分の土地を自分の思うままに使用できるというように。所有権の束に余分な要素を加えることは，平等な法的保護を求める他の個人からその要素を奪うことになる。占有，使用（その限界は物理的侵害のテストによってなされる），処分は，通常の語法であれ技術的な語法であれ，所有権の外延を形成しているのである。

　第二の問い方は第一のそれの反面である。つまり，どんな要素なら所有権の束から取ってもよいかを問うのである。しかし，伝統的な要素のいずれかを欠いた所有権の整合的な説明を見出すことは不可能であろう。Xが甲地の所有者であると想定してほしい。彼の所有利益が時間的に限定されると考えることは可能だろうか。とくに，その利益を得たのが先占によるものであって，譲渡によるものではないとすればどうだろうか。もしその利益が時間的に限界をもつとすると，それはいつ終了するのだろうか，有効期間が満了した場合に誰がどんな原理に基づいてその利益を手にする権利を獲得するのか。考えられる諸権利の束を解いても，誰もそれらを得ることができないとすれば，そのシステムは充分に定義されているとはいえないだろう。国家は単なる宣言だけで諸権利を獲得できるわけではないから，その物の将来の価値は人間の手の全く及ばないものになってしまう。

　同様に，占有・使用・処分はランダムに集められた属性のリストではない。それどころか，それらは包括的かつ整合的な所有権観念の核心に位置しているのである。これらの属性について正しく考える方法は，そのいずれかが取り除かれた場合，所有権が何を意味することになるのかを問うことである。占有の権利のない所有権概念を有することは賢明といえるか。もしそうなら，誰が問題となる土地を占有できるのか。なぜその占有者が所有者にならないのだろうか。排他的占有が所有権の本質的属性として認識されると想定してみよう。その場合，使用の問題について何をなすべきだろうか。所有者が問題となる土地を使用できないのならば，誰が使用できるのか。もしその人が占有していないとすれば，その人が何者であるかをわれわれはどうやって決めることができるのだろうか。また，使用はするが占有はしない

というのは，どういう意味なのだろうか。ある人に占有を授け，別の人に使用の権利を授けようとすることは，見返りのない高度の不整合性を創出することである。占有の権利を含んだ何らかの実現可能な所有権観念は，使用の権利も含むものでなければならない。

さらに，処分の権利の地位がある。ある人が資源を所有していても，別の人の方がそれをうまく使いこなせるかもしれない。もし譲渡することが所有者に許されないとすれば，土地はそのまま放置されざるを得ない。それとも，いかなる根拠に基づくかはともかく，誰か別の人が，その本人にはその土地を占有・使用する権利がなく，買手にもその権利が発生しないにもかかわらず，その土地を売却してもよいことにしていいだろうか。先占ルールは，処分という属性を放置したまま，ある人に占有と使用を与えることはしない。これらの属性の一体性は，所有権概念の不可分の要素なのである。

先占の法理は，個人の権利の根拠を国家の命令に求めないロック主義の理論にとって必要不可欠のものである。先占は，対世的効力をもつ個人の権利の源泉として機能する単純で普遍的な行動のルールである。先占ルールは，すべての個人が自己の労働を所有する世界においてはとくに，個人の所有要求をしっかりと根拠づける。占有を行うには，資源の投入が必要であり，資源を投入したということが所有の排他性を明確にする。もしもルールが，財産を最初に見た者が所有者であることを主張できるというものだとすれば，どういうことが起きるか考えてみてほしい。だから結局のところ，憲法典において言及された私有財産から，整合性を付与する属性のいずれかを奪おうとする想定などできないのである。占有・使用・処分の権利を単一の諸権利の束に結合するのは，それが大きな功利主義的利点をもつからである。より複雑な図式を採用してみても，原始的権利の特性がより漠然としたものになるだけで，逆に，すべての資源の調和のとれた使用と移転を害することになるだろう。

したがって，所有権という統一的な観念の存在は，原始取得の法理からただちに導き出されるのである。さらに説明を要するのは，この単純な原始的地位から複雑な所有の諸権利の枝分かれがいかにして生じるのかである。ここで鍵となるのは処分の権利である。というのも，この処分の権利によって，使用と占有という原始的権利が買手と売手，贈与者と受贈者，抵当権設定者と抵当権者といった人々のために，移転され，保有され，分割されるからである。[7] 憲法典の下では，原始的（あるいは無権限の）占有を通じて獲得した権利と承継によって獲得した権利の間で，区

別をする理由は認められない。私人による場合であれ，国家による場合であれ，どちらも所有することができるし，収用することができる。私人間の取引において売買される単純不動産権に当てはまることは，不動産賃借権にも地役権にも抵当権にも生涯不動産権にも将来権にも当てはまる。それは未開拓地や開墾地にも当てはまるし，鉱業権や空中権にも当てはまる。単独所有にも当てはまれば，共同所有にも当てはまる。いかなる形態の所有であるかを問わない。特許権にも著作権にも営業秘密にも他の形態の無体財産にも当てはまる。たとえそれらの物理的占有がかなわないとしても，使用・処分の価値はあるからである。属性の間には位階はなく，所有権の区分けも認められない。占有が奪われて使用・処分が残る場合，それは財産の部分収用である。使用が奪われて占有・処分が残っても，処分が奪われて占有・使用が残っても同じである。属性の喪失は全面的でなければならないと要求されているわけではない。単一の属性の部分的喪失は補償の範囲を決定するかもしれないが，収用であることを否定するものではない。諸権利の剥奪はいかなるものであっても，どのような方法でもたらされようと，結果的に必要となる補償がどうあろうと関係なく，収用なのである。問われなければならないのは，「何が収用されたのか」であって，「何が残っているか」ではない。この問題は属性ごとに検討するのが最もよいであろう。そこで次章では，占有と使用を取り上げることにしたい。処分の問題は第7章で取り扱う。

1 　第4章における Pumpelly 事件の議論を参照せよ。
2 　たとえば，J.K.B.M.Nicholas, *An Introduction to Roman Law* 154 (1962) は，類型化に言及した上で，そうして創出された私的所有権には限界が存在しうると指摘している。
3 　第4章参照。
4 　323 U.S. 373, 377-378 (1945). 結局は重要な3つの属性に集約されることになるものの，属性に関するより包括的なリストについては，次の文献も参照せよ。A. M. Honore, "Ownership", in *Oxford Essays in Jurisprudence* 107 (A.G.Guest ed. 1961).
5 　イギリス法については，A. W. Brian Simpson, "The Ratio Decidendi of a Case and the Doctrine of Binding Precedent," in Nicholas, supra note 2, at 148; ローマ法については，Nicholas at 98-157, esp. 107-115, 153-157.
6 　諸条件については，第14章参照。

7 グレイが私有財産権の崩壊と呼んだもの（第3章の註1）は種類が違うものである。移転の頻度を上げて移転の費用を下げたために，所有の諸権利はもはや当初の束の中にはとどまっていない。ひとまとまりの原始的権利のために，それほど多くの並べ変えを考え出したことは，システムの動力のための捧げ物である。

第6章　占有と使用

占有

　排他的占有という考え方は私有財産権の基本的観念に含まれるものであるが，それが，連邦最高裁判所の最も重要な収用事件の1つである Pennsylvania Coal Co. v. Mahon 事件[1]を解き明かしてくれる。この事件では，石炭層を含む土地の所有者が，地表権を譲渡する一方で，明文によって地下の石炭をすべて採掘する権利を留保するとしていた。不動産譲渡証書の文言には，地表が崩れるような事態が生じても，買手（買手自身とその譲受人）は損害賠償の権利をすべて放棄すると書かれていた。当初の譲り渡しの後しばらくして，ペンシルヴァニア州がコーラー法（the Kohler Act）を制定し，地表の所有者に対して損害を及ぼすような採掘を一切禁止した。連邦最高裁判所は，この制定法を石炭採掘会社の利益の収用であると判示し，そのことは明らかであるとした。この事例には，ホームズ（Holmes）裁判官が苦心して練り上げた言葉が盛り込まれている。この言葉を彼は後に，ある書簡の中で後悔していると述べているのだが，それによると，規制の「程度が過ぎる」場合は，補償の支払を要する収用として扱われるとされている[2]。しかしながら，地表の所有者に対する利益付与ははっきりしているため，この事例の処理は簡単である。制定法以前に石炭採掘会社は鉱業権を占有していた。制定法が可決された後，利益そのものが失われてしまっている。「（市の）代表者たちが近視眼的に，地表を支える権利もなしに，ただ地表権だけを獲得したのだとしても，地表を支える権利を補償なしに与えることを認める権限はない。それは，最初に通行権のある土地を収用して

おきながら，公衆が強く欲したという理由で，その補償の支払を拒絶する権限がないのと同じである。」これ以外のことはすべて不必要である。したがって，裁判所の意見は莫大な数の学説を生み出したにもかかわらず，この事例の処理は容易なのである。

しかしながら，同じくらい容易な事例で，比較的最近の他の事例を見ると，そこでは連邦最高裁判所がいかにしてこの素直な結論を回避し得てきたのかが示されている。Penn Central Transportation Co. v. City of New York 事件における裁判の争点は，史跡保存法に従って決定を下したニューヨーク市には，グランド・セントラル駅の所有者が現在の建造物の上に新しい高層オフィスを建築することを禁止する権限があるかどうかであった。ここでは ad coelum の法理（不動産上の空間に対して，不動産所有者の利益享受を制限する権利が誰にもない場合は，不動産所有者が上空の空間を所有できるという法理）の射程外か否かの問題はない。というのも，所有者は実効的に占有し得る上空の空間だけを占有するという権利を主張したからである。しかし，連邦最高裁判所は，既存の建造物の使用が妨げられない限り，市は補償の支払なしに上空の空間の占有と使用を全面的に禁止することができると判決した。裁判所は，ブレナン（Brennan）裁判官を通じて，州が人々をその所有物の一部の占有から排除し，しかも州には補償支払義務が発生しない場合がありうると判示している。それにとどまらず，裁判所は，このむき出しの結論を次のような主張，すなわち，地役権という一定の権利の喪失が財産の収用を構成するというのは「詭弁」だという主張によって取り繕おうとしたのである。しかし，このいわゆる詭弁と呼ばれているものは，実際には，合衆国のあらゆる時と場所で用いられてきた標準的な所有権の観念，つまり所有権は可分だという観念をそのまま肯定したものなのである。既存の建物の上空の空中権は，所有権であった。それは既存の建造物によってすでに占有されている空中権の場合と全く同じである。収用の正当化や暗黙の補償の問題がまだ残っているものの，この事例は明らかに公用収用条項によって捕捉されるものである。

排他的占有の権利の類似の取り扱いは，連邦最高裁判所の比較的最近の事例である Prune Yard Shopping Center v. Robins 事件に見られる。この事例において被上訴人は，上訴人の所有する大型ショッピング・センターに立ち入ってブースを設置し，国連が行った反シオニスト決議に反対する署名を集めようとした。一部を占有したという事実を除いて，ショッピング・センターの商売に支障はなかったもの

の，被上訴人が擁護しようとした見解はショッピング・センターの所有者の支持するところではなかった。

レーンクィスト（Rehnquist）裁判官の意見は，至るところでその知的脆弱性をあらわにしている。裁判所は，所有権の属性について，排他的占有も含めて，整合的な説明を全く提示していない。民事事件では，立入に対する差止命令を得るのに，現実の損害を示す必要はない。立入それ自体が，権利の侵害なのである。立入に対する差止命令は，たとえ損害賠償が与えられない場合でも，あるいは与えられるべきではない場合でも，救済として用いることができる。したがって，上訴人の権利の侵害は些細なものであるという論証はいずれも，完全に的外れであることになる。私人間の紛争ではまさにそうなのである。「投資の裏づけがある期待」という問題全体は，収用の争点それ自体には及んでいない。それは関連するとしても，信頼利益の賠償の争点に及ぶにすぎない。

ショッピング・センターは個人の住居ではないとか，その場所にはさまざまな目的で来てほしいという招待が多くの人になされていたというのはその通りである。しかし，それらのことはすべて無関係である。所有権という考え方は，他人を完全に排除する権利を含むものである。他の人の立場がどうであれ，これらの原告は招待されていないのである。そこにはロック的理論がそのまま当てはまる。つまり，所有者の同意なしにショッピング・センターに無理矢理入り込むことは何人にも許されない。したがって，所有者の有する立入を承認しあるいは拒否する権利に，州が条件を課すことは許されないし，Aが所有地への立入を認められたのだから，Bにも認められなければならないと主張することも許されないのである。州が土地の排他的占有に制限を課せば，それは原則として補償が要求される部分収用を構成することになる。

マーシャル（Marshall）裁判官はここに理論的問題があることにある程度気がついていた。それは彼が，憲法上の命令が立法者による絶え間のない主題の再定義によって無にされることのないよう，何らかの規範的な観念が私有財産の憲法解釈の根底になければならないと指摘したときである。しかし，彼が書いた誤った同調意見には，憲法条文の形式的権威を重視せよという主張を可能にし，あわせて運動家勝訴とするような別の法律構成は示されてはいない。私は修正第1条の政治的保障の重要性に異論を唱えようとしているのではない。けれども，他の自由の行使と異なり，この自由の行使の場合は，被上訴人には自らの使用のため，他人の土地を占

有する権利が与えられると論じることは間違っている。それは，修正第1条によれば，政治的候補者には無料で隣人の電話を使用する権利が与えられるというのと同じだからである。もしPrune Yard事件判決が私有財産のためになしうる最善の表現だとすると，異なった確信を抱いている有能な裁判官であれば，何の良心の呵責もなく，修正第1条とは，親しい家族ぐるみの友人達と社交上の冗談を言いあう権利を厳粛に保障するものにすぎず，私有財産に関してはそのような保障はないという解釈をするだろう。言論の自由は，他人には不愉快なやり方で話す権利を人に与えるものである。しかも，そうすることに何らの正当化もいらない。それと同様に，私的所有権は何らの正当化も必要とせずに，他人を排除する権利を与えるのである。要するに，言論の自由であれ，所有の自由であれ，ある領域において正当化の必要なしに好きなようにふるまう能力こそが，自由の本質なのである。

使用

使用という属性の扱いも同様である。Pumpelly事件，Eaton事件，Richards事件[10]といった初期の判決は，ある種の不法行為的侵害との関連で財産を使用する憲法上の権利を擁護したものと理解するのがもっともよい。その論理は，Rylands v. Fletcher事件と同様の論理に基づき形成されている。[11] 同様に考えれば，Batten事件における誤りは，ニューサンスによる干渉から，占有及び処分とは区別して，使用の属性を保護することを裁判所が拒絶した点にあることが容易に理解される。[12] 上述の事例はすべて地役権に関するものであるが，私人間の文脈では契約によって課すことのできるような使用制限を政府の行為が課す場合でも，同じことがいえるのである。たとえば，大きなオフィス・ビルの所有者である国家が，ビルと海の間にある土地に関して，法によってすべての建築を禁止するとすれば，国家は私有財産の利益を収用したことになる。したがって，ここでもまた，私的権利の強力な理論，つまりここでは制限的約款の理論が状況を支配するのである。[13] 政府は土地の物理的占有を収用していないが，それはどうでもよいことである。政府は明らかに，法令によって設定した契約が，それに服する当事者によって遵守されない場合には，力を使ってでもその土地に入り込んでくるであろう。政府の立場が他と違うのは，土地の交換を強制することができ，その交換に基づいて，私人を被告としてその行為を差し止めることができるという点だけである。しかし，土地の利益を全面的に扱う場合であろうと，部分的に扱う場合であろうと，所有者から権利を剥奪するときは，補

償の要請を避けて通ることはできないのである。

占有と使用：水域権

　ここまでは占有と使用の権利の分析をもっぱら土地について行ってきた。しかし，同様の分析は水域権の事例に及ぼすことも可能である。問題となる権利は，国家の水域管轄権に関わるものであり，典型的には河岸の所有者の権利に付随するものである。それゆえ，この権利の喪失は，より大きな私有財産の利益の部分収用として理解するのがもっともよい。水域の事例ではこれまでの事例にはない新しい問題が見られる。それは，水自体に対する権利及び水に関わる権利の初期配分は，通常の不動産あるいは動産の場合と比べると正確に特定することができないという一見して明らかではあるが，重要な違いから発生する。しかし，一定の国家の活動が，全体であれ部分であれ，私有財産の収用を構成するのか，それともそれとは異なり，その活動は被害者の不利益には働くものの，何らかの既得権を侵害することはないのかについて決定するには，これらの財産権についての何らかの説明がまず必要である。水域に対する当初の権利配分を説明する必要性のあることを指摘しただけでは，そのような説明を提供したことにはならない。それは United States v. Willow River Power Co.事件におけるジャクソン（Jackson）裁判官の意見の有名な言葉の中で強調されていることである。その事件は，ダム建設の結果として上流の発電力が失われたというものであるが，ジャクソン裁判官は次のように書いている。

　　「もちろん，上流には価値があり，会社には St.Croix 川（本件で堰止められた川）の水位を低く抑えておくことに経済的利益があるのは明らかである。しかしながら，すべての経済的利益が『財産権』であるというわけではない。そのうち法によって支持される経済的利益だけが『権利』なのであり，そのように承認されて初めて，裁判所は他人にそれへの干渉を差し控えるよう強制したり，その侵害に対して補償をするよう強制できるのである。」[14]

　第一の命題，すなわち，権利と利益は区別する必要があるという命題は否定できない。しかし，第二の命題，すなわち，利益は裁判所が認めて初めて権利になるという命題は，第一の命題から導かれるものではない。第二の命題は，実際，間違っており，公用収用条項とも整合していない。公用収用条項は水域権に対する私的所有権の定義をおいていないけれども，何らかの独立した規範的説明を行うよう要求している。この作業に取りかかる際，連邦最高裁判所は「航行地役権」を余りにも

重視しすぎている。その権利はそれと衝突するすべての沿岸利益に優先・優越するといわれている。航行地役権の由来がはっきりしていないことは，その起源が通商条項の中に推定されることからも明らかであろう。それでも航行地役権が優先すると主張するのは，管轄権（それがいかに広範なものであろうと）を連邦主権に認めることと，その管轄権内における物の所有権を混同するものである。連邦最高裁判所自身は，通商「条項は権限について語っているのであって，所有権について語るものではない」と認めている。とはいえ，そのすべてはそれに続く次の文章で取り消されている。「しかし，権限とはいかなる競合や衝突をも排斥するために主張できるような支配権である。権限とはわれわれが『支配的地役権』あるいは『優越的航行地役権』と呼んできた特権をいうのである。」

　管轄権と権利のこの初歩的な混同が明らかとなった今，当初の権利配分はいかにして決めればよいのだろうか。ここで洞察の中心となるのは，一応の収用についての議論全体を集約するものは何かという点である。政府それ自体には，もともと何らの権利も授けられていない。政府は，それが代表する個人から引き出される権利を授けられているだけである。公法と私法のその場しのぎの峻別を主張するどころか，政府は，他の場合と同様，水法の事例においても，その密接な関連性を主張している。したがって，判断のための適切な基本線を見出すためには，水域に対する当初の権利配分を私的当事者間に限定して明らかにする必要がある。

　事件の中にはこの点についてはっきり論じているものがある。というのも，水域権をめぐる紛争の偶然性は，当初の権利配分の特定を複雑にするものではないからである。かくして，Kaiser Aetna v. United States 事件では，私人の当事者は自らの費用で航行できない水域を可航水域に変えたのである。政府の主張は，たとえ会社がその水域を私有にしておくためにあらゆる措置をとったとしても，優越的地役権がその水域に及ぶというものであった。この主張は次のような簡単な理由で退けられた。すなわち，その水域を私人から合衆国の支配に移す根拠を，私的利益獲得のための私的開発ということだけに求めるのは，不可能ではないとしても，困難であるという理由である。舗装されていない私道が舗装されたからといって，それが政府のものになるわけではない。舗装をする者はそれによって自らの道路を公共の用のために開設したと法が宣言するとすれば，それまでの道路の排他的使用が条件付使用になるのであるから，部分収用が行われたことになるのである。その事情は水域権の場合も同じである。

ある意味で，Kaiser Aetna 事件はユニークである。というのも，それは，始まりにおいて1人の個人の排他的占有と統制のうちにあったものに対する権利に関わる事件であったからである。水域権に関する大部分の事例はもっと難解なものである。なぜなら問題は，川についていうと，その川が何らかの点で多くの人の共有である場合に，誰がどのような権利をその川に関して持っているのか，というものだからである。水域における競合する主張の正確な実体は，自然流水理論，合理的使用理論，事前専有理論といった異なる3つの水域権理論間[20]の長年の緊張関係ゆえに，決定に困難をきたす場合が多い。しかし，優越的航行地役権がすべてに優先するとされてきたために，これまでの先例においては，これらの理論間の差異が表面化することはなかったのである。

より穏当な見解においてすら，これらの理論間の差異が重要な違いを生むことはほとんどない。水域の所有権について競合関係にあるこれらの理論の主たる対象は，自分達の使用のために水の流れを変えようとする沿岸権者間の権利である。私的所有者に公有水域における航行を阻止あるいは抑止することを認める理論は，これまでのところ存在しない。しかし，収用事件において訴訟の中心となる原因は，全く反対であったのである。つまり，問題は，川の流れの変更だけでなく，水域への接近及び使用について，その私的権利を制限するために，政府はいかなる範囲において航行地役権を引合に出せるのかである。Kaiser Aetna 事件のような事例とは対照的に，永年の慣習やもっとあからさまな功利主義的見解を根拠として，公共一般の利益のための地役権が存在すると想定することは可能である。

そうなると，私法と収用法双方の文脈で問題となるのは，そういう風にして設定された航行地役権の射程はどうなるのかである。ここでは，伝統的な水法の原則，つまり，水は現実に流れているように流れるという原則（aqua currit quo aqua currere debit）に立ち戻るのが有益であろう。この種のアプローチは「存在」と「当為」の大きな隔たりをひと飛びで越えて，生態系はもちろん，無生物に関して目的論的見解を容認するかのように見えるかもしれない。それは今日の穏健な懐疑主義とは整合するものではない。しかし，現実には，たとえ究極の真実をとらえるものではないとしても，その原則の実際的な力を認めることには充分な理由がある。ルールが存在と当為の間にある溝の橋渡しすることは，欠点というわけではないのである。というのも，権利に関するあらゆるルールはそのような機能を持っているからである。存在と当為の間に関連性があることは，当為と外部世界の何らかの利益

の間に何の関連性もない場合よりはよいのである。公用収用条項の扱いにとって，すでに適当とされている権利のシステムを認知することは，権利のシステムを作り出してそれと置き換えることよりも望ましいのはたしかである。

水法と土地に関する無主物先占ルールの類似性は示唆的である。そのルールの1つの隠れた強さは，分析のための基準線を提供し，それが将来の自発的な取引に対してはっきりとした基礎を与え，政治的な操作の影響をほとんど受けないという点にある。このルールが持つ相対的な明確性及び確実性は，あらゆる種類の航路にも当てはまるだろう。それゆえ，紛争が生じたときでも，その場しのぎのルールを仕立てたいという誘惑を回避することができるのである。

水の自然な状態を権利の基準線として用いるということには，いかなる個人も他人の利益のために状況を変える積極的義務は負わないという意味がある。同様に，この論理は，いかなる個人も当該水域を他人が使用したり，そこへの接近を試みるのを妨げるような方法で水の流れを変えてはならないという意味を含んでいる。われわれが大前提にしているのは，国家はいかなる場合にも，それが代表する公衆よりも優越的立場にいることはないということである。この見解はこれまでの現状を固定するものではあるが，個人間あるいは政府と個人の間に何らかの党派的利益を生むものではない。というのは，あらゆる権利と義務が相互的なものとされるからである。同時にそれは，公用収用条項の通常の要件を満たす場合には，国家が強制的に変化を生じさせることを妨げるものでもない。

これらの基準でもって判断すると，政府は，航行可能な川の通過の容易さを減じる沿岸権者の行為を補償なしに禁止できるし，また公共の航路におかれた橋脚，ダム，水車等の障害物を除去することもできる。しかし同じ論理によって，従来通りの条件の下での水域の使用あるいは水域への接近を政府が制限することは，当該個人に対して一応補償する準備をしない限り，許されない。この水の基準線にはどうしても灰色地域が残る。たとえば，通常の条件下で航路の悪化を防止するための政府の行為は，補償を必要としないといえるのか。つまり，日常の保守作業は小さな恒常的改善の継続にすぎないという理由から，補償を必要としないといえるのかどうか，そこのところははっきりしない。政府に完全かつ優越的な権利を認めれば，この灰色領域を一掃することができるのはたしかである。

しかしながら，連邦最高裁判所は，一連の簡単な事件の判断を誤ったのである。それらは決して難解な事件ではなかった。一連の不幸な事件は，発電用の水の使用

に関するものである。発電ができるのは，水が高いところから低いところに落ちるときである。ここで一般理論と歩調を合わせれば，沿岸権者は既存の水の流れに干渉するのでない限り，自己の使用及び利益のための発電をするのに，高さの差を利用できる筈である。おそらく，私的な文脈においては，高低差をなくしたり，減少させたりする障害物を川に設置することは，訴訟となるような違法行為であり，損害賠償や差止による救済を受けることも可能であろう。公的な文脈でも同じことは起きる。政府がダム建設や水域干拓計画の実施によって，上流と下流の高低差をなくしてしまった場合はそうであろう。重要な事件のうち最初のものとしては，United States v. Chandler-Dunbar Water Power Co.事件がある。[21]この事件において連邦最高裁判所は，政府が航行可能な川の水域の水位を上げて，川の航行可能地域に位置する異議申立人の発電所を運営不可能にした場合でも，政府が補償を支払う必要はないと判示した。この事件の判断は，明らかに間違っているように思われる。というのも，政府はすでに享受している水の流れの権利をたんに守ろうとしたのではなく，その自然な有様を変えてまでその権利を拡大しようとしたからである。Chandler-Dunbar 事件は United States v. Cress 事件において区別された。[22]その事件では，政府が航行可能な水域の水位を中間の上流標識のところまで引き上げ，そうして川の航行可能でない地域にあった水車の利用を妨げたのであるが，ここでは補償が命じられている。第三の事件は Willow River Power 事件である。そこで裁判所は，原告の発電所が可航水域にあるのか，航行可能でない水域にあるのかについて，わざわざ言及しようとはしなかった。それは，その発電所が2つの川の合流点のそばに位置していたからであると思われる。つまり，可航水域の下流の一部と航行可能でない水域の一部に関わっていたからであろう。細かい点を無視すれば，Willow River Power 事件における連邦最高裁判所は，Cress 事件について，先例としては「そこで認定された事実関係に限定されるべきである」[23]と判示した。要するに，水域権に関するいかなる独立した説明も，この判決を誤ったものとして非難しているのである。

　これらの判決が下されたのは，発電に関連する特殊事情によると考えてはならない。なぜなら，「航行地役権」は既決の事件では，放水による場合であれ[24]，撤去あるいは変更を命じる特別の政府命令による場合であれ[25]，高水位点と低水位点との間で行われた改良工事のように，全く通常の財産利益を破壊した事件にも適用されてきたからである。これらの諸判決は，収用事件について2組の所有権ルール，つまり

一般人用のルールと，無原則に政府に利益を与えるルールとを創出しようとする承認し難い傾向があることを具体的に示している。

これと同様の分析を河岸から航行可能な水域への接近を扱う事件についても行うことができる。ここでは，航行可能か否かにかかわらず，個々の沿岸権者に対して，自らの土地を横切って流水域に接近することは否定できないとする原則が，私法において確立している。この権利に対して，沿岸権であろうとなかろうと，私有財産によって水域への接近を阻止したり，妨害することは，たとえ一般公衆に開かれた他のところから川に接近することができる場合であっても，訴訟による救済の対象となるのである。これらの結果は，公道に隣接する所有者が公道を利用しようとすることを阻止する第三者への訴訟を認める場合と何ら変わらない。航行可能な川を水の公道と見るよくある比喩を考えてみれば，同じ原則は政府に対しても当てはまるというべきだろう。しかし，Scranton v. Wheeler事件に始まる一連の事件は，逆の結論に到達してしまった。すなわち，接近権は，その全体であろうと一部であろうと，「接岸施設」としての沿岸権者の土地の価値を含めて，その一切が航行地役権に服するとしたのである。これらの判決は明らかに間違っている。それは，沿岸権者と政府によって代表される全体としての公衆の間で，当初の権利配分をいかに考えるかにかんする意味のある見解のうち，どれをとったとしても明らかに間違っている。だから，わざわざこれ以上にコメントを加える必要もないだろう。

しかしながら，全体としての公衆の防禦権のことを考えると，すべての航行地役権の事例で補償が与えられるべきだという帰結は導かれない。それゆえ，United States v. Rio Grande Dam & Irrig. Co.事件は，川に関するものではないが，川自体を危険にさらす灌漑計画の遂行を差し止める合衆国の権限を支持したのである。この事件は，ここで検討した他のすべての事件とは違って，正しい結論を出している。というのも，この事件で，原始的権利を確定したこれまでの現状を尊重するよう求めているのは，私的当事者ではなく，政府であったからである。土地を基本とした事件と同様に，自然の条件から出発する原則は，あからさまな国家の優越的利益の主張ができない仕方で，中立的に運用することができるのである。

1　260 U.S. 393 (1922).
2　See 2 *Holmes-Pollock Letters: The Correspondence of Mr. Justice Holmes and Sir Frederick Pollock 1874-1932* 108 (Mark DeWolfe Howe ed. 1941). その手紙

は，Bruce A. Ackerman, *Private Property and the Constitution* 163-167 (1977) における次のような主張，すなわち，この事件はホームズにとって克服し難い哲学的困難さを提示するという主張を間違って伝えている。とはいえ，その意見は，慌てふためいて一気に書かれたという徴候を充分に示している。

3 260 U.S. 393, 415 (1922).
4 文献の概観については，See Carol M. Rose, "Mahon Reconstructed: Why the Takings Issue Is Still a Muddle," 57 *S. Cal. L. Rev.* 561 (1984). Mahonの事実については，収用に対するポリス・パワーによる正当化が試みられようが，何らかの外的な危害を見出すのは不可能である。第8章参照。また，制定法が法文上一般的である場合でも，黙示の現物補償に対するたしかな議論は存在しない。第14章参照。
5 438 U.S. 104 (1978).
6 See, e.g., Frederick Pollock, *The Law of Torts* 362 (13th ed. 1929).
7 第9, 11章参照。
8 447 U.S. 74 (1980).
9 Id. at 93-94.
10 第4章における議論参照。
11 L. R. 3 H. L. 330 (1868).
12 第4章参照。
13 See, e.g., Southern California Edison Co. v. Bourgerie, 9 Cal. 3d 169, 507 P.2d 964, 107 Cal. Rptr. 76 (1973). そうして建物制限に関して判決している。See, generally, William B. Stoebuck, *Nontrespassory Takings in Eminent Domain* (1977).
14 324 U.S. 499, 502 (1945).
15 See, e.g., Wickard v. Filburn, 317 U.S. 111 (1942).
16 United States v. Twin City Power Co., 350 U.S. 222, 224 (1956).
17 Id.at 224-225.
18 444 U.S. 164 (1979).
19 一般法の問題はさらにリスクの引受の抗弁と関連させて論じる。第11章参照。
20 これらの理論のうち最初の2つは，土地の所有権が水域を通過する利益を支えているという意味で沿岸権的である。諸理論が異なるのは，沿岸権者が利得使用のために取り戻すことのできる水域の説明に関してである。自然流水理論では，域内目的の小さな転換しか許されないのに対し，合理的使用理論の下では，近隣に対して何らかの損害を与えるような，農業及び手工業のためのより大きな転換が許される。事前専有理論は全く異なる理由に基づいて展開される。すなわち，将来の流水に対する所有権は水の流れの占有によって獲得されるのであって，河岸の所有権から必

然的に帰結されるものではないという。これらの理論のそれぞれが、きわめて大きな内的複雑性を有している。そのことは Joseph Sax, *Water Law, Planning and Policy* 459-467 (1968) において見事に説明されている。3つの体系の経済的弱点に関する研究については、See Mason Gaffney, "Economic Aspects of Water Resource Policy," 28 *Am. J. Econ. & Soc.* 131 (1969). 私の見解については、See Richard A. Epstein, "Why Restrain Alienation?" 85 *Colum. L. Rev.* 970 (1985).

21 229 U.S. 53 (1913).
22 243 U.S. 316 (1917).
23 324 U.S. 499 at 507 (1945).
24 United States v. Chicago, M., St. P. & P. R. R., 312 U.S. 592 (1941).
25 Greenleaf Lumber Co. v. Garrison, 237 U.S. 251 (1915); Union Bridge Co. v. United States 204 U.S. 364 (1907).
26 See, for example, Rose v. Groves, 5M. & G. 613, 134 Eng. Rep. 705 (1843); Lyon v. Fishmongers' Co., 1 A.C. 662 (1876).
27 See, for example, Rose v. State, 19 Cal.2d 713, 123 P.2d 505 (1942). 1つの問題は、なにゆえにその接近の地役権は生じるのかということである。最も簡単な答は、当事者の事前の共同利益にあるというものである。私人である当事者に接近を認めることによって、国家は自己が作った道路の利益を上げると同時に、土地所有者が被る損失（そうして土地所有者に支払われる補償）を小さくするのである。接近権はきわめて古く、私的な訴権の基礎として認識されてきた。それはニューサンスに関係し、少なくとも 1535 Anon. Y. B. Mich. 27 Hen. 8, f. 27, pl. 10 (1535) 以後のものである。接近については一般に、See Stoebuck, supra note 13.
28 179 U.S. 141 (1900). See also United States v. Rands, 389 U.S. 121 (1967).
29 接岸施設については、See 389 U.S. 121. 大きな川に対する接近の喪失については、See United States v. Commodore Park Inc., 324 U.S. 386 (1945). 高水位点と低水位点の間での土地の制限的使用、及び政府の改良により自由な流水が妨げられて生まれた「準・停滞」水域に対して、補償が否定された事件でもある。いうまでもなく、政府がその外的危害を軽視するのを許すことは、結局のところ、行うべきではないような改良工事を招くのである。
30 174 U.S. 690 (1899).

第7章 処分権と契約

将来的な利便に対する干渉

　本章は，部分的収用にかんする検討の最後の部分であり，財産の占有と使用は制約されてはいないが，処分が全面的あるいは部分的に収用(あるいは妨害)されている事件を考察する。国家と私人である被告との立場の対等性は，これまでと同様に維持することができる。原告が一定の財産を所有している場合，それを第三者に移転することを私人である被告が(暴力や脅迫を用いて)妨害・阻止・制約することは，不法となる。なぜならば，それは私的な不法行為として従来から認められてきた将来的な利便(prospective advantage)に対する干渉を構成するからである。[1] 処分権は，排他的占有への権利と同じ程度と様式において１つの財産権である。原告が要求しているものは，第三者Ｘとの取引において世界中の誰からも干渉されないということである。この主張は，けっしてＸとの契約に依拠しているのではない。というのは，問題となっているのは，対世的な効力をもつ，Ｘと契約する権利だからである。所有者が主張しているのは，「単なる」不法行為法上の権利ではない。なぜなら，横領と破壊についてのすでに行った議論から明らかなように，不法行為はそれ自体が収用の１つの下位分類項目だからである。

　ロック的大前提からすると，国家が人々に優越する地位に立つことはない。国家が処分権に制約や条件を課し，売買やリースや抵当を阻止・妨害するとすれば，国家は明らかに補償が要求される財産の収用を行ったことになる。[2] 財産に課される制約と条件の性質に応じて，損害賠償の適切な額が決定され，それによって当該制約

が正当化されることがありうる。しかし，これを当該財産を完全に収用した上で，将来の処分権に制限を付して返還する場合と区別することができないことは，一見して明らかである。つまり，それは部分的な補償しかなされていない完全な収用なのである。

なぜなら処分権の分析は，ここまでは占有と使用の分析とパラレルである。しかしながら，処分は，1つの重要な点において，それらとは異なっている。処分をめ・・ぐる利益は，関係性をもっているから，政府の権利はそれが代表している諸個人の権利に優越するものではないということをつねに念頭に置いた上で，処分に対する政府の制限がいかに潜在的売手（現在の所有者）と財産の潜在的買手の双方に影響を及ぼすのかを検討する必要がある。外形的には，所有者による処分だけに課される制約も，現金や財産やあるいは場合によっては労働と引替に他者が財産を獲得する権利を必然的に制限する。[3]公用収用条項は売手のみではなく，買手と売手双方に及ぶのである。これは，買手の地位を売手の地位と同一視するということを言っているのではない。なぜなら，黙示の現物補償という別個の問題については，両者では憲法上の違いが生じるからである。[4]

この基本的理論とはきわめて対照的に，処分権に関わる裁判所の反応は，処分権——通常，売手側——の独立した地位を保護することで時折和らぐことはあっても，一般に敵対的である。本章では3種類の事例を考察する。第一の，そして最も簡単なものは，私有財産を売却する権限に課される政府の制限に関するものである。第二は，賃借人が更新権はもっていないが，更新への期待を有している不動産賃借利益の収用に関する事例である。第三の事例は，占有は奪われてはいないが権利を侵された所有者のもつ営業権の取り扱いに関するものである。したがって，私は，以下では，将来的な利便に対する干渉と既存契約の下の権利に対する干渉とを区別して議論する。

売却権行使の禁止

Andrus v. Allard 事件[5]において，被上訴人は，規制実施以前に合法的に入手されたものを含めて，鷲の羽を使った製品を一切販売することを禁止した鷲鷹保護法[6]による規制は違法だとして争った。規制は，問題となっている財産の処分形態のすべてを禁止してはいなかった。なぜなら「被上訴人が財産を保有，運送し，保護された鳥を展示，遺贈する権利を保持していることは決定的に重要だ」[7]と認定されてい

るからである。事件事実からすると，この事例はやさしい事件である。売却権は，処分権の（おそらく最も価値ある）部分である。この権利の損失は，単に価値の減少のみならず，財産権の剥奪であり，補償が明らかに必要とされる1つの部分収用である。この単純な結論を回避するために，連邦最高裁判所はお馴染みの議論に訴えている。まず最高裁判所は，「1つの伝統的な財産権の否定がつねに収用に相当するのではない。少なくとも所有者が財産権の十全な『束』を有している場合，その束の1『構成要素』の破損は収用ではない。なぜなら，集合物は，全体としてとらえられねばならないからである」[8]と述べた。しかしこれは，部分収用は公用収用条項の射程範囲内であるという裁判所がしばしば述べてきた，正しい前提と矛盾している。またこの見解は，問題は一貫して所有者が何を失ったのかという点にあるにもかかわらず，所有者が何を保持しているのかに注目している。さらに言えば，一定の，場合によってはすべての使用価値が残存しているということは，収用の成立が立証された後，適切な補償額の範囲を決定する場合に重要になるにすぎないのである。

逸失利益の算定は明確にできないので補償は否定されるべきであると主張しても，問題は改善されない。価値をきちんと評価すれば，それがゼロにならないことは明らかである。そして，このような場合に失われた市場価値を算定することは，コモン・ローの広範囲に及ぶ契約や不法行為事件で日常的に認められている逸失利益の算定と同様に難しくはない。単に収用が行われたことを否定するだけで，政府の主張が認められるなどということはあり得ない。この事件が提起するいずれの困難もポリス・パワーと関係するものである。なぜなら，現在すでに所有されている鷲の羽を売ることの禁止は，たとえばすでに私有されている鷲の羽に免許を与えるという方法で，公的領域に生息する鷲の羽を保護しようとする意図からなされる可能性があるからである。[9]

不動産賃借権の更新

処分の問題は，不動産賃貸借の更新についても生じる。最も単純な事例において，借主は一定の条件で貸主からの賃借を更新するかどうかの選択権をもっている。この選択権は，少なくとも契約上の権利であり，特定履行によって強行可能な土地に対する利益とは同一視できるものではないにしても，裁判所は，土地が完全に収用された時にその損失に対して借主への補償を認めることにさして困難を覚えない。

より困難で興味深い問題が生じるのは，通常過去の慣行によって支えられた更新への期待だけが存在し，それが借主側の賃借の価値の中に盛り込まれている場合である。賃借権の譲受人は，賃貸借期間の満了時点で更新がなされることの価値や可能性を反映する価格をおそらく支払うであろう。実際，この期待は，貸主がこの賃借人だけに更新を認めるつもりであるとしても，借主にとって実質的な価値を現実に有している。つまり，たとえ交換価値がゼロであったとしても，使用価値は存在し得るのである。しかしながら，支配的な先例上のルールによれば，借主のもつ更新への期待は，補償を行ってはじめて収用が可能となるような私有財産の1形態ではないとされている。このルールの表現として最もしばしば引用されるのは，Emery v. Boston Terminal Co.事件でホームズ裁判官が述べたものである。

> 「変わりうる意思は，土地に関わる利益ではない。そのような意思はたしかに申立人の借地の価値を事実上増加させているかもしれないが，被上訴人が支払うべきものを決定する際に考慮に入れることはできない。それらは，借主の法的権利に何ら付け加えるものではなく，また対価支払の対象となるのは，法的権利に限られる。たとえそのような意思が賃貸借の売買価値に付け加わっているとしても，その加算は偶然をあてにした投機であり，法的権利ではない。」

法的権利のみが対価支払の対象とされるべきであるという主張はたしかに正しいが，それらの法的権利は取引の両当事者にあることがわかる。たとえば，土地を収用あるいはそれよりも緩やかな手段で賃貸借の更新を妨げる第三者は，貸主と借主双方に対して不法行為を犯している。その行為は，貸主の処分権と同様に借主の賃借実現の権利をも害している。したがって，どちらの場合も賠償を求めうるのである。つつがなく更新されるだろうという期待は，貸主・借主双方にとっての便益であるので，更新に関わる両者の共同権の価値は補償賠償額の増額という形で反映されるべきであり，それは彼らの利益の程度に応じて貸主と借主の間で分配されるべきである。

借主が，たとえば増改築や業務用定着物のように，収用対象となる土地で使用する以外は何ら価値を有していない一定の財産を所有し，それを政府が収用しない場合には，問題は新たな局面を呈する。Almota Farmers Elevator & Warehouse Co. v. United States 事件において，賃貸人である原告は，貸主である隣接する鉄道会社との間の一連の賃貸借により48年間当該土地を占有していた。政府がその土地を収用した時点で，賃貸借契約の期間は7年半残っていたが，契約には更新条項は含

まれていなかった。占有期間中に，借主は不動産に耐久年数が7年半をはるかに越える増改築を施していた。特注によるものであったため，その増改築は不動産と切り放すと，スクラップとしての利用価値さえほとんどもたないものであった。政府は，賃貸借の残存期間については，増改築の価値を含む不動産賃貸借権に対する補償責任のあるのを認めていた。連邦最高裁判所は，「賃貸借が更新されるという期待に基づくいかなる付加的価値」[12]に対しても補償は認められないという，その一般的ルールにもかかわらず，不動産賃借権利益に支払われる補償額を決定するにあたって更新権の市場価値を算定額の中に含めた。その上で，裁判所は，Almota 事件を，Emery 事件に依拠してそれ以前の通常の商業上の賃貸借の更新の期待への補償を否定した United States v. Petty Motor Co.事件[13]と区別しようとした。裁判所は，Petty Motor 事件においては「裁判所は，増改築の正当な市場価値の問題を扱っていたわけではない。本件では，Petty Motor 事件とは異なり，法的に承認すべき価値が存在しないのであるから，それを創出する問題，あるいは単なる商業上の期待を補償するという問題は存在しない。本件の上告人は，増改築を現に行い，その正当な市場価値を求めているにすぎないのである」[14]と述べた。

裁判所が試みたこの区別は妥当ではない。なぜなら，それは将来的利益の法を誤ってとらえているからである。概念上，賃貸借のもとでの増改築は2つの異なった資産に分けることができる。すなわち，増改築費用のすべてを借主が負担するとした場合でも，借主の所有する賃借期間と貸主が自己の所有物に対して有する財産復帰権とは同じでない。[15]借主への補償は，けっして貸主の有する利益への補償とはなり得ない。したがって，借主は，貸主が財産復帰によって獲得する利益について補償を得られないのと同様，たとえ見積もり可能であったとしても，貸主が増改築部分の復帰によって獲得する利益についても補償を得ることはできない。借主は，増改築部分についての更新の期待に対してのみ補償を得ることができる。ただし，それは，以前に Emery 事件と Petty Motor 事件で拒否された根拠にまさに基づくものである。特注で行われた価値のある増改築は，（これまでの取引交渉過程に即して見れば）更新が高い可能性でなされるであろうと推測させる証拠にすぎないのであって，重要な点ではあるが，その重要性は原告の権利の評価に関わる範囲に限定される。

支払われるべき補償は，借主が財産を占有する権利に基づくものではなく，それとは独立した処分権に基づくものである。収用手続が始まる直前に，原告が収用さ

れることになる土地に10万ドル相当の特注設備を建設する場合を考えてみよう。Almota 事件において展開された分析によれば，問題となる増改築設備は土地にまだ設置されていないので，賃貸借の残存期間についても，その価値は補償されないことになろう。しかし，その結果は擁護しえない。たしかに，借主には，この設備が土地に設置済みでそのまま残される場合よりは，原理上その利用についてより広い選択肢があるので，この事件は複雑になる。しかし，ここでは設備が特注であるため，次善の利用法がスクラップであり，その価値は1万5千ドルであるとしよう。賃貸借契約の満了時に契約が更新されない（きわめて低い）可能性を考慮に入れると，8万5千ドルの一部は補償すべきでないかもしれないが，損失全体を借主の負担とすることは全く不当である。政府は原告の所有権というカバンの中から1つの限定された属性のみを収用したにすぎないのであるが，それは決定的に重要な1つの属性を収用したのである。政府を追及する主張は，増改築が完了しているかどうかにかかわらず，政府が将来的な利便に干渉したという主張で一貫している。たとえ政府が所有者には特注設備の占有を継続できるし，それは認められるのだと主張したとしても，公用収用条項の文言は，このような行為にも及ぶのである。

われわれは，この議論をさらに推し進めることができる。たとえ特注の機械設備が全く占有を得ていない者によって用意されたとしても，同じ帰結を認めるべきである。機械設備の所有者は，取決によって，貸主が好条件の賃貸借を更新しないリスクを引き受けるが，自分が築きたいと望んでいる条件のよい関係に対する外的な力による干渉を受けるリスクを引き受けてはいない。ここでもまた，契約不履行というより大きなリスクや，補償額削減のための考慮項目が増える可能性があるため，補償額は小さくなるであろう。しかし，補償額を削減する方法を語ることができるというまさにその事実が，どうして補償が原理上必要であるのかを物語っている。実力行使による将来の利便に対する干渉については，いつでも私人を訴えることができるが，それと同様にいつでも政府を訴えることができるのである。

営業権

有益な関係に対する干渉は，現在進行中の取引関係について2人の当事者が同様の利害を有しているときにのみ重大なのではない。以前に通常の収用における間接的損害との関係で検討したように，それはまたビジネス上の営業権一般にとっても重大である。営業権については，処分の権利の価値は非対称的，つまり，単独の売

手にとっては価値が非常に大きく,多数の潜在的買手にとっての価値は小さい。営業権の定義は,われわれの注意を当初から正しく「その立地条件,有名人の頻繁な利用,技術・品揃え・納品時間厳守などの評判,その他の偶然的な条件あるいは必要性から店が常連客や顧客から得ている一般的な愛顧やひいきの結果として,そこに投資された資本・株・基金・財産の単なる価値を超える」価値へと向けさせる。[16]

この一般的な考察は,営業権をもっている者の有する権利を述べているにすぎない。しかし,すべての権利はそれと相関的な義務を有しているので,営業権に対する干渉で,訴訟による救済を求めることのできる他人の行為を特定することが必要である。「営業権」とは,その価値を減少させるいかなる活動についても訴訟による救済を求めることができるものだと解釈するならば,それは営業権の物象化であり,無批判的で誤ったものになる。実際には,営業権は,他のすべての財産利益に与えられる限定された保護,つまり被告による収用に起因する損失からの保護を要求できるだけである。占有剥奪は,定義上,政府の行い得る不法の形態ではないから,収用は,無形固定資産に対する所有者の権利を侵害する行為という形態で発生する。以前に行った分析が示すように,収用に対する禁止は,1つの独立した所有権の属性である処分の権利に対する暴力の使用の禁止を当然含んでいる。その点は,経済的損失に関するコモン・ローの訴訟が明らかにしている。

たとえ所有者に土地と人的財産の占有が残される場合であっても,営業権が損なわれる多くの状況が当然存在する。ある近隣の者が所有者の土地に不法侵入することなく店の入口にバリケードを築くような場合である。この形態をとる妨害においては,(通常売手である)単独の所有者と,所有者ともはや取引することのできない(通常買手である)多くの人々とを区別することが必要である。各々の買手にとって,被った経済的損失は,バリケードで閉じこめられた所有者と契約を結ぶことから期待される利得である。一般的には,これらは小さいものである。なぜなら,買手には他にもなお多くの供給源があるので,損失拡大を軽減できる機会が大きいからである。最後に,適切な補償水準の計算,とりわけ損失の規模の計算にかかる実施費用は大きい。これらの実践的理由からすると,たとえ近隣者による明らかな収用であると認められる場合であっても,法制度によるこれらの損失の回復は,耐え難いように思われる。しかし,それらの考慮は,平穏かつ公然と占有し,使用している所有者に対して,それを妨害するため第三者が実力を用いる場合にはほとんど重要性をもたない。そういう場合,損失は,1人の者に集中し,莫大なものとなり,

しかも損失拡大が軽減されることはないであろう。したがって，処分権の収用はもはや，実践的な考慮から見逃すことはできない。この処分権は，多くの潜在的な契約の相手が要求する小額の請求の取り扱いとは別個に保護されるべきであり，それは規範的理論がはっきりと要求しているとおりである[17]。

以上の考察からすると，「収用」概念は，際限なく動かすことができるもので，あらゆる政府活動をやすやすと補償が必要な収用に変えてしまうのではないかと思われるかもしれない。しかしながら，ここにおいて展開されている理論はまた，新たな訴訟原因の増加に対する強い，事実上，絶対的な制約として働くのである。営業権は，実力行使による損失から明らかに保護される一方で，これらの禁止された手段によらない場合には，その価値の減少や消失は，事実上 damnum absque iniuria（法的侵害なき損害）に該当する。所有者のサービスが悪くなったり，競争相手の方が商売上手だったり，嗜好が変わるなどしたために，顧客がひいき先を変えたとき，営業権は失われるが，その場合，いかに金銭上の損失が大きくとも，原告には補償請求の一応の根拠すらない。権利に対する侵害がない以上，実施費用という理由によって，それがなければ原理上許されるべき損害賠償が否定されるべきかどうかという問題は考える必要もなくなるのである。私的な関係の中で第三者が行う任意的選択が原告の損失を発生させているけれども，これらの損失は，被告の不法な行為に帰することはできない。なぜなら，被告は，第三者に許されている合法的な選択肢の幅を広げたにすぎないからである[18]。つまり，その所有者の現在の顧客は，取り引きすることのできる相手をもう1人増やしたのである。営業権の経済的損失がそのようなものであるとすれば，それは訴えの成否の試金石にはけっしてならない。私人である被告や国家に対する権利の規範的問題において決定的に重要なのは，つねに，禁止された手段——実力——が使われたかどうかなのである。

この問題には，憲法的側面も見られる。以前論じた Community Redevelopment Agency of Los Angeles v. Abrams 事件[19]は，都市再開発計画によって占有を奪われた原告を取り扱っており，営業権の損失に対する彼の主張は，公用収用条項のもとで補償されるべきであった。本節での議論が正しいとするならば，たとえ薬局の占有がそのまま維持されていても，顧客が実力行使によってその近隣地域から立ち退かされる場合には，薬局の営業権の損失は当然に補償を求めることができることになろう。誰も立ち寄ることができないように薬局が国家によって塀で仕切られたならば，それは間違いなく補償がなされるべき収用である。塀を建てるのではなく，

国家が顧客を彼らの住居からすべて立ち退かせることと、それはどこに違いがあるのであろうか。都市の再開発計画には、何らかの長期的便益があるかもしれないが、しかし（現在額に割り引いてみた場合）それらの便益が、所有者の損失を相殺するようになることは、ほとんどあり得ない。

営業権の補償を肯定するこの知的主張は、一般的に多くの学説の支持を得ている。[20] それにもかかわらず、19世紀と20世紀の両世紀の支配的な裁判所の態度は、営業権の消失は私法上における位置づけがどうであろうとも、憲法解釈との関係では、「財産」の収用には当たらないという理由で補償を否定するものであった。Sawyer v. Commonwealth事件[21]のしばしば引用される次の一節を通して、支配的な感性に語らせるのは、再びホームズ裁判官である。

「われわれの考えによれば、営業に対する加害は、補償がなされるべき財産の徴発ではないと一般的に想定されてきた。重大な金銭上の侵害を伴うにもかかわらず、補償なしに行うことのできるものは多い。そのような損害を発生させる可能性のある法が対価を提供しないならば、それらの法すべてを禁止するとすることは、非現実的であろう。用語の広い意味において営業は間違いなく財産、重大な価値を有する財産である。本件を検討する都合上、補償の支払を必要とするような収用がありうるという想定をおくこともできるであろう。しかし、営業は憲法が完全に保護している権利と比べると、性質上無形であり、その盛衰においてより不安定なものである。同様に営業の価値の減少は、憲法が対象としている収用や徴発よりも曖昧な侵害であるようにわれわれには思われる。営業は、競争相手によって破滅させられるのと同様に、もっと人々がよく利用する街路が建設され、それによって人の流れが変えられることによっても消滅するであろう。しかし、どちらの場合についても補償を請求できる可能性はほとんどない。われわれの見るところ、本件は、収用によって土地の価値が高められる場合を除き、営業が行われる土地の収用によって、営業が消滅する場合となんら変わるところはない。」

にもかかわらず、この影響力を有する一節は、問題を誤って述べている。ビジネス上の営業権を実力行使による干渉から保護しようとすれば、「競争相手による場合と同様に、もっと人々がよく利用する街路が建設され、それによって人の流れが変えられること」に対して補償を認めなければならなくなるとか、認めるべきだと示唆することが必要になると想定することは、全くの間違いである。このアナロジーは、私法上の営業権に与えられる保護の程度を誤ってとらえており、そして次に適

切な憲法上の結論を否定する歪曲された見解を助長している。新しい道路も競争機構も，原告と第三者との将来的な関係を実力の行使や不実表示によって制限していない。これらの損失は，私人である被告による補償の対象になりうるものではなく，また同じ理由で，政府による補償の対象になるものでもない。それとは対照的に，再開発のために近隣のすべての人が立ち退きを求められる場合は，事情が全く異なっている。なぜなら，Poletown 事件が明快に示しているように，国家による実力の行使は否定できないほどに明らかであり，また大がかりだからである[22]。

営業権は，当然保護される私有財産に与えられているほどの保護には値しない，いくつかの「より曖昧な」権利により構成されているという議論もまた何の説得力ももっていない。部分収用は全体的収用と同様に憲法上の保護の下にあることは解明済みである。営業権は，曖昧であるどころか，所有可能であり，譲渡可能であり，第三者による（少なくとも）意図的実力行使や不実表示による干渉からも保護され，当然課税対象にもなりうるものである[23]。さらに，営業権は標準的な商業慣行に従って評価することができる。そうであるとすれば，営業権に憲法の下での私有財産の地位を否定するどのような根拠がありうるのであろうか。Abrams 事件を審理したカリフォルニア州最高裁判所は，Sawyer 事件が答の一部であり，答の残りは，営業権は「憲法上の意味における」財産ではないというところにあると考えた[24]。しかしなぜ憲法上の意味が，通常の意味と違っているべきなのかということ，さらに土地や株式や業務上の秘密についてもそういう違いがあるのかに関しては何ら説明は与えられていない[25]。営業権を憲法の恩恵の域外におくことを正当化するためには，裁判所は日常観念と法的観念の両方から全くかけ離れた意味を憲法の中に持ち込むことが，なぜ，どのようにして許されるのかを説明するような，私有財産に関する何らかの独立した規範的な説明を呈示しなければならない。そのような営業権の代替的観念は，Sawyer 事件や Abrams 事件においては，なんら呈示されていないし，原理的に見てそれに利用可能なものはない。補償の現実上の困難性は，条文の枠組内で解決されるべき問題であり，公用収用条項が適用不可能であるという想定に基づいたものであってはならない。

憲法上の営業権の保護を拡張する主張は，立法府の恩恵によって限られた保護を営業権に与えてはどうかという提案を検討することによって一層強化される。ここでの先駆的な理論的枠組は，まさにこの問題を念頭において，立法的介入により大きな役割を与えるべきだと主張しているマイクルマン（Frank Michelman）によっ

て呈示されている。マイクルマンの鍵となる想定は，法的教義には「欠缺」が存在するので，立ち退きさせられる人々に与えられるいかなる金銭補償も，単なる立法上の「恩恵」として取り扱われるべきではなく，むしろ憲法上の義務ではないが，道徳的に果たすことが求められる「不完全な」責務の履行として取り扱われるべきであるというものである。マイクルマンの議論は次のように展開する。完全な補償を認めるか，それとも全く補償を認めないかの二者択一という難しい選択に裁判所が立たされる限り，裁判所は後者の方を選ぶであろう。したがって，部分的な補償を行うことによって，その格差を埋めることを立法府に認めることがより好ましい。

このマイクルマンの分析は，Abrams 事件において司法的成果を生んだ。この事件で，カリフォルニア州最高裁判所は，営業権の損失に対する所有者の訴えを認めなかったが，それは，カリフォルニア州の立法――原告の土地が収用された時点では，まだ施行されていなかった――が，営業権の損失が物的不動産の占有剝奪に由来する場合や，所有者が損害拡大防止のための妥当な手段を講じることができない場合には，1 請求につき 1 万ドルを上限とする限定された補償を提供していることを部分的な根拠としていた。

当該制定法は皮肉に満ちていた。制定法は，損害の拡大防止について詳細な審理を（請求者の挙証責任で）命じたが，それはかねて裁判所が憲法上の問題としては許容できないと述べてきたものであった。しかし，それは，損害拡大防止について憲法上のルールと全く同じ指針しか提供していない。この制定法の長所は，その実体的ルールに由来するのではなく，仲裁のように補償を決定するのに利用される手続を定めたことにある。しかし，これらの手続は公用収用条項と整合し，公用収用条項は司法上のフォーラムではなく，正当な補償を要求しているのである。

この制定法を擁護するために，カリフォルニア州の裁判所は，まず当該制定法が「誠実性基準」によって評価されるべきだと述べた。しかしながら，論点は刑事上の責任や官吏免責ではない。それは収用された財産に対する政府の補償である。郵便局の建設のために土地が収用されたとき，誠実性基準は，完全に補償する責務から政府を免責する充分な理由とはならない。したがって，住宅建設計画のために営業権が収用されたときに政府を免責する基準はなんら存在しない。誠実性基準やそれが含む司法上の裁量は，国家の責務の性質と源泉についての重大な誤った認識に甚づいている。営業権の消失に対する補償の効力は，立法府の温情に由来するのでもなく，広く共有されてはいるが，充分啓発されていない公正さの直観に由来する

のでもない。補償は、私的所有権に関する包括的理論の必然的な理論的帰結である。その制度に含まれる権利の織物には、欠缺はなんらない。所有権に還元されるものについて、財産権のルールは、すべての人々の権利を普遍的かつ明確に特定している。そのように特定された権利は、内的一貫性をもつから、すべての外的事物について無主物先占ルールの下で取得が主張されると、各事物は、唯一の所有者をもつことになる。立法府の気分次第で、私的領域と公的領域の間を移行するような権利は、権利の束の中に残ってはいない。

私有財産の収用に該当するかどうかは、厳格な論理的答を与えることのできる問題であるから、司法上の決定が明らかに正しいものであるのか、明らかに間違ったものであるのかを判断することがつねに可能である。この問題は、(ポリス・パワー行使の適切な方法は何かという問題とは異なり) 理論的不一致や立法府に対する司法府の謙譲を考慮する余地は全く存在しない。ひとたび私有財産が収用されたならば、ポリス・パワーを根拠とする正当化がないならば、補償されなければならない。Monongahela Navigation Co. v. United States 事件において、その趣旨は次のように述べられている。

> 「立法府は、公共の目的のためにどのような私有財産が必要かを決定することができる。これは、政治的あるいは立法的性質の問題である。しかし、ひとたび収用が命ぜられたならば、補償の問題は司法上の問題となる。どのような補償が支払われるべきか、あるいは補償のルールはいかにあるべきかを決めるのは、連邦議会や自らの代表である立法府を通じて収用を行っている人々の権限ではない。連邦憲法は正当な補償が支払われるべきことを宣言しており、その内容の確定は、司法判断に委ねられている。」[28]

この基準をもってすれば、カリフォルニア州の制定法の補償制度は、全くもって不完全なものである。それは、なぜ営業権の損失が占有剝奪を伴っているときにのみ補償可能であるのかということにかんし、原理に裏打ちされた根拠を何ら与えていない。より問題なのは、誠実性基準すら、事件の事情を一切考慮せずに補償の上限を固定することを認めるようなことはないという点である。私人である不法行為訴訟の被告は、他人に対して自分の賠償責任を一定額、たとえば1万ドルあるいは100万ドルを上限とすると予め通告しておくことなどできない。同様に国家についても補償額の上限を予め宣告しておくことはできないのである。

第 7 章　処分権と契約　109

不実表示による収用

　私は今や，実力行使により政府が将来の利便に干渉する場合を離れ，政府の不実表示によって同様の結果が達成される稀な場合において生じる法的問題について述べることにする。不実表示によって処分権に干渉する典型例は，名誉毀損の不法行為である。名誉毀損を取り扱うにあたってしばしば問われたのは，不法行為のルールが少なくとも New York Times v. Sullivan 事件の英雄的な判決以前には原告に[29]きわめて有利に適用されていたことは棚上げするとして，なぜ名誉毀損がそもそも不法行為になるのかである。この問に対する答は 2 つの部分からなる。第一に，被害にあった原告は，たとえば彼の商品やサービスを売るために他の個人と有益な関係に入る権利——対世的効力をもつ所有権——を有している。第二に，被告が第三者に対して真実に反することを不実表示したために，その第三者が原告との取引をしないことにした場合には，この権利は，不正な手段によって消失あるいは毀損される。権原中傷の不法行為は，名誉毀損と私有財産の間の必然的な関係を示している。つまり，被告は原告の権原の正統性を問題にすることによって，それがなければ購入するつもりであった買手に当該財産を売却できない結果を引き起こしたのである。

　さらに，名誉毀損については伝統的に厳格責任とされているが，それは原理を欠く変則ではなく，原告のおかれた状態に決定的に連関している。被告と第三者との[30]やりとりにもともと参加していないので，原告は不実表示のリスクをなんら引き受けてはいない。さらに重要なことは，とくに被告が第三者に話をしていることを原告が知らない場合，しばしば原告は不実表示に対して自らを守る力をもたないということである。このように考えると，私法においては，われわれは，横領から財産の毀損，将来の利便への干渉，そして権原・信用・評判のいかんを問わないすべての名誉毀損に至るまでのはっきりとした連続線を引くことができる。

　このような名誉毀損のとらえ方は，Paul v. Davis 事件が指摘するように，収用法[31]に直接に関連している。原告は，町の保安官に対して，（合衆国憲法で保障されている権利を奪った私人に対する訴えの権利を定めている連邦法）1983 条による訴えを起こした。その主張によれば，被告はいくつかの新聞取材に答えて，原告を間違って「現役の万引き犯」であると述べたのである。裁判所は，まず，原告は名誉毀損について州法上の救済を有していると考えた。次いで，裁判所は，より難しい問題，

つまり評判に関する利益は，合衆国憲法修正第14条の下で保護されている「自由あるいは財産」的利益に該当するという理由から，州法とは独立した連邦法上の救済根拠となるかどうかを考察した。裁判所は，その根拠を否定し，その結果，1983条による救済を否定したように思われる。[32]

Paul v. Davis 事件は，修正第14条のデュー・プロセス条項における「自由」と「財産」の文言を狭く解釈しているとして，しばしば論評者達によって批判されてきた。[33]その分析の中では，公用収用条項はふつう言及されない。しかし，その批判と不満の根底では，これは，はっきり言って，国家が原告の車を収用したり損害を与えた場合となんら違わないではないかという感覚が働いている。横領から，不法侵害，将来的な利便への干渉，名誉毀損に至る必然的な連鎖があることからすれば，このような感覚は，分析結果から必然的に生じる。州の公務員による名誉毀損は，法の下において私有財産の収用である。それはおそらく公務員免責特権によって正当化されたり，あるいは州法下での私的権利の訴えによって補償されるかもしれないが，それが収用であることには変わりはない。したがって，Paul v. Davis 事件は，州法による救済が充分であるならば，正しかったかもしれないが，この問題はここでの検討範囲を超えたものである。しかし，いずれにせよ，州の提供する救済が充分であるかどうかという問題は，その問題と正当な補償という論点との関連性を前提とすれば，連邦憲法の要求に照らして吟味されなければならないのである。

契約権に対する干渉

前節までは，将来的な利便に対する政府の実力行使や不実表示がどのような道筋で私有財産の収用とみなされるに至るのかを論証してきた。そうだとすれば，任意的な交換によって創り出される契約の権利は，いっそう有力に公用収用条項によって保護されることになる。処分権という始源的権利は，取引の成果が政府による剥奪に晒されるならば，保護され得ない。いったん締結された契約の履行を実力行使や不実表示によって妨害することが不法行為となるのと同様に，契約の締結を妨害することも不法行為である。印象的な一連の事件では，契約の権利は公用収用条項によって保護されると判断されている。[34]

より具体的に議論するために動産売買の双務契約を考えてみよう。政府が買手に対して，彼が売手に対し有する権利を政府に譲渡するよう要求したと想定してみよう。原理上，この権利の移転に対する補償額は，売手の履行がなされた場合，それ

が買手にとって有する価値——期待水準——である。動産の対価として表現される買手の費用は，この場合，補償算定とは無関係である。それは，他の収用の場合，たとえば住宅が収用された場合，住宅を最初に購入した時の費用が適切な補償の基準とはされないのと同様である。その契約で買手が損をしていても，国家による収用は，買手が元来の費用を埋め合わせることを彼に許さない。また，買手がその契約で得をしていても，州は，あたかも彼が初めから取引に加わっていなかったかのごとく扱って，買手の利益をすべて自分のものにする権原を認められるべきではないのである。他の場合と同様に，補償の水準を決定するものは，保持されているものの価値ではなく，収用されたもの，つまり売手の履行を求める権利の価値にほかならないのである。

　これらの契約の事例は，多くの仕方でより複雑になり得る。政府が課す規制に従えば履行が認められる場合のように，実力による履行に対する干渉が，全面的というより部分的であることがある。しかし，規制条件は，基本構造をそのままにしてヴァリエーションをつけるだけである。すなわち，それらは，その事例を公用収用条項の対象外にするものではない。したがって，はるか以前に Green v. Biddle 事件において解明された何が契約の毀損を構成するのかという広範な説明は，公用収用条項の下での部分的収用という発想の中に論理的に含意されている。[35] その説明においては，国家による契約上の権利のいかなる強制的変更も，私有財産の部分収用を構成することになる。原理上，その変更は，債権者の利益のためになされたものであるか，あるいは債務者のためになされたものであるかは問題ではない。債権者に彼が取引交渉によって得ていない保護を国家の援助として与えることは，彼が権原を有さない財産を収用することを許すものである。同様にまた，債務者の契約上の責務を免除するように意図された立法は，それは収用だという攻撃を受けることになる。[36] そのような立法の実態は，あたかも債権者が債権を有する金銭と財産を受領した上で，次にそれを元の債務者へ返還しなければならないようなものである。債務者を救う方法には，手続的なものがいくつかある。すなわち，債権者の裁判地の制限，出訴期限法の期限の短縮，あるいは新たな立証責任の追加である。この他に債務者を救う実体的な方法もある。すなわち，債務の弁済期日の延長，低い利率を受け入れ，あるいは問題となっている保証の再評価などを債権者に強制する方法である。債権者の権利に課される，これらのさまざまな規制の究極的な憲法上の地位は，規制による損失に対してなんらかの補償がなされるか否かに依存しているが，

公用収用条項はそれらすべてを射程範囲内とするのである[37]。

同様の分析は、他の文脈においてもはっきり見出すことができる。仮に政府が契約権の譲渡を強制するならば、政府は、その権利の市場価値から譲渡人が責務を免れる限度で減額した補償を支払わなければならない。たとえば、仮に鋼鉄が1トン当たり1,500ドルの価値であり、補償の請求者はそれを1トン当たり1,000ドルで買う権利をもっているとする。政府が鋼鉄の代金を売手に支払って、買手の債務をなくすれば、本来の買手に対する補償は1トン当たり500ドルとなる。政府が売手に支払わなければ、補償額は1トン当たり1,500ドルである。

このことが第一次世界大戦から生じた事件であるOmnia Commercial Co. v. United States事件[38]について有する含意に留意されたい。原告は、一定量の鉄鋼を一定の価格で購入する契約を製鉄業者と結んだ。その価格は、予定された引渡時期においては、市場価値より低かった。原告が任意にその権利を第三者に譲渡し、義務も転嫁していたならば、原告は利潤を得ていたであろう。政府は、戦争遂行のため、異議を差し挟む余地のない権限を行使して、鉄鋼会社にその生産物のすべてを引き渡すように命令した。この政府の命令は、契約の下での売手の責任を免除する典型的な併存原因による履行不能として取り扱われた。問題は、買手が政府に対して約束された引渡の損失についての訴権をもっているか否かであった。

裁判所は、2つの異なる方法で原告の主張に答えることができた筈である。第一は、原告からの私有財産の収用を認めるものの、戦争によって生じた公共の必要性に言及することによって、その収用を正当化するというものである。しかし、このアプローチは、独立戦争時の収用権濫用を思い出させ、戦時の事件においてこそ補償は最も明確に求められるのだという強力な異議に直面する。第二のより強硬なアプローチは、私有財産の収用を全くもって否定し、正当化の問題に触れる必要性をなくしてしまうというものである。Omnia事件において裁判所は、明らかに公共の必要性の議論に影響されており、原告の主張をもし認めたならば、国家に対する「恐るべき数の」請求へ道を開くであろうという点に留意した。しかし、その問題は、あたかも鉄鋼が、すでに買手に引き渡されたかのように取り扱うことによって、簡単に回避することができた筈のものであった。

しかしながら裁判所は、知的エネルギーの大部分を収用の入口問題へ向けた。裁判所の大前提は、本書の立場と一致するものであり、「問題となっている契約は、修正第5条の意味に含まれる財産であり、公共の用のために収用される場合には、政

第7章　処分権と契約　113

府には補償の責任がある」というものであった[39]。しかし，裁判所は，次に，本件において政府は当該契約を「収用」していないとして，以下のように判示した。

「ここで徴発されたものは，鋼鉄会社の将来の生産物であり，この生産物は，政府の干渉がなかったならば，契約の履行として引き渡されることになる筈のものであった。それを前提とする上訴人の主張は，契約と将来の生産物とは非常に密接に結びついているので，前者の収用は，この事態の性質からして後者を収用したことになるというものであるように思われる。しかしながら，これは契約とその目的物とを混同するものである。未履行契約の本質は，法が当事者に課す履行すべしという責務である……本件の場合，明らかにそのような責務の取得もそれを強制する権利の取得も認められない。もし，鋼鉄会社が徴発に従わなかったならば，何が救済となったのであろうか。それは，契約の強制的な実行ではなく，制定法の実施である［それによって政府による鋼鉄会社の買収が行われるであろう］。もし政府が手にしたものに対しての支払を怠ったならば，鋼鉄会社の権利は一体いかなるものになるであろうか。それは，契約によって定められた価格ではなく，憲法によって保障されている正当な補償である[40]。」

この大前提のもつ広範な可能性は，その適用の誤りによってすっかり失われている。売手が売却していない鉄鋼を入手するには，政府は市場価値相当額を支払わなければならないのである。だとすれば，ただ単に売買契約によって所有権と占有とが分離しているからといって，なぜ政府の負担すべき費用が軽減されなければならないのであろうか。無視することのできない唯一の問題は，市場価値が戦争のために増大した政府の活動を実際に反映したものであるのか否かということである。しかしながら，たとえ反映したものであったとしても，契約価格と市場価値との差違がすべて政府の介入に起因していると考える必要はない。そして，いずれにしても，この議論は，鉄鋼の引渡が完了していない場合についても，完了していた場合についても同じように強力に働くのである。

しかし，このようにいくら議論を洗練しても，それは財産が収用されたかどうかという問題には影響しない。買手から契約上の権利を公正な市場価値よりも低い価格で引き渡させた段階で，政府は，私有財産を収用しているからである。その場合，政府が権利譲渡を強制するのではなく，契約の目的物を徴発する方を選択し，その対価として買手に売手に対する履行不能の抗弁権を与えるとするならば，たしかに政府は契約を「収用」することになる。しかし，それは，買手が取引から得る利潤

を保護することにはならない。制定法に準拠して政府が行動したことは、この事件の性質をなんら変えるものではなく、当該制定法自体の欠点を示しているにすぎないのである。耳慣れた決まり文句がここでも当てはまる。すなわち、価値が費用をどの程度上回っているかに関わりなく、いかなる第三者であれ、原告にその鉄鋼の全価値を支払う責任を果たすことなく、鉄鋼を収用することはできない。合意自体への干渉と合意の目的物の収用という区別は可能だが、本件とは無関係であり、全く無駄な区別である。政府の行った不法は、あくまで収用なのである。

1 たとえば、Keeble v. Hickeringill, 11 East 574, 103 Eng. Rep. 1127 (Q.B. 1809). Tarlenton v. McGawley, Peake N. P. 205, 170 Eng. Rep. 153 (K.B. 1793). 一般的議論については、Richard A. Epstein, "Intentional Harm," 4 *J. Legal Stud.* 391, 423–442 (1975) 参照。

2 第1条第10節第1項で用いられている文言のように、契約の損傷についての同様の広い定義については、Green v. Biddle 事件における以下のワシントン(Washington) 裁判官の陳述を参照せよ。「条文が規定している履行期間を引き延ばしたり、早めたりすることによってや、契約において明記されていない条件を課すことによってや、あるいは当事者の契約に、些細ではあるが明らかに無形の影響を及ぼすことになるものの履行を免除することなどによって、契約の条文から逸脱することは、いずれも契約債務を骨抜きにする。」21 U.S. (8 Wheat.) 1, 84 (1823).

3 労働の果実ではなく、個人的労働が公用収用条項の保護をうける範囲に含まれるかどうかについては、疑問の余地があることに留意されたい。この問題については、第2章における議論を参照されたい。これと同様の問題は、契約条項に関しては生じない。なぜなら、「契約の債務を骨抜きにする」という文言は、契約の目的物の明らかな制約に関係なく、契約の両当事者に及ぶからである。

4 第14章参照。

5 444 U.S. 51 (1979).

6 54 Stat. 250, §1 (1940) (codified as amended at 16 U.S.C. §668(a)[1982]).

7 444 U.S. at 66.

8 Id. at 65-66.

9 この提案に関しては、参照 Susan Rose Ackerman, "Inalienability and the Theory of Property Rights," 85 *Colum. L Rev.* (1985).

10 178 Mass. 172, 185, 59 N.E. 763, 765 (1901).

11 409 U.S. 470 (1973).

12 Id. at 471.

13 327 U.S. 372 (1946).
14 409 U.S. at 476.
15 See, e.g., Helvering v. Bruun, 309 U.S. 461 (1940). See also Internal Revenue Code § 109 (1984).
16 Joseph Story, *Partnership* § 99 (7th ed. Wharton 1881).
17 第17章参照。
18 See Epstein, supra note 1, at 391.
19 第4章参照。
20 See, Gideon Kanner, "When Is 'Property' Not 'Property Itself': A Critical Examination of the Bases of Denial of Compensation for the Loss of Goodwill in Eminent Domain," 6 *Cal. W. L. Rev.* 57 (1969).
21 182 Mass. 245, 247, 65 N.E. 52, 53 (1902).
22 第4章において言及した Poletown Neighborhood Council v. City of Detroit, 410 Mich. 616, 304 N.W. 2d 455 (1981) 参照。
23 たとえば, カリフォルニア法の下では, 営業権は所有され(Cal.[Civ.] Code § 655 (West 1982)), 譲渡され, (Cal. [Bus. & Prof.] Code § 14102 (West 1964)), そして課税され (Cal. Const. Art. 13, § 1) たりする。コモン・ロー上の不法行為の救済もまた一般的にみとめられている。この点についての有力な展開は, Kanner, supra note 20, at 65-68 を参照。
24 15 Cal. 3d. at 819, 543 P. 2d at 909, 126 Cal. Rptr. at 480.
25 Ruckelshaus v. Monsanto Co., 104 S.Ct. 2862 (1984) 事件において裁判所は, 営業秘密についてのリステイトメントの定義を憲法解釈に取り入れた。このほかの説明は有効ではない。「リステイトメントは, 営業秘密を『ビジネスにおいて用いられる情報の公式, パターン, 工夫, 編成であり, それを知らず用いない競争相手に対して優越性を獲得する機会を彼に与えるもの』と定義している。」Id. at 2872-2873 (不法行為法リステイトメント（第2版）757 条コメント b を引用).
26 Frank I. Michelman, "Property, Utility, and Fairness: Comments on the Ethical Foundation of 'Just Compensation' Law," 80 *Harv. L. Rev.* 1165, 1245-1258 (1967).
27 生じる唯一の問題は, 問題となっている手続が極端に政府の方へ偏っている場合に, 期待される救済の価値が, 権利の完全な主張によって要求されるものよりも少ないということである。しかし, 手続の欠陥は, 偏向と同じものではない。第4章における Tucker 法の下での同様の問題についての議論を参照せよ。
28 148 U.S. 312, 327 (1893). 同様の主張が, 第16章において労働補償法に関連して提起され議論されている。

29 376 U.S. 254 (1964).
30 厳格責任については，E. Hulton & Co. v. Jones (1910) A.C. 20 ［H.L.E.］参照。この一見すると明らかな事件も，もちろん多くの複雑な特権の中に織り込まれており，そのいずれも被告の無過失を含んではいない。See William L. Prosser, *Handbook of the Law of Tort* 776-801 (4th ed. 1971). 名誉毀損とここでの公用収用に関する分析のパラレルな議論展開は，充分明らかである。
31 424 U.S. 693 (1976).
32 このアプローチの手がかりが Paul 事件の判決中にある。「ケンタッキー州の法は，［Paul の］訴えの結果，被告が享受していた評判が変更されたことに対し，いかなる法的救済をも［Davis］に与えていない……そして，その利益に対するどんな侵害や損傷……も，州法や連邦法によって保障されているいかなる『自由』や『財産』の剥奪には該当せず，またそれは，それまで州法の下で認められていた被告の地位を変更してはいない。これらの理由からわれわれは，当該事件において主張されている評判における利益は，法のデュー・プロセスを経ていない州による剥奪に対して保障されている『自由』や『財産』ではないと判示する。」424 U.S. 693, at 711-712. この引用した一節は，論理矛盾している。はじめの2文は，私的救済は，補償無くして自由と財産が収用されたという主張を排除することを強調している。しかし，最後の文はそれを無視し，評判は全くもって自由や財産ではないとしている。つまり，その州法の保護の問題は，憲法上の争点としては重要性を持たないものとなっている。この最後の点についてのブレナン（Brennan）裁判官による反対意見は説得的なものであるように思われる。裁判所の「たとえば名誉毀損の訴訟原因など州による救済が存在するか否かが，1983条の下での訴訟原因があるかどうかを決定する際に重要であるという含意は，全く根拠がない。」Id. at 715.
33 See Henry Monagham, "Of 'Liberty' and 'Property,'" 62 *Cornell L. Rev.* 405, 409-410 (1977).
34 たとえば，参照 Contributors to Pa. Hosp. v. City of Philadelphia, 245 U.S. 20 (1917). Long Island Water Supply Co. v. Brooklyn, 166 U.S. 685 (1897). 一般的検討に関しては，William B. Stoebuck, *Nontrepassory Taking in Eminent Domain* 132-133 (1977) 参照。
35 supra note 2.
36 契約条項問題について Richard A. Epstein, "Toward a Revitalization of the Contract Clause," 51 *U. Chi. L. Rev.* 703 (1984) の中でより詳細な検討を行った。
37 第15章参照。
38 261 U.S. 502 (1923).
39 Id. at 508.　40 Id. at 510-511.

第8章　多数からの収用：賠償責任ルール，行政規制，課税

特定個人からの収用から不特定多数からの収用へ

　今までの章では示唆するに留め，充分展開してこなかった根本的で，コントロバーシャルな移行をここで行うことにする。これまでは，財産が収用されたと主張する個人が政府に対峙する状況に議論の照準を合わせてきた。本章で扱うのは，特定個人に対して行われたならば，公用収用条項に該当すると思われる部分収用を含む収用行為について，多数の個人がそれは収用だと主張する場合に，この基本的な考察をどの程度まで適用できるのかという問題である。

　過去の歴史的文献から得られるこの問題に関する指針は，比較的わずかである。ロックの統治論第2論文には，ここで検討する問題についていかなる分析も含まれていない。事実，第2論文には，本章の3つの主要な主題，すなわち課税，規制，賠償責任ルールの変更に関するいかなる議論もなされていない。にもかかわらず，彼の代議制統治の理論は，現在の一連の問題群に適用することができる。これらの3つの政府活動形態は，通常のありふれた土地収用と同じ分析方法で処理できる。つまり，それらと私有財産の収用とを完全に分離することはできない。連邦最高裁判所は，この点を「規制的」収用に関する数々の判決の中で認めてきた。[1]

　現行の判例法においては，収用と規制の間に線を設けるための非常な努力がなされている。この通説的見解の背後にある衝動は，Mahon事件におけるホームズ裁判官の「一般法を変更した結果，財産的価値が若干でも減少すれば，その補償をつねにしなければならないのだとすれば，政府はほとんど何もできないだろう」[2]という

意見に由来している。ホームズはこうして立法的コントロールに服する広大な領域をあっという間に開拓したが，立法府に対する司法府の謙譲という原理には限界がなければならない，「さもなければ契約条項とデュー・プロセス条項は破綻してしまう」と述べることによって両者の間の緊張関係を維持した。

　私がここで採っている立場は，ホームズの熟慮に基づく懸念からは出発してはいない。そうではなく，それは，分析的問題から出発し，反対の方角へ向かおうとするものである。公用収用条項に格段に広い射程を与える私の基本的な命題は，形態において完全に一般性をもっている。明らかに，人数が増えればそれだけ不法の程度も増大する。ある政府の行為が収用そのものに該当するかどうかを決めるのは，その行為が対象とする人々の財産にいかなる影響を及ぼすかにかかっている。それ以外のことは，他の人々に関係する政府の行為を含めて一切考慮の対象にはならない。個人の全財産の収用を規律する収用の諸原理は，また財産の部分収用をも規律する。個人の財産が全体的あるいは部分的に収用されたかどうかを決定する諸原理は，多くの人の財産が全体的にあるいは部分的に収用されたかどうかをも決定するのである。

　したがって，公用収用条項の適用範囲は，たとえ第一に（財産の破壊を含めて）収用の規模が小さく，しかも，第二に，収用される人の範囲と頻度が同時に増大したとしても狭められたり，除去されたりはしない。条項は狭くて深いものにも，広くて浅いものにも適用される。

　このことを理解する最善の方法は，少しずつ論を進めることである。対象者Aを名前で特定できるときは，Aから財産を収用することは簡単である。同一の政府の行為が別の名前で特定されるBに対してもまた行われるとしても，それによって収用が収用以外のものに変わるわけではない。それがCやDやEなどに向けられたものであっても同じである。たとえ財産を収用される人々が指定されてはいない場合，たとえば公的差押を実施する段階で裁判官や郡保安官などの公務員が対象者をはじめて特定することを認めるようなやり方で記述するとしても，政府行為の性質は変わらない。法的命令の様式がどのようなものであっても，そのインパクトは個人に降りかかるのである。個人からの収用を規律するルールは，多数からの収用をも規律するのである。

　個別の政府行為と包括的な政府行為の両方を統合する理論の発展によって，2種類の政府行為を明確に線引きして区別する必要性からわれわれは解放される。政府

が郵便局のために土地を収用する際に，政府の補償義務は，2つの隣接した別個の区画を収用するのか，あるいは共有の単一区画を収用するのかによって左右されないのは明らかである。人数の規模を1人から1000人の土地所有者に変えても，状況は，郵便局のための土地収用から軍事基地や公共の高速道路のための土地収用に変わるにすぎない。この人数増加の過程は，1人からの収用と大多数からの収用との間の明瞭ではっきりとした分岐点を提供しはしない。収用であるかどうかの判断について，公用収用条項による審査を逃れるために，政府の活動がどれほど広範囲でなければならないかを問題にすることはできない。なぜならば，線引と程度の問題はこの段階の検討と全く関係がないからである。1人からか，数人からか，あるいは多数からかに関係なく，私有財産の収用があったか否かを決定するのは，私的当事者に適用される基準によって評価される政府行為の性質にほかならない。

　この分析方法は，収用が全面的ではなく，部分的なものであっても変わることはない。ある一定の政府の活動形態が，制限的不動産約款や先取特権によって1個人の1区画の土地使用を規制するならば，それは明らかに私有財産の1つの部分収用である。部分収用が多くの者の土地に向けられている場合，ルールの一般性は増大するが，各々の影響を受ける当事者に対するインパクトの性質は変わらないままである。州は，ゾーニングを包括的な土地規制と呼びたがるが，それが規制対象の土地に課された制限的不動産約款の複雑なネットワークであるという点は，なんら変わらないのである。州は，「固定資産税」という表現を選択して使うかもしれないが，それが課税対象財産に付けられた先取特権だということは変わらない。包括的な賠償責任ルールの法的地位については，一般的な課税制度や規制制度と同様に，やっかいな周辺部分の曖昧さのない明確な概念的位置づけを与えることができる。公用収用条項を一般法から遠ざけようとする現代の努力は，維持することはできない。すべての規制，すべての課税，そしてすべての賠償責任ルールの変更は，明らかに州による補償対象となりうる私有財産の収用である。

　この包括的アプローチの根拠は，部分的には公用収用条項の機能に由来している。ある政府行動は対象とするが，別の政府行動を対象としないような違憲審査の理論は，両者の境目で非常に切れ味が悪くなる。為政者は，公用収用条項によって問題とされそうな施策の代替物を規制対象とされない行動形態の中にうまく見つけるであろう。政府権力の行き過ぎを防ぐ砦を提供する代わりに，公用収用条項の狭い解釈は，単に政府の公務員に自らの行動を憲法の審査の及ばない搾取形態に変更する

動機づけを与えるだけである。立法活動へのそのような抜け道を許すことのできる政府規制の包括的理論はない。公用収用条項の文字通りの適用は，その目的に合致するものであり，したがって公用収用条項の適用を個々の収用だけに限定する正当な理由はない。

　中心的なテーゼを述べるにあたって，政府による収用の形態と範囲における違いは，収用の入口問題については重要ではないが，当該事件の最終的結果についてはしばしば違いを生じさせるということを私は再び強調しておきたい。多数の人々からの部分収用は，侵害を受ける当事者が黙示の現物補償を受け取る可能性を（確実だとはいえないが）増大させる。というのも財産を収用される者と収用から利益を受ける者は，しばしば重なるからである。適切な現物補償が政府の計画の中に潜在している場合には，条項が適用されるとしても金銭による補償は不適切である。さて，まず明らかにしなければならない検討課題は，公用収用条項が基本的な3つの状況，すなわち，コモン・ローの賠償責任ルールの変更，課税，規制を射程範囲に収めているということを示すことである。

コモン・ロー上の賠償責任ルール

　公用収用条項は一般的な実体法の変更を妨げるほどの射程をもつものではないという無批判的に共有された強い信念が存在する。ピットニィ（Pitney）裁判官は，「自らの利益になるのでその法をそのままにして，変更してはいけないと主張する資格を与えるような法のルールに対する既得権益をもつ者は誰もいない」と述べている。この直観の背後にある意味は，公用収用条項は，われわれの法的伝統の中でよく知られているコモン・ローの法理の必然的な進展を滞らせるものではないということである。重要な留保条件を付ければ，コモン・ローには適応性があるという結論は正しい。しかし，賠償責任ルールに対する既得権はないという理由は誤っている。所有権は社会的な概念である。私有財産制度には，所有者と世界との間の権利と義務の入り組んだ関係に対する必然的な価値選択が含まれている。所有権に関わる基本的なルールは，不法な行為に該当する行為類型を一般的な形で述べている。不法行為事件で援用される賠償責任の基本的ルールは，特定の行為をしたことで特定され，本来の所有権の実現を要求される当事者を確定することに努力を傾注している。この2つのルールは，分離することのできない同一のコインの表裏をなすものである。

近年の多くの法学研究の中では，財産ルールと賠償責任ルールの暗黙の融合が見られる。繰り返し問題となる１つのことは，一方では原状回復や差止命令，他方では損害賠償のうちのどちらの救済方法を選択するのかということであった。[7]たとえば，奪われた動産に対し，金銭で賠償すべきか，あるいは現物を返還すべきなのかが問題であった。コモン・ロー体系には，所有権自体に基づく訴訟原因がなかったので，原告が勝訴できるのは，被告の不法な行為を立証したとき，例に用いた事例であれば，原告の動産を被告があたかも自分の物のように扱ったり，原告の要求に反して動産を返却することを拒絶したことを立証したときにに限られた。これとは対照的に，ローマ法体系においては，vindicatio rei という完全に所有権に基づく種類の訴訟が認められていた。その場合，訴訟は，占有を有する当事者に不法な行為があったかどうかに関係なく，物の完全な取戻を請求するものとしてとらえられた。[8]しかしながら，２つの体系間の機能的な違いはなかった。というのは，訴訟を提起するだけで，原告は被告に対して物の返却の拒絶を強いることになり，拒絶があれば，コモン・ローでは横領の不法行為訴訟を充分提起することができたからである。コモン・ロー上の不法行為訴訟制度では被告の行為が要件として要求されているが，その要件は，所有権自体に訴訟の権利を置くことを主張するシステムにおいても当然のこととして満たされている。さらに，この点は動産のみに当てはまるものではない。土地の取戻の伝統的な不動産訴訟──新侵奪不動産占有回復訴訟や単純不動産権権利令状，そして後には不動産（占有）回復訴訟──は，財産ルールと不法行為ルールの分析的な融合を示している。

　財産ルールと不法行為ルールの親密性は，Ａの土地がＢによって占拠された場合の事例を超えて拡張することができる。被告が故意に原告の財産を破壊した場合でさえも，原告に全く救済を受ける権利がないと言うならば，それは所有権の観念を明らかにないがしろにするものであろう。仮に，故意なくうっかりと原告の財産を奪った被告について，たんに彼がそれを欲したという理由で，それを保持することが許されたり，不法侵入者が不法侵入した土地を権利として，所有者の利益に反してまで，自らの政治的芸術的あるいは財政的利益を増大するために利用することができるとするならば，制度としての所有権への憂慮は深まることであろう。

　この基本的な論理は，知的説得力をいささかも失うことなく，貫き通すことができる。すなわち，原告が過失の立証なしに部外者から財産を回復する一応の権利をもつことを否定するならば，それは財産的利益を部分的に収用するということであ

る。一定のニューサンスに対する損害賠償の権利を否定するならば，それはニューサンスを発生させる地役権を創設するということなのである。隣人が自分の土地に家屋を建てることを妨げることをある人に認めるならば，それは，その人のために制限的不動産約款を創設したことになる。洪水を起こすことを認めることは，流水地役権の存在を認めるということである。定義上，あらゆる賠償責任ルールは，法によって保護される相関的な財産利益と結びついている。すなわち，1つを変更することは，必然的に他を変更することである。その連鎖は，経験的ではなく，分析的であり，すべての法的言語をわれわれはそのように使用しているし，そのように使用すべきなのである。賠償責任ルールの変更と私有財産の収用について，それらを通常の意味で理解した上で，両者を全く別のカテゴリーに分ける2つの見解が呈示される可能性がある。第一は，賠償責任ルールが変化しても，元々の所有権の束における権利の多くは変わらないままなので，賠償責任ルールの変更は，せいぜい小さいものであるというものである。第二は，賠償責任ルールの変更は，一般的に適用されるものであって，特定の個人に向けられたものではないというものである。これらは，いかなる理論も考慮に入れなければならない重要な相違であるが，それらは賠償責任ルールの変更と収用そのものとを別物にするわけではない。

　第一の見解については，次のように答えることができる。変更の程度が小さいというのは，部分収用であって完全な収用でないということを示すにすぎない。したがって，それは，当然支払われるべき補償額がより少ないということ，あるいはもっぱら正当化すべき対象がより小さいという理由から，正当化が容易になるということを示すにすぎない。それは，収用が行われていないということを証明するものではない。第二の見解については，次のように対応することができる。賠償責任ルールの変更の一般性は，多くの人々が収用によって影響を受けるということを示しているにすぎない。すなわち，それは収用が生じているということを否定するものではない。仮に人が車の運転を誤って通学バスに衝突し，1人の子どもではなく多くの子どもを負傷させた場合，彼が1つの危害も起こしていないとわれわれは言うことはできない。われわれは，個人的権利がより広範に侵害された場合に対処するために，許容的併合やクラス・アクションを考案した。同じことがここにおいても当てはまる。

　労災補償や自動車無過失責任法の採用によって生じる憲法上の争点を扱った事件で問題になったのは，言葉の問題ではなく，実質のある問題であった。[9] さらにまた，

賠償責任ルール・システム内の変更，たとえば，過失責任から厳格責任へ，あるいはその逆への移行に伴う微細なニュアンスの中においてさえ，公用収用条項との関係で原理上の深刻な問題が見られる。これについては，第14章での黙示の現物補償の考察において，より詳細に検討する。

課税

　同様の議論は，課税についても当てはまる。ここにおいても合計という発想が再び鍵になる。仮に国家がAから財産を収用し，さらにBからZまでの人からも財産を収用したとしても，Aの財産が収用された事実は変わらない。同様に国家がAの財産の一部を収用し，同じくBからZまでの人からも財産の一部を収用したとしても，それは事態の本質を変えるものではない。この原理は，部分収用の単位が土地境界，土地不動産，所有権の標準的属性である占有，使用，処分などのいずれであっても変わることはない。税の形態と対象領域は，完全な分析にとってはきわめて重要ではあるが，この段階の議論においては考慮する必要はない。特定個人を対象とする一定の行為が収用であるにもかかわらず，それを税という一般的な用語を使って隠蔽すると，それは当該制定法の適用範囲内にあるすべての者に対する収用を創り出すことになるので，明らかな政府による不法な側面を拡大することになる。この過程は，収用を単に蓄積増加させるだけである。繰り返し行われる私有財産権の収用を，憲法上中立的である何か他のものに変えてしまう秘密の錬金術は存在しない。

　したがって，税と規制の両者については，次のことを1つ問えば充分である。すなわち前の節においてみたような，個人の所有者について展開された収用そのものに関する理論は，個人所有者の立場から見た課税と規制の典型例を包摂するだろうか。課税と規制の双方を私人あるいは私法とのアナロジーでとらえることは有益である。

　すべての税に共通する目的は，さまざまな国家の活動を支えるために必要な財源を調達することである。第一の選択肢として，国家は官吏を使って土地や収穫物や在庫などの私的諸個人が有する資産の一定の割合を収用させることを選ぶかもしれない。現物の資産の大量収奪は，強制取立制度が恣意的であろうとなかろうと，また正当化されようとされまいと，収用そのものであることは明らかである。仮に，政府当局が現物の収用ではなく，力による脅迫によってある一定の指定された財産

を国家に譲渡するように要求するとした場合であっても，事態はほとんど異なることはない。この事例と，近因と財物に関する強迫を対象とする私法の法理との間の類似性は，決定的である。「金を出せ，さもなくば殺すぞ」という強盗は，被害者に選択肢を与えてはいるが，強盗は被害者が彼に金銭を譲渡したという理由を使ってその金銭を自分のものとすることはできない。強盗の力による脅迫は，譲渡を収用に変えているのである。

政府が税と呼ぶ一定の金額を設定し，市民は自分の選ぶ資産からそれを支払うことができるとしても事態はなんら変わらない。この段階で付け加えられた選択の要素は，「お前の金かそれともお前の命か」といった典型的な脅迫を，「お前が保有できるのは，AとBの両方ではなく，どちらか一方だけだ」という財物に関する強迫に状況を変えるにすぎない。そのような政府に対抗する立論は，AもBもともに当然の権利として本人の物であるときに，その人に，一方を保持するため，他方を没収されるに任せるよう強制する権限は誰にもないという私的当事者に対抗する立論と同じである。したがって，財物に関する強迫の状況において見られる制限された選択は，市場における交換での選択とは全く異なっている。市場において問題になるのは，つねに，権利を主張することのできない何かを手に入れるために，個人が所持する権利のあるものを手放したいと望むか否か，つまり彼が所有していないものを買いたいかどうかだけである。政府が個人にある物の引渡を強制する限り，何が引き渡されたということ自体は，重要ではないのである。

私人とのアナロジーを使うなら，財産の減少と破壊は同じだという見方を拒絶する公用収用条項の限定的な解釈をとる場合ですら，私有財産権は収用されている。税について言えば，政府は収用という用語の最も狭い意味において財産を収用している。なぜなら，政府は，最終的にかつては私人の手にあった財産の所有権と占有を結果として手中に収めるからである。この結論を否定したいと思っている者は誰でも，税を支払わない帰結を考えればよい。土地や銀行口座に先取特権が設定され，次いで納税義務を果たさせるため，それらは収用あるいは売却されることになる。たしかに，一般的政治理論においても憲法理論においても，課税と政府による窃盗とを単純に同一視する理論はない。しかし，以上の分析は，課税が明らかな私有財産の収用であるということを論証している。課税の正当性は，「私有財産の収用」という表現の意味を人為的に狭めることから得られるのではなく，ポリス・パワー，同意，補償とくに黙示の補償あるいは現物補償などの他のどのような形態の収用に

ついても利用できる正当化から得られるのである。課税の有効性が公けという装いをまとった強制的権力にもっぱら依拠しているときに，主張してならないのは，課税は収用では全然ないのだから公用収用条項の適用範囲外であるということである。[11]

規制

　課税と収用についての議論は，私有財産の占有，使用，処分に対する政府の規制についても同様に適用できる。そのような規制は，現代のアメリカの社会生活において全く至る所で生じている事柄である。ある規制は，他人による財産の利用や立入を認めるよう所有者に要求している。土地利用規制は，土地の利用を居住用や商業用や産業用に限定することができる。すなわち，それは，土地について利用の密集度を制限することができる。それは，ある形態の活動を禁止することができる。それは，一定の建築について最小限の土地区画の大きさ，最小限の床面積，高さ制限，隣地との距離，道路からの後退距離を定めることができる。またそれは，一定の建造物を，歴史的なそれとして指定し，その全面的あるいは部分的改造や取り壊しは，特定の評議会や委員会承認がある場合にのみ行い得るとすることができる。規制は，商業上販売できる商品を限定し，商品価格を規律することができる。これらのさまざまな形態の規制の間の違いは，それらの経済的帰結や法的正当化の評価との関係では，たしかに重要である。しかし，これらの多様性のある規制態様はすべて，結局私有財産の部分収用に該当する。

　ある土地所有者に対して私人である被告が土地利用規制を行う場合から分析を始めてみよう。AがBに対して，10フィート以上の高さの建造物を建てないようにとか，同意なく売却や賃貸をしないようにとか言い渡すとしよう。このような行為が力による脅迫に裏付けられているとするならば，それはAによる不法行為であると見なすことができる。Aは，前者の状況の場合，B所有の土地利用に関する制限的不動産約款——それは財産的利益として承認されている——の事実上の譲渡を強制しているのである。そのような約款は，AB間の所有権の元来の分配を前提にすると，購入その他の任意的譲渡によってしか手に入れることのできないものである。したがって，BはAの将来の危害の脅威に対する差止と，すでに侵害された危害に対する損害賠償を獲得することができる。不法がなされたかどうかという入口問題との関係では，AのBに対する要求の詳しい内容は，全く重要性をもたない。すなわち，それが重要性をもつのは，Aの不法の程度の問題と，その不法の除去に見合

う救済の問題との関連においてだけである。

　先にも試みたように，ここでも少しずつ論を進める検討手法をとってみよう。個人間の文脈においては，AのBに対する不法の性質は，たとえ力を背景にした同様の要求が，CからZまでの複数の隣人に対して行われたとしても何ら変わることはない。Aの要求の一般性は，彼をより大きな脅威にするにすぎないのである。つまり，その一般性はその発端において不法行為にあたる行為に正当性を付与するものではない。Aが国家である場合，その命令がもっぱらBに対してのみ向けられたものであったとしても，国家はBの土地に対する利益を収用している。その命令を拡張して，国家がBと同じような地位にある多くの者に対して，一般的な命令を発する場合においては，国家は大規模な私有財産の部分収用に踏み入っているのである。すなわち，ゾーニングは，（公用収用条項が，修正第5条として合衆国憲法に追加された）1791年当時には知られていなかったが，言葉としても過程としても魔法をもっているわけではない。政府による不法は，私的当事者のそれと同じように間違いなく行われている。

　同様の議論は，私有財産の処分能力に対して課されるある一定の政府の規制に関しても行うことができる。Aが彼の隣人であるBに対して，Aの同意がある場合のみBは土地を売ることができる，あるいはAによって設定された一定の価格以下でBは油を売らなければならないと言い渡す場合を想定してみよう。ここでBの財産の収用がなされていることは，はっきりしている。したがって，ここで残る唯一の問題は，差止による救済が不充分な場合に，どの程度の損害賠償が適切なのかである。それは，あたかもAが部分的賠償を支払って土地と油を収用し，賠償額と同じ価格でその財産を再販売したようなものである。たとえAが利潤を得ていないからといって，Bに損失がないということにはならない。Bが同様の規制をすべての土地と油の所有者に課すならば，彼の不法は，そのクラスの人々一般について累積するというだけのことである。

　Aが政府であるとすると，政府は，私人が当事者として行うならば，明らかに不法であるとされるに違いない行為を大規模に行っていることになる。したがって，補償義務を免れるためには，政府はその行為を正当化しなければならない。被告が私人である場合と同様に，再販売規制および価格規制のレベルと形態は，収用があったかどうかという入口問題にとっては全く重要ではなく，明らかに不法の程度に関わる問題である。たしかに，土地利用と価格規制に関するこのような分析は，裁

判所によって数え切れないほど何度も拒絶されてきた。その立場における支配的な一連の見解によれば——その源は再び Mahon 事件におけるホームズ裁判官の見解に遡ることができる——規制は、それが「過度に」なされなければ、収用の下位クラスとはかけ離れた存在となり、公用収用条項の射程範囲外にあるとされる。この一般的命題は、その境界領域においては当然論争を引き起こす。しかしながら、ここでなすべきことは、現行法理を適用する中で、これら一連の事件の中のどれが判断を誤った事件なのかを特定することではない。そうではなく、なすべきことは、規制を原則として適切だとする今日の強い推定は、限界設定の位置を間違ったということを指摘することである。置かれるべき決定的な推定は、補償が可能かどうかにかかわらず、すべての規制は公用収用条項の適用を受けるという推定である。

　一般に注意すべき点を示すには、多くの法理の中の1つを取り上げて論じれば充分であろう。しばしば言われるのは、一定の形態の規制が非合理なものであるかどうかを決定するにあたって、裁判所は当該規制の引き起こす「価値の減少」を考慮すべきだというということである。一般に、憲法は、「単なる経済的価値」が政府の行為によって減少しても、それを保護するものではないと言われている。この見解の基本的なポイントは、価値の減少が圧倒的に大きくない場合には、個人的土地所有者が受ける損害は、権利侵害なき損害（damnum absque iniuria）と見なされるべきであり、したがって国家によって補償されないという点にある。

　通説的見解は、本書で展開されている私人とのアナロジーに依拠してはいるが、これと類似するビジネスに関する営業権の取り扱いと同じように、全くその法理の趣旨を取り違えている。権利侵害なき損害の法理は、けっしてそのような杓子定規に適用されることはなかった。自由競争や眺望の妨害に関する事件を扱う場合、損害の程度は全く重要ではない。というのは、損害を被る当事者は、実力行使あるいは差し迫った実力行使による所有権の属性に対する侵害をなんら証明できないからである。権利侵害なき損害の法理は、占有し、使用し、処分する権利に課されるさまざまな規制を取り扱うにあたって、何の役にも立たない。今や、制限的不動産約款や他の利益の収用が権利の基本的な侵害に当たるのは明らかである。そして、価値の減少には、政府による不法に起因する損害を算定するという通常の機能のみが残されるのである。これらは、ただ単なる「経済的価値」に関わる些細な事件ではない。いかなる理論を採用しようとも、それらは所有権の毀損である。

　収用、その正当化、補償という別個の問題を混合して、単一の問題にしようとす

る努力は，必然的に議論の透明性を失わせ，ひいては国家の行為の範囲を拡大する方角に向かわせることになる。Andrus v. Allard 事件は[14]，いかに容易に処分権が公的領域に取り込まれてしまうのかを示している。判断の根拠となる明瞭な原理を確定できず，また確定したがらない裁判所は，立法府の放縦を認めるような思考枠組に陥ってしまう恐れが非常に大きい。たとえば，Goldblatt v. Town of Hempstead 事件で自治体勝訴の判決を生み出す重要な手段となったのは[15]，この謙譲的な態度である。この事件では，水面下での砂や砂利を掘る土地所有者の権利に課される制限は，たとえそれによってこれまでその財産が用いられてきた「最も有益な使用」方法が禁じられることになるとしても，それは，収用には該当しない規制であるとして支持された。使用に課される制限がすべて部分収用を構成するとするならば，Goldblatt 事件の判断は間違いである。なぜなら，それは問題とされた条例についての判決の説明自体によって論駁されるからである。司法の謙譲性は，United State v. Central Eureka Mining Co.事件においても決定的な役割を果たしている[16]。この事件では，採鉱の継続を禁止した連邦政府の命令は，誤って公用収用条項の対象とならないとされた。その根拠を最高裁判所は次のような言葉で述べている。「政府は，当該金鉱とそこに設置された設備について，占拠，使用，その他いかなる方法においてもその物理的占有を収用するようなことはしてはいない。」[17] ここでもまた，政府に自由を与えようとした叙述は，みずからを論駁する結果となっている。なぜなら，それは，命令が会社の使用権を制限したことを黙示的に認めているからである。そのために Agins v. City of Tiburon 事件において[18]，最高裁判所は，上訴人たちに自分たちの所有する5エイカーの土地に5軒までの住宅建設しか認めない広範な土地利用規制を問題にするそぶりを見せなかった。制限的不動産約款は，私的な取決によって創設されたとき，それが課された土地の所有者から収用される財産利益である。ゾーニングによって創設されるときでも，その約款が不動産に対する利益であることは変わらない。たしかに，約款とゾーニングの間では，利益を受ける側について違いがある。私的約款から権利として利益を得る当事者は，はっきりと同定できる一方，ゾーニングから利益を得る者は通常同定できない。しかし，収用問題は，何が収用されたかを問うのみである。つまり，そこから得られる利益の性質と分配は，収用があったことがまず承認された後にのみ関連性を有するようになるにすぎない。規制が「妥当である」というほとんど決定的な推定は，収用事件の難しい論点に取り組んでさえいないのである。公用収用条項は，「私人のもつ処分権

と使用権は，公共の領域に属する」などとは言っていない。ところが，今日では，そのように解釈がまかり通っているのである。

憲法上のルールが政府に与える動機づけという観点から問題を分析するならば，規制についての上述の分析の説得力は，一層大きくなる。使用と処分に対する規制が当然のこととして認められているところでは，政府権力を掌握している者は，自らの富の支出を減らして，望むものを手に入れることができる。したがって，公共の用のために土地を収用し，その補償を支払おうという彼らの自発的な意欲は，これに似通った代替行為によって実質上無償で手に入れることができる場合には，弱められることになるであろう。規制に対する現在の手ぬるいアプローチは，ある形態の政府の行為を強力な憲法上のコントロールに服させる一方，それに似通った代替行為を野放しにすることによって，政治的集団の動機付けの仕方を歪めている。ひとたび課税，規制，賠償責任ルールの変更が，社会的コントロールのための相互変換可能な技術として理解されるならば，財産の占有，使用，処分に対する政府のコントロールの全体を公用収用条項によって吟味しなければならない。われわれは，郵便局建設のために土地を収用することからほんの数歩で，全く違った領域に移ってしまうという問題を抱えているのである。

1　1つの最近の事例として Ruckelshaus v. Monsanto Co., 104 S. Ct. 2862 (1984) 参照。
2　Pennsylvania Coal Co. v. Mahon, 260 U.S. 393, 413 (1922).
3　Id. at 413. デュー・プロセス条項への言及は，その実体的な次元の言及となっている。そこでは，それは州に対する公用収用条項の拘束として作用している。
4　See, e.g., Richard A. Epstein, "Taxation, Regulation, and Confiscation," 20 *Osgoode Hall L.J.* 433 (1982); Anthony T. Kronman, "Contract Law and Distributive Justice," 89 *Yale L.J.* 472 (1980); Richard A. Posner, "Taxation by Regulation," 2 *Bell J. Eco. & Management Sci.* 22 (1971).
5　第14章と第15章参照。
6　New York Central R.R. v. White, 243 U.S. 188, 198 (1916).
7　See Guido Calabresi and A. Douglas Melamed, "Property Rules, Liability Rules, and Inalienability: One View of the Cathedral," 85 *Harv. L. Rev.* 1089 (1972).
8　See Barry Nicholas, *An Introduction to Roman Law* 99-103 (1962).

9 See, e.g., Pinnick v. Cleary, 360 Mass. I, 271 N.E.2d 592 (1971).
10 因果関係における強制の役割については，Richard A Epstein, "A Theory of Strict Liability," 2 *J. Legal Stud.* 151, 174-177 (1973) 参照。 財物に関する強迫については John Dowson, "Economic Duress-An Essay in Perspective," 45 *Mich. L. Rev.* 253 (1947) 参照。
11 ここまで展開した議論は，歴史的なものではない。これについては第18章においてより詳しく取り上げる。
12 260 U.S.393 (1922).
13 第17章における HFH, Ltd. v. Superior Court in Los Angeles County の議論を見よ。
14 第7章参照。
15 369 U.S.590 (1962).
16 357 U.S.155 (1958).
17 Id. at 165-166.
18 447 U.S.255 (1980).

第Ⅲ部

収用の正当化根拠

第9章　ポリス・パワー：その目的

国家権力に固有な諸権限

　ポリス・パワー（police power）をアメリカ憲法にどう位置づけるかというのは，これまでつねに難しい問題であった。というのは，憲法上そのような文言はないからである。だが，公用収用条項はもちろん，修正第1条，両デュー・プロセス条項，契約条項，平等保護条項に関わる事件でポリス・パワーが問題になるたびに，多くの憲法学者や法学者が，その適切な射程を決定しようとしてきた。

　ポリス・パワーは，憲法上のあらゆる主要な実体的保障の中に解釈によって読み込まれてきたが，歴史的にはこれまでずっと影の存在でありつづけた。ポリス・パワーが曖昧なままになっている1つの理由は，不幸にもその言葉が2つの意味に使われている点にある。第一の意味では，ポリス・パワーは州がその内部の下位行政区である市，カウンティー，特別区などに権限を付与することに関わる。たとえば，市は下水処理事業を行うことができるかという問題を考えてみよう。この問題は，行政権限に関わるものであり，それは州が当初どのような条件で下位行政区に当該権限を付与したのかを見れば基本的に判断でき，連邦憲法上問題となる点はとくにない。

　第二の意味でのポリス・パワーは，まさに本研究の考察対象となるもので，連邦憲法の明示的な制限に従って行使される連邦や州の権限に関わる。政府の権限に対する制限のほとんどは絶対的禁止の形で表現されているが，ポリス・パワーはその明文を緩和しようとする憲法解釈論の共通部分となっている。もし政府が言論・契

約・財産などを規制したり，人間の取り扱いに差違を設けたりする権限を全く持たないなら，政府について語ることに何の意味があるのだろうか。また，なぜそんな文字通り何もできないような組織をつくらねばならないのだろうか。したがって，古い言い回しを使うと，ポリス・パワーは国家権力の固有な特質として，公権力のすみずみにまで浸透しているのである。このような定式化が許されるのなら，ポリス・パワーの概念は，ロックの国家理論と完全に調和する。ロックによれば，人が自然状態を放棄するよう求められるのは，隣人による侵害の可能性に対抗して平和と安全を手に入れるためにだけであり，これこそがポリス・パワーという言葉が示すものである。連邦や州が，本来，政府が果たすべき主要な機能である治安と公序の維持という最小の権能を持たないと解するならば，それはきわめておかしな憲法解釈であろう。ポリス・パワーはまた，けっして代議制統治理論の脅威となるようなものではない。もし，個人が隣人による侵害に対して自衛力を行使してよいのなら，そうした個人に代わって行動する政府もそうしてよい筈である。明文にない文言を解釈上読み込む場合にどのような厳格な基準が要求されるにしても，ポリス・パワーを憲法に内在するものとして読み込むことは基本理論の求めるところなのである。本章の目的は，この第二の意味でのポリス・パワーの適切な目的とは何かについて検討することである。そして次章では，そうして定義された目的のために取り得る可能な手段は何かを検討する。

収用の射程を制限する法理

　ポリス・パワーの射程内で実現されるべき目的についての説明は，公用収用条項の文言と目的に一致していなくてはならない。ポリス・パワーについての議論は，通常，それが流動的なものであるのを認識することに始まる。Lochner v. New York 事件に見られる次のような一般的な表現は，この点についての慎重で典型的な説明である。「しかしながら，連邦のそれぞれの州の主権には，ポリス・パワーといういくぶん曖昧な言葉で呼ばれている，ある種の権限が存在する。裁判所はこれまで，その正確な内容と射程を示してこなかった。そうした諸権限は広義に用いられるうえ，現在のところ射程をより明確にすることもなされていない。しかしそれらは公衆の安全・健康・道徳・一般的な福祉に関わるものである。」

　最近の議論の中で「ポリス・パワー」は，より内容の乏しい定式，たとえばゾーニング条例無効の申立を退けるために使われる，当該条例が「少なくとも州の正当

な利益との間に合理的な関連性を有する」ことが示されればよい，というような表現に道を譲ったように思われる。このようなルースな表現では，ほとんどの場合に合理的な関連性のあることが認められてしまう。

伝統的な定式化も，現代的なそれも，元々のロックの概念をこえたものであり，また，あまりに射程が広すぎるので分析に耐えない。今日流行している，州の正当な利益というテストは結論先取であり，法的根拠があるから州の行為は正当だというに等しい。このテストは，治安や公序を維持する必要とポリス・パワーとが密接不可分な関係にあることを完全に無視している。このように，このテストは，どのような目的なら政府が介入して良いのかという慎重な検討を要する問題に対して，それを確定しないまま貼られる便利なレッテルに過ぎない。

Lochner 事件において行われた定式化は，それに比べれば狭いものであるが，それでもいくぶんの言語的不正確さがある。それは，「健康」と「安全」に言及してはいるが，公衆衛生に対する脅威や侵害によって生じるような，不特定な人々に対する損害と，明示にしろ黙示にしろ当事者間で危険負担の配分についての合意が存在している契約において生ずる損害とを区別していないからである。同様に，人民の「一般的福祉」への言及は，ポリス・パワーという要件と公共の用という要件がそれぞれ異なる効果を伴うにもかかわらず両者を区別していない。公共の用の場合は，国家は正当な補償なしに私有財産を取り上げることはできない。反対に，ポリス・パワーに該当すれば補償なしに取り上げることができる。だがポリス・パワーを，公益のために国家に付与された無制約な権限と解釈してはならない。さもないと，例外と原則とが逆転することになってしまうからである。

ポリス・パワーと公共の用の関係は私法とのアナロジーによってうまくとらえられる。すなわち，正当防衛と緊急避難（private necessity）との区別である。正当防衛は，補償なしに人に害を及ぼすことを許すが，緊急避難は，条件付きの特権，つまり，補償を支払うことを条件として，害を及ぼすことを認めるものである。2 つの法理が決定的に違うのは，それぞれの場合に合理人が違った行動をとるからではない。効果が大きく異なるのは，そこに本質的な構造的差異があることの反映である。正当防衛の場合，原告は不正な行為——ここでは暴力——をとったために，救済を得る機会を奪われるのに対して，緊急避難の場合には，被告が必要だからといって，原告がすべての権利を奪われるということにはならない。公的な領域においても同様に，外国からの攻撃という危険性は，公共の用（public necessity）の問

題として政府に広範な裁量の余地を与えるが，政府が補償なしで戦争に必要な物資を徴用できるということになるわけではない。政府がしなければならないのは，公共の用の基準に逃避することではなく，より厳格なポリス・パワー行使の基準を満たすことである。連邦最高裁判所は，「公用収用条項の『公共の用』の範囲は，『公権力のもつポリス・パワーの範囲と同じ』」だとして，この決定的に重要な構造上の違いを否定してしまった。

では，私有財産の収用を正当化するポリス・パワーは，いかにして憲法から導き出されるべきなのか。文言上は，公用収用条項は政府の選択肢を二つに限っているように見える。収用を控えるか，収用した財産の対価を支払うかである。もちろんこの二つの選択肢で充分な場合は多い。郵便局のための土地収用に対価補償以上の正当化はいらない。しかし，ある種の政府行動，たとえば有毒物を繰り返し水道水源にたれながす工場を差し押さえる際のように，完全に占有を奪取する行動は，ポリス・パワーに訴えることによってしか正当化できない。とりわけ，私有財産の収用という概念があらゆる形の政府の規制や徴税を含む部分的収用にまで拡張適用されるようになれば，ポリス・パワーを十全に理解することがいっそう緊急の課題となる。

ポリス・パワー論の思想的源は，私法の緻密な考え方と代議政体の一般理論との結合にある。私法では，Aの財産をBが故意に収奪する場合には，Bの賠償責任が推定される。しかし，それは，Bが自分の行為を正当化すること，たとえば正当防衛であると主張して正当化することを妨げない。ロック理論では，個人に代わって政府が個人のもつ権利を行使するのである。多数の人民が被害にあった場合，政府は個人の権利を総計した権利をもつ。このように，合法的な公的介入の根拠としてのポリス・パワーは，私人が自らのために行う活動と完全に同質である。他者による収奪からの保護を求める者は，自らが収奪している場合には，その保護を失うのである。

一見したところでは，ポリス・パワーは明白な窃盗か侵略に対してのみに行使されるのだと思われるだろう。だが，この解釈は，私的な収用が，全面的収用に至らないすべての不法な行為を含むという点を見逃している。収用のこの広義の解釈は，政府の行為が合憲か違憲かという文脈で使用されてきたが，それは個人の権利に関わる場合にも同様に適用されねばならない。憲法的表現を使えば，市民による収奪は，それに対応する政府による収用を正当化するのであり，日常表現を使えば，市

民の不法な行為があるので，他の市民を守り代表する政府がふつうならば侵害行為
にあたる行為をしてよいということになるのである。[8]

　それゆえ，限定的か全面的かにかかわらず，私人が収奪・収用するのを政府が規
制するのがポリス・パワーだということになる。加えて，それは暴力と不実表示の
双方を対象とする。それらが，財産の占有にまで至らず，単なる破壊に終わる場合
であっても同様である。一口でいえば，ポリス・パワーは，故意か偶然かを問わず，
私的ニューサンスを含む，他者への暴力と不実表示といったコモン・ロー上の不法
すべてに政府の統制を及ぼすものである。Batten 事件で見たように，政府の生み出[9]
すニューサンスは原理から見れば部分的収用であり，補償を要する。公的ニューサ
ンスとポリス・パワーの関連づけも，多数からの収用の分析において用いられる，
総計の基本原理に同じように従うことになる。1人から収用することが許されない[10]
以上，政府は当然多数からも収用することはできない。政府が私的な行為を統制し
ようとする際にもこの原則が適用される。公的ニューサンスは，多数に対する不法
であり，各人は補償されるべき小さな害を受けているものとみなすことができる。[11]
政府はこれらのニューサンスを統制でき，それにより，個人で取ったのではあまり
に高くつく権利保護を行うのである。

　にもかかわらず，ポリス・パワーには明確な限界があり，すでに確立している暴
力と不実表示というテストをクリアする行為には適用することができない。憲法上，
現実に被害者がいる場合であっても，それが競争から発生する損失であるときには，
原則として救済を求めることはできない。それは，公用収用条項の射程外にある目
的である。同様に，暴力と不実表示のない当事者間の経済的不平等は，統制すべき
私的不止がないものとして，その是正にポリス・パワーは使うことができない。ポ
リス・パワーの機能は，すべての暴力と詐欺的行為から個人の自由と私有財産を保
護することに尽きるのである。

ニューサンス規制の理由づけ

　公用収用条項に関するポリス・パワーの最も特徴的な点に，ニューサンス規制が
ある。連邦最高裁判所は繰り返し，ニューサンスを規制するのは政府の適切な目的
であるとし，この命題は，過去においてと同様，今日においても原理として適切だ
としている。それに比べると，政府が介入できるのはニューサンスを規制するため
だけであるという逆の命題については見解が分かれている。ここで重要なのは，ポ

リス・パワーはニューサンスを規制できるという考え方の弱体化を導いた，理論的・法的な議論の模様をいくぶん仔細に検討することである。この理論発展の検討においてまず吟味すべき点は，ニューサンスとされるのはいかなる行為かである。

やさしい事件と難事件

やさしい事件から見ていくのがよいだろう。初期の判決である Northwestern Fertilizing Co. v. Hyde Park 事件[12]では，ハイドパーク町は条例を制定し，これによって被告は町内の道を通って，汚物やその他の嫌忌物を輸送するのを禁じられることになった。規制は，悪臭や虫を媒介にした感染その他の危険から地域住民の健康を保護するために必要とされた。歴史的あるいは純法学的にどう見ても，禁じられた行為は間違いなく通常のニューサンスとして不法になるものであった。だから，ある種の行為がニューサンスかどうかが不明確な際に，この種のポリス・パワーを行使してもよい目的について，詳細な検討をせずにこの条例を合法だとすることも可能であった。条例の遵守は，会社に対し，他の私人に比して莫大な費用を負担させるものであった。なぜなら，禁止された活動に従事していたのは，その会社だけであったからである。しかし，比例原理に反する負担賦課がなされていることを理由として条例が問題になることはない。というのは，不法行為処罰の全体的目的は，公人であれ私人であれ，他者を侵害した者にはバランスを失した負担を強いるところにあるからである。重要なことは，いかに大きな負担でもそれが完全に正当だとされる点にある。

Hyde Park 事件が連邦最高裁判所に持ち込まれた唯一の理由は，生ごみが肥料工場以外の場所で腐敗した際に生じる重大な健康上の危険を避けるために，州が元々は，その会社が町を通って廃棄物を運ぶ免許を与えていた点にある。[13](州が委任した権限の下に立法した）ハイドパーク町が禁止したことはポリス・パワーの行使の範囲内ではあるが，それ以前になされている州と会社の契約からみると矛盾を生じる。契約上の権利を財産的利益だと考えるとすれば，市に委任された州の権限を越えて元の免許が与えられたと攻撃する根拠や，補償なしに契約を取り消す（黙示の）権利が市に留保されていたと信じる理由がない限り，補償がなされるべきである。[14]

Miller v. Schoene 事件[15]では，ニューサンス規制とポリス・パワーの関係がきわめて異なった扱いを受けた。この事件で，州は原告の所有していた鑑賞用の杉の木を補償なしに伐採した。この伐採は，近隣の10人の不動産所有者からの申立に基づき，

その木が周囲2マイル以内の林檎の木にカビの発生の危険性を与える元凶となるかどうかの判断を州の担当昆虫学者が下すことを認めた州法に従ってなされた。それは，救済される林檎の木が伐採される杉の木より大いに価値があるという判断に基づいていた。

連邦最高裁判所は，持主に補償することなく伐採できるという州の権限を支持した。この判決の結論自体が問題であったが，それ以上に，その理由づけが大いに問題であった。切られた木は原告の手元に残ったけれども，州は私有財産を収用している。実態を見れば，州は立木の対価として，それに比べてはるかに価値のない材木を支払ったと言えよう。重要な争点はポリス・パワーの射程であるが，これは伐採に充分な正当性があったかどうかに依存する。この点に関連して，裁判所が林檎の木に対するニューサンスを杉の木が実際に構成していたかどうかを判断することが是非とも必要であった。制定法の要件と，一般的ニューサンス法に含まれる物理的侵害というテストとの境界にはどうしても曖昧さが残ることを前提とすれば，この問題は，私法上の問題としてはどちらに転ぶとも言い難い。杉の木が土地所有者の屋敷内にあったとしたならば，伐採は，明らかに立法の要件に反する濫用である。[16] カビが杉の木から林檎の木へ移動するのは，自らの動きあるいは自然力によるのであって，何ら被告の行為によるものではないから，杉の木が植えられたのは，カビを招き寄せる餌か仕掛けとしてであったとでも言えない限りは，物理的侵害のあったことを立証するのは困難だったように思える。もし，「被告の杉の木が地域の林檎の木へのニューサンスを構成したか」という特定の問題を決定せねばならないとしたら，私は慎重を期した上で，否といったに違いない。

これら細かい論点の理論上の困難が，その制度的な重要性を見えなくしている。いくぶんの不確実性は，境界線上では認容されなければならない。健全な社会制度なら，すべての法理論の試金石になるような限界線上の分類問題で，行き詰まったり躓いたりはけっしてしないだろう。この判決の要点は，裁判所がニューサンスがあったかどうかという判断に重要性を認めることを一切拒否したことである。裁判所は，「われわれは，感染した杉の木がコモン・ロー上のニューサンスを構成するかどうか，あるいは制定法がそう宣言しているかどうかという問題を精密に検討する必要はない」[17]と述べて，地主側弁護士が口頭弁論で必要性を指摘した，ポリス・パワーと公共の用を区別し，ポリス・パワーに原理的な制約を加えようとする試みをすべて放棄してしまった。[18] 裁判所の前提に立つと，すぐさま公用収用法の変容が起

こる。もし，問題が，「杉の所有者によるニューサンスがあったか」というものでないとすれば，ポリス・パワーの問題は「林檎栽培者の利益が，伐採するべく命じられた鑑賞用の杉の価値より充分に大きいものであるかどうか」という純粋に功利主義的な問題に矮小化される。これがまさに裁判所のとった道である。裁判所は，2つの利益の間の矛盾により，州がポリス・パワーの名の下に，「立法者意思において，より公共の利益になるとする種類の財産を救済するために，他方を否定すること」[19]が許されるとするのである。ポリス・パワーと公共の用とが混同されているのは必定である。この誤謬により，正当な補償の要求は憲法上でなく立法政策上のものであるに過ぎないと解されることとなったのである。

　価値の問題についてのこの致命的な偏見は，財産権についてのいかなる理論とも全く整合しない。仮に争点が所有者と侵入者のどちらが土地を所有すべきかという問題であったとすれば，最高裁判所が呈示した「より大きな価値」の基準論は持ち出すことさえできなかったのは明らかである。州自身がその土地を必要としていたような場合も同様である。価値比較の問題は，土地を収用するに際して政府が賢明な判断をしたかどうかに関わるものであって，政府がそうして収用した土地に対価を払うべきかどうかに関わる問題ではない。同じ原則は，成長中の杉の木に対して政府が強制する制限的不動産約款という形式でなされる部分的収用にも適用されるべきである。今こそ，政府が必要とすればするほど，それだけ政府の補償義務は大きくなるという優れた「カント流の」見識が支配すべきである。[20] 公用収用条項の補償規定は，両当事者の得失の総量と同じ程度に，その配分にも配慮しているのである。裁判所の大雑把な効用計算の哲学的アピール度がどのようなものであれ，その効用計算はこの条項の内的論理からみて全く不適切である。杉の木の所有者に何らの落ち度がないのに補償しないとする判決は，ある市民階級から他の市民階級へと財産を不正に移転することを公に認めているに過ぎない。なぜなら，何らの不法も犯していないのに，杉の木の所有者には，現物もその価値も残らないからである。[21]

混乱の原因

　難問は，議論と無関係なことが明らかな価値比較の問題がなぜ主要な論点になってしまったのかである。答は，ニューサンス概念の理論的整合性，実務的重要性への執拗な攻撃にある。1つには，「ニューサンス」は，「どの財産的効用が優先されるべきであるかということについてのある種の社会的合意を反映した推定的なラ

ベル」[22]に過ぎないといわれることがある。この立場は，法原理というものは，たとえ最も簡単な事件の場合でさえ，裁判官を拘束するにはあまりにも無定型で無原則なものだとする主張に過ぎない。未熟な功利主義は，より未熟なリーガル・リアリズムを生み出す。ここで主張されている法原理の非整合性は，事件の状態にかかわらず裁判官が恣意的な判断に至ることを許し，促進し，正当化しさえする端緒となる。どのような憲法にも内在する適法性の原理は，憲法秩序から何らかの意味ある示唆が引き出し得ることを前提とする。だがニューサンスの問題はあまりに難解であるため，原理に基づいて裁判を行う機構全体がその重さのために自壊すると言われている。しかし，言葉が指示を与えることができないとしたら，命令に拘束力はなくなってしまう。

　ポリス・パワーをニューサンス概念でとらえることに対する批判には，もっと理論的に重要な根拠に立つものがある。今，流行りなのは，「侵害を惹起すること」と「利益を供与しないこと」を区別するのを意味ある形で維持することは不可能だというものである。この理論の主張によれば，侵害の防止について検討する場合には，侵害の原因となった行為を特定しなければならない。だが，こうした事件のすべては，少なくとも2人以上の当事者間の相互作用であるから，当該侵害の原因が規制される当事者と保護される当事者のどちらであるのかを決定するのは不可能である。そうなれば，侵害の防止と利益の供与という区別は崩壊し，ニューサンスを当然に含む私的な不法と公共の用との区別を放棄することが必要になる。

　皮肉にも，この立場の学説的な起源は，コース（Ronald Coase）の古典的論文，"The Problem of Social Cost"[23]である。これが憲法の領域に持ち込まれるにあたっては，サックス（Joseph Sax）[24]とマイクルマン（Frank Michelman）[25]の仕事が大きく関わった。そこでは，国家権力の拡大のための主要な道具としてこの理論が用いられている。それは，コースなら疑いなく理論的に受け入れ難いとするような結論である。サックスとマイクルマンの議論は，使用・処分に関わるすべての権利を所有権から除去することにより，私有財産の核心概念を切り捨てようとするものである。さらにサックスは，海軍が砲撃演習で私有地を使う際に補償が必要かどうかは——何世紀にもわたる基本的なトレスパス法の歴史の存在にもかかわらず——，私有財産といった脆弱な概念からは決められないとした。鉄拳の行く手を顔が遮るように，弾丸のゆく手を土地が遮っているというのである。[26]

　マイクルマンも「私的な不法と公共の利益」の区別に対し同様の疑問を次のよう

に呈している。

　「このアプローチの例として，近隣に迷惑をかける煉瓦製造を禁じる場合と，排水と野生動物保全の利益を公衆から奪うことになる希少な牧草地の開発を所有者に禁じる場合とを比べてみよう。これから検討しようとする理論に従うと，後者の規制による影響を受けた人の方が補償を求めるより強い権利を有するように思われるだろう。しかし，その人にとってさえ，それに曖昧さが残らないわけではない。その点をはっきり理解するために，ハイウェイ沿いの広告看板の禁止という第三の例を追加してみよう。この規制は，道路脇の荒廃と目障りという「害」を除去するものなのか，それとも安全と快適という「利益」を守るものなのか。道路隣接地所有者が自動車での通行者に害を与えないようにするものと考えるべきなのか，ハイウェイという公共施設の価値を高めるものと考えるべきなのか。第三の例は，規制が害を防止するか，それとも利益を増進するかを見て，その規制が補償を要するものかどうかの分類に役立てようとする方法の１つの基本的難点を示すのに有益である。そうした方法は，（規制に補償を要する）利益非供与行為が，どこで（補償なしでよい）加害準備行為に変化するかの判断を可能にする『中立』行為の基準が示されない限りは有効に機能しない。[27]」

　マイクルマンは，さらに２つの事件を使って自分の見解を説明している。１つはMiller v. Schoene 事件で[28]，もう１つは典型的な「ニューサンスへの接近」事件，つまり，煉瓦製造業者が人里離れた場所に工場を立てて操業していたところ，あとから近辺に引っ越してきた人々が工場の操業による汚染から生じる不快と不便に苦情を申し立てた事件である。

　一般的な命題を反駁するのにうまく選び出された少数の反証を持ち出すのは健全な戦術ではない。ニューサンス事件を検討するのにマイクルマンはそうした私法の下で最も悩まされることが明らかな例を挙げている。たとえそれらの事件が何らの明確な原則をもって解決されていないのがたしかであったとしても，それらの事件の存在によって，（Northwestern Fertilizing Co. 事件のような）河川への汚物投棄や大気への煤煙排出といったありふれた汚染事件のほとんどに適用される一般的なニューサンス基準の実効性が失われるわけではない。伝統的な意味で理解された物理的侵害の基準が，こうしたありふれた事件をカヴァーできることはすぐにわかる。同様に，分野は異なるが，通行人の視界を遮る家を建築することは，この問題に関して考え得るあらゆる理論をもってしても，ニューサンスとはならないのもはっき

りしている。まさしく物理的な侵害がないからである。

　これらの事件が明快なのは，私有財産制の中心機能がマイクルマンのいう中立的な基準線を引くことにあるからである。*ad coelum* ルール［所有土地上空を一定程度利用できる権利］の機能は，その境界線に法的意味を与えることにある。それゆえ，公用収用条項に中立的な基準線が必要だという議論は私有財産制度が本来備えている基準線を無視することになる。膨大な量の事件に明確に線が引けることが確信できる限り，境界上の多少の曖昧性は問題ではない。基底的な基準が何であれ，訴訟には判断がもっとも難しいものが選び出されてくるのである。もしニューサンス理論の欠陥が決定的だと考えられるなら，その代わりに使われる可能性のあるポリス・パワーをめぐるより複雑な制約論にも，同様に欠陥があることになる。たとえば，個人による政府規制の認知あるいは「予見」可能性というような概念は一体きちんと解明できるのだろうか。

　加えて，マイクルマンのあげる反例の力を承認すべき根拠はない。Miller v. Schoene 事件にはすでに触れたが，林檎の木の所有者への侵害は天災だとみなされるべきであるとする結論は，有形的侵害の基準によって完全に擁護し得るように思われる。同様に，この基準は公共の高速道路沿いの広告の場合にも，ほとんどあるいは何らの困難なく適用できる。運転する公衆の気が散るからといって，瀟洒な家や見事な地層を破壊することを請求できないのと同様，同じ理由でそれは公的ニューサンスであるとしては禁止できないのである。

　残るのは，「ニューサンスへの接近」の事例のみである。法的分析の枠組の中では「他者への危害の惹起」という句は，「他者の財産や人格に対して暴力行為か詐欺的行為を加える」ことの短縮表現であるということを一度認識すれば，原因問題の解決方法は全く簡明になる。時間的前後は無関係であり，ポイントは，煉瓦製造者が他方当事者の土地にその工場から煤煙を流したことなのである。どちらの当事者も原因になりうるという外観が生まれるのは，マイクルマンのように，一方当事者がどのようなタイプの戦略的行動をとれば，当事者間に侵害的な関係が発生するのを避けることができたであろうかと尋ねる場合だけである。だが，近隣の人と煉瓦製造者のどちらが，彼ら自身の活動の緩衝地帯として土地を買い取るべきであったかという問い方は，因果関係問題の適切な問い方ではない。そのような問い方をすれば，問題には明らかに対称性があり，どちらの当事者がそうすべきかを決定することはできない。しかしながらこのことは，法的論証に因果関係論は不要ということ

を示すのではなく，むしろ比較的明快な事件であっても侵害の原因と侵害の防止とを体系的に区別できないという，マイクルマンの相対的費用回避者理論に立つ因果関係論に内在する弱点を明らかにしている。日常の言い回しと憲法の文言の両方により整合的な優れた基準がある場合，必ず失敗することが明らかな基準をなぜ採用しなければならないのかについて，マイクルマンは説明していない。適切に解すれば，ここでの因果関係の問題は，煉瓦製造者は近隣の土地へ汚染物質を排出したのかどうかということに尽きる。この疑問は，そのようなニューサンス事件のすべてに適用できる単純な分析技術によって答え得る。「緩衝地帯」・「予見」・「周辺環境との両立性の確認」といったことは，すべて的はずれである。循環的でない方法によって一度賠償責任ルールが確立されれば，誰が緩衝地帯を設けねばならないか，誰が不完全な予見の帰結に責任をとらねばならないのかは自然と分かるのである。

　この単純な解答は，最初にそこへきたのは誰かという時間的な問題を説明せずに放置しているという反論があるかもしれない。時期の問題は，ある意味では無関係である。なぜなら，両区分地は初めからそれぞれの所有の下にあるのだから。この点は，ニューサンスへの接近事件の完全な説明によって明らかになる。そこでは状況の大きな特徴は，事件に対する適切な救済を見れば理解できる。権原を厳格に考えれば，原告は直接的な害の程度とは無関係に，侵害が発生すればただちに訴訟原因を獲得する。しかし，訴訟が提起されるとは限らない。なぜなら，そこには相互にメリットのある緊急の取引が存在し，それによって，被告が普通ならば利用できる出訴期限法を放棄することを絶対条件として，原告は金銭的な損失が発生するまでは訴えの提起を差し控えることが求められるからである。加えて，ニューサンスの被害にあった当事者にふつう自動的に与えられる差止命令は，その暫定的差止命令を詳査するために，(暫定的損害賠償金の支払がある場合には) その発給が延期されることがある。この場合，差止命令は絶対的なニューサンスの除去である必要はなく，部分的な除去でもかまわない。しかしながら，これらの議論すべては，権原の問題に，ある決定的な解答を与えることができるとの前提に立っている。言い換えると，ポリス・パワーのニューサンス規制的把握に何か原理的な説明がつけられるのだろうか。マイクルマン等の見解はこれを否定するが，私は，公用収用条項に関する議論に由来する有形的侵害理論がそれをカヴァーするという見解を採る。ニューサンスという言葉は，しばしば誤解され，誤用されているかもしれないが，その概念に，誤用を不可避とする固有の弱点があるのではない。

伝統的な有形的侵害の基準はまた，ニューサンスへの接近という争点を憲法上の文脈で表面化させた Hadachek v. Sebastian 事件のような事件を完全に説明し，正当化する。Hadachek 事件において，被告は資産価値のある煉瓦工場を所有していた。その地所は，ロサンジェルス市に編入される前に取得され開発され，その時期には近隣には住居はなかった。その地所が市に編入され，近隣に家が立ってから，ロサンジェルス市は，市内の指定地域で煉瓦工場を操業することを軽罪とする条例を定めた。業務の禁止に伴って，原告の土地の価値は約80万ドルから約6万ドルに減少した。連邦最高裁判所は広い意味でのポリス・パワーの行使だとして条例を支持した。マイクルマンが本件の原告の立場に共鳴するのは，十全なポリス・パワー論の呈示に成功していないからである。この判決は，資産価値の減少はそれだけでは補償の充分な根拠にならないことを示すものとして引用されたときに誤解されるに至った。Hadachek 事件における法的救済拒否が適切であった理由は，資産価値の減耗が「たった」80ないしは90％であったからではなかった。実際，損失は全損でもあり得たのである。決定的に重要であったのは，被告の損失は，それがいかに大きくともニューサンスを根拠として正当化されるという点であった。それに対して，近隣住民のニューサンスへの接近は，せいぜい部分的な相殺理由にしかならないのである。Hadachek 事件は，それゆえ，ニューサンス規制というその理論的根拠から切り離されたポリス・パワーの広い概念を理論的に根拠づけるものではない。代わりにここでは，価値の減少は，それが不法行為においてもつのと同様の役割をもっている。つまり，何らかの独立した基準によって補償責任が確立されて初めて，それが損害額の算定に関連してくるのである。

私的ニューサンスから環境保護へ

　ポリス・パワーの根拠をニューサンス規制の必要に求める立論の弱体化は，環境問題への政府のより広範な規制をもたらした。一定の環境規制がポリス・パワーの範囲内にあることは明白である。大気汚染・水質汚濁・有毒物質の投棄はすべて私権侵害であり，政府に防止の権限がある。にもかかわらず，単に環境保護という大義名分を持ち出せば，ポリス・パワーによって政府の行為を正当化できるというものではない。すべては，政府が何をしたかにかかっている。国立公園創設のための公用収用は，望ましいことかもしれないが，ポリス・パワーの行使にはあたらない政府介入のよい例である。境界事例の取扱いにおいて，究極の問題は先述のごとく，

規制は被告の不法を統制するものなのか，公益を創出するものなのかということである。この区別が無視ないし曖昧にされているということは，3つの現代的環境規制計画の例，つまり湿地帯・治水・露天堀り採掘に関する法の検討から実証される。

　湿地帯規制は，自然の微妙なバランスを保つため，ある種の指定地域について，政府の許可なしに開拓することを禁ずるものある。治水規制は，過剰流水をうまく逃がすために，ある種の地域の開発を禁じている。露天掘り採掘規制は，採掘に供された私有地はその終了後，最低限「原状の地形」あるいは「原状の生産性」に回復されねばならないとする。これら3つはいずれも憲法上重大な問題点を抱えている。

湿地帯の保護

　湿地帯規制のリーディングケースと思われる Just v. Marinette County 事件[37]において，ウィスコンシン州最高裁判所は，指定されたある種の湿地帯の埋立を所有者に禁じるカウンティの法を支持した。判決は以下のように述べる。

　　「本件は，公共的侵害と公共的利益という対照的な観念と，所有者がその財産を使用する権利の射程の再検討をわれわれに求めるものである。本件において問題となっているのは，公衆の利益を保全するためではなく，市民の財産の自然な状態を変更することから生じる害悪を防ぐことを目的とする規制である。われわれは，湖や河川は自然の状態においては汚染されておらず，現在の汚染は人間がもたらしたものと仮定する。ウィスコンシン州には，信託の法理の下，航行可能な水域における現在の汚染を撲滅し，そのさらなる汚染を防止する義務がある。これは，法的な意味においては，環境の本来的原状の維持による利益の供与あるいは保護には該当しない。本件が，ほとんどの収用やポリス・パワーによるゾーニングと違う点は，岸地の湿地帯・沼地・自然環境と，水の清浄性や航路・釣り・景観美といった自然資源との相互関連性にある……。

　　一筆の土地所有権は，所有者がどのようにでも土地の性質を変更できるほどに絶対的なものなのであろうか。……土地所有者は，土地の本来的状態にそぐわず，かつ他者の権利を侵害するような目的で土地を使用するため，土地の本来的状態を変更する絶対的かつ無制約な権利をもっていない。ゾーニングにおけるポリス・パワーの行使は合理的であるべきだが，私有財産の利用を，その本来の利用に制限することによって，公衆の諸権利に対する侵害を避けようとするポリス・パワーの行使を，われわれは不合理なものとは考えない。

本件は，所有者がその土地を本来的かつ生来的な利用に供しようとして，それが妨げられているような事例ではない。土地の性質に従った利用は許容されており，その他の利用方法も可能であり，さらには特別な許可による利用も許されている。本件の岸地ゾーニング条例は，航行可能な湖の1000フィート以内と航行可能な河川の300フィート以内の土地の本来的性質の変更をある点までは禁止している。なぜなら，隣接する水域に対する，そうした土地の相互関連性のゆえにである。自然の環境との関係を破壊して，一般公衆の損失をもたらすような湿地帯や沼地の変更は，ポリス・パワーの規制から保護されている合理的な土地利用とはいえない。ある程度の変更や埋立は，その程度が害悪を引き起こさないなら許容される。われわれは，ウィスコンシンには未だ岸地規制を扱った先例がなく，他州ではそのような規制を違憲であるとしたかにみえるいくつかの判例があることを承知している。しかし，沼地や湿地帯の本来的性格を破壊することによって住宅地を提供しようとするとき，その土地の新しい利用法が一般公衆に害悪を引き起こすとすれば，たとえそれが大きな経済的価値を所有者にもたらす場合であっても，当裁判所が過去に下した判決や意見の中で，それを合理的な土地利用であると判断したことはない。」[38]

この拡張解釈は，湿地帯規制がポリス・パワーの伝統的な射程に収まるように，万全の注意を払ってなされている。「害悪を引き起こす」汚染と「他者の権利」への侵害に言及することは，前例のない事件を従来の理論で処理する際の常套句である。しかし，判決はニューサンス規制法理の限界をこえている。開発によりジャスト家の所有する土地は汚染されるかもしれないが，・不・法・行・為は成立しない。なぜなら，訴えを提起するためには，侵害は「市民自身の財産に対する」のではなく，・他・者に対するものでなければならないからである。だが判決は汚染ではなく，一般的生態バランスから私有地を除去した際に生じる単なる経済的・景観的な損失を他者への侵害だと述べている。所有者の土地利用に起因する有形的な侵害はなく，あるのは，州がその土地を野生動物保護区を拡張するために使おうとした意向だけである。もしジャスト家が，彼らの土地をその本来的状態では利用しないと決めたとしても，不動産や野生動植物の私的所有者が裁判をして勝つことができると想像するのは不可能である。通常の財産権の束は，土地を本来的状態に置くことを優先している訳ではなく，開発を含む使用というものを所有権の標準的な徴表と見なしているのである。

レトリックを剥ぎ取れば，Just事件はこれら開発権の収用であり，それゆえ補償

が必要である。湿地帯が保全されるということは，それが公衆の利益になる可能性を確認するにすぎず，憲法上の義務を免除するものではない。この種の事件の背後に隠れている本当の衝動は，Sibson v. Hampshire 事件[39]という同様の事件で述べられているように，埋立行為が「湿地を害し，公衆にとって有害だ」という考えである。しかし，一体どこに湿地にさせておく権利なるものがあるのか。公衆の利益のために使おうとする場合，部分的であるにせよ，それらを公共の用のため取り上げるのだと公言する。そうであるなら，州は，その特権の対価を支払わなければならない。

治水規制立法

　治水規制立法のさまざまな形態についても，分析のパターンは同じである。ここでもポリス・パワーにより，河岸保有者は，たとえば雪解け水のような過剰な水を放流するための河床や水路を堰止めることを禁じられている[40]。水流を妨げることは他の河岸所有者の権利を侵害するもので，水利権上の自然流の法理や合理的利用の法理をそのまま適用して禁止したり規制したりすることができる。しかし，治水規制の名の下に，州が一般的立法や行政行為によって，ある種の私的に所有されている高台を，所有者が政府の許可なく工事することが不適切な地域だとして指定することは別の問題である。そこには所有者による侵害的な行為は見られないのだから，最大限譲歩しても，指定は公共の用のための開発権の収用である。Usdin v. Environmental Protection Department of New Jersey 事件[41]において，裁判所は手の込んだ立論を行い，その中で「州の環境保護省の行為は補償を要する収用行為というよりは，不適切な自然利用を防止するためのポリス・パワーの適切な行使と考えなければならない」[42]と述べることによって，そのような立法を支持した。しかし，見方を変えれば，この事件は簡明な事件である。自然破壊の防止は所有者の不法の防止とは同じでないのだから，開発権の制限は不動産の部分的収用にあたる。天災の予防は，たとえ公共の用という要件を満たしたとしても，ポリス・パワーの射程に入るものではない。この判決は，原理的にBの土地に放水路をつくるためにAの材木を没収することを正当化するのと同じである。

露天掘り採掘

　近年の露天掘り採掘規制も同様の分析を加えれば，パラレルな欠陥を露呈する。

Hodel v. Virginia Surface Mining and Reclamation Ass'n 事件において[43]，連邦最高裁判所は，1977年の「地表採掘の制限ならびに土地改良についての法律（Surface Mining Control and Reclamation Act)」は文言上違憲であるという主張に対して，それを合憲であるとした。この法律は，露天掘り採掘がなされた土地を元の状態に戻し，外観もおおむね元に服させること，表土を抽出し安定化させる努力がなされること，水力学的バランスと水質に関する擾乱を最小限にすること，そして採掘領域に再び植物が成長するようにすることを定めていた。問題になった土地の95％は20度以上の斜面にあり，巨額の回復費用がかかるものと思われた。地方裁判所は，条文を遵守して土地を採掘することは，ほとんどの場合，経済的にも物理的にも不可能だと認定した。地方裁判所はまた，露天掘り開始前の土地価格はエイカーあたり5から75ドル程度だったのが，露天掘り採掘・採掘完了による造成後にはその市場価格がエイカーあたり最低5,000ドルになり，最高30万ドルになった場合もあったとした。最後に地裁は，土地をその原状に回復する際に使用される不安定な大量の土砂のゆえに，露天掘り採掘条項に従うことは，かなりの程度で土壌浸食の危険性を増加させるとした。適用可能な連邦最高裁判所の先例にあてはめようと苦労した後で，結局，地方裁判所は法規の強制によって財産的価値が全く失われるならば，それは補償を要する私有財産収用にあたるとした。

連邦最高裁判所は，こうした総合的な法律の「単なる制定」は収用にあたらない，なぜなら「被上訴人も原審も，その法律の施行によって被上訴人から収用されたと主張できる利益の存する財産をなんら特定できなかった」[44]からであるとして，原判決を破棄した。この論点は，法の制定により多数の炭坑会社の事業が締め出され，多くの炭坑夫が失業したという地裁の明確な事実認定に照らせば，ちょっとした離れ業である。

事件が未成熟なままに提訴されたという主張は，この立法が文言上無効であることに対する何らの抗弁にならない。石炭の採掘権は，湿地帯の開発権と同様，不動産の伝統的な属性の1つなのであるから，その立法は，それが適用されるすべての土地の収用にあたる。しかも，その立法は，かつての土地所有者の当然の権利を行使することに，高額な支払を要求している。さらに，ポリス・パワーは本件に全く及ばない。本来的な状態で土地を単に所有することはけっして私的ニューサンスにはなりえないし，さらにこの土地開発は，他者への外部侵害の可能性を，減少させるかあるいは少なくとも増加させることはないと認定されたのである。この立法は，

文言上無効とされるべきであった。なぜなら，将来の事件においてそれを適用させることを正当化するような状態が発生する可能性がないからである。

1　See John Locke, *Of Civil Government* ¶ 136 (1690).
2　198 U.S. 45, 53 (1905).
3　Construction Industry Ass'n v. City of Petaluma, 522 F.2d 897, 906 (9th Cir. 1975), *cert. denied* 424 U.S. 934 (1976). 判決の中心的論点は，実体的デュー・プロセス法理の下における，排他的なゾーニング条項の吟味であった。
4　私はここでは，ポリス・パワーの「道徳的」要素は無視する。歴史的には，このことは賭博・飲酒・売春といったような事柄に向けられていた。これらの行為に対する制約は，それらが不健康・病気・他者への害悪を誘発するという関心から部分的には正当化されるかもしれないが，これを手段＝目的の連関で説明するのは，不可能ではないにしろ難しい。第10章における，Mugler v. Kansas 事件の検討を参照。しかしながら，大体のところ，このような制約は，たとえそれが他者への害悪を引き起こさなくとも，それ自身無価値な行為についての道徳的コンセンサスを表明し，しばしばそれらの言葉のゆえに擁護されている。私有財産の概念は，実際たとえば個人の家で猥褻物を使用することを統制する政府の権力が，プライヴァシーの名の下に否定されるときのように，他人の行為についてのまさしくこうした判断を排除することが企図されているものとして，原則的には議論し得るのである。Stanley v. Georgia, 394 U.S. 557 (1996) 参照。しかし，ポリス・パワーのこの歴史的な側面に対しどんな態度を取ろうとも，それを適用することによって根拠づけられ得る重要な現代の経済的規制はほとんどない。
5　古典的不法行為事件については，Ploof v. Putnam, 81 Vt. 471, 71 A. 188 (1908) 参照。これは，自救的差押状況にある当事者が相手の財産を使用する権利を認めたもので，Vincent v. Lake Erie Transportation Co., 109 Minn. 456, 124 N.W. 221 (1910) はそのための補償を求めた。不法行為と憲法の間の明示的な比較は，Dale W. Broeder, "Torts and Just Compensation: Some Personal Reflections," 17 *Hastings L.J.* 217 (1965) によってもたらされた。
6　第12章参照。
7　Ruckelshaus v. Monsanto Co., 104 S.Ct. 2862 (1984) 参照。Hawaii Housing Authority v. Midkiff, 104 S.Ct. 2321, 2329 (1984) を引用している。
8　第4章参照。
9　第4章参照。
10　第5章参照。

11 See, e.g., F. Harper & F. James, *The Law of Torts* ¶ 1.23 (1956). 教材集として，See R. Epstein, C. Gregory, and H. Kalven, *Cases and Materials on the Law of Torts* 629-636 (4th ed. 1984).
12 97 U.S. 659 (1878).
13 免許状の関連条項については，id. at 663 参照。
14 本件のこの面での検討については，第11章参照。
15 276 U.S. 272 (1928).
16 被告側有利に判決されるコモン・ローとの類推については，Giles v. Walker, 24 Q.B.D. 656 (1890); Merriam v. McConnell, 31 Ill. App. 2d 241, 175 N.E.2d 293 (1961) 参照。
17 276 U.S. at 280.
18 Id. at 275-276.
19 Id. at 279.
20 See Bruce A. Ackerman, *Private Property and the Constitution* ch.4 (1977).
21 別の分析については，James M. Buchanan, "Politics, Property, and the Law: An Alternative Interpretation of Miller et al. v. Schoene," 15 *J. Law & Econ.* 439 (1972) 参照。それは，政治過程の諸問題と個々の関係者の大規模協同の諸問題を強調している。
22 Note, "Developments in the Law-Zoning," 91 *Harv. L. Rev.* 1427, 1470-73 (1978).
23 Ronald H. Coase, "The Problem of Social Cost," 3 *J. Law & Econ.* 1 (1960).
24 Joseph Sax, "Takings and the Police Power," 74 *Yale L. J.* 36 (1964) (SAX I); Takings, Private Property and Public Rights, 81 *Yale L. J.* 149 (1971).
25 Frank I. Michelman, "Property, Utility, and Fairness: Comments on the Ethical Foundation of 'Just Compensation' Law," 80 *Harv. L. Rev.* 1165 (1967).
26 Sax II, supra note 24, at 167.
27 Michelman, supra note 25, at 1197.
28 276 U.S. 272 (1928).
29 私的取引を構成する際の基準線の重要性については，Donald Wittman, "Liability for Harm or Restitution for Benefit?," 13 *J. Legal Stud.* 57 (1984) 参照。
30 議論のため第10章参照。また Lawrence Berger, "A Policy Analysis of the Taking Problem," 49 *N.Y.U.L. Rev.* 165, 175 (1974) 参照。
31 Michelman, supra note 25, at 1243-1244.
32 より完全な分析は，Richard A. Epstein, "Nuisance Law: Corrective Justice and Its Utilitarian Constraints," 8 *J. Legal Stud.* 49, 72-73 (1979). Sturges v. Bridg-

man ,11 Ch. D. 852 (1879) においては，時効が非常に重要な役割を果たしたことに留意。Sturges 事件も，Coase の因果関係の説明で非常に決定的な役割を果たしている。supra note 23, at 7-10.

33 See, e.g., *Sturges;* Ensign v. Walls, 323 Mich. 49, 34 N.W.2d 549 (1948); Pendoley v. Ferreira, 345 Mass. 309, 187 N.E.2d 142 (1963).
34 239 U.S. 394 (1915).
35 See Michelman, supra note 25, at 1191 n.55.
36 Haas v. San Francisco, 605 F.2d 1117 (9th Cir. 1979), 第14章で論じられている。
37 56 Wis. 2d 7, 201 N.W.2d 761 (1972).
38 56 Wis. 2d at 16-18, 201 N.W.2d at 767-768.
39 115 N.H. 124, 126, 336 A.2d 239, 240 (1975).
40 Allison Dunham, "Flood Control Via the Police Power," 107 *U. Pa. L. Rev.* 1098 (1959).
41 173 N.J. Super. 311 (1980).
42 Id. at 331.
43 452 U.S. 264 (1981).
44 Id. at 294.

第10章　ポリス・パワー：行使の手段

手段の吟味：不確実性と2つの誤謬

　ポリス・パワーの諸目的が定まったとして，それを達成するために政府は如何なる手段を取り得るであろうか。最初に，明確な権利基底的理論が特定の結論を命ずるので目的の問題には可能であったデカルト流の明晰性が，手段の問題においては可能でないことを強調しておくのは重要だろう。手段の問題に関しては，どの裁判所も自らの判断に絶対の自信をもつことができるわけではない。国家はすでに発生した損害に対して賠償金や罰金などを課し得るが，その額の決定は民事訴訟における賠償額の決定と同じくらい難しい。

　より重要なのは，憲法上の主戦場が，将来発生する不確実な損害について損害賠償と差止の併用という救済手段を認めるべきかどうかになるということである。いうまでもなく，政府はそれが代表する人民の権利を与えられている。だが，それを一括して断定的に述べるのは難しい。原理的には，違法な侵害が行われる場合，人が正当防衛の権利を行使せねばならない状況に追い込まれるようなことがあってはならない。問題は，不法が行われる際に，被害者が使うことのできる救済はどのようなものかである。損害賠償請求訴訟は間違いなく利用できる。だが，それは手遅れかもしれないし，被告に支払能力がないかもしれない。それゆえに，不正の直接原因を是正することに限定して，被害者には正当防衛のための実力行使が許される。しかしそれは，過剰防衛つまり相手を死に致らしめるような実力行使や信義・背信，極度に過敏体質の犠牲者といった厄介な問題を引き起こすのである。「合理的な」場

合には正当防衛のための実力行使を認めることで法はこれらの問題を解決しようとするが，どのようにこれを精緻化してもその境界線の問題は残る。[2]

　ニューサンスにもパラレルな問題がある。理念的には，人はニューサンスを起こしてはならない。しかし，不確実性と欲望に満ちた世界においては，ニューサンスは惹起するものなのである。それゆえ，どのような救済が可能なのかが問題となる。ニューサンスの排除は(abatement)，身体的侵害に対する正当防衛と同様，自力救済である。しかし，どんなに複雑な責任論システムにおいても，排除は限定的にしか使えない。それが使えないとすると，完全なあるいは部分的な損害賠償や，条件付のあるいは無条件の差止命令が考えられるが，それらが適切な救済となるのかどうかが問題である。ここにも，(実体的侵害に対する差止を認めるといったような)推定がおかれているけれども，将来の不確実な侵害を統制する適切な救済を見つけ出すのは困難なので，救済の問題についての対立は執拗に続いている。[3]

　ニューサンスや正当防衛に当てはまることは，契約違反にも当てはまる。原則的には，もし取引費用がゼロなら，当事者は原則的に，履行を免除されるので違約の問題は起こらない。実際にはそんな事態はなく，それゆえ，違約が生じた際には，ここでも救済の選択で意見が分かれる。損害賠償，特定履行，不作為の命令(negative injunction)のどれを選ぶかである。ここでも精確な併用についてのコンセンサスは，判例にも学術論文に見られない。[4]

　民事領域の問題は，不可避的に憲法体系に影響を与える。私人に要求する以上の精確さを，私人を代表する政府には要求できない。それゆえ，2つの誤謬の均衡をはかることが恒常的な難問となっている。過大包摂の誤謬は，特定された損害を統制するのに必要である以上に規制を及ぼす場合に起こる。過小包摂は，問題となっている損害のすべての事実を包含しえない場合に起こる。双方を同時に排除することは不可能である。そして，それらの複合的な影響を最小限にしようと努力することは，明らかに憲法的な問題である。土地所有者がその土地で工場を操業しようとし，そのために有害汚染物質が近隣の土地に流出する状況を仮定してみよう。操業しても近隣に害を与えない工場の建造を禁ずることは，所有者の財産利用への制約となり，それゆえ部分的な収用に当たる。だが工場の操業を許しその結果害悪が惹起される場合は，もし被告に支払能力がなければ，補償はされないことになるのだから，私人による収用を公認することになる。だが，もし事後の適切な差止命令が，すべての，あるいは実体的にすべての必要な救済を与えるのであれば，操業を性急

に禁止するのは許されないだろう。不確実性の下における2つの誤謬に対処する際に取りうる最善の策は，双方を公平に衡量して，誤謬の総量を最小にすることである。なぜなら，どちらも憲法上保護された財産権への制限を内包しているからである。

憲法上の審査にとってあまりにも微妙な過大包摂と過小包摂という問題は，長らくエクイティに責任をもってきた裁判所の決まり文句であった被害の程度の衡量に似た作業をどうしても必要とする。政府により抑止される危険性にだけ気を取られていると，政府の作り出す危険性の増加を見逃すことになる。評価の問題が原理の問題に取って代わる際，ある程度の司法の謙譲が求められる。正当補償の問題に関連する要素の数は多く，その要素の考慮順序は一義的に決まってはいない。充分な審査を行うには，単に制定法だけを検討するのでなく，立法部の権限と偏りをあわせて考慮するという不安定な作業を行って，回避されるべきであった侵害に救済が適合的かどうかを考察せねばならない。その作業は難解な境界事例を招来する。というのは，誤謬を最少にする努力をしても，問題があまりに拡散的で無定形な場合には，誤謬を除去しきれないからである。だが，検討には固有な困難が伴うことを認めた上であっても，連邦最高裁判所は他の問題と同様，公権力を支持しすぎる傾向にある。この分野でも，合理的な根拠のテストが用いられるために，目的と手段の適合性に関する本格的な審査は排除されている。ここで求められているのは，Lochner事件が述べている次のような中間的な審査基準，つまり「公衆衛生にわずかに関係があるとの主張だけでは，必ずしも立法が妥当なものであるということはできない。法は目的を達成する手段として，直接的な関連性を有し，目的そのものが適切で正当なものでなくてはならない」という基準である。

別の言い方をするならば，自らの判断よりも立法府の判断の方がより的確である可能性が高いと裁判所が判断した場合，裁判所は立法府の判断に従順であるべきである。より正確に言えば，裁判所による拡張的な監督にかかる追加的な費用（しばしば，公費から支出される。公費は，それ自体が第三者からの収用である。）が，それによる目的と手段の適合度の改善では正当化されないと思われる場合には，裁判所は立法府の判断に従順であるべきである。こうした基準では，立法権の濫用のすべての形式を摘発することはできない。しかし，万能でないというだけで，考察が無駄だとか間違っているとか非難することはできない。少なくとも随伴する増加費用（発生の場合）を正当化できるか，もしそうした増強された吟味がなされないと

すれば起こるであろう濫用の程度を下げるかすれば，考察には価値があるのである。

　手段に関する中間的な審査は，立法と司法との間で神々の絶えることのない対立を招くという根拠によっては，論駁されえない。この結論は，立法府の生み出すものは，その制度的な役割を決定している法的ルールの網とは無関係に存在するという誤った前提によっている。しかし，政府も私人も，裁判所が発する信号に応答することが期待され得るのである。手段の吟味が厳しくなると，立法府の決定が効を奏する確率は低下し，立法府を通過する疑わしい立法の量も減少する。疑いなく，緩い審査基準で通過した初期の立法が，緩い基準に代わるより厳格な基準の審査を受け変更されるという過渡的な時期があるだろう。だが，一度その暫定的な調整がなされれば，第一次的な政府の行動における変化は，その程度はともかく，その方向性において確実に予測可能なものとなろう。裁判所は境界上の事件を判断し続け，ルールの変化により境界だけが変動し，その一方で立法の全体的な量は減少し，けっして増加しないであろう[6]。立法の活動が減少すれば，解決されねばならない通常の非憲法的な問題の数は極端に減少するに違いない。制度が新しい均衡状態に落ちつけば，争われる事件の一部が変化するとしても，裁判所の負担は減少する筈である。第一次的近似としては，司法審査の厳格性を強化することが，司法制度に求められる負担を減少させるに違いないと考えられる。

運用

　連邦最高裁判所は，膨大な数の手段問題の事件を扱ってきた。というのは，ポリス・パワー問題のある種の変種は，公用収用条項下においてのみならず，デュー・プロセス条項，契約条項，平等保護条項，そして修正第1条下においても姿を現すからである。私見によれば，問題が生起する文脈を離れてポリス・パワーに関するアプローチを統一的に用いることが望ましいように思われる。本章では，最初に土地利用の初期の事件から始め，主に修正第1条と平等保護条項の領域での現代的な判例の分析に至ることにより，このアプローチの効果を検証する。

Mugler 事件と Euclid 事件

　Mugler v. Kansas 事件[7]においては，カンサス州内での醸造所の操業を禁じる立法が問題となった。原告は，法律ができる以前に醸造所をつくったこと，そこは他の利用目的に向かないこと，その操業は公的ニューサンスに当たらないことを主張し

た。法廷意見を述べたハーラン（Harlan）裁判官は，二枚舌を用いて州法を支持した。彼はまず第一に，州法は原告の土地所有を禁じたわけではないから，政府の行為は収用にあたらないとした。しかしこの議論については，使用が制限されたことを考慮すれば，部分的収用の分析による反論が可能である。

「全く収用にあたらない」という議論が裁判所に対してさえ説得的であったかどうかは疑わしい。もし，全く収用にあたらないなら，それに続くポリス・パワーについての詳細な考慮は必要ではなかっただろう。ポリス・パワーを扱うハーラン裁判官の考え方は単純で，アルコール中毒がもたらす不可避で有害な結果と考えることのできる病気・貧困・犯罪を規制するために立法府は介入して構わないとするものである。ここには，この公的ニューサンスが被告の責任とされるべきものかどうかという，当然なさねばならない憲法的分析が欠けている。今日の，拡張的な近因の法理ですら，被害者が訴えることができるのは，酒の製造者ではなく，バーテンダー，社交上の主催者，小売商店といった，酒類の直接の供給者のみに限定されている。[8] したがって，そうした行為を立法府がニューサンスと規定するのを許すことは，立法府にその固有の権限の範囲を決めさせることを許すという過ちを犯すことである。

しかしながら，酒の製造はニューサンスに該当するという州の把握の仕方が，事実，正当だと仮定してみよう。その場合には，より緩やかな手段で州は同一目的を実質的に達成できなかったかどうかという第二段階の考察が求められる。殊に，年齢，提供場所，利用者の状況に対応した酒類の購入や消費の規制をすれば，マグラーの操業に加えられた膨大な規制をしなくとも社会問題の多くを除去できるのではないかということを裁判所が全く検討していないのは問題である。また裁判所は，酩酊状態になること自体，あるいは酩酊状態にある人によってなされた害悪に対する，より厳格な処罰が同様の目的を達成できたかどうかも全く検討していない。もちろんこれらの問題に対して明快な解答があるわけではないが，州が酒類の販売や流通に対するより穏健な手段を探求していないのに，少なくとも既存する酒類の製造への全面規制が支持されるとは信じ難い。もし州がこの明白な収用行為を正当化しなければならないなら，州は判断を間違えたと思われるし，間違っていないとしても，州の行為は確実にポリス・パワーの限界を超えている。

Mugler事件は，ある意味で19世紀の禁酒運動が原因で起こった特異な変則だとして一蹴されるかもしれない。しかし，ゾーニング条例に実質的に白紙委任状を与

えたに等しい Euclid v. Ambler Realty 事件は，そのようにはとらえられない。事件の概要は以下の通りである。ユークリッド村は，クリーブランドのちょうど東に位置する14平方マイル程のほとんどが農地の小さな村であった。村の中央には，Lake Shore と Nickel Plate という 2 本の鉄道が走っていた。問題の条例が施行された時，原告は68エイカー（1800フィート×1950フィート）の未開発の土地を，Nickel Plate 鉄道とユークリッド通の間に所有していた。条例のために原告の土地の 3 分の 1 以上で，単一家族用住居，二世帯用住居，アパートしか建築できないことになった。そのようにゾーニングされた土地は，商業振興が進んでいる地域にあった。この結果その土地の価値は75％減少し，80万ドルから20万ドルになった。収用が存するかという第一の問題への解答は明白である。利用制限は部分的収用に当たる。補償の問題は条例がポリス・パワーによって正当化されるかどうかに依拠する。

事実審裁判官は，事の本質は，規制という方法によって，富をある一群の地主から他の地主へ移転しようとした試みが露見したものであると考えた（彼は，問題の本質を連邦最高裁判所より，はるかに的確に捉えていた[10]）。しかし，連邦最高裁判所はポリス・パワーを拡張解釈して次のように述べた。

> 「上に引用された第一群の諸判例は，工場や商業用の建造物を住居地域の外に移すことが，地域住民の健康と安全に合理的な関連を有することを認めている。この結論の根拠のいくつかは以下の通りである。すなわち，商工業用の地域と住居地域とを分離することによって，子どもやその他の人々に対する侵害を抑制して，その健康と安全を増進すること，無秩序の抑制と遮断，消火活動，交通規制その他の一般的な福祉条例実施の効率化，おおむね倉庫，商店，工場地域につきものといえる火事，感染，無秩序の混乱と危険から住居地域を切り離すことによって地域の健康と安全を増進することなどである。もう 1 つの理由は，商業地域の道路に交通を集中させる方が，より容易かつ安価に街路の建設と補修を行うことができるということである。」[11]

ゾーニング条例促進の動機が不法行為の防止（防疫，ニューサンス規制といった）にあったことを争うことはできない。しかし，そのような目的を列挙しても過大包摂の問題を解決することにはならない。ここで主張された手段は，許容し得る目的と整合的だろうか。明らかにそうではない。商業地域と住居地域を分ける必要は自明ではない。ポリス・パワーがうまく機能するのは，つねに目標と手段とが統合さ

れる場合であったが，ここでは分離の程度と避けうる害悪の程度の間には明白な関連性は認められない。望ましい分離は，私的な手段によっても達成することができる。ある人がゾーニング規制を受ける広大な土地を所有するとする。すると，その所有者には不利益な溢出効果を避け，自分の土地を総合的に区分する過程の中で職住混在区域と分離区域とを適切に配置しようとする充分な動機が生まれるのである。

　本件に見られるような全面的なゾーニングを擁護するために，ポリス・パワーを根拠とする別の正当化を持ち出しても，その適切さは一層疑わしい。たとえば，火災の危険は都市生活において頻繁に見られるが，だからといって都市化が全面的に禁止されたことはない。それゆえ問題は，自由な都市化を許容すべきかどうかではなく，時と所にほとんど関わりなく許されている一般な事柄をある特定の場合に禁じることができるかどうかということになる。この選別は，手段と目的の緊密な関係があっても，それを封じるように働くのである。そのような場合であっても，危険が差し迫っているならば，利害関係のある近隣住人による私法上の差止命令を用いることができるし，それに引き続いて民事の損害賠償訴訟を用いることもできる。危険な商業活動を行う場合には，第三者損害賠償責任保険への加入を条件とすることもできる。特定の差し迫った危険のための州の規制——たとえば，公共の場所への火災報知器の設置義務づけ，構造物に引火性材料を用いることの禁止など——によって，ポリス・パワーによるニューサンス規制という観念を維持しながら，火災の管理を私的領域から公的領域へと移管することもできる。自治体もまた，同じ問題を取り扱う他の手段を有している。最新で高性能の消火設備を購入することもできるし，防火活動に対して公道利用の最優先権を与える条例をも制定できるのである。これらの手段の使用と，防火の唯一の方法は多くの可燃建造物を作らせないことであるという杜撰な主張の間には天と地ほどの開きがある。

　Euclid 事件において引合に出されたその他の根拠もほとんど説得力をもたない。毎日の膨大な交通量に耐え得る素材で街路を建設することは日常的に行われているのに，どうしてそれが出来ないのか？　より高級な材料が使えるのに，質の劣る材料を最も繁華な場所に使わなくてはならないのだろうか？　道路の補修について19世紀にはふつうに行われていた特別課税という，より侵害的でない代替案をなぜ用いないのであろうか？[12]

　別の方法で Euclid 事件におけるゾーニング条例の憲法上の難点を示すことができる。それは，当該の地域で実施された規制は，村のその他の地域には全く課され

ていないものであったという点に関わる。村のその他の地域の個人は，規制が実施された段階では，規制された地区の隣人との競争にさらされることなく，好きなようにその土地を開発する自由を保持することになった。このような異なる取り扱い自体は，ゾーニングを否定する必要条件にも十分条件にもなるわけではないが，それは，不法な目的のための口実としてポリス・パワーが使われていることのつねに有力な徴表となり，表向きに述べられた理由づけを反駁するような影響力をもつのである。この点は，動機の証拠づけと条例の効果に矛盾のない本件においては，格段に重要である。

　ゾーニングの誕生に際して，Euclid 事件は，土地利用の事件において過大包摂の問題を考える努力を実質的に放棄させた。この事件ならびに他の事件における「合理的な関連性」の強調は，この表現の通常の意味とは異なる法的メッセージ，つまり，より良い代替策があったとしても，目的と手段との間に僅かでも合致があれば，充分だというメッセージを伝えることになったのである。にもかかわらず，本件は司法審査の適切なレベルに対するガイドラインを示唆している。つまり以下のような土地利用規制を行おうとする際には，州にはその正当性を立証する責任がある。(1)共有地（あるいは，ここでの議論との関連では，さまざまな制限約款あるいは類似の方法ですでに規律されている土地）に対して規制しようとする場合，(2)未開発地に規制を加えようとする場合，(3)他の人には許される土地利用を，ある種の人には制限しようとする場合，(4)直接の立法や行政処分であれ，民事の損害賠償訴訟や差止命令であれ，問題に対してより具体的に用意された手段によって幅広い規律が可能である特定のニューサンスを規制しようとする場合。

　勿論，以上のような推定を覆すことは可能である。有毒物質を含んでいて，もし手を加えれば周囲の地下水を汚染するといったある種の土地は，開発せずにおくべきであろう。他に何らかのニューサンス規制という根拠を有し得る開発規制条例もあるだろう。土地利用に対するある規制は現存する危険を取り除く確率が90％である一方，より緩い規制では事態のわずか10％についてしか有効でないという場合，二者間の選択は実際微妙である。その上，いかなる推定についても，それに当てはまらない反例が単発でたまに発生する。その推定が不適切であるという一層の立証がない場合には，それらの事例は，例外が生じる可能性があるという意味を含む「推定」という語に当然含まれるものである。それらは推定の信頼性，すなわち推定が規律する事件と推定と間の強力な適合性を貶めるものではない。

以上の推定が明らかに含意することは、今日行われている大部分の包括的なゾーニング条例については、それが土地開発の最低面積、建築の高さ制限、セットバック、建蔽率、建増しなどについて統制している限り、ポリス・パワーによっては正当化されえないということである。境界的な事例はもちろん残る。社会内少年矯正や開放処遇施設の取り扱いは、ケースバイケースの処理をする場合でも容易ではない（Mugler事件を想起させる）が、私の信ずるところによれば、まず置かれるべき推定は、犯罪の現実の危険が立証されない限りこれらの施設は運用することができるという推定であるべきである。同様に、上下水道施設利用の全面的禁止を正当化するのは困難である。というのは、州は、施設の設置と利用の費用に連動した使用料を支払う人すべてにサービスを提供しなければならない公共機関として行動しているからである。

修正第1条：優先的自由

ポリス・パワーに対して修正第1条関係の諸判例が見せる態度は、対比として有益である。「ポリス・パワー」という語はあまり現れない。おそらく、財産権や経済的自由に関わる事件において、それに拡大的な解釈が与えられているからであろう。にもかかわらず、修正第1条にどんな制約が課されているのかということが問題になると、解答は確定的な形で示されて、個人の言論の自由は「やむにやまれぬ州の利益」を示すことによってのみ制約され得るとされる。その上で、この観念は狭く解釈され、ポリス・パワーに関するロック的な「反収用」の理解が示すような、(暴徒の煽動といった) 暴力や詐欺の規制を格別重視するものとなっている。しかしながら、やむにやまれぬ州の利益の合法性は、手段と目的に関する州の選択が適切であるかどうかについての不断の考究への前奏曲に過ぎない。実力行使それ自体が加罰的であり、しかも暴力の可能性が差し迫っている場合ですら、州がしばしば手をこまねいていることがあるように、予防的規制措置の是認と否認の間に見られる非対称は、充分に理解できることなのである。[13] したがって、過度に広汎な規制は、規制を設けるだけでふつう違憲とされる。[14] イリノイ州スコーキ (Skokie) でアメリカナチス党が計画したデモは、[15] 多数の訴訟を引き起こしたが、その下級審で裁判所は、町がデモ隊に対して課そうとした規制手段、つまりデモの許可申請、時・場所・態様規制、保険加入の要求などのすべてを違憲として否定した。[16] 政治的表現が問題である際には、危害の恐れに対する予防的規制措置は、過度に広汎というだけで違憲

だとされがちなのである。

　公的ニューサンスといった通常の文脈においては，ポリス・パワーの正当性に対する敵対的な理解のために，財産訴訟と言論訴訟とをはっきりと対比して区別するという議論が行われている。殊に，Mugler 事件と Erznoznik v. City of Jacksonville 事件[17]を対比するのは有益である。この事件では，「当市のドライブインシアター……を経営する者が，男性もしくは女性の裸の臀部，女性の裸の胸，あるいは人間の陰部とされる部分の……写る映画を……公道や公共の場から見える形で上映することは，違法であり，本条例により公的ニューサンスとみなされる」[18]と定める地方条例について，修正第１条違反の主張が認められた。

　この条例はその文言上明白に違法だとする際に，連邦最高裁判所は如何なる行為が公的ニューサンスになるかという立法府の決定を一顧だにしていない。猥褻は，泥酔と同じく，伝統的なポリス・パワーの「道徳的な」理解では公的ニューサンスに入るのである。Mugler 事件と Euclid 事件は水平線の狐火ですらない。それどころか，司法審査は全くの一からなされた。連邦最高裁判所は，まず条例が広きに失するので不当であるとした。つまり，条例を文言通りに読むと，「乳児の臀部，戦争犠牲者の裸体死体，裸体でいることが固有となっている文化の情景を写した映画を禁じることになってしまう」[19]というのである。次に最高裁判所は，条例は目的との関連性では過小包摂だとした。条例は，公道から見えれば成人を間違いなく不快にさせ，さらに子どもに間違いなく有害なものすべてを禁止しようとしたという立証はないし，条例が高速道路のドライバーの注意力を散漫にさせないように立案された（マイクルマンの例を想起させる）という立証もない。条例がある場合とない場合とで判断ミスの頻度はどう変化するのであろうか，また，条例を実施すると，典型的でない事件ばかりが問題にされる可能性はないかといったことの検討は一切なされていない。条例が課したのは，修正第１条の中心的関心事からはかけ離れ，ポリス・パワーの狭い解釈に近接する領域における言論の自由に対する僅かな制限（ドライブインシアターに新しい壁を設ける費用を払わせるだけである）であったが，それでも，方法と目的の間に僅かな乖離があっただけで，条例を制定すること自体が違憲とされたのである。

　Erznoznik 事件は，優先的自由の法理が立法府の大権に如何に強力な制約を課しているかを示している。Erznoznik 事件がある意味で土地利用に関わる事件であるということを考えれば，本章で行ったポリス・パワーの検討結果と，Euclid 事件に

よって認められた一般的ゾーニング条例に関連して随所で行った検討結果とは，驚くべきコントラストを示している。歴史的に見れば，Euclid 事件は，時代の落とし子であり，修正第１条の初期の判断基準として影響力をもったが[20]，近年の判決においては完全に否定された[21]「悪い傾向」テストと密接な並行・類似関係をもっている。言論の自由に関わる事件において悪い傾向テストが廃棄されたのは，修正第１条の基本構造と整合的でなかったからであった。全く同じ不整合性のため，公用収用関係の事件において Euclid 事件に厳格に従うことは不適切になっている。たしかに暗黙の例外は，辻褄の合った憲法理解を可能にするために必要であるが，しかしそうした例外を基本的実体的な保障を骨抜きにするための間接的な方法として利用することはけっして許されない。

　残されたはるかに難しい問題は，手段と司法審査についての単一の基準が，修正第１条関連事件と公用収用関連事件の双方に適用されるべきかどうかということである。(慎重な)私見によれば，合理的な関連性に関するなんらかの中間的なテストがこの種の全事件に適用可能であれば，統合はおそらく望ましいであろう。しかし，本章の主張は，修正第１条についてのこの見方を受け入れて初めて成立するというものではない。この点についてどのような見解が採用されるにしても，収用問題においては，中間的審査がいまなお適切なのは明らかである。収用問題に対する考察の水準を高めるには優先的自由とその余の憲法上の諸権利との間の絶対的な区別を批判することが鍵である。私は，思想の自由市場のためであれ，個人の自己実現のためであれ，政体の政治過程の保護のためであれ，修正第１条が優先的なことに異論をはさむ気はない。しかしなお，公用収用条項が州のポリス・パワーによる侵害をより強く排除すべきものであることを明らかにできるのである。

　第一の論拠は，たとえポリス・パワーを排する点では同じだとしても，２つの修正条項はその骨格が異なるということである。修正第１条は，公用収用条項が求める公共の用よりもはるかに厳格な制限を州の収用権限に課している。それゆえ，たとえ政府所有の新聞として経営する用意があるとしても，合衆国が『ニューヨーク・タイムズ』を国営化することは，修正第１条により阻止されるかどうかという問題は，問われたことはないが，結論は明らかな問題である。同様に，ニューヨーク・タイムズ社が，新聞紙製造工場からのゴミによる河川の汚染を防止するために作られた一般環境法の適用を妨げたいと考えても，修正第１条は間違いなく利用できない。それはちょうど，一般最低賃金並びに団体交渉法の適用を新聞社が免れること

ができないのと同じである。

　理由は明白である。1つ目の例では，国有化による受益者は，批判から逃れようとする政府機関である。権力濫用の潜在性があまりに大きいことを考慮すれば，報道に対してほとんど統制がなされないことを条件として，国有化を正当化できるような希な事例を探し出そうとするのは無駄な努力である。2つ目の例では受益者は，一般公衆であり（あるいはそうだと言われており），公衆の求めているのは，新聞社も皆に課されるのと同じ通常義務に従えというだけのことである。このようにして，政府権力濫用の可能性は充分に減少し，たとえ言論の自由がある意味で含意されているとしても，通常のポリス・パワーと公共の用のルールがうまく働くようになるのである。

　言論の自由が中間審査基準によるべきだという第二の理由は，自由が認められる場合と認められない場合の両方に大きな利益をもたらすからである。言論は強力な憲法の保護を受けるだろう。しかし，詐欺，秘密保持義務違反，名誉毀損，反逆罪，暴徒の煽動はすべて，たとえ制限された政府の価値を尊重する社会においても，公的な強制力を必要とする害悪である。政治的言論と反逆罪の間のトレードオフをする場合に，どうして中間基準がそれほど不適切なのであろうか。中間基準の使用には費用が伴うが，それがこの完全とは言えない世界において決定的な難点になるかどうかは疑わしい。中間的審査がつねに問題にするのは，より制限的でない代替策がないかどうかである。言論の重大な制限で，この問にきちんと答えることができるものはほとんどいないであろう。中間的基準は，形態の異なる言論の妥当性をそれぞれ別個に考慮することを可能にするが，同じようにそれは言論が否定される場合の利益をそれぞれ別個に考慮することも可能にする。明らかにそうでないにもかかわらず，すべての言論が等しく重要であるというふりをするより，問題の所在を認識して，信頼できる下位概念と反証可能な推定を創出する方が優れている。

　第三の議論は，異なる様相を呈し，言論と財産の古典的意味での保護は共通のルーツをもつという命題に依拠している。たとえば，ロック的な財産の擁護は，個人の自律と自己実現というイメージを喚起するが，そのようなイメージを使って言論の自由の憲法による保障論を表現することが今日では流行となっている。つまり，修正第1条に基づく議論では，個人は自由に行動し自ら試行することを保障された自律の王国を享受することによってのみ，その潜在性を全面的に開花させることができるだろうとされるのである。しかし，私有財産制度もまた個人の自律を強調す

るのであり，修正第1条と同じ目的に資するために作られている。財産制度は個人の保護を目的とするのであって，個人を搾取しようとするものではないのである。

　政治的な意味もある。私有財産が保護される国家では，分権的でそれぞれ独立した権力の源が複数存在し，それによって何らかの集団が情報源を支配したり政治権力を支配する可能性が少なくなるのである。加えて，私有財産制度は，公議への積極的参加を支えるのに必要な個人の資産を準備するのである。一口で言えば，私有財産制度は，あたかも言論の自由が私有財産制を育むように，言論の自由を育むのである。私有財産の制度が受け入れられないのに言論の自由は栄えているという社会を想像できるだろうか。自由な国営報道機関をもつ国が存在しているといえるだろうか。パブリック・フォーラムへの個人のアクセスを修正第1条がどの程度保護するのかについての論争は，結局のところ，自由な言論の隅での小競り合いに過ぎない。[22] というのは，中心問題は，公的な資源を利用する場合に政府によるえこひいきを防ぐということであり，それは明らかに公用収用の側面をもつ問題だからである。ただし，私有財産制度に関する政治的言論が禁じられるとしたら生じる危機的状況を考えてみる必要はある。言論規制における政府の役割について執拗に懐疑心をもつ必要は，収用に関する事件についてもまたあてはまる。

　これら2つの領域について共通のポリス・パワーに関する基準をもつことの必要性は，言論と財産が如何に密接によりあわされているかを示す近年の連邦最高裁判所判決によってクローズアップされてきた。長い間，ゾーニング関係事件と言論関係事件との間で何らかの矛盾衝突が必然的に発生するとは考えられてこなかった。なぜなら，両者を別個の範疇に入れて区別しておくことができると思われていたからである。しかし，ことに修正第1条の保護を商業上の言論にまで拡大しようとする最近の動向に伴って，衝突が明白となった。Metromedia, Inc. v. City of San Diego 事件[23]でサンディエゴ市は，厳格に指定された形の広告しか市内に掲示できないという複雑な条例を可決した。バス停の標識，一時的な政治活動関係ポスター等等についての長尺の例外を認めた上で，条例は非商業的な広告板を一切禁止し，広告掲示場所に所在する企業と広告掲示場所で提供されるサービスに関する商業的広告板のみを認めた。広告規制の正当化理由は，第一に交通規制，安全であり，第二に町の美観であった。カリフォルニア州最高裁判所はこれを Euclid 事件と同じに扱い，たとえ条例が，その宣言通りの目的を達成しうるという何らの堅固な証拠なしに定められていたとしても，市議会の決定を覆すに足るだけの理由は見出し得ない

としだ。

　連邦最高裁判所はこの事件を非常に異なる形で処理した。なぜなら，連邦最高裁判所は，土地利用の事件かそれとも言論の自由の事件かというこの事件の入口問題を重視したからである。相対多数の4人と同調意見の2人を含めた6人の裁判官が，広告板は情報伝達のために使用され，それゆえ修正第1条の適用を受けるので，より厳格な審査が求められるとした。安易な立法府「尊重」を否定して，相対多数は，非営利的表現に関しては禁止は違憲だとした。さらに相対多数は，カリフォルニア州最高裁判所が欲するならば，差戻し審で商業的言論についての禁止を合法とすることができるとした。ブレナンとブラックマンの同調意見は，すべての繊細微妙な区別を認めず，営利か非営利かの区別は難しいこと，また，このような条例では修正第1条のもっとも重要な部分を損なう恐れが大きいことを理由として条例全体が違憲だとした。

　ここまで進めてきた分析から，この事件は1つの明白な結論を得る。この条例による規制は，言論の自由の制限であるだけでなく，収用でもある。財産に関する事件と言論に関する事件との間の峻別はもはや維持できないのであるから，課された規制は，すべての面から正当化されねばならないのである。本件で主張された正当化は，目的についても手段についても不充分である。条例によって挙げられている美観への配慮は，ポリス・パワーによる収用の限界を大きく超えている。公共の用のための収用を行うには，収用を受ける当事者に対する（場合によっては黙示の）補償を必要とする。過大包摂という難点は，ほとんどの包括的なゾーニング条例について指摘されるが，交通安全という主張もこの難点から逃れることは全くできない。広告の形，色あるいは照明についての規制や，自動車や運転者への直接の規制といった，他の取り得る手段の豊富さからして，市のなすべきことは非常に多い。連邦最高裁判所の見解を分かれさせた分類の問題は少なくともここでは強調する必要はない。たしかに，商業用，非商業用のどちらにせよ，広告板を収用できるかどうかという問題は残る。しかし，もしそれが可能であっても，収用に際して現金の支払が必要になる可能性があり，そのことによって国家の規制熱は充分冷まされるのである。

デュー・プロセス関係事件：基本的諸権利

　Mugler事件とEuclid事件についての私の説明が示すように，デュー・プロセス

条項が多くの公用収用法の根拠であった。それゆえ，私有財産とポリス・パワーの対立が，この領域で続いていることは驚くに値しない。City of Pittsburgh v. ALCO Parking Corp.事件[25]は，Euclid事件の影響を受けた最近の連邦最高裁判所判決の実例である。本件の争点は，市と直接の競争関係にあった民間のガレージ経営者たちに課された20％の粗収入税が合憲であるかどうかであった。すでに私はこうした徴税は明らかに収用であることを示した。ここで問題となるのは，ポリス・パワーによってこの収用を正当化できるかどうかという一点である。市は，Euclid事件を想起させるような論理を用いて，この税は実質的には郊外からの通勤者に課されるものであり，それは彼らによる市道の損傷を補修する費用を徴収するのに適切な手段であると主張し，裁判所はこれに同意した。

　目的は合法的だが，選ばれた手段はそうではない。関連する多くの疑問が検証されないままである。なぜ，市当局は市のガレージに駐車している郊外からの車に料金を課さないのか。なぜ，市は民間のガレージに駐車している市内の車に料金を課すのか。郊外から来る人たちは，売上税や財産税，その他の税金となって捕捉される利益を市にもたらしているのではないのか。代替的な課税方法が可能なのではないか。これらの問題が無視されている一方，市の手段は民間業者の競争力を抑制する目的で選ばれたという裁判記録が目を引く。もし，どんな種類の義務であろうと，市当局にこの課税を正当化すべき義務があるとするなら，この税は，簡単な事実調べにより，証明不充分を理由とする指示評決によって違法とされるであろう。問われるべき適切な問いは，州がポリス・パワーを論拠とするような表現を使って主張を展開できるかどうかではなく，その税が収用の成立を妨げあるいはニューサンスを防止するというポリス・パワーの目的と何らかの合理的な関連性をもっているかどうかである。

　デュー・プロセス条項を根拠とする違憲の主張が，つねにこうした結末に至るというわけではない。ことに，修正第1条のような決定的な効力を有する基本権の魔力は，別の形の土地利用規制を生み出す。Village of Belle Terre v. Boraas事件[26]とMoore v. City of East Cleveland事件[27]は，共に何が問題であるかを示す好例である。Belle Terre事件で違憲だと主張された住居規制は，単一家族用住居に血縁，養子，婚姻といった関係にない2名を超える者が居住することを禁じていた。Moore事件で問題とされた規制は，同様の一般的目的から定められたものであったが，従兄弟同士の関係にある2人の孫が祖母とアパートに同居することを違法とするよう

な表現内容になっていた。Euclid 事件の基準では，Belle Terre 事件のゾーニングは支持される。しかしマーシャル裁判官が反対意見で述べたように，プライヴァシーと交際の自由，ことに家族のプライヴァシーと交際の自由に関する利益が優先的であるならば，認められる害悪とその矯正手段との間に整合性がないという平凡な根拠により，ゾーニング条例はただちに無効である。だからこそ，Belle Terre 事件でマーシャルは次のように述べたのである。

「村の条例を支持するために，さまざまな正当化理由が挙げられた。条例は，人口密度を制御し，騒音，交通と駐車の問題を防止し，地域の土地利用構造を保全し，それを家族にとって魅力的なものにするものであると主張された。先述の如く，これらはすべて合法的かつ実体的な政府の利益である。しかし，これらの諸目的を達成するために選択された手段は過大包摂であると同時に過小包摂であって，主張されている目的は憲法上保護されているライフスタイルの選択という基本を差別しないような条例による手段で効果的に達成し得るものであろう。思うに，姻族，血族関係がどんなに遠いものであったとしても，その結びつきがある限り，およそ同一家屋に居住してよい人数を条例は制限していない。また，条例は，そうした家屋の賃料の稼ぎ手の数や，居住者の保持する車の数を制限したりしていない。その意味では，条例は過小包摂である。一方，法は，このような関係をもたない者には2名を超える同居を禁じている。それゆえ，たとえ収入のあるものが1人で，車を1台も保有しない場合でも，3人が同居することはできない。1ダースやそれ以上の複合家族が小住宅に住める一方で，隣の大邸宅には3人の高齢者や退職者は居住できないのである。それゆえ，法はその意図する目的の達成に対して過大包摂でもあるのである。」[28]

このアプローチは，Moore 事件において実を結ぶこととなった。この事件でパウエル（Powell）裁判官は，Euclid 事件で定式化された基準を拒否したのであり，彼は，その時点において問題となる条例は簡単に処理できると考えたのである。

「以上のように検討すれば，条例が認められる余地はない。市当局は，過密を避け，交通と駐車の混雑を最小化し，東クリーブランドの学校制度に不適切な財政負担をかけるのを避ける手段であるとして条例を正当化しようとした。これらの目的は合法的であるが，この条例はその目的にせいぜい周辺的な効果しかもたない。たとえば，条例は，夫婦と結婚前の子どもだけから成る家族なら，その家族の中に5, 6人の運転免許保有者がいて，それぞれが自分の車をもっている場合でもかまわないとする。その一方で，条例は，成人した兄妹がもっぱら公共輸送機関だけを利用していても，同居することを認めない。条例は，

祖母が10人余の学齢児童をもつ未婚で，彼女の被扶養者となっている息子と同居するのを認めるのに，Moore夫人には単に，おじといとこが同居している，というだけで孫のジョンに別の住居を探せという。くどくど言う必要はない。1341.08条は，市当局が主張する状況の緩和に対しては，不明瞭な関連しかない。」[29]

これら2つの事件で展開されたデュー・プロセス条項による根拠づけは，Euclid事件で展開されたものと類似している。しかし，どちらの事件においても，その理由づけは見事である。ただし，パウエル裁判官によるALCO事件におけるポリス・パワーとMoore事件におけるそれの位置づけのコントラストは，この上ないほど劇的である。しかしもっとも重要なことは，Belle Terre事件の反対意見とMoore事件の判決の双方が，制定法を司法審査に服させる以前に，必ずなんらかの基本権があることを示さなければならないという主張を伴うという欠点をもっているということである。弱点は通常の権利と基本的権利の間の線引きにあるのではない。そうした線引きは全くの徒労である。適切な分析の下では，実際，すべての権利は基本的である。デュー・プロセス条項も公用収用条項も，それが保護すべき財産的利益に線を引いてはいない。すべてのそうした利益は同一に扱われ，ポリス・パワールールの統一的な適用に従うのである。

平等保護：経済的自由

ポリス・パワーにおける適切な手段の選択問題は，現代の平等保護の脈絡にも現れるが，私の分析はそれもカヴァーする。Minnesota v. Clover Leaf Creamery Co. 事件では，ミネソタ州議会は「プラスチック製の回収不能，再利用不能の容器で牛乳を販売するのを禁じたが，紙パックのような同じように回収不能，再利用不能の容器による牛乳の販売を認める法を制定した。[30]」この制定法は，「回収不能，再利用不能の牛乳容器やその他の牛乳製品は，州の固形ごみ処理問題を生み出し，エネルギーの浪費を増大させ，自然資源を枯渇させる」という議会の認定に根拠をもっていた。広範な事実調べを経て，ミネソタ州の地方裁判所は，法の「実際の根拠は」，……「一定の酪農業者とプラスチック業者の経済的利益を犠牲にして別の酪農業者と製紙業者の経済的利益を促進することにあった」とした。[31]

合衆国連邦最高裁判所は，平等保護条項による分析を行って，その法を支持したが，そこでは，多様な牛乳容器の分類は，疑わしき分類や基本権の問題がない場合

に適用される穏やかな「合理的根拠」の基準によって判断しさえすればよいとされた。裁判所は，立法推進派が制定法擁護のために主張したことだけに耳を傾け，この法に反対するために提出された（異議の出されなかったものを含む）すべての証拠を無視した。ブレナン裁判官の法廷意見は，州の汚染管轄機関がその成立を支持したこと，経験的研究がそのためになされたこと，法案は，一度導入されると止めさせることが非常に難しい「別の不回収容器の導入を防止するように設計」されていたことを示してその法を支持した。[32] 証拠をそこまで操作すれば，立法府に対する司法の謙譲だけでその法を合憲とするのに充分であった。

Clover Leaf事件を中間的審査基準に服する公用収用事件として取り扱うと，それは相当に異なった様相を呈する。第一に，この制定法は，物の処分権を否定する法であり，牛乳をプラスチック容器で販売したいとする企業から，その私的所有権を収用するものであることに議論の余地はない。すると，次の問題は，ポリス・パワーによりこの制定法が正当化されるかどうかということである。この制定法がまずこの問題に関わるのは，目的の選択との関連である。たしかに，「固形ごみの処理」は，ことに固形ごみが下層土や地下水源に毒性物質を浸透させる場合には，ポリス・パワーは収用の成立を妨げるというとらえ方と完全に合致する。しかし，手段はどうか。2種の容器の異なる取り扱いは，制定法が標榜する目的に役立つのではなく，対抗する製造者間における富の移転という許容し難い目的に役立つ手段であるということの適切な証拠である。立法府の本音を代弁すれば，一度新しい商品が市場に登場することを認めると，劣った商品を売る競争者はその市場占有率を維持するのは大変難しいということなのである。

不適切な動機があるという証拠は決定的ではない。しかし裁判記録をより仔細に検討すると，火のないところに煙は立たないことがわかる。ミネソタ州最高裁判所は，その優れた判決の中で，連邦最高裁判所が全く無視したプラスチック容器の優秀性を示す専門的証拠を挙げている。[33] (1)プラスチック製品は不活性であるが，紙製品は千切られたり折り曲げられたりするとすぐにボロボロになる。紙製品は，ごみ投機場の微生物による汚染の元凶となるが，プラスチック製品はそうならない。(2)不活性なプラスチックは，メタンガスを発生せず，それゆえ爆発の危険が少ない。反対に，メタンガスは紙製品の分解によって発生する。(3)（紙業界の資金による州の研究に対する決定的な反対尋問を含む）証拠は，紙製品よりもプラスチック容器の方が，より広いごみ投機場を必要とするという主張を退けた。(4)プラスチック製

品は焼却によってより適切に廃棄され得る。なぜなら，熱は発生するが，有害物質をほとんど大気内に放出しないからである。

ゆえに証拠は明白であるように思われる。だが，認定（誤認）された害悪のために選択された救済が，プラスチック製品使用の全面禁止だということに気がつけば，制定法を不当であるとする論拠は一層強固になる。実際もしプラスチック容器が，紙製品よりもより大きな危険を現出するとしても，それは，急迫の危険ではなく，州は環境に及ぼすプラスチック容器の予想費用に釣り合った売上税を徴収するだけでよいのである。だが，その際には，競合する紙製品に対しても同様の計算がなされねばならない。提出された証拠からみれば，すべての状況において2つの税が有効であるとは認めることはできない。しかしもし，より大きい税がプラスチック製品というより小さい危険に課されるなら，課税は違法とされねばならない。それゆえ，事件として難しい唯一の場合は，競争関係にある素材の及ぼす外部効果の差異の評価をひどく誤って税が課され，その差違評価がある点において司法統制を及ぼすことができないほどに微妙な場合である。それに気づけば，立法府による競合製品の禁止から生じる潜在的利得は減少し，それに続き，利益追及のために許容し得ない法律を確保しようとする努力のレベルは急速に下がるに違いない。そうなれば，平等保護関係の諸事件も公用収用の総合的理論に包摂され，この総合理論が，経済規制に適用される立法に対し司法の謙譲の基準がなぜ擁護され得ないのかを明らかにするのである。

1　See, e.g., Francis H. Bohlen and John J. Burns, "The Privilege to Protect Property by Dangerous Barriers and Mechanical Devices," 35 *Yale L.J.* 525 (1926); Richard A. Epstein, "Intentional Harms," 4 *J. Legal Stud.* 391, 41-420 (1975); George P. Fletchar, "Proportionality and the Psychotic Aggressor: A Vignette in Comparative Criminal Theory," 8 *Israel L. Rev.* 367 (1973).

2　See William L. Prosser and W. Page Keeton, *The Law of Torts* ¶ 19 (5th ed. 1984).

3　不法行為については，Richard A. Epstein, "Defense and Subsequent Pleas in a System of Strict Liability," 3 *J. Legal Stud* 165, 197-201 (1974); A. Mitchell Polinsky, "Controlling Externalities and Protecting Entitlements: Property Right, Liability Rule, and Tax-Subsidy Approaches," 8 *J. Legal Stud.* 1 (1979) 参照。ケースブックとしては，Richard A. Epstein, C. Gregory, and H. Kalven,

Cases and Materials on the Law of Torts 618-629 (4th ed. 1984) 参照。
4 See Anthony T. Kronman, "Specific Performance," 45 *U. Chi. L. Rev.* 351 (1978); Alan Schwartz, "The Case for Specific Performance," 89 *Yale L.J.* 271 (1980); William Bishop, "The Choice of Remedy for Breach of Contract," 14 *J. Legal Stud.* 299 (1985).
5 Lochner v. New York, 198 U.S. 45, 57 (1905).
6 一般論として George L. Priest and Benjamin Klein, "The Selection of Disputes for Litigation," 13 *J. Legal Stud.* 1(1984); Patricia Munch Danzon and Lee A. Lillard, "Settlement out of Court: The Disposition of Medical Malpractice Claims," 12 *J. Legal Stud.* 345 (1983) 参照。Priest と Klein のモデルは，責任のルールがどんなに優先的であるとしても，訴訟となった事件の結果は原告と被告の間を等しく分割するであろう点で限界を有する。Danzon と Lillard のモデルは目立った含蓄はないが，同様に事件というものは成行任せに解決するものではなく，法的ルールの変化は，それに対応する当事者の反応の変化に対応することを仮定している。
7 123 U.S. 623 (1887).
8 See, e.g., Vesely v. Sager, 5 Cal.3d 153, 486 P.2d 151, 95 Cal. Rptr. 623(1971), これはアルコール飲料の提供者に対して，飲酒運転による侵害を受けた者が訴訟を起こすことを認めている。その決定は飲料の製造者に対する訴訟は認めておらず，また，カリフォルニアの制定法により否定された。Cal. [Bus. & Prof.] Code § 25602 (West 1964, 1984 Supp.). 拳銃関係の事件のほとんどが同様に判示されている。それゆえもし，銃自体に欠陥がなければ，銃の製造者に対する訴訟はできない。See, e.g., Martin v. Harrington Richardson, Inc. 743 F.2d 1200 (7th Cir. 1984).
9 272 U.S. 365 (1926).
10 See Ambler Realty Co. v. Euclid, 297 F. 307, 315-316 (1924).
11 272 U.S. at 391.
12 第18章参照。
13 ピケ事件における揺らぎについては，Thornhill v. Alabama, 310 U.S.88 (1940); Teamsters Local 695 v. Vogt, Inc., 354 U.S.284 (1957) 参照。
14 See e.g., Comment, "The First Amendment Overbreadth Doctrine," 83 *Harv. L. Rev.* 844 (1970).
15 See Collin v. Smith, 447 F. Supp. 676 (N.D.Ill.), *affd* 578 F.2d 1197 (7th Cir.), *cert. denied* 439 U.S.916 (1978).
16 447 F. Supp. at 681.
17 422 U.S. 205 (1975).

18 Jacksonville, Fla., Ordinance § 330.313 (Jan. 14, 1972), quated in *Erznoznik*, 422 U.S. at 206-207.
19 422 U.S. at 213.
20 Patterson v. Colorado, 205 U.S. 454 (1907); Whitney v. California, 274 U.S.357 (1927).
21 Brandenburg v. Ohio, 395 U.S. 444 (1969).
22 See, e.g., Geoffrey Stone, "Fora Americana: Speech in Public Places," 1974 *Sup. Ct. Rev.* 233.
23 453 U.S. 490 (1981).
24 第14章参照。
25 417 U.S. 369 (1974).
26 416 U.S. 1 (1974).
27 431 U.S. 494 (1977).
28 416 U.S. at 18-19.
29 431 U.S. at 499-500.
30 449 U.S. 456, 458 (1981). 制定されたのは Minn. Laws, ch. 268, Minn. Stat. § 116F.21 (1978).
31 449 U.S. at 471 n.15.
32 Id. at 465.
33 Clover Leaf Creamery Co. v. State, 289 N.W. 2d 79, 82-94 (1979).

第11章　同意と危険の引受

　本章においては，収用の積極的抗弁の第二類型である同意と危険の引受について論じる。これらによって，国が補償なしに私有財産を取り上げることが可能になるのだが，その論理は私法の場合と同様である。ポリス・パワーの場合と同じく，この双子の抗弁は，所有者が自分の財産を収用されたということを一応立証したことを前提としている。たしかに，危険の引受が適用される収用の典型的な例は，偶然による収用（破壊を含む）であり，同意が適用されるのは，意図的な収用の場合である。この区別は私法上の区別と同じだが，このように区別されるにもかかわらず，私はこれらの理由を同じように処理する。なぜなら，収用を受けた者の言動から，私有財産の他者による──一部もしくは全部の──収用は所有者自らが行ったのと同様に扱うことが適当であるという結論が出てくるからである。これらの理由の統合は，ロック的な枠組からは容易である。そこでは，現実の同意がある場合の財産の収用がはっきりと認められているからである。これらの理由が承認される以上，決定的な問題はその範囲と程度である。

同意

　同意がどのような役割を果たすべきかということは，私法における混乱の原因になっている。なぜなら，第一に，黙示の同意と同意の不存在との間の線引きがそもそも微妙である。第二に，同意があったとしても，強迫や，錯誤，無能力などによって無効になるかどうかという問題がある。[1] 人的被害訴訟における困難の大部分は，おそらくは精神ないし意思が弱いことが明白な人物によって不承不承同意がなされ

た不要式取引をどうとらえるかを一義的に確定することが不可能であることから生じてきた。しかしながら，公用収用法の枠組の中では，ある個人が博愛の精神から政府に寄付をしたいという場合はまずあり得ない。われわれの議論において鍵になる事例は，所有者は政府の行為に反対しているが，彼の同意は，少なくとも部分的には彼の利益になる，広い意味での取引の中に含まれているとされるような場合である。

よく見られる図式は，United States v. Fuller 事件[2]に明瞭に示されている。被上告人である牧場主は，テイラー法による許可を受けて，自分の土地に隣接する国有地を放牧のために使用していた。同法と，同法に従って締結された合意書の文言のどちらにおいても，その許可を連邦政府は任意に取り消すことができ，その際に禁反言や信頼利益の制限を受けないことが書かれていた。実際は，政府は一般的にその放牧権が，放送の許可のように，所有権に準ずるものであるかのように取り扱っていた。この権利が永続的なものであるかのように思われることは，放牧権がある土地の市場価格が高くなっていることに表されている。しかしながら，この事件では，政府は，隣接する連邦の土地への放牧権を取り消した後で，その牧場主の土地を収用した。しかる後に，政府は放牧権の消失による価値の低下に対して補償を行うことを拒否したのである。

政府の行為は，連邦最高裁判所によって支持されたが，これは正当だった。同裁判所が指摘したように，政府は，収用を行うまでもなく放牧権を取り戻す権利をすでに持っていたのである。私人の授権者と同じく，政府はもともとの授権証書の条件に従って物権を行使することができる筈である。取り戻す権利を持っている物の対価を支払うことを，私人に対して要求することはできない。同じ立場にある政府についても同様のことが言える。土地の収用を行わずに放牧権を取り消しても，補償請求権は発生しない。したがって，取り消した後で収用を行うとしても，結果は同じであるべきだ。被上告人が放牧権を第三者に売却していればより多くの補償金が手に入ったということは問題ではない。鍵になるのは，授権の条件によれば，放牧権は彼のものではないから売ることはできず，買手は放牧権が取り消されないだろうという期待の対価を支払っているにすぎないのであって，権利自体の対価を支払っているわけではない，ということである。放牧権が取り消された場合，土地所有者（もしくはその譲受人）が被った減価に対して，政府は補償する義務を負わない。このような不動産貸借の条件の下では，土地所有者は彼の経済的損失が権利剥

奪の結果であると言うことはできない。

理論的観点からすれば，Fuller 事件は，なんらかの財産権が国によって収用されたとしても，所有者の事前の同意がある場合には，公用収用条項に基づく補償が否定されるという事例である。これは Fuller 事件と，Almota Farmers Elevator & Warehouse v. United States 事件など類似の事件との明白な相違である。Almota 事件においては，収用を受けた者に更新に関する期待権の補償を拒否した時点では，政府は土地所有者ないし授権者ではなかった。したがって，Almota 事件は三者関係のものであり，賃借人は，自分が別の私人に対して有利な立場にあったのに，政府がそれを失わせたことは財産の収用であると主張することが可能だった。これに対し，Fuller 事件では，許可条件に従った政府の権限の行使だけが問題だったのである。

合意は無効であると論じることによって Fuller 事件を覆すことができないことにも注意が必要である。被上告人には，（ふたたび憲法問題として）詐欺や強迫のために合意が無効であることを明らかにする権利が，原則として認められる。しかし，そのような主張は，本件の事実関係の下では全く支持しがたい。彼らにできることがあるとしたら，なんらかの形の経済的な強迫が行われたと主張することくらいであろう。しかし，その場合，私法の領域において正当に行われているのと同じ対応によってすぐさま否定されることになる。放牧権は，被上告人に押しつけられたわけではない。断ろうと思えば断ることができたのである。彼らが一定期間家畜を連邦の土地で放牧していたというのは，権原を持たずに補助金を受けていたようなもので，それをずっと続けさせる憲法上の権利はない。

経済的なものであろうとなかろうと，なんらかの形で強迫が成立するためには，次の2つの事実のうちの1つを示さなければならない。差し迫った必要のために，放牧権を承諾せざるを得なかったこと，もしくは，私法における財物を押えての強迫との類比によれば，被上告人は，放牧権の承諾において，2つの利益について，両方とも無条件に権利を持っているのに，1つだけを選ぶことを強いられたということである。本件は，このどちらの場合にも全く該当しないので，損失は補償され得ない。それは，合意に関する例外すべてを考慮しても同じことである。被上告人は認可の取消によって，認可によって得ていた利益を失ったが，その取消はもともと認可の中に含まれていた権限なのである。それに対して不満を言えた義理ではない。

このように考えてくると，Fuller事件は，おなじみの問題へと自然に還元される。すなわち，国家が私人に対して認可を行った認可証書の適切な解釈は何か，という問題である。通常の事件において，最良の解釈ルールは，文書全体から考えて両当事者の意図を尊重することである。よき解釈の証は相互の利益になることであって，一方をひいきすることではない。この原理は，国家が経済的に有利な立場にあるという理由から，あらゆる認可を国家に不利に解釈すべきだという主張から国家を守るものである。逆に，この原理は，国家の特別な必要を国家の格別の権利主張へとすり替えようとする主張から私人を守ることにもなる。

契約の解釈が，憲法レベルの問題にされることは，奇妙だと，それどころか嘆かわしいとさえ思われるかもしれない。しかし，同意の抗弁が憲法上の問題である以上，その範囲と効果についてもまたしかりなのである。契約条項の下ではこの問題を避けることはできない。それは，Charles River Bridge v. Warren Bridge 事件[6]のような事件に示されている。所有権を認めるにあたって，国家との契約という体裁をとっている以上，公用収用条項においても，同じ結論にならざるをえない。契約の解釈に関する唯一絶対の理論がない以上，決定的に優れた1つの解釈ルールは存在しないということを認めるのがもっともよいと思われる。憲法訴訟に，最高の法理論でも創り出すことができないような正確さを求めても無意味である。しかし，許容しうる不一致の範囲が広く深いとしても，政府の地域的な利益に関する事件の中には，解釈に偏向が感じられるものがある。その偏向が契約の通常の意味の公平な追求にとって代わっているのである。

Northwestern Fertilizing Co. v. Hyde Park 事件[6]は，解釈の問題が生じていることを示すものである。イリノイ州議会の制定法の下で，肥料会社は，次の2つのことについて認可を受けた。すなわち，南シカゴに「動物の死体その他の動物性生物質から，農業用肥料その他の化学製品を製造する目的で……化学物質製造工場」[7]を建設すること，そして，動物の死体を集めて化学物質製造工場に運ぶために必要な集積場をシカゴ市の別の地区に作ること，の2点である。その認可のもともとの文言に従って，同社は，当時「湿地でありほとんど人が住めな」[8]かった場所に，工場を建設した。ところが，その土地は，後にハイド・パーク町になった。約3年後，ハイド・パーク町は，動物の死体などの嫌悪すべきものを集積・移転して，ハイド・パーク町「を通過し，もしくは，ハイド・パーク町の中に持ち込む」ことを禁止する条例を定めた。同条例によれば，罰金は違反行為1回に対して50ドルであった。

問題は，認可によって同社が罰金を免除されるかどうかであった。

　裁判所は，最初からその認可は最小の範囲で権利を認めたものにすぎないと推定していた。実際，裁判所はその認可を，議会が任意に取り消すことができるかのように解釈した。判決では，認可があっても，工場の建設が終わって操業を開始した後でさえ，ハイド・パーク町が，シカゴの南側にある別の場所に工場を移転させることを要求しても全く差し支えないとされた。それどころか，すでに運用されている集積場を閉鎖させて，その結果，同社が鉄道網を放棄して高価で運用実績のない手段に置き換えることを強いることもできるとされたのである。このような解釈は，同社の信頼利益を踏みにじるものであり，認可状の文言を無視するものであった。認可状では，市にではなく同社に工場の位置の決定権が認められていたのだ。私的な授権契約であれば，授権された者が敗訴せざるを得ないようなかくもひねくれた解釈を施されることはなかったであろう。

　問題は，州がポリス・パワーによってニューサンスを止めさせることができるかどうかということではない。もともとの認可を取り消す際に補償をする必要があるかどうかということである。これが次の場合と似ていることに注意してほしい。州が明示的に行った土地利用権の認可を取り消すことはできるかもしれない。しかし，もともとの認可の中に留保条項が付けられているのでない限り，それは収用権の行使によってのみ可能である。Hyde Park事件における特別な問題は，その認可が，認可の当事者ではない，したがって，通常の原則では認可の文言に拘束されない私人に対してニューサンスを行うことを公認していたことである。これは認可の一般原則から外れるのだが，公益の代表者としての州については強力な例外がある。州の行った認可は，認可を受けた者との紛争においてはつねにすべての者を拘束する。個々の市民は，認可を行った公機関に対して不服申立をすることができるが，その認可そのものを直接争うことはできない。個々の市民がニューサンスによって被害にあっているのは確かだとしても，政府の財産の売却によっても被害にあうことはありうるのだ。立法は，不完全代理のようなものだが，だからといって市民が法律に拘束されないのでは，代議制自体が成り立たない。それゆえ，州は市民を拘束することができ，また買戻しによってのみ，認可を取り消すことができる。偽りの解釈によって認可をぶち壊そうとすることは，長期的に見ると州の自己破壊になるように思われる。なぜなら，信義誠実に従っているという評判を州が利用しようとしてもできなくなってしまうからである。しかし，州の利益に反する判決は，そのよ

うな思慮深い考察に基づくものではない。むしろ，この事件に公用収用条項を適用すると，この不正に対して補償をしなければならなくなるという単純な真実に基づくもので，政府の行為の将来の結果とは全く関係がないのである。

危険の引受

　公用収用法の第二の柱は，危険の引受である。これは，私法である不法行為法の領域において，過失責任と厳格責任の両方に対する抗弁として認められている。したがって，国は，市民の利益を代表するものとして，収用事件においてこの抗弁を主張できる。現実の問題は，この抗弁の正当な範囲と解釈を巡って生じる。ここにも，公法と私法の間には，説明も公認もされていない裂け目がある。危険の引受の抗弁は，今日では私法のどの領域でも評判が悪い[9]。ところが，収用の領域では，危険の引受は今なお生き長らえている。皮肉なことに，危険の引受は，公法の領域で，19世紀のコモン・ローにおけるその最盛期に私的侵害において用いられていたよりも広い意味で解釈されている。

　この抗弁は，近代法においては非常に厳格に解釈されている。そこでは，原告の危険の引受があったことが事実において証明されなければならないだけでなく，その危険が「不合理」なものであったことが原理において明らかにされなければならない。また，その抗弁が成立するのは，自分の損害の原因である危険な条件や手段についてはっきりした知識を原告が持っている場合のみである。この法理によれば，被告が，ある行為の結果として生じうることについて，詳しく説明を行い，事情を明らかにして初めて，危険の引受が行われたと言うことができる。今日では，この抗弁はさまざまな理由で退けられる。その理由としては，経済的な強迫が行われた（これは緩やかに解されている），あるいは交渉力の不平等があった，などが，広く認められている。

　理論的には，危険の引受を現代流に狭く解することにより，裁判所は，公用収用条項における重要な政府の抗弁を，国家権力をさらに制限するかたちで解釈することができるようになる。しかし，そのようなアプローチをとることは無節操であろう。というのは，私法の領域における危険の引受の現代流の上のような説明は，それ自体誤りだからだ。しかも，すべての被害者に完全な補償を行おうとすることによって，さらに拍車がかかっている。しかしながら，現代におけるこのような誤りを示すことは，本書のねらいにとっては重要ではない[10]。19世紀流の確固たる抗弁理

論は，公用収用条項において，国家に有利に働く。したがって，憲法の分野においては，危険の引受が，これまでの私法の領域よりもはるかに広く受け取られていることを示すだけで充分である。

レッセフェールの高揚期に考えられていたことだが，危険の引受の抗弁は，労働に関わる事故において，被用者に雇用主を訴えさせないために用いるのが典型だった。この抗弁はしばしば明示の合意に基づいていたが，詐欺や強迫によって退けられる場合もあった。とはいえ，当然ながら経済的な強迫が認められることはなかったのだが。[11]この抗弁は，状況によっては黙示の場合でも成立した。たとえば，生じうる危険の一般的な類型について告知を受けた上で危険な雇用関係に入った場合である。[12]しかし，このような場合でも，告知の役割ははっきりと限定されていた。というのは，単純に危険の告知を行うだけではけっして被用者がそれを引き受けたとはされなかったからである。*Volenti non fit iniuria*, not *scienti non fit iniuria* （知識ではなく合意が，回復を禁ずる）が，スローガンである[13]。この区別は，契約に入る前の，当事者の権利配分に基づいている。危険の引受は，明示であれ黙示であれ，なんらかのかたちで回復の権利を放棄させることになる。その権利は，明らかに被害者が被告に対して持っていたものである。

このような権利放棄は，雇用関係においてよく見られる。なぜなら，雇用関係に入ろうとする者は，自分の経済的状況がどうであれ，雇用契約を結ぶ法的な義務があるわけではないし，雇用主に職の提供を強制することができる立場にあるわけでもない。被用者は自分の労働力を専有しており，雇用主は土地と資本を所有している。この異論の余地なき権利配分を前提とすると，被用者は雇用主が支払う賃金と引換に，一定の事故について身体の安全を保つ権利を放棄したのだと正確に推論することができるだろう。その交換の厳密な条件を，ぎりぎりまで詰めることはしばしば難しい。たとえば，被用者は，雇用主が知っており除去することが可能な潜在的危険を引き受けたのだろうか。被用者が危険な状況について雇用主に対して苦情を申し立てており，雇用主が改善の約束をした場合には，抗弁は覆されるのだろうか（通常はそうされる）。このような細かい点について，ここでは頭を悩ます必要はない。なぜなら，合意がなされている通常の状況におけるこの抗弁の位置づけを示しておけば充分だからだ。その位置づけは，招待者―招待客との関係や運転者―乗客の関係にも応用可能である。[14]

しかしながら，多くの場合においては，危害がありうることを告知しただけでは

危険の引受があったとすることは全く不可能である。たとえば，自宅の玄関の前の階段に立っていた原告は，公道を走る自動車の危険について告知を受けていたかもしれない。彼にはいくつか選択肢があり，その気になればいくらかのコストをかけて危険を回避できるだろう。しかし，だからといって，それによって危険を引き受けたことが立証されるわけではない。重要なポイントは，個々の原告は，自分の土地を使用する権利と肉体的健康に対する権利の両方を持っているということである。他人が危害の告知をしても，ある権利を救うために別の権利を補償なしに放棄させることはできない。不法行為の領域における原告のこのような立場は，物を押えての強迫の場合の，被害にあった顧客の立場と正確に対応するものである。被告の不法行為によって，損失の拡大を防止する義務が生じる場合もあるかもしれない。しかし，だからといって補償すべき損害が全くなくなることはない。[15]

危険の引受が収用の領域において問題になった場合でも，議論の基本的な構造は変わらない。たとえば国家と私人の間の先行交渉において権利が放棄されている場合，この抗弁が適用される。しかし，国家が告知をしたにすぎず，しかも権利者がそれまで選ぶことができる選択の範囲を制限したような場合には，けっして絶対的な抗弁にはならない。このような「逆収用」事件において，国家は交換を強制し，そのことによって個人所有者にそれにともなう損害の拡大防止を強制できる。しかし，国家はいずれなんらかの補償を行う義務を免れることはできない。

ところが，現行法の下では，国家の行う告知は賠償額の減額にとどまらず，絶対的な抗弁事由になるものとされている。次に掲げるマイクルマン（Michelman）の説明は，基本的な混乱の一例である。

「次のように仮定してみよう。私はハイウェイ沿いの風光明媚な土地を購入した。私が土地を買ったときには，そのような土地の開発を全面的に禁止しようということが広く活発に議論されていて，市場価格に，将来に規制が行われる可能性が高いことが反映していることは明らかであった。そして，ついに規制が行われることになって地価が下がった場合に，規制がなかった場合の地価との差額を請求する権利が私にあるだろうか。このような請求は説得力があまりないだろう。私は，規制が行われるであろうことを知って土地を買ったのであり，私が支払った価格も，規制の可能性によってすでに低下していたのである。私はまさに私が買おうとしていたものを手に入れたのであり，私に関する限り社会的な再分配効果は行われなかったと言っていいだろう。それは，外れ馬券には払戻を受けられないのと同じことである。[16]」

マイクルマンは，馬券の所有者と土地の所有者の立場が似ているというが，それは誤りである。当事者間の最初の権利の配分を無視しているからだ。馬券の場合，2当事者間の権利の交換が行われたにすぎない。一方は，多額の金銭を勝ち取る可能性と引換に金銭を渡したのである。他方は，金銭を受け取る代わりに，条件付きでそれより大きな金額を支払う義務を負ったのである。この場合，第三者の権利の問題は生じない。馬券を買った者が賭けに負けた場合には，賭けた金を取り戻すことはできない。その場合についての合意があるからだ。彼の立場は，United States v. Fuller 事件の牧場主と全く同じである。これは，牧場主が，国家が恩恵的に認めていた放牧権を利用できなくなった事件であった。

ところが，土地利用権の制限については全く事情が異なる。まず，これは，買主，売主，国家の3当事者問題である。これが似ているのは，Fuller 事件ではなく，Almota Farmers Elevator 事件である。このような，規制が目前に迫っているような場合には，もともとの土地所有者は，国家の恩恵によって土地を保有しているわけではない。それどころか，彼は，国家に充分に対抗できる権利を持っているのである。彼が国家に対して持っている権利を，買主にすべて譲渡できないとする理由はない。現在の所有者が国家に対して訴えを起こす充分な権利を有しているなら，彼はそれを買主に譲ることができる。

告知に関する懸念は，もっと一般的な形で表現することができる。告知しさえすれば補償の義務を免れるとするならば，公用収用条項には全く効果がないということになる。政府の行為の可能性について告知しさえすれば，開発権のような私有財産の部分的収用に対する補償を否定できるなら，財産の完全な収用についても同じことが言えることになる。必要なのは，国が土地を全部取り上げるかもしれないということを買主に知らせることだけだ。それには，すべての土地は，今後の付加価値を考慮することなくこの法律制定時の価格で収用される，という一般的な発表を行えば充分なのだろう。それ以後は，私人は財産を完全に収用されることに抵抗することはできない。なぜなら，最初から購入価格を引き下げることができた筈だからだ。マイクルマンが言っているのは，要するにこういうことである。しかし，これでは価格と権利の関係が逆である。われわれは，権利を決定するために価格を用いたりしない。価格を決定するために権利を用いるのだ。もとの持主の政府に対する請求権を，土地とともに譲渡することが可能であれば，規制の表明の前でも後でも国家に対抗して主張しうる権利が，価格に反映されるだろう。そのような保護が

なされないならば，土地の価格は急落するだろう。それが今起こっていることである。

　別の言い方をしてみよう。マイクルマンの議論には欠陥がある。なぜなら，取引について，売主と買主の両方の観点から説明していないからである。マイクルマンは，買主に請求権を認める必要がない理由を，買主は，購入価格を引き下げることによって政府の規制のリスクを計算に入れることができる立場にあるということで説明している。たとえ価格調整によって買主がリスクから守られるとしても，売主は何によって規制立法によって生じた資本損失から守られるのか。資本損失はそれ自体部分的収用であり，その後での第三者への売却によって現実化する。私有財産を取り上げようとする主体が国家である場合には，なぜその損失を甘受しなければならないのだろうか。

　実際，土地利用規制立法について議論されている間も土地を保有し続けたという理由だけでは，所有者は権利を放棄したということなどできない。さもなければ，政府は規制するとか，この場合についていうなら，収用するとの意図を表明するだけで，土地に対する権原を取得できることになってしまう。私人は，支払を拒否することを発表するだけで権利を取得することはできない。そして，市民の代表としての国家の理論からすれば，国家が私人よりも上の地位に立つことはできない。国家が補償なしに自分の財産に対して先取特権を行使することに対して現在の土地所有者が抵抗できるなら，国家に対抗できるその権利を土地と一緒に売却することによって，資本損失を避けることができる。たしかに，権利の譲渡が行われるか否かは確実ではない。それでもやはり，売主も買主も，国家の財政的負担を最小化するために彼らの取引を調整する義務はない。売主と買主は，自分たちの福利を最大化するために取引を行うのであって，見知らぬ者や公衆全体の福利を最大化するために取引するのではないと見るのが妥当だろう。買主は占有を取得した後，規制に異議を申し立てる立場に立ちたいし，売主はその取引についてもはや考えたくない。賢いやり方は，売主が自分の請求権を自ら保持せずに買主に譲渡するということであろう。少なくとも，考えなしに国家にそれを差し出すことでないことはたしかである。売買契約において請求権が売主もしくは買主に割り当てられている場合には，その文言が尊重されるべきだ。そうでない場合には，売主が国家に対して有する権利は，買主に移転する黙示の意図があったと考えるのが公正だろう。政府の規制に対して抵抗する権利は，売主に支払われる金額の中に反映されている。交換の合間

に失われることはない。

　マイクルマンは、これらの問題について触れていないが、自分の告知論になんらかの限界があることには気づいている。先に引用した箇所に付けられた脚注において、彼はこの点は「慎重に」取り扱うべきだと述べている。しかし、そのような限定をつけても、彼の立場が救われるというわけではない。[17] 今後20年間のハイウェイの建設予定地を示す地図を国が発表したとしよう。国はまた次のように発表する。土地を開発しようとする者は、自らの危険において行うべきであり、収用が行われたときに支払われる補償には、危険を承知で付加した価値は計算に含まれない。[18] この例の正確な分析は、すでに述べてきたことから直接に導かれる。発表を行うことによって、国は、本来、個人に権利として認められている行為を、損失のリスクを引き受ける用意がある場合にのみしうる行為に変えようとしたのである。これは、個人がある権利（開発権）を守るために、別の権利（収用財産に対して補償を受ける権利）を犠牲にせよという不当な要求である。告知は、危険の引受という不当な概念に訴えることを言葉を換えていっているにすぎない。それによって政府はただ主張するだけで権利を手に入れることができるようになってしまうのだ。[19]

　原則として、政府には2つの選択肢のみを残すべきだ。第一は、政府は上のような発表を、財産権、すなわち開発権の収用として扱うというやり方である。第二は、その発表に全く法的効力を与えないことである。その場合でも、私人がそのような発表を、自分の計画立案の際に考慮に入れることはあるかもしれないが。第一の見解によれば、発表と同時に収用が行われたのであり、補償が必要であると考えられる。その額は開発権の喪失によって評価される。その土地が発表から時間をおいて収用された場合、もともとの所有者が収用の際に保持していたすべての権利について補償がなされなければならない。その額は、収用の時点での市場価格によって決定される。要するに、2つの部分収用が引き続いて行われたのである。まず開発権の収用が行われ、次にこれらの権利を除いた土地が収用されたわけだ。第二の見解によれば、発表と同時に収用が行われたわけではなく、したがって、補償の義務がただちに発生することはない。同様に、開発権がただちに制限を受けることもない。そのため、その土地を後から収用する場合には、付加価値を加えたのが告知の後であっても、すべての付加価値と土地自体に対して補償をしなければならない。現行法の大きな欠陥は、政府が、今声をかけて後で収用すれば、補償義務に対する制限を全く受けずに行動できるということである。収用事件における理に適った抗弁は、

その有益で適切な限界をはるかに超えて歪められてしまっている。

1　これらの問題に関する一般的な議論については，William L. Prosser, *Handbook of the Law of Torts* §18(4th ed. 1971) 参照。

2　409 U.S. 488 (1973).

3　409 U.S. 470 (1973). 第7章参照。

4　この問題に関する私の見解は，Richard Epstein, "Unconscionability: A Critical Reappraisal," 18 *J. L. & Econ.* 293 (1975) を参照。これに反対する見解は，このような状況での収用権の行使における国家の義務を拡張して，非常に限定された条件での抗弁の存在を認める。しかし，その見解では，経済的強迫という許されないものと，一方に過酷な取引との間に明確で役に立つ境界線を引くことができない。一般論としては，John P. Dawson, "Economic Duress —— An Essay in Perspective," 45 *Mich. L. Rev.* 253(1947) を参照。私が擁護している伝統的な立場とDawsonが主張している改革の両方において鍵となるのは，強迫は，いわゆる物を押えての強迫の事例において成立するということである。この問題は，顧客が自分の服を仕立屋から取り戻すために法外な仕立て料を払わざるを得ないような場合に，典型的に生ずる。この理論の要点は，担保されているなんらかの経済的利益を手に入れることができる場合に，契約を破棄すると脅すことは，一種の強迫になるということである。この理論を，手間賃のような場合から，あらゆるサービス契約へと一般化することは簡単である。しかし，そのような一般化においても，強迫と片方に過酷な取引との間に明確な一線を引くことは可能である。ところが，物を押えての強迫の場合を交渉力が不平等な場合にまで無用に拡大すると，境界線が全くなくなってしまう。

5　36U.S. (II Pet.) 420 (1837). ストーリーは，もともとの特権認可の中に独占（最初に認可を受けた者の投資を促進するために必要とされる）への暗黙の了解が含まれていると論じた。ストーリーの立場を手堅く擁護するものとして，James McClellan, *Joseph Story and the American Constitution* 215-226 (1971) がある。ストーリーの立場は，要するに，中立的な解釈に賛成するものであった。中立的な解釈によれば，少なくとも国家が無償で認可を行った場合には，イングランドにおいて国家が享受していたような形の優位があるとは認められない。Id. at 219-220.

6　97 U.S. 659,663-664 (1878), 第9章において，ポリス・パワーとの関連において考察した。

7　Id. at 663.

8　Id. at 664.

9 一般的には，Prosser, supra note 1, at §68,439-457 参照。この法理の狭い解釈についてのリーディングケースは，おそらく Meistrich v. Casino Arena Attractions, Inc., 31 N.J.4, 155 A.2d 90 (1959) である。

10 私の見解については，Richard A. Epstein, "Defenses and Subsequent Pleas in a System of Strict Liability," 3 *J. Legal Stud.* 165, 185-201 (1974) を参照のこと。

11 古典的な論文としては，Francis Bohlen, "Voluntary Assumption of Risk," 20 *Harv. L. Rev.* 14 (1906) がある。判例法における典型的な説明の仕方としては，Lamson v. American Axe & Tool Co., 177 Mass. 144, 58 N.E. 585 (1900) を参照。少なくとも，なんらかの形で不法行為訴訟を起こす権利を放棄することが明示されていたが，同時にしばしば被用者と雇用主の双方によって私的な労働者補償基金への拠出が行われていた。たとえば，Griffiths v. Early of Dudley, 9Q.B.D.357 (1882); Clements v. London & Northeastern Railway [1894] 2 Q.B. 482. を参照のこと。これらの事件についての議論は，Richard A. Epstein, "The Historical Origins and Economic Structures of Workers' Compensation Law," 16 *Ga. L. Rev.* 775 (1982) 参照。危険の引受に関する異なった見解としては，Robert L. Rabin "The Historical Development of the Fault Principle: A Reinterpretation," 15 *Ga L. Rev.* 925 (1981)。

12 支配的な見解を示すものとしては，St. Louis Cordage v. Miller, 126F. 495 (8th Cir. 1903); Titus v. Bradford, B. & K.R.R., 136 Pa. 618, 20 A. 517 (1890) を参照。イギリスの見解としては，Smith v. Baker & Sons [1891] A.C. 325.

13 たとえば，Thomas v. Quartermaine, 18 Q.B.D. 685 (1887) を参照。この事件では，多数意見と反対意見の両方がこの命題を受け入れている。ただし，適用の仕方は全く違っていた。

14 Fletcher v. Rylands, L.R. 1 Ex. 265,286 (1866) において触れられていたように，「所有者の許可を受けて，荷物の上げ下げをする倉庫の近くを通る者は，事故の不可避の危険の下においてそうしていることは確かである。」土地所有者の来訪者に対する義務一般については，侵入者と招待客と許可を受けた者との厳格な場合分けを支持している Robert Addie & Sons (Collieries), Ltd. v. Dumbreck [1929] A. C. 358 と，そのような場合分けを放棄して当該状況における合理的な注意を払う義務を一律に課している Rowland v. Christian, 69 Cal. 2d 108, 433 P.2d 561, 70 Cal. Rptr. 97 (1968) とを比較されたい。ただし，後者も依然として来訪者の立場を考慮に入れている。

15 Restatement (Second) of Torts §496E (1965) を参照。また，Marshall v. Ranne,511 S.W. 2d 255 (Tex. 1974) も参照。

16 Frank I. Michelman, "Property, Utility and Fairness," 80 *Harv. L. Rev.* 1165,

1238 (1967). この部分は, HFH, Ltd. v. Superior Court, 15 Cal. 3d 508, 521, 125 Cal. Rptr. 365, 374, 542 P.2d 237, 246 (1975) において引用されている。

17 Michelman, supra note 16, at 1238 n. 124 では, 次に「規制権限は持っていないが」, ハイウェイ建設の「最終的な費用を引き下げたいと願って」おり, 自分が提案しているルート上での私的な開発を抑制しようとしている「行政官」の例について論じている。

18 たとえば, Pensylvania State Highway Law of June 1, 1945, P.L. 1242, Pa. Stat. Ann. tit. 36 §670. 219 (Purdon 1961): の「土地, 建物, 改良施設の所有者ないし占有者はすべて, 州のハイウェイから一定の範囲内においては建物の建設をしてはならず, また改善工事もしてはならない。その範囲の幅と経路は, 本条項において規定する。そのような建設・改良が行われた場合には, 損害の評価の際にそれらについて考慮されない」を参照。Commonwealth v. Spear, 38 Pa. D. & C. 2d 210 (1965) において, 同法は使用権の収用であると判示され, 原告に損害賠償の訴を提起することが認められた。しかし, 危険の引受と告知の関係については議論されなかった。

19 このような予めの告知に対する同様の見解としては, Jack L. Knetsch and Thomas E. Borcherding, "Expropriation of Private Property and the Basis for Compensation," 29 U. Toronto L. J. 237, 243 (1979) を参照。ここでは, 一定の告知の後に加えられた付加価値に対する支払を行わずに政府が収用するのを許すようなやり方に伴う福利の損失について述べられている。そして, その趣旨に沿って「開発権を前もって買い上げる方策のほうが, 収用を受ける所有者に完全補償を行わないことに伴う混乱に比べれば, はるかに望ましいと思われる」と結論している。これらの著者は, 付加価値に対する完全補償が行われる場合には, 所有者が大きな補償を受けるために高価な建物を建てる誘因が生まれるというリスクについても留意している。しかし, いずれにせよ, この可能性は低い。というのは, 補償額の基礎となるのは, 建物の価値であって費用ではないからだ。

第Ⅳ部

公共の用と正当な補償

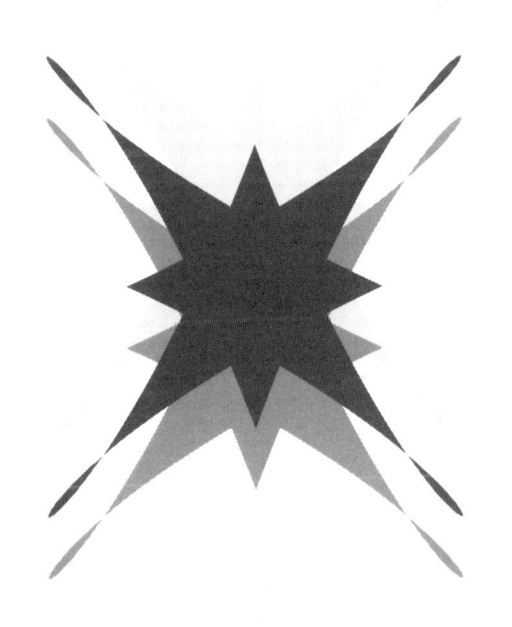

第12章 公共の用

公共の用条項の黄昏

　次の問題は，公用収用条項における「公共の用」という制約要件の性質と機能についてのものである。この問題に関する判例と学説からすると，本章の大部分は，空虚な問題を扱っていることになる。連邦最高裁判所は，Berman v. Parker 事件においてこの制約要件を葬り去った。というのは，この事件において，連邦最高裁判所は「公共の福祉の概念は，広汎かつ包括的であり」，通常連邦議会の権限に属するあらゆる目的を達成するために公用収用権を用いることが許されると判示したからである。つまり，「これらの財産の所有者の権利は，修正第5条が公用収用の対価として求めている正当な補償が行われた場合には，侵害されていない」としたのである。Hawaii Housing Authority v. Midkiff 事件において，裁判所は，2つの広汎な命題を立てることによってこの問題を浮き彫りにした。第一に，「『公共の用』という条件は，主権のポリス・パワーの範囲と同じ広がりをもつ。」第二に，「収用権の行使が，了解可能な公共の目的に合理的に関連している場合は，裁判所は，これまでも，補償を受けた収用事例が公共の用条項によって禁止されていると判断したことがない。」学者たちは，解釈的に連邦憲法からこの制限を排除しようと競い合ってきた。たとえば，アッカーマン（Bruce Ackerman）は，その著書 *Private Property and the Constitution* において，脚注で次のように述べて問題全体を片付けてしまった。「他の点で憲法に違反しないあらゆる国家目的は，収用を正当化しうるほど『公共的』であると考えるべきである。」*Yale Law Journal* のよくできた

研究ノートは，1949年の段階ではやくも次のように指摘している。「そこから導き出される結論は，連邦裁判所に関する限り，州議会も連邦議会も，公共の用という条件について全く気にする必要がないということである。[7]」

公共の用と社会的増加価値の分割

　支配的見解では公共の用という制約を矮小化することが良いことだと思われているようだが，それが間違いと考える充分な理由がある。最低限でも，公共の用という条件は，私有財産を収用する政府の権限に対する厳格な制限なのである。その意味は，現行の解釈ではほとんどとらえられていない。というのは，「了解可能な公共の目的」という表現は，裁判所が「合理的な根拠」の探求において，議会が考えてもいなかった目的を与えることができることを示唆するものだからだ。[8] 私は，公共の用という制約は公用収用条項の不可欠の部分であると信ずる。この問題にアプローチする最善の方法は，政治理論の問題として，公共の用という言葉が，どのような形で国家のロック的なとらえ方に適合するかを示すことである。そこでいう国家は，個々の市民すべての間での一連の強制的な交換において生み出されるものである。そのとき重要な問題が提起される。すなわち，「増加価値を手に入れるのは誰か」である。ホッブズ的な政府のとらえ方においては，主権者は増加価値を取れるだけ取って良い。しかしながら，ロック的な世界においては，主権者は充分に制約されるべきだ。それは市民の生命，自由，財産を保全するためである。その制約を具体化する手段が，主権者すなわち国家権力を独占的に支配している集団が増加価値を取ることに，思慮深いと同時に理にかなった制限を加えることである。ロック自身の説明は，主権者が権力の独占を維持するために必要な資産をどのようにして得るのかという問題を考察していないという点で，欠陥がある。たとえば，ロックは課税の問題について全く考察していない。しかし，この欠陥は，彼の基本的な洞察を覆すことなく是正することができる。主権者は，国家を運営するために必要な資産のみを市民から取り上げることができる。租税先取特権に服する増加価値の残りは，あらゆる市民の間で，保有している私有財産の比率に応じて分割されるべきである。しかしながら，すべての者が同じだけ受け取ることができるわけではない。比例原則からして，国家に対してもっとも大きな投資をした者がもっとも大きな見返りを受け取るべきだからである。この比例的配分は，この点は強調しておかなければならないのだが，重要な配分的機能をもっている。なぜなら，物事を処理する際に公

的なものと私的なもののいずれを選ぶかについての私人の誘因を歪めないからである。たとえば，各人が一般的な利得から同じだけ配分されるとすれば，問題を公的な場面に持ち出そうという誘因がシェアの少ない者に生まれるだろう。公的な場面においてのほうが相対的に大きなものが得られるからである。比例配分の原則を守れば，策略的行動が採られる可能性を最小化できる。そのような行動は，通常は増加価値の量を減らしてしまいがちである。社会の統治に対する投資の比率に応じて見返りを受け取ることにすれば，政治的な状況はより安定したものになる。

　第1章で挙げた数字の例によってこの点は明確になる。自然状態におけるすべての富の合計が100であり，社会状態においてはそれが150であるとする。その場合，潜在的増加価値は50であり，これを分配しなければならない。秩序を維持するためのコストが20であるとすれば，増加価値は30である。社会の人数が10人であるとすると，政治生活をうまく組織することから生まれる増加価値は，中には5単位受け取る者もまた1単位しか受け取らない者が出るとしても，平均で3単位受け取ることができる。

　政治生活によって創り出された増加価値は，国家の形成の際だけでなく，国家が活動していく中においても分配される。国家が公共の用のために私有財産を獲得する際には，公共の用という条件があるために，どの集団も比例的配分以上のものを得られないようにして，増加価値の「公正な」割当が確保されなければならない。そのため，私（わたくし）の用のための収用は禁じられる。なぜなら，正当な補償が行われても，その財産を得る者がすべての増加価値を保持することになるからだ。本条項が，全く補償をせずに私の用のために収用を行うことを許すものではないことは，言うまでもなかろう。公共の用のための収用だけが許されるのである。

　私法と公法がよく似た構造をしていることを見れば，公用収用条項が増加価値の分配をどのように規制しているかがもっとよく分かるようになる。土地法においては，所有者に対してその土地の公正な市場価格を支払う用意があるというだけで，侵奪者が土地を手に入れることができるわけではないという確固としたルールがある。所有者には，通常，他者が占有することを事前に禁止し，事後的に回復する権利がある。このように救済手段を選択できることは，財産の所有者は，自らの財産が別の者の手に渡れば増加価値が生まれるとしても，自らの財産を取り上げられない権利があるという判断を反映している。きわめて対照的に，国家が収用権を行使すると，私人は正当な補償は受けられるものの，損害を受け入れることを強いられ

る。正当な補償は，収用前の所有者による財産の最善の利用価値に相当するものである。収用によって，国家は，交渉をすることなく取引による増加価値をすべて手に入れることができる。ただし，それが許されるのは公衆全体の利益のためである場合だけである。

　簡単な例で両者の違いをはっきりと示すことができる。Aは100ドルなら売ってもよい物を持っている。Bはそれがほしく，150ドルまで払う気がある。それを買おうとする競争相手がいなければ，売却価格は100ドルから150ドルの間になる筈で，具体的にはその2人の交渉能力によって決まることになるだろう。もしBに公用収用を行う権利があるなら，彼は交渉過程を飛ばしてその財産を100ドルで獲得することができるが，その際に増加価値も手に入れている。単純不動産権について言えることは，地役権やそれより弱い土地に対する利益にも言うことができるが，それらもすべて憲法によって保護されている。公共の用という制限がある以上，Bは国家の収用権を用いて増加価値を取ることができない。本人（B）は，代理人（国家）が別個に持っている権能を利用することができない。しかも，国家が収用権を行使することができるのは，公的な機能を果たしているときだけであり，そのことによって増加価値の配分が歪められることが防止される。この基本的な主題，すなわち，公用収用の私的な利用を抑制する必要は，ニューサンス法に強い影響を与えている。同法では，差止による救済がまずもって認められるが，その根拠は，コモン・ロー（エクイティを含む）は私的な収用権を認めないという命題である。[11]

　一見したところでは，立法権に対して公共の用という制約を課すことが果たして得策かどうかを問題にする充分な理由があるように見えるかもしれない。この制約があるために結果的に効率が悪くなるように思われるからだ。この制約があると，国家が財産をある当事者から別の当事者へ迅速かつ容易に移転することができなくなってしまうのである。国家による直接の財産移転がコストなしに行えるなら，公共の用という制約を捨てて正当補償のみに依拠することによって，より多くの増加価値が保持されうる。国家は財産の移転を命じることができ，余分な交渉のコストをなくすることができる。しかし，この単純な分析は不完全である。なぜなら，代替手段のコストを無視しているからである。Aが自分の財産についてのBの計画について知れば，増加価値をめぐる争いは，別の戦場に移るだけである。今やAもBも相互の交渉だけでなく立法の結果に影響を与えるために資源を投入することになる。実際，AとBが同じような状況にある別の当事者を見つけることができれば，

包括的な立法的解決は，ゲームの賭金を高くするだけである。というのは，プレイヤーが増えると，プレイヤー同士の連合が行われ，立法的解決のコストが高くなってしまうからである。1対1の交渉状況は，複数対複数の状況になり，戦略的可能性ははるかに複雑になってしまう。公共の用という制約は，収容条項のこのような濫用を抑制するのに役立つ。というのは，増加価値の処分が制御されることによって，党派活動の範囲が制限されるからである。明らかにわれわれの課題は，公共の用という制約を，1対1から複数対複数に至るすべての状況で作用させることである。私が私有財産の収用の説明において展開した合計という単純なルールは，公共の用と私の用との間に憲法上の線引きを行うためにはふさわしくない。それでは，この線引き問題を避ける，もしくは少なくとも緩和するためには，どのような技術を用いるべきだろうか。

公共の用と公共財

1つの有望なアプローチは，公共の用と経済理論の公共財[12]を同一視することである。言葉は現代的だが，この概念は，ホッブズとロックが直面した問題に対するものである。すなわち，時間・空間・多人数が，理想的な合意による解決に対する克服しがたい障害になる場合に，ばらばらの当事者行動をいかに調和させるかという問題である。さらに，経済理論の利点は，意味の全容が完全には理解されていない観念をよりはっきりと表現するのに役立つということである。「公共の用」という言葉を取り上げて，その用法から出てくる結果を示すことは，立法者意思の解釈に役立つ。これらの結果すべてを起草者がいちいち意図していたとはとうてい考えられないが，現れた理論は，彼らの議論と理論を表現するために使った用語の一般的なパターンと一致する。公共の用という言葉の使い方は，公共財の理論の導入を促す。

公共財の標準的な理論においては，2つの要素が不安定に結びついている。排他性は，私有財産の観念には必須のものだが，公共財の供給においてはそれが満たされないということが第一の要素である。たとえば，国防はかなり厳密な形でこの非排除性要件を満たしている。というのは，1人の市民を保護すれば，その周りの者も保護することになるからだ。第二の要素は，追加的保護のコストの問題に関わる。あらゆる公共財の中でもっとも純粋なものは，保護の範囲を広げるための限界コストがゼロになるものである。たいていの場合，(国防の場合もそうだが)別の者にまで保護を拡大するためにはいくらかのコストがかかる。2人目についてはそうでな

くても，n人目にはそうなる。しかし，この障害でさえ絶対的ではない。というのは，たいていの場合n人目を排除するコストが，その者を排除することによって得られるであろう利益をはるかに上回るので，その財を私有化することはできないからである。

　公共財の経済的な説明には，限界づけが難しいという問題が伴っているので，公用収用条項の解釈にこの概念を無批判に用いることは危険である。しかし，限界付近での難しさに注意しなければならないからといって，概念の価値が全く失われるわけではない。正当な収用の大きな核はこの公共財の概念の中に入るので，この経済的な観念をどのように解釈するとしても，この観念に当てはまる場合には国家の収用権の行使の正当化が容易になる。たとえば，灯台や海軍基地のために土地を収用することは，ある個人が自分ですることができないことを国家に要求するという濫用の源にはならない。収用された財産は合衆国の管理の下にあり，どの私人も収用された財産に対してその後でまるごとの利益を得ることはない。財産がどのような形で保有され使われるかは，増加価値が個人に専有されずに，公衆全体におおよそ比例的に分割されることへの強力な保証になる。灯台から利益を得る者が公衆の一部にすぎない場合は，原理的に，特別な評価システムによって損益の適切な均衡を確保しうる。[13] また，土地を購入するために私有財産に課税をすることも，公共の用のためである。同じことが，軍人の給与や物資の購入についても当てはまる。古典的な公共財の供給を助けるために行われている限り，必要がある以上，被用者あるいは供給者としての個人の間で財産や収益を政府が移転することは問題ではない。

　公共財についてのこのような簡単な説明は，憲法の要求を満足する類型の１つを明らかにしているにすぎない。そのことを認めても，憲法の目的からすると，この説明では狭すぎる。というのは，たとえばハイウェイや公園のための土地の収用がそこに含まれないからである。これらの事例が，重要な形で公共財の第一類型と異なっていることは確かである。これらのものが公共的だということができるのは，供給される利益の性質による。ある市民は，好むと好まざるとにかかわらず軍隊によって保護される。しかし，警察や軍隊による保護とは対照的に，ハイウェイや公園（とくに後者）が与える利益は，個々の市民が拒否しようと思えば拒否できるものである。ハイウェイと公園は，より多くの者にサービスを提供しようとすると，限界費用がつねに増加する例でもある。私的な有料道路や公園を作るのは簡単であり，政府の選択によって公共の公園や有料道路を民営化することもできる。これら

のものが公共的であるといえるのは，政府がサービスを供給することを選択したからにすぎない。しかし，これらの目的で政府が土地その他の財産を取得するべく収用権を行使できることは確実である。[14]

　鍵となるのは，ここでは公共の用が第二の意味で使われているということだ。ハイウェイや公園は，広く一般の人が利用するのにふさわしい条件で運営されている。それらのサービスは，最低条件を満たす者すべてに対して開かれており，使用のために一律の料金をいくらか支払う場合があるにすぎない。これらの条件に従って施設を使用する権利をすべての個人が持っている限り，公共の用の条件は満たされている。たとえすべての個人が施設を同時に利用することはできなくても。

　公共の用についての支配的なルールは，増加価値の正当な配分に対する基本的な関心と一致する特徴を数多く備えている。誰でもアクセスでき，無差別に供給されるということは，どの1人の個人も個人の小集団（フランチャイズ契約を結んだ者であれ，使用者であれ）も，他者を排除して全部の増加価値を取ってしまうことができないようにするための工夫である。公共の施設の利用をマナーの最低条件を満たす者という形でのみ限定することは，増加価値の大部分が少数者の高価な活動への支払へと流れることを防ぐのである。

　公共の用という言葉が国家の権力を制約しない意味で使われる場合は他にもある。国家は収用した財産をずっと所有し続ける必要はない。取引の一部として，収用した財産をただちに私人へと譲渡することができる。ただし，その場合には広く一般の者を対象としていなければならない。[15]この立場は，私有財産のごく一般的な収用だけではなく，すでに概略を述べたあらゆる部分的収用にも適用される。たとえば，Teleprompter Co. v. Loretto 事件において，[16]ニューヨーク市は，テレプロンプター社に，ケーブルテレビの回線を住宅用建物に設置するために必要な地役権をすべて得る許可を与えていた。各個人がサービスに加入できることは，サービスを受ける者にとっては私的な利益であると考えられるかもしれない。しかし，もともとの許可条件の中で，同社がサービスをあらゆる加入者に適切な価格で提供することが求められていた。排他的な占有権の侵害がある以上，同社の行動が私有財産の収用であることは明らかである。連邦最高裁判所はこの点について――見当違いだが――若干の疑いを抱いていた。しかし，この収用は，私人が行ったとはいえ，公共の用のためである。

　同じ分析は，別のありふれた社会制度にも適用することができる。土地登記制度

は，実際上，権限の優先順位を変更するので，登記を怠った者の財産を収用することになる。しかし，これらは公共の用のための収用である。というのは，あらゆる所有者と将来の土地購入者が登記制度を利用できるからである。同じ脈絡で，私はすでに，責任ルールにおける変更が，部分的収用であることを論じた。訴えを起こす者も訴えられる者も皆，一般的に適用されるルールから利益や負担を得る。同様に，取得時効の場合に適用されるものを含む，なんらかの制限を行う通常の制定法も，対象とするあらゆる場合に普遍的に適用されるという点で，公共の用という条件を満たしている。たしかに，適切な登記や制限を行う制定法の重要性は，人それぞれかもしれない。しかし，それと全く同じように，国防の評価は人によって異なるし，公園やハイウェイの利用は疑いもなく人によって価値が違う。このような評価の相違は，あらゆる公共財につきものなのである。そのことによって，上述の取引が私の用のための取引になると考えることは，公用収用条項を政府の収用を完全に禁止しているものとして扱うことになる。しかし，公用収用条項は，ある収用は通すが別の収用は通さないというフィルターを設定しようとしているのであり，そのような解釈が成り立たないことは明らかである。公共の用という問題に関するかぎり，公衆の利用権が確保されていれば，国家に収用を許してよい。その利用権の価値が関連するとすれば，適切な補償が行われたか否かという問題に対してのみである。

公共の用のための私的な収用

重要な問題は，上述の限定的な例を超えて，公共の用という制約の範囲内で，どこまでの収用ができるかである。1つの問題は，収用によって公衆全体に対してなんらかの間接的な利益が生み出されることを示すだけで，この条件が満たされたことになるか，ということである。たとえば，国家が財産を収用して，ある会社の業務用に譲渡したとしよう。そして，公衆は，その会社の製品の価格が安くなるという形で利益を受けるとする。また，その会社は求める者すべてにその製品を売るとしよう。そうすると，会社が，しばしば自然独占の状態で，一般開放の制限の下で活動している場合に各人がその会社から利益を受けるのと全く同じようにして，各人は利益を共有することになる。行われていることが偏りのない一般的なサービスであり，経営者だけでなく公衆全体の利益になる場合に，法的義務の構造について格別気を遣う必要があるのだろうか。マサチューセッツ州最高裁判所が，古い事件

において使った表現を借りれば，そのようなサービスを「拒否した者がいたとは思えない」のであり，裁判所が続けて述べたように，「工場の収益が，経営者の間でと同じくらい，そしてしばしばそれ以上に，被用者や職人に配分されているという事実は，この種の問題を検討する場合にきわめて好ましく思われる点である」[18]ということになる。

しかし，このような議論は，あまりにも性急に自分に都合のいいように話を進めている。なぜなら，このような説明では，充分な補償を行った私有財産の収用が，公共の用の条件を満たさない場合をただの1つさえ識別することが非常に難しくなるからである。おそらく，ある財産を新しい私的な使い方をすれば，その前の使い方よりも同じかより大きい価値があるという理由だけで，収用を行ってもよいということになるだろう。結果として価格が変化することによって，公衆の一部はつねにその取引から利益を得るだろう（しかし，別の者は利益を失うだろう）。このような間接的な公共の利益によって，公共の用という条件が満たされるとすると，この条件は全く意味のないものになってしまうだろう。

水力施設法

公共の用のためという制約によって創り出される難関を回避しようとする努力が，19世紀の水力施設法の合憲性をめぐる多くの訴訟において行われてきた。これらの制定法において，州は川岸にすむ私人すべてに，工場を動かす「水源」を得るために川を堰止めるダムを建設する権限を与えた。これらの制定法の衝撃は，しばしばダム建設者の訴訟における権利が制限されていたことによって緩和されていた。すなわち，ふつう陪審には，ダムの高さを制限し，水没を発生させてよい回数と場合を決定し，すでに建設されているダムの水源を保護する権限が認められていたのである。[19] ダムの建設者は，ダムによって水没する上流の土地所有者に補償をしなければならなかった。その金額は，もともとの陪審手続において決定されるのが通常であった。支払わなければならない補償の額が，水没から生じる現実の損害よりも大きい場合もあった。このような手続的・実体的保護があるにもかかわらず，水力施設法は，他の川岸の住人のコモン・ロー上の権利を無視して運用された。水力施設法によって，水没の差止や水没防止の自救行為への権利が取り上げられ，懲罰的損害賠償，そして多くの場合には，永久的な損害の賠償も受けられなくなった。[20]

水力施設法に対する司法の反応は，混乱を極め，不安定なものであった。ある事

件では裁判官は，水力施設法に対する訴えを，私有財産の収用とは全く関わりがない問題であるかのようなふりをして，はぐらかそうとした。ショー（Lemuel Shaw）ほどの人物でさえ，州が土地を取り上げたわけではなく，補償をしなければならないのはダムを建設した私人にすぎない，などの理由で，収用権問題は生じないと主張した。[21] 連邦最高裁判所は，水力施設法を単なる「規制」として扱うことによって，公共の用という考え方がもっている力を完全に避けようとした。規制であれば，公共の用という制限に対してはっきりと答えることなく以下のような形で合憲性を支持しうるからである。

「一般的な水力施設法の下では，他人の私有財産を収用して工場用の水力施設の建設・維持が行われる。これが，収用権の委任によって行われる，公共のための私有財産の収用として支持し得るか否かという問題は，憲法上，非常に重要であり，かつ広い範囲に影響を及ぼす。そのため，当事者の権利の決定のために必要でない限り，当裁判所は，それについての見解を述べることは差し控える。われわれはむしろ本件の判決を次のような理由に基づいて下すことにする。すなわち，そのような制定法を，川に隣接する土地の所有者が，万人の利益と公共善に適切な注意を払って権利を主張し享受する態様を規制するものであるとして検討したところ，同法は憲法に定められた立法権の範囲内にある，ということである。」[22]

そこに全く欠けているのは，公用収用条項との直面を避けることがいかにして可能なのかの説明である。同条項によって国家に権力がさらに追加されたということを，裁判所は暗黙に想定している。しかし，同条項の本当の機能は，国家が持っている権力を制限することなのである。収用を言葉の上で規制と言い換えるだけではだめである。そのことは，公共の用の問題への取組におけるもっと適切な判決の中では認識されている。[23] たしかに，多くの初期の制定法においては公共の用の条件は満たされえた。たとえば，製粉所はすでに述べた条件において公共性をもつと言える。なぜなら，その経営者はどんな顧客の穀物も無差別に加工しなければならなかったからである。[24] しかしながら，前述のHead事件で扱われた，それより後の制定法は，工場用に川を堰止めることを認可したが，それによってあらゆる公共の利用権が否定されてしまった。やがて判決の流れは，しばしば，結果に対する強い懸念を抱きつつも，[25] 明らかに制定法を支持するほうに向かった。

これらの水力施設法事件において適切に提起された問題と，それに関わった裁判

所が抱いた不安の源は，端的には次のように表現される。水力施設法における収用が，公共の用のためであると言えるなら，果たして私的な用のための収用とされるものがあるのだろうか。Dayton Mining Co. v. Seawell 事件において[26]，裁判所は，公共の用理論に基づいてある制定法の合憲性を争う事件を扱うことになった。その制定法は，鉱山の所有者が鉱山に必要な物資を運ぶ道路を建設するために土地を収用することを許可していた。この制定法は，同類である水力施設法の判例に助けられて支持された。しかし，その意見の中には，この制定法が支持されても公共の用という制限が依然として有効であることを示そうとする熱心な努力を見て取ることができる。同判決の中では次のように述べられていた。

「実際，鉄道とホテルの間にははっきりとした区別があるし，鉱山業と劇場経営との間にもまたはっきりとした区別がある。鉄道は，うまく機能するためには，もっとも適切でまっすぐなルートで建設されなければならない。穏当な条件を示しても自分の私有財産を売却することを拒む者の土地をすべて迂回していくわけにはいかないのである。そのような場合は，法律が介入し，市民の私有財産を正当な補償を支払って収用する。これは，コミュニティに対する大きな公共の利益を促進するためであり，この収用権を行使することなく成し遂げることができない。同じ原理は鉱山業にも当てはまる。しかし，ホテルや劇場には合理的に適用することができない。ホテルや劇場の建設においては，その位置は特定の場所に限定されるわけではない。また，資本家が適切な選択を行う余地は必ずあり，いかに頑固ないし不合理な個人であっても，その建物の建設を阻止することはできない。一定の対象のために，私有財産の収用を手段として用いてもよいが，その対象は，公共の大きな利益とコミュニティの重要な利益に適うというだけでなく，収用権を行使する必要性がなければならない。」[27]

これらの判例によって，暗に緊張が創り出されていることに注意してほしい。水力施設がいくらかの全体的な財産的利益を創り出しており，したがって収用を進めてよいという感覚がはっきりとある。鉱山業の地役権にもこれは当てはまる。基本的な資源は，水であれ，鉱物であれ，自然的条件によって一定の場所に限定されており，所有者はどこでも好きな場所で業務を行うというわけにはいかないので，このような状況によって自発的な取引が阻害されているという感じも持たれている。しかし，他方では，収用された土地のもともとの所有者は市場価格で自分の土地を奪われるが，それはただ別の者の利益のためであり，彼の自律はないがしろにされ

るという感じも持たれている。これらの判例を理解する鍵は，次の2点から生まれる。必要性と増加価値の分割である。まず，状況からみてどうしても必要な場合だけに強制的な交換を限定しようという努力がなされている。交換をしようとする当事者が外的な状況によって制約されている場合には許容範囲が大きい。つまり，外的環境による制約があるときには，ある者が自分の意思を勝手に主張して別の者の財産を支配することができるようになる可能性は，小さいという意識が働いている。

しかし，状況からみてどうしても必要だというだけで，公共の用という要求が満たされているかどうかという問題に答が出たことにはまだならない。この点は少々難しいが，私の考えでは，公共の用という条件を満たすためには，単に必要性があるというだけでは不充分である。さらに，公共の用の基礎理論によって，強制的な交換においては，増加価値は平等に分割されることが求められる。ある私人から別の私人への資源の移転によって創り出された増加価値を当事者双方の間で分割するためのなんらかの規定が設けられれば，この条件は国防から鉱山や水力施設に至るまで貫徹しうる。強制的な移転が行われる場合に，通常の公共財について見出されるようなコストと利得の分配を，ここでも実現する努力がなされた場合にのみ，公共の用という条件は満たされる。

この立場は，通説とは異なるが，水力施設法自体をもっと詳しく検討することによって支持される。重要な要素の1つが，いわゆるヘッド事件に見出される。そこでは，グレイ裁判官は次のように述べた。合有状態に不満をもつ一方の権利者の請求に基づく合有不動産権の分割は，本質的に，私の用のための私有財産の収用であって，その場合，全体の一部を形成する相手方の持分について，未分割時に存在した利益を放棄することが，自分の持分について排他的な利益を獲得することに対する補償となっている。[28] その点はたしかに正しいのだが，この問題処理は，水力施設法や，鉱山業における必要に基づく地役権の問題を避ける仕組になっている。合有不動産権の分割によって，どちらの側も自分のために増加価値を独占することができない。価値に応じて財産を平等に分割することは，必然的に，私的利益を分割することから得られるあらゆる増加価値を平等に分割することになるからである。ここでの「公共」は，2当事者であり，通常の制度が提供できる限りにおいて，それぞれに利得に対する比例的な持分がある。

増加価値の枢要な役割は，ニューハンプシャー州水力施設法の構造の中にはっきりと確かめられる。いわゆる Head 事件はこの点に依拠していないが，ニューハン

第12章　公共の用　203

プシャー法は水没する土地の所有者に支払われるべき補償の額を，市場価格よりも50%高い額に設定し，そのことによって，交換の強制によって生じる増加価値の配分を確保した。²⁹この「ボーナス」の正確な値については異論の余地があろう。しかし，たとえ各人の立場がそれぞれ異なるために，共有分割の場合のように自動的に配分が行われることはありえないとしても，増加価値を分配しようとした制定法の意図については異論の余地がない。制定法が行う選択に課される制約についても注意してほしい。50%という数字はたしかにかなりのものである。これ以上に高く設定すると，水力施設の所有者の利益よりも支払うべき補償額が高くなって，この制定法が無意味になりそうである。土地所有者が農地や川岸所有者権に対して抱いている典型的な主観的価値を補償するには，これ以上高い数字は必要ない。なぜなら，このような財産は商業用のものであって個人的なものではないのが通常だからだ（実際，その制定法がない場合には主観的な価値は示されないかもしれない。売却が行われないだろうから）。同様に，この数字をもっと低くすることにも危険がある。1つの危険は，低めの数字では，社会的な利得の見込みが少ない場合でも強制的な取得を促進するかもしれないことだ。さらに，増加価値の量が少ない場合は，自発的な交渉がうまく行く可能性が高くなる。なぜなら，その場合には大きな利得を狙ったゴネ得への誘因が少ないからである。50%という数字は完璧ではないかもしれないが，けっして恣意的ではない。もっといいのはおそらく25%で，ひょっとしたら75%かもしれない。しかし，このような状況において，完璧な正確さを求めるべきではない。それを達成する方法はないからである。

　この制定法には，その枠組に一貫性を与えている別の特徴があり，それは憲法上重要なものである。この制定法の下では，誰でもダムを造ることができるので，制定法がもたらす利益は若干の選ばれ優遇された集団に限定されていない。さらに，ダムの大きさは当事者自身ではなく，利害関係のない3人の者によって決定される。その3人の者は，最初の視察と評価のあとで自分たちの事実認定を裁判所に報告することが求められる。³⁰それによって，濫用の危険は小さくなる。なぜなら，収用を行う当事者は，一方的な行為によって収用を完遂することができないからだ。また，金額の算定が正確で，増加価値が充分に保たれる限りにおいて，水力施設法によって水没する承役地に対して利益を与えられる分だけ，水没地に対して支払われる金額が低くなるということは，非難すべきことではない。³¹このように，この制定法は必要に対応するものであり，貪欲と野心を抑制し，そして，収用を受ける者に有利

になるようにいくらかの増加価値を分配する。この制定法は，公共の用という制約を政治過程に委ねてしまう，間接的な社会的利益という曖昧な言い方に頼ることなく支持することができる。全く対照的に，Dayton事件におけるネバダ州鉱山法は否定されるべきである。なぜなら，同法は鉱山会社の行為を全く制約せず，増加価値の配分も行わないからである。そのため，鉱山会社は資源配分状況の改善から生まれる利得をすべて手に入れることになっている。[32] 同様の分析は，必要性から設定される地役権すべてに対しても行うことができる。その場合，私的な収用が公共の用の条件を満たすのは，増加価値の公正な配分が行われるときだけである。それには，その配分をなんらかの形で第三者のコントロールに服させるべきである。それによって要役地の所有者が自分のためだけに地役権を設定する権限に制限が加えられる。[33]

賃料規制，都市再開発，土地改革

賃料規制 　水力施設法とそれに関連する判例は，連邦最高裁判所が公共の用という制約を取り扱うにあたっての分水嶺となった。この問題についての最高裁判所の検討は，真剣で信頼できるもので，結果は正しかった。ところが，公共の用と私的所有の間の関連を説明する理論が全くなかったために，後の判例においては，公共の用原理は侵食されていった。その傾向を示している領域の1つが，賃料規制法である。このような制定法が最初に連邦最高裁判所で審理されたのは，第一次大戦終了後まもなくのことであった。Block v. Hirsh事件において，[34] 原告のハーシュは，ブロックとの賃借契約が満了した後で，アパートの地下室と1階の占有を回復しようとした。被告は，コロンビア特別区賃料法の下で，アパートにとどまる権利があると主張した。同法は，戦時の非常事態に対応するために制定されたものである。同法は，賃借契約において決定され，賃料委員会によって改定される賃貸料を支払う限り，賃借人が不動産の占有を続けることを認めていた。また，同法は，30日の告知期間の後に，家主が自分の家族を住まわせるために不動産を回復することを認めていた。原告は，私的な利用のためにその不動産を使いたかったのだが，同法に基づく告知を拒否して，同法は無効であると主張した。その理由の1つが，同法が「私有財産を私の用のために」収用することを認めているということだった。

　5対4で下された判決において，ホームズ裁判官は，戦時という条件下にある「文明」社会に対するポリス・パワーの正当な行使にあたるとして，同法を合憲とした。

はたして収用が行われたのか，それともポリス・パワーにおけるなんらかの規制が行われたにすぎないのか，境目をはっきりさせる問題を回避した。後者の見方に立てば，（規制と収用が別個の領域に属するならば）公共の用という問題を考える必要はないかもしれない。しかし，ホームズは，この制定法は，たとえ収用として作用していなくても，それにもかかわらず公共の用という条件を満たしていると考えた。彼の第一の論拠は，おなじみの司法の立法に対する謙譲というものだったが，それは，やはり憲法問題について持ち出すのはふさわしくないものである。彼の第二の論拠は，ワシントン市への突然の人口流入という事態に基づくものだった。彼は，このために，賃料を規制することが公共の利益になると主張した。「ワシントンの空間は必然的に比較的少数の者に独占されざるをえない。」[35] この点において，競争市場における需要の，外的要因に基づく予期せぬ変化と独占とを混同するという初歩的な誤りを彼が犯していることは明らかである。（ホームズは，賃料として請求できる金額に上限を設けることによって，市場で手に入る住宅の供給を減少させるような制定法を支持したのである）。そして，最後に「住居は，生活において必要なものである」[36] と述べて，私的な必要というおなじみの主題を繰り返した。

しかしながら，憲法の文言に従うなら，単に公共の利益を持ち出すだけでは全く不充分である。家主の復帰権が政府によって取り上げられ，賃借人に移転された以上，収用が行われたこと自体は明確である。しかし，公共の用はどこにあるのか。政府はその財産を保持も使用もしていない。また賃借人はいかなる形でも誰にでも利用できるという条件を満たしていない。不動産保有権が地主から賃借人に移動しただけである。私の水力施設法の分析に従えば，公共の用の条件が満たされるのは次の場合のみである。（1）必要に迫られて相互的な独占が生じざるをえず，かつ（2）地主と賃借人の間で増加価値を分配するなんらかの努力がなされている。賃料規制法には，どちらの要素も欠けている。たしかに，不動産賃貸借の更新のための交渉には，ゴネ得の要素がある。なぜなら，地主も賃借人も，相手が交渉において獲得しようとする特定の資本を危険にさらしているからである。しかしながら，水力施設や鉱山の場合と違って，この場合，ゴネ得の問題は深刻ではない。ゴネ得の危険は両方にあり，価格が上昇中であろうとなかろうと，潜在的利得の量は競合する代替手段によってはっきりと制約されている。どちらの側も，賃料を中間に設定して不動産賃貸借を更新することにより，取引コストを節約して利得を手に入れることができる。実際，代替性のない財産であっても，通常のパターンは，Almota 事件で[37]

見られるようなもの，すなわち，自動的ではないにせよ迅速な更新である。賃貸住宅においても，現在の賃借人に新しい賃借人と同じだけの賃料を請求するという単純なやり方で，市場において同じ結果が達成される。必要性という論拠はここでは弱く，ほとんど存在していない。

賃料規制法は第二の条件も満たさない。というのは，割増料金が認められていないからである。賃借人がそんなことを言い出さないのは明らかだ。実際には，ゴネ得の問題とは全く関わりなく，市場参入の増加の負担が賃借人にかからないようにされ，賃料は市場価格よりも低く抑えられたのである。相当な利益が得られるのでない限り，国家の収用によって私的な取引を覆す充分な理由は全くない。割増料金が支払われないなら，公共の用の名の下に政府が介入することを正当化するだけの私的な必要性はない。賃料規制法（およびその類のもの）は，完全に破棄されるべきである。なぜなら，公共の用という条件を満たしていないからだ。

都市再開発　判例の第二類型は，土地を再開発しようという大規模な公共の努力に関するものである。これには，スラムの整理から近隣の美化に至るまで，ありとあらゆるものがある。抽象的な見方だが，19世紀的な見解によれば，そのような目的で土地を収用することは，公共の用理論の悪用であった。[38] しかしながら，公共の住宅計画を正面から違憲だと主張する訴えに直面したとき，裁判所は素早く方針を変えた。政府の権力を支持する決定的な判例は，1954年の Berman v. Parker 事件であった。[39] ここでは，公共の用を根拠とする異議は認められず，コロンビア特別区からスラム住宅を取り除くための包括的な開発計画が支持された。そこでの原告は，デパートの所有者であった。そのデパートは，指定された地区にあったが，危険でも使用不能でもなかった。それなのに，彼の建物は収用され，全体計画の下で私の用のために別の者に売却されたのである。

Schneider v. District of Columbia 事件[40]の中で，3名からなる地方裁判所の詳細な意見は，同法の合憲性に関する強い懸念を表明している。Schneider 事件において，裁判所は，現在のものであれもしくは合理的に予見しうるものであれ，スラムの条件を改善するために私有財産を収用することをまず認めた。そのあとで財産が私人に譲渡される場合でもである。しかし，裁判所は，次に妥協をして，もっぱら「均整のとれたコミュニティ」を「荒廃した地区」に創り出すという目的のために私有財産を収用して再譲渡することはできないとした。「ある者の土地を，それを買う者がもっと良い家を建てるだろう，あるいは，適切だとか設計がよいとかについ

ての政府の考え方をよりよく満たす家を建てるだろうという理由だけで，収用して別の者に売却することはできない。」[41]

連邦最高裁判所の全員一致の意見を表明して[42]，ダグラス裁判官は，ポリス・パワーの範囲内であるという理由（この概念的混同に注意せよ）で，その計画が公共の用の基準を満たすと判示した。しかしながら，この判決は，公共の用の最初の2つの条件を満たさない。純粋な公共財は供給されないし，譲渡のあとで原告の財産に対する一般的な利用権が生まれるわけでもない。したがって，結局コミュニティ再開発計画は，必要性の論拠に基づいている。それはこの事件に先行するニューヨーク州のある事件で言われているような，「もともとの害悪を除去し，住宅施設を安価に供給する──これら2つのことは必然的に同時に進行する──ためには，大規模の作業が必要であるが，これは，しばしば見られるゴネ得をしようとする貪欲な所有者を強制的に処理する権限がある場合にのみ実行できる」という論拠である。[43]

ある意味で，この「必要性」の論拠は，賃料統制法よりも，包括的な開発計画のほうにふさわしいものである。政府が別々の所有者の下にある土地区画を1つにまとめようとするときにはいつでもゴネ得が生じうる。しかし，この場合の必要性は，鉱山や水力施設やニューサンスの場合のように資源の本来の性質からではなく，私人の間で財産を移転したいという国家の欲望から生み出されていると感じられる。しかし，たとえ必要性があるとしても，その制定法を擁護しうる増加価値の平等な分配はどこにあるのだろう。なんらかの割増料金を払うどころか，再開発法は移転の費用や営業上の損失に対して正当な補償をすることを拒否している。同法は，公共の用という条件に抵触する。

Barman事件は，ある意味で極端な例である。というのは，収用された財産が，そのまま残されていたからである。しかし，スラム街の財産が公共の住宅供給計画に組み入れられたところで，状況がよくなるわけではない。その場合には，賃借しようとする者に財産その他の適格性の制限が課される。一般開放という条件を満たすにはほど遠い。社会的な増加価値の平等な配分を確保するどころか，財産その他の適格性条件は，無差別的な価格での万人の利用を不可能にしてしまう。この計画が公共的であるといえる理由は，政府が運営することにしたということだけである。これもまた，そう主張しているというだけが論拠である。実態に照らしてみれば，この計画は私の用のための私有財産の収用に基づいている。ただ規模が大きいにすぎない。

Berman v. Parker 事件が判例集に登載されたいま，果たして公共の目的が欠けているという理由で土地の収用を争うことができるかということが問題として残る。Poletown 事件[44]は，ある州裁判所が，スラム街の整理ではなく，ゼネラル・モーターズが所有して利用するために，州政府に広い土地を収用することを認めた例である。すべては雇用機会拡大の名の下に行われた。しかし，増加価値は土地所有者に支払われず，彼らは莫大な結果的損害に対して充分な補償をされることもなかった。

土地改革　　Hawaii Housing Authority v. Midkiff 事件[45]において問題になったのは，ハワイ州の土地改革法であった。同法は，地方委員会に一定の財産を指定する権限を与えた。その指定を受けると，長期不動産賃借契約の居住者は，契約に反対の文言があっても，地主の同意なくして単純不動産権を買い取ることができた。[46]支払われる補償は，(1)不動産賃借契約の下での未払賃借料と，(2)復帰権の市場価格から割引をした額の合計だけであった。連邦最高裁判所はまず，ハワイにおける土地の権原が古代の王族にまで遡ることを認めた。[47]そして，それに続けて次のように述べた。

「1960年代の半ばに，大規模な公聴会を実施した後，ハワイ州議会は，ハワイ州と連邦の政府が同州の土地のほとんど49％を所有しているのに対し，47％の土地が72人の地主の手にあることを見出した……。さらに，2万1千エイカー以上の土地を所有する18人の地主がその40％以上を所有しており，もっとも都市化が進んでいるオアフ島では22人の地主が単純不動産権の72.5％を所有していることもわかった。同議会は，土地所有の集中によって同州の住居用単純不動産権の市場が歪められており，土地価格が高騰し，公共の安全と福祉を損なっていると結論を下した。」[48]

このような経過にもかかわらず，第9巡回区連邦控訴裁判所は同法を「Bの私的な使用と利益のためだけに，Aの私有財産を収用してBに移転しようとするハワイ州による露骨な試みである」[49]と述べて無効としていた。しかし，最高裁判所は同判決を破棄した。Berman v. Parker 事件に非常に重きを置いて，この収用は土地市場に対する「寡占的」支配を終わらせるという点で「なんらかの了解可能な公共の目的に合理的に関連している」[50]というのがその理由である。その寡占的支配によって，「何千もの家屋所有者は，自分の家屋が建っている土地を買わずに賃借することを」[51]強いられているとされた。「そしてまた，同法が土地の寡占問題を改めようと

したやり方が不合理であるということもできない。同法は，充分に多くの者が，自分たちは公正な価格で土地を買いたいのに買うことができないと主張している場合には，土地市場が機能不全を起こしていると推定している。[52]」

　合理的な基礎という基準は，ここでもまた，憲法の明示的な保障を無効にするために，誤った論拠を援用している。独占禁止法の専門家で，70人や22人や18人の地主「しか」ある市場にいないという理由で，「寡占」であると考える者はいない。一体どうして州議会はそう考えることができたのだろうか。契約期間満了のずっと前に，不動産賃借契約更新の価格について，地主と賃借人の間で合意が成立しないことがときどきあるというだけで，市場の失敗であると考えるべき理由はさらに少ない。2当事者だけが関わる問題の交渉は，賃料規制の問題よりけっして複雑ではない。これは，市場全体の構造に依存しているわけでは全くない。土地の不足と価格高騰の原因を探すなら，州の土地利用規制の広汎な存在に目を向けるべきである[53]。ところが，これは今や憲法訴訟の対象外である。たとえ，これが土地改革法が阻止すると言われている寡占的慣行を助長しているとしても。

　したがって，この判例に紛らわしいところは何もない。同法は，賃借人が賃借人であるというだけで，地主から復帰権を収用することを認めるものである。これらの収用は，ただ多数の賃借人が関わっているという理由だけで，何か別のものになるというわけではない。それぞれの事例において，純粋な公共財として財産が使われていないし，一般的な利用権が設定されてもいない。移転がなされる唯一の方法は，相互的な独占によって生み出される必要性が，増加価値の明示的な配分によって対応される場合である。ところが，相互的な独占の問題は些細なもので，しかも賃借人がすべての増加価値を保持している。このように，土地改革は公共の用という制約に反する。この制約は，もっと重視されるべきなのである。

1　348 U.S. 26,33 (1954). 本判決は，公営住宅供給計画のために行われた，荒廃した地区の包括的収用を支持した。より詳細な議論のためには，以下の本文を参照。
2　Id. at 36.
3　104 S.Ct. 2321 (1984) 公共の用条項に対して Midkiff 事件において取られた態度は，Ruckelshaus v. Monsanto Co., 104 S.Ct. 2862, 2879-2880 (1984) においても再確認された。
4　104 S.Ct. at 2329.

5 Id. at 2329-2330.
6 Bruce A. Ackerman, *Private Property and the Constitution* 190 n.5 (1977) は, Berman v. Parker, 348 U.S. 26. を引用。別のところで, アッカーマンは次のように述べている。「われわれが論じていることは, 多くの場合, 憲法レベルにおける私有財産との対決である。これについて, 憲法の次のような記述は明確ではない。『正当な補償無くして……私有財産を収用されない。』」Bruce Ackerman, "The Jurisprudence of Just Compensation," 7 *Environmental Law* 509, 510 (1977). ここで行われた省略が, アッカーマンの同条項についての包括的な見方を, 一巻の書物以上に物語っている。上で削除された言葉は「公共の用」なのである。
7 Note, "The Public Use Limitation on Eminent Domain: An Advance Requiem," 58 *Yale L.J.* 599, 613-614 (1949).
8 この点は, Midkiff 事件において示唆されている。「たしかに, 連邦最高裁判所の判例において『補償が行われるとしても, 正当な公共の目的がない限り, ある者の財産を別の私人のために収用することはできない』としばしば述べられている。たとえば, Missouri Pacific R. Co. v. Nebraska においては, 『問題の命令は, 収用権の下での公共の用のための私有財産の収用では……なかったしそうであるとも主張されなかった』のだが, 連邦最高裁判所は補償が行われた収用を正当な目的が欠けているという理由で無効であるとした」(強調は原文のもの)。104 S.Ct. at 2329.
9 破産手続を用いるか否かについて類似の論点があるが, それについては, Thomas Jackson, "Translating Assets and Liabilities to the Bankruptcy Forum," 14 *J. Legal Stud.* 73, 75 (1985) を参照。「しかし, 評価すべき新しい関心が [破産裁判所への] 集約によってもたらされたが, 破産法は, ある制度から別の制度へと移ることからくる混乱を最小化する形で, 移行を成し遂げなければならない。」
10 このルールの歴史的起源は, 土地の回復についてのさまざまな訴訟と関連して, Frederic W. Maitland, *The Forms of Action at Common Law* (reprinted 1936) において概説されている。
11 See, e.g., Boomer v. Atlantic Cement Co. (Jasen, J., dissenting), 26 N.Y. 2d 219, 231, 257 N.E. 2d 870, 876, 309 N.Y.S. 2d 312, 321 (1970):「土地利用についての障害が私的な利用のためであるなら, 永久的損害賠償の支払によっても, 所有者の同意なくして, 土地に使役権を設定することは, 憲法上許されない。このことは『正当な補償なしに, 私有財産を公共の用のために収用されることはない』と定める州憲法によって明確にされている (強調は, 原文において付加)。もちろん, 同条が私用のための収用に対して全く触れていないことも重要である。」このテーマが, Morton Horwitz, *The Transformation of American Law: 1780-1860* ch. 3 (1977) においても重要とされていることに注意してほしい。同書の19世紀の法に対

する批判は，大部分，収用権は狭く限定されるべきだという命題に基づいている。
12 公共財の経済学については，Mancur Olson, *The Logic of Collective Action: Public Goods and the Theory of Groups* (1965) を参照。
13 第18章を見よ。
14　See, e.g., City of Oakland v. Oakland Raiders, 32 Cal. 3rd 60, 646 P.2d 835, 183 Cal. Rptr 673 (1982). 収用が許されると，オークランドは市場価値という条件に従って，ロサンゼルスでのフットボールのフランチャイズ料を支払わなければならなくなるであろうことに注意してほしい。オークランドはまた，選手に役務提供契約を強制することも会員資格についての連盟規約を満たすこともできないであろう。これらの条件は，たとえ公共の用の条件が満たされたとしても，収用を台無しにするのに充分である。
15　See, e.g., Munn v. Illinois, 94 U.S. 113 (1877). 本件は，穀物保管料の最高額を定める権限がイリノイ州にあるかどうかについてのものだった。意見を述べる中で，ウェイト (Waite) 首席裁判官は，次の点に着目した。すなわち，伝統的な一般開放の義務によって，合法的な独占を享受している者は，提供しているサービスに対する穏当な料金だけを請求できること，そして，その場合は，自分が適当と思う料金を請求する権限が制約されているが，それは問題となっている独占の代償であるということである。See Allnut v. Inglis, 12 East 525, 104 Eng. Rep. 206 (1810). 本件は，Munn 事件において参照されているが，決定的なポイントをついたイギリスの判決に賛成するものだった。Munn 事件で述べられた意見の致命的な弱点は，合法的な独占という保護の下で供給されるサービスと「公共の利益によって影響を受けた」サービスとの数多くの相違をよく考えることなく，同列に扱ってしまっている点である。
16　458 U.S. 419 (1982)
17　See Texaco, Inc. v. Short, 454 U.S. 516 (1982). Richard A. Epstein, "Not Deference, but Doctrine: The Eminent Domain Clause," 1982 *Sup. Ct. Rev.* 351 at 365-369 においてもこの点の分析をしている。
18　See, e.g., Boston & Roxbury Mill Corp. v. Newman, 29 Mass. (12 Pick.) 467, 477 (1832). 利得の正確な配分は，概して生産のさまざまな要因に対する需要の変動に従って，事例ごとに異なるだろう。
19　See Miller v. Troost, 14 Minn. 365, 369 (1869). この事件では，重要な規定において次のように述べられていた。「本章の規定においては，すでに利用されている水力を損なうような工場用ダムを建設・維持することは許されない。」裁判所は，最初に建設をした者の信頼利益を保護するため，まだ建設中のダムもこの規定によって保護されていると判断した。

20 See Horwitz supra note 11, at 48.
21 See Murdock v. Stickney, 62 Mass. (8 Cush.) 113, 116 (1851). ここでの論点は，第18章における専門的な評価への関心と一貫している。
22 Head v. Amoskeag Mfg. Co., 113 U.S. 9, 20-21 (1885). Head 事件においては，すべての水力施設法の集成が含まれている。Id., note at 17.
23 See, e.g., Boston & Roxbury Mill Corp. v. Newman, 29 Mass. (12 Pick.) 467, 479-482 (1832); Miller v. Troost, 14 Minn. 365 (1869).
24 Head v. Amoskeag Mfg. Co., 113 U.S. 9, 18-19 (1885):「初期の法律の主な対象は，疑いもなく，製粉所であった。そして，立法権の範囲についてもっとも限定的な見解をもっていた裁判所によってさえ，法定の料金で誰にでも粉をひく製粉所が公共の用のためであることは，一般的に認められてきた。」
25 裁判所のためらいについては，次のものを参照。Miller v. Troost, 14 Minn. 365, 369 (1869):「控えめに言っても，そのような法律は立法権のぎりぎりの限界であり，われわれのものと同様の憲法上の制約を有している州においても，同様の法律がひとしく支持されてきたのでなければ，われわれは，このような法律を支持する結論を出すことをさらに躊躇していただろう。」
26 11 Nev. 394 (1876).
27 Id. at 411.
28 113 U.S. 9, 21-22(1885).
29 New Hampshire Mill Act, 1868 N.H. Laws ch. 20 §3。*Head*, 113 U.S. at 10-11 において詳しく述べられている。この規定の重要性についてとくに教示してくれた Robert Ellickson に感謝したい。
30 New Hampshire Mill Act, 1868 N.H. Laws ch.20 §§ 2 & 3.
31 See, e.g., Avery v. Van Deusen, 22 Mas. (5 Pick.) 182 (1827). この事件では，原告の牧草地の上におがくずや木片が散乱することからくる損害と原告の土地へ水が引かれていることから来る利益とを相殺するようにとの適切な説示を陪審は受けていた。See Horwitz, supra note 11, at 50-51. そこでは，このことを水力施設法の不当性の別の印であるとしている。理由は，それによって開発者が支払う金額が引き下げられることである。しかし，判決の立場は，ハイウェイについての判例の場合と同じく，黙示の補償に関する多くの収用法の立場と首尾一貫している。第13章参照。
32 1875 Nev. Stat. 111 §14,codified in Nev.Comp. Laws § 296 (1900).
33 See, e.g., Othen v. Rosier, 148 Tex. 485, 226 S.W. 2d 622 (1950).
34 256 U.S. 135 (1921). この事件に類似する Marcus Feldman Holding Co. v. Brown, 256 U.S. 170 (1921) も参照。そこでは，ニューヨーク市の同じような賃料

規制法が支持されている。これらの判例は，おそらくポリス・パワーを広く解釈した点でもっと注目に値する。この問題については第9，第10章を参照。
35　Block v. Hirsh, 256 U.S. 125,156 (1921).
36　Id.
37　第7章を見よ。
38　「合衆国の未開地すべてが開墾され耕作され，すべての低地に排水設備を設け，すべての醜い場所を美しくし，すべての荒れた建物を新しくすることは，公共の利益になるかもしれない。これらによって，一面において，美や成長や楽しみがわが国にもたらされ，それによって，開拓を促進し，土地の価値が増し，公衆の趣味を満足させるのに役立つからである。しかし，コモン・ローによっては，このようなことだけを考えて財産を収用することはけっして認められなかった。したがって，そのような収用は憲法によって禁止されていると考えなければならない。」Thomas M. Cooley, *Constitutional Limitations* 532-533 (1868)
39　348 U.S. 26 (1954). 多くの初期の判例が，その結果の前兆になっていた。影響が大きかった判決は，Matter of New York City Housing Autohority v. Muller, 270 N. Y. 333 (1936) で，スラム地区の整理と再建のための計画を認可した州住宅法 State Housing Law, L.1926, ch. 823; amended L.1934, ch. 4 を支持した。
40　117 F. Supp 705 (D.D.C. 1953).
41　Id. at 724.
42　Berman v. Parker, 348 U.S. 26 (1954).
43　New York City Housing Autohority v. Muller, 270 N.Y. 333, 341-342 (1936)
44　Poletown Neighborhood Council v. City of Detroit, 410 Mich. 616, 304 N.W. 2d 455 (1981).
45　104 S. Ct. 2321 (1984).
46　Hawaii Land Reform Act, Hawaii Rev. Stat. ch. 516 (1976).
47　Hawaii Rev. Stat. §516-1 (14) (1976).
48　104 S. Ct. at 2325.
49　Midkiff v. Tom, 702 F. 2d, 788, 798 (9th Cir. 1983).
50　104 S. Ct. at 2329.
51　Id. at 2330.
52　Id.
53　「ハワイは，合衆国の中でもっとも厳格な土地利用規制法をもっている州の1つであり，州内の410万エイカーの土地の大部分を農業や環境保全の目的で保有しているので，ビショップ・エステートの賃借政策の影響は大きくなる。」「ハワイ人は，家屋所有者の地位の変化を予測。」*N.Y. Times*, May 31, 1984, at 7.

第13章　明示の補償

補償の基準：取得費用ではなく市場価値

　本章での問題は，公用収用条項に基づく補償の形式と程度である。これらの問題は，国家と鋭くかつ全面的に対立し，かつ市民として得た財産の持分を無視される個人もしくは個人からなる小規模な集団からの収用との関連で考察される。理想的な解決は，政府による収用と財産の自己保持のいずれでもかまわないような立場に個人所有者をおくことである。その点を Olson v. United States 事件[1]は，次のように適切に指摘している。財産を収用された者は，「金銭的に見てその財産があたかも収用されなかったかのような地位におかれるべきである。その者には完全な補償がなされなければならないが，それ以上の補償を受ける資格はない。州憲法および連邦憲法により保護されるのは財産であって，その取得費用ではない。[2]」

　適切に理解すれば，この考え方では，訴訟費用や鑑定費用のような結果的に生じる損害まで補償がなされるべきことになる[3]。注意すべきことは，これらの費用を棚上げするとしても，支払われるべき補償の総額を決定するのは，取得費用ではなく，財産の価値だという点である。価値の1つの尺度は市場価値，すなわち売主と買主の双方が売買したいと思って成立する価格である。しかし，市場価格には制度上のバイアスが依然としてかかっている。そのバイアスとは，ふつう使用価値が交換価値を上回るにもかかわらず，使用価値が過小に評価されることである。こうして，いかなる収用についても，相互に関連する2つの可能性が考えられる。つまり，収用される財産を最高かつ最善に利用できるのは，その所有者なのか，それともそれ

第13章 明示の補償 215

以外の者なのかという可能性である。しかしながら、いずれの場合においても、その価値は交換価値以上のものであるべきであり、とりわけ通常の収用に服する代替不可能な唯一の財産についてはそうである。所有者が最善の利用者である場合、現在の所有者は市場価格では売却しないであろう。その理由としては、売却により現在の利用から得られる余剰が失われる、またおそらくは財産が所有者自身のニーズに合わせて特別に作られている、あるいは当該財産の所在場所から特別な利益が得られているということが考えられる。しかしながら、同じバイアスは、所有者以外の者が最善の利用者である場合にも見られる。というのは、買主となる者は現在の所有者の使用価値以上の価格を所有者に支払わねばならないからである。買主となる者がその財産の価値をより高く評価する限りにおいて、市場価値テストでは捕捉されない真の価値という要素も現れてくる。[4] したがって、たとえ結果損害および付随的損害を（不当に）棚上げしたとしても、市場が均衡しているときに市場価値テストが用いられるとなれば、所有者の立場は、売却・収用のどちらでもよいということにはならない。つまり、買主が得ると思われる潜在的で特定されない利益を無視してはじめて、所有者はどちらでもよい立場にあると言えるのである。

　したがって、明示の補償について市場価値を用いる公式のもつ主たる困難さはこうである。すなわち、その公式では、価値であることは間違いのない主観的な価値についてはあらゆる補償が否定されてしまう。[5] この問題を避けるため、別の補償基準を用いることが可能である。1つの選択肢は、補償の基礎を再調達費用におくことだが、このアプローチはそれ自体重大な危険性を有する。[6] もし、この費用が通常の市場価値とそれよりも高い主観的な価値との間に収まれば、補償は適切だということができる。というのは、所有者は補償により収用された施設と同じものを作り、以前行っていた活動から得ていた主観的な価値という要素を取り戻すことができるからである。しかし、主観的な価値が再調達費用よりも低い場合、所有者は真実を語る誘因をもたないから、その者が代わりとなる施設を取得したり、作り上げたりせずに、たんに金銭を着服するという危険に政府はさらされる。[7]

　主観的な価値の問題に対する別の対処方法は、有名なエリックソン（Robert Ellickson）が提示したように、[8] 一定のボーナス価値を与えることである。このボーナスは、第一に、あらゆる強制的な交換により発生する自律性への侵害に対する慰撫として、[9] 第二に、市場価値テストにより価値が制度上過小に評価されることを是正する努力として、正当化することができる。これらの理由により、強制的な買取の

場合，10%のボーナスが長年にわたりイギリスにおいて用いられたが，近時利用されなくなった。

固定比率のボーナスでは裁判例に見られるさまざまなヴァリエーションを捕捉することはできない，というのは正しい。しかしながら，ある事件では過剰な補償を生ぜしめ，他の事件では過小な補償となりながらも，ボーナスは市場価値テストの持つ頑固なバイアスを修正することができた。もっとも，最初の評価に制度上のバイアスが存しない限り，個々の事件でランダムな誤りが残るとしても，国家の負担は，取得費用すべてを公正に反映すべきである。したがって，ボーナスは魅力的である。たしかに，もしボーナスが与えられなければ，過剰に与えてしまう危険は減じられるが，補償はこの場合，許容されるとしても，その主たる目的を果たせないであろう。というのは，元の所有者は基本となる財産を保持することとその代わりに与えられるものについて無関心ではいられないからである。したがって，憲法論としてボーナスの支払が成立するかどうかは，きわめて微妙なレベルの問題なのである。

しかしながら，与えられた補償が収用された財産の市場価値よりも低い場合には，現実になされる補償にかんする諸々のテストは，間違いなく批判にさらされる。公用収用条項のもつ明確な意味内容からすると，このような批判が生じるのは，ある事件においてやむを得ず評価ミスが発生するような場合に限られるように思われるかもしれない。しかし今日，多数の法理は，市場価値よりも低い補償の基準を設定している。とりわけ，取得費用あるいは従前の価値が基準として用いられる場合がそうである。誤りの例として，Penn Central Transp. v. City of New York 事件がある。それによれば，私有財産の保持者の最初の投資に対する「合理的な収益」の享受を保持者に許せば，国家は市場価値との差を補償する義務を免れるとされる。このような合理性への訴えは一定の状況下では合理的であるが，これはそのような場合ではない。財産の保持者は，最初の取得もしくは改良を加えた時点と収用の時点との間の市場価値の上昇に対する補償の全部あるいは一部を奪われているからである。合理的な収益理論に潜む誤りを知るには，国家の関与しない完全な放任状況における市場価値から最初の取得費用への移行を考えてみればよい。Aは100ドルで自転車を取得したが，Bがそれを壊したときの自転車の価値は500ドルであったとする。支払われるべき補償の基準は，500ドルである。もちろん，自転車の価値が収用前つまり破壊される前に減価消耗していれば，Bは取得費用を支払わなくともよ

い。そうであるならば，値上がりした自転車の取得費用額である100ドルという数字をBが用いるべき理由はない。取得費用の問題は，取引行為により生じる利益につき，元の所有者が支払わねばならない税に関連する。しかしながら，取得費用が破壊時点で最高の価値評価となるようなありそうもない例を除いて，それは加害者と被害者の権利義務関係を処理する際に全くなんらの役割も果たさない。ただし，価値がすべての基準となる原理は明確である。Bは減価消耗した自転車がAの手元にあるときに，500ドルを支払うことはないし，第三者に売却された場合でも100ドルを支払うだけである。売却の事実は，誰が補償を得るかを決定するだけで，どのくらい補償を受けるべきかを決定しない。

　代議制統治の基本原理からすれば，政府が優越的地位に立つことはない。したがって，補償の普遍的な基準となるのは，価値である。価値の下落した財産の保持者が所有権を持ち続けるだけで政府の債務を増加させることはない。価値の上昇した財産の所有者は，支払われるべき補償額を増加させるために，市場価値と取得費用の差を縮減する目的でそれを売却する必要はない。近年，最高裁判所は，「投資に裏付けられた期待」というメタファーへの好意を示してきたが，この表現は私有財産と同義ではない。それを取得費用に基づいた補償という方式を正当化するために用いることはできないし，その方式は少なくともここでは正当な補償を求める条項の明白な文言に完全に反している。普遍的な基準として市場価値を使うべきだとする見解は，全部収用だけでなく，直接的な規制の形を取ったものを含む部分的収用にも適用される。家賃規制と譲渡性を認められた開発権制度の両方を見れば，政府による介入の計画が複雑になされたとき，基本的な基準に違反することが如何に容易であったかがわかる。

家賃規制

　諸々の補償方法を選択する際の不適切さは，たとえば，ニューヨーク州や首都ワシントンの家賃規制法により具体的に例示されている。家賃規制の導入以前，一定の住居は家主により定められた期間で賃借人に貸し出された。不動産賃貸借契約の下で，家主は期間満了時に住居の占有を回復する権限を有し，かつ賃借人が賃料増額に同意した場合には賃借人に住居占有の継続を認める権限を有していた（賃借人はまた，賃料減額の要求が認められない場合には，契約を更新しなくてもよかった）。制定法が求めたのは，賃借人は家主の意思に反しても契約期間および賃料に

つき従来と同じ条件で住居の賃貸借契約を更新しようとすれば，更新できるということであった。この種の制定法のほとんどどれもが，一定の賃料増額を認めることによって契約更新規定の厳格さを緩和する定めをおいている。たとえば，別表の定めによる増額や賃貸住居の修繕あるいは改良のために所有者が支出した費用の清算を認めることがそれにあたる。これらのさまざまな緩和策は，みな基本的な問題とは無関係である。というのは，任意の取引ならば家主が拒否するような条件で賃貸借契約を更新できるという選択肢を賃借人に与えるという家賃規制法の基本的な欠点をどの緩和策も克服していないからである。

これらの規制の合憲性を検討する過程で，ホームズ裁判官は，公共の用という制約とポリス・パワーについて充分検討せず，誤った理解に立って規制を正当と判断した。[14] ホームズ裁判官は，その先にある問題，つまり収用があり，それに対して市場価値で補償がなされたのかどうかという問題に取り組んでいないのである。背後に潜む正当な補償の問題を理解するため，ただ必要なことは，政府の支配的な役割を際立たせるような方法で取引行為を整理し直してみることである。政府の行ったことは，じつは，(1)一定の価格あるいは一定の方式で算出される価格で更新できる選択権のついた住居賃借権を収用した後，(2)当該契約期間にかんする利益を賃借人に付与し，さらに，収用した財産上の利益に対するみずからの補償義務を（償還請求がされない形で）賃借人に肩代わりさせるということであった。

これを機能的に見れば，政府は，賃貸人が自分の住居を入手するための特別税を一括ではなく分割納入の形で課しているようなものである。[15] このような政府権限の利用は財産の基本的な収用を意味する。BがAのものを取り上げてCに渡した場合，Bは自分がそのものを保有していないからといって，それを取っていないと主張できるだろうか。私法の答は明快である。AがBに対して救済を何ら得られないということは考えられない。AはCの存在によりそのものを回収する相手方を選ぶことができるようになるだけであり，それは理論的には原状回復あるいは横領の理論に基づくものである。家賃規制は，それをもう一点だけ複雑にしただけである。つまり，複雑になっているのは，規制が定期的な更新を賃借人に要求しているのではなく，更新してもよいとしていることによって，家主から収用し，かつ賃借人に与えられた利益の存続期間がある程度不確定になっている点である。

より具体的には，この賃貸借取引のとらえ方は2つある。1つのとらえ方は，制定法が賃借人に権利を与えた時点で一括して収用がなされたと見る方法である。こ

の考えによれば,賃借人による更新権の行使を考慮しつつ,予想される賃貸借の存続期間を推定することが必要である。更新しないこともあり得るが,そのようなことは通常の商業的賃貸借ではほとんどあり得ない。というのは,制定法は一方的な更新権を有する賃借人に著しく有利になっているからである。したがって,大まかに特徴づけをするならば,(当該制定法上の権利の承継可能性によって違ってくるが) その権利は永続的な更新権あるいは終身の更新権なのである。住居に対する家賃規制が住居の円滑な回転を図る手段となることはないのである。

　もう1つのとらえ方は,その取引は別個独立した収用が連続したものだとみる方法であり,将来の選択権を除外した上で,各々の収用は固定した賃貸借期間について行われると考えようとする。そう考える場合には,賃貸借の更新がなされるたびに,政府による補償が要求されることになろう。補償は,その期間について市場で賃貸借でなされたときと,制定法によってなされたときの価値の差額になるであろう。定期的な支払を選択することで,制定法は取得費用を価値に換算しているのである。投資に対する「合理的な収益」はたんに私有財産を毎年少しずつ没収することの婉曲表現にほかならない。このやり方には,事の本質を見えにくくする工夫が凝らされている。たとえば,国家は権原を取得しないとする点,収用を期間を置いて行うという方法の利用,家主が(減少し続ける)復帰権を保持できること,一定の諸費用を賃借人に転嫁できることの承認がそうである。しかし,これらの工夫は,国家の負担すべき補償額の正確な決定について影響をもつかもしれないが,それの工夫は,個別にも,全体的にも収用問題とは無関係である。政府は,市場価値以下で不動産権を収用することはできないだろうし,その財産を市場価値ではなく取得費用で再譲渡することによって,充分な補償の支払をしないという立場を正当化することもできないであろう。不動産賃貸借は不動産権と同じく財産であり,正当な補償の原則がともに同じ効力をもって適用される。家賃規制法は明らかに公用収用条項違反である。なぜなら,賃貸人に支払われる具体的な補償は不充分だからである。

代替的開発権

　合理的な収益および正当な補償に関する論議は,代替的開発権制度 (Transferrable Developments Rights) に同じようにあてはまり,その場合補償が金銭でなく現物でなされても,それが市場価値でなされる限り憲法上の原則と適合する。しかし,

代替的開発権と密接に結びついた「正当な補償」ルールの下では，補償の額は不充分である。代替的開発権を用いる際に，ふつう地方自治体を介して，州は，開発権を失う個人不動産所有者に近隣のあるいは隣接した1区画の土地の上を利用する類似した権利を与えることで補償しようとする。この場合，その土地の権利は近隣の土地所有者に保持されたままである。こうして，州は歴史のある教会の増築を禁じるとともに，その教会の近くにある駐車場の空中の利用権を教会の所有者に認める。このような制度の目的は，有意義であっても，完全な損失補償が求められれば，実行不可能になる計画，とりわけ史跡の保護を州が実行するのを可能にすることにある。ただし，代替的開発権の前提には，州が援助することなく史跡保護のための諸々の費用をすべて個人所有者に負担させることは「公正でない」という考えも入っている。代替的開発権による「正当な」補償はそのような差を分担することを意図したものであるから，規制される側の所有者の経済的損失はすべてではないが，ある程度社会化される。

Penn Central Transp. v. City of New York 事件では，このような妥協が憲法上の祝福を受けた。ブレナン（Brennan）裁判官の手になる連邦最高裁判所の意見は，まず最初に，現存するターミナルの開発権を失うことは私有財産の収用にはならないとした。しかし，この結論は，部分的収用の存在を認める制度の下では明らかに正しくない。ブレナン裁判官は，続いて，代替的開発権は収用を受けなかった財産権に対する「価値ある」補償だと判示した。「『収用』がなされていたならば，これらの権利は『正当な補償』とはならなかったであろうが，これらの権利は，疑いなく，法律が上訴人に課した財政上の負担を軽減しており，それゆえ，規制の課す負担を考える上で考慮されるべきである。」この点はニューヨーク州上訴裁判所でも次のような形ですでに綿密な検討が加えられていた。すなわち，「賃貸借期間が満了，あるいは建造物がその効用を失う将来の時点において，より大きなビルが建設されるであろうという情報は，少なくとも新しい建造物に対する市場の需要が存する限り，ビル建設計画の価値を増大させるであろう。」

これらの回答は，憲法上の異議に少しも答えるものではない。Penn Central 事件の1つの特色は，ペン・セントラル駅に認められた空中利用権が，すでにペン・セントラルの所有になっていたビルトモア・ホテル，ウォールドーフ・アストリア・ホテル，イェール・クラブを含む8個の建物の上に及ぶものであったことである。当然，問われるべきことは，市はどのような根拠から史跡保護法にかんする補償と

してペン・セントラルに空中利用権を付与できる地位に立つのかという問題である。権利を付与しようとすれば，市は空中利用権をまず保有していなければならないが，市は，これらの権利をペン・セントラルから買い受けたのではなく，ゾーニングによって取得していたのであった。空中利用権の喪失に対して市が行った補償は，このようにそれ以前になされた無補償の収用に由来した。これは，AがBから金銭を窃取し，Bから買い受けた不動産の代金を支払うため，あとでその金銭を用いるようなものである。

　この困難さは，ペン・セントラルの所有しない建物上の空中利用権をペン・セントラルに付与することで回避しようと思えば回避することができるが，それは，結局は失態を別の失態に置き換えるだけのことになる。というのは，その場合でも，依然として市は，建物の現在の所有者に対する補償なしに，ゾーニングによってこれらの建物上の空中利用権を取得しなければならないからである。このアイロニーに注目すべきである。もしゾーニングが単なる規制であるとすれば，市はどういう根拠からペン・セントラルに対する補償として空中の利用権を譲渡できるのだろうか。代替的開発権を機能させようとすれば，ゾーニングを通じて国家により収用された空中利用権が財産となるのは，それが国家により譲渡された場合に限るというような理論を必要とする。ゾーニングによって奪われた空中利用権が，次に転売されて現金化されるならば，そこにもともと収用が行われていたことは，明らかとなろう。その空中利用権が他の財産を取得するために用いられる場合も，なんら内実は変わらない。

　国家が補償として提供する空中利用権に対して完全な権利を有するとしても，評価の問題がさらに存する。正当な補償の要件により，市には収用した財産について正当な市場価値を支払うことが求められる。もし，その補償が金銭で支払われるならば，市が支払うものが何かについての争いはなくなるので，残る争点は収用された財産の価値のみである。Penn Central事件において，市はペン・セントラルに対して明確に価値評価できない一連のこじつけの一時的な諸権利を与えることで憲法の命令を回避した。国家はつねに金銭で支払うことができるから，標準的でない通貨で支払うという一方的な決定が厳しい司法審査を招くのは適切である。支払が代替的開発権でなされようと，カンザスの秋まき小麦の先物でなされようと，支払うべき補償の程度は減じられない。収用の補償として提供された諸権利をどのように公平に評価しても，市の主張が認められることはあり得ないだろう。[22]

裁判所による Penn Central 事件判決の正当化には，その内在的な弱点がはっきりと窺える。裁判所は（補償すべき）収用はなかったと判示した。その理由は，「課せられた規制は本質的に一般福祉の促進に関わるものであり，史跡の合理的で有益な利用を許容するだけでなく，当該ターミナルのみならず，他の建物の価値をも高める機会を上訴人に与えるからだ[23]」というものであった。しかし，1つ1つこの文章を検討してみよう。当該規制は部分的収用であり，それゆえ正当な補償の義務が生じる。史跡保護法による一般福祉の促進は，公共の用という要件を充足するだけである。有益な利用権が残されたことから再確認されるのは，それが部分的収用であることであって，それが公用収用条項の射程外にあることではない。駅またはその近隣の建物の価値を高める機会の存在により示されるのは，収用された財産につき何らかの補償がなされたことだけであり，それが正当であることは証明されていない。裁判所はそれ自身の論理によっても批判を免れないのである。

開発権の中間収用

San Diego Gas & Electric v. City of San Diego 事件[24]において，本件ガス会社は市内に広大な土地を原子力発電プラント建設予定地として取得した。取得された土地はもともと産業開発地区ではなく，必要とされた地区規制変更は取得後になされた。しかし，プラント建設の前に，市は本件訴訟へと連なる3つの行為をとった。すなわち，市は土地を産業用から農業用に規制変更し，その包括的な計画の中に新たな「空き地」要件を導入し，適切な公債発行手続が完了した場合に市が取得を予定する土地を示した地図を用意した。サンディエゴ・ガス会社は，これらの行為が私有財産の収用にあたり，正当な補償が支払われるべきだ，と主張した。

カリフォルニア州最高裁判所は，ポリス・パワーに基づく政府の規制へのすべての異議は職務執行令状の方法によりなされなければならない，と判示した[25]。裁判所の考えでは，この区別は適切であり，その理由は，公用収用条項の下での財産の収用とポリス・パワーによる財産の収没とは違うというところにあった。これは，一種の言葉の遊戯であり，そのために，規制の実施時期と無補償の収用として規制が無効とされる時期との間に生じる「中間損害」を州は免れてしまう。しかしながら，裁判所の論理は適切ではない。単純な例として，政府が期限を定めないで不動産を占有するとしよう。占有を始めた段階で，政府の占有期間を確定することは不可能であろう。しかし，たとえ支払の時期が不確定であるとしても，事実上の占有期間

について補償支払の必要があることは明らかである。[26] この事件についても,問題はほとんど同じである。というのは,部分的収用は,それが州に対して直接的な占有を与えないとしても,制限的不動産約款を与える以上,同じルールに服さねばならないからである。

　連邦最高裁判所は,収用の問題を正式には解決しなかった。というのは,5人の裁判官が上訴に適した終局判決はなかったと判示したからである。[27] しかし,(レンクィスト（Rehnquist）および反対意見を表明した）5人の裁判官は,逆収用の問題をとりあげて論じている。[28] 自らのPenn Central事件判決とはきわめて対照的に,ブレナン裁判官の反対意見は,カリフォルニア州最高裁判所の論拠を簡単に片づけた。ブレナン裁判官は最初に,収用が正式な収用手続,現実の占有,物理的侵害,あるいは規制のいずれの形を取ろうと,正当な補償が要求される,とした。ブレナン裁判官は,さらに,この要件は全部収用だけでなく部分的収用に適用され,同様に,確定的収用だけでなく,時期限定あるいは時期不特定の収用にまで及ぶと述べた。そうなると,家賃規制事件は今や容易に説明できるが,Penn Central事件の説明はつかなくなる。ブレナン裁判官はまた,土地利用計画を好ましいとする政策が司法,立法,行政のいずれで採用されているにせよ,憲法の命令を排除することはできないとした。ブレナン裁判官は,「裁判所がいったん規制的な『収用』があったと判断すれば,憲法は,規制が最初に効力をもった時点から,政府機関がその撤廃を選択するか,あるいはさもなくば当該規制を変更する最後の時点まで,政府機関が正当な損失補償を支払うことを命じている」[29] と結論づけた。

　ブレナン裁判官の見解は,Penn Central事件の先例とSan Diego G. & E.事件を調和させることを意図していた。その根拠は,Penn Central事件はもっぱら収用の問題のみに着目したものであり,San Diego G. & E.事件は正当な補償の問題に焦点をあてたものである,というものであった。しかし,これは彌縫策でしかない。というのは,両判決は同じ問題につき全く異なった理論的方向づけをしているからである。San Diego G. & E.事件において補償の問題を持ち出すことができたのは,Penn Central事件における収用問題の誤った限定づけが継承されなかったからである。Penn Central判決におけるブレナン裁判官の意見で再三強調されたのは,どのような公式を定めても収用の事件は処理できないということであり,そこでのモットーは司法の謙譲であった。San Diego G. & E.事件におけるブレナン裁判官の意見ではそのような無力感は見られず,収用と補償の問題が論理的に考察されて

いる。これら2つの意見を並べてみれば，判決を下すスタイルが事件の結果にいかに影響するかを示す格好の教科書事例となる。一方は，収用にかんする訴訟の争点を区別もしないままに凝固体にせよ，そうすれば，裁量の度合いが強まる一方で，補償が否定されるという意見であり，他方は，それらの争点を充分な明快さをもって解明せよ，そうすれば，議論構造からして当然に補償が要求されることになるという意見である。

不適合土地利用の解消に関する法

　明示の補償の問題は，規制に合致しない不動産利用の消滅を規律する多くの州制定法との関連で，不充分な司法上の取り扱いしかされてこなかった。典型的な事例の場合，条例の制定前に，土地所有者は自己の財産をジャンクヤード，自動車修理工場，ないし集合住宅として利用してきた。彼はそのような利用をするために，家屋を建てたり，改造したかもしれない。隣人が彼の財産の利用方法を好ましく思わなかったとしても，それをニューサンスとして差し止めることはできない。というのは，利用の性質から見て，それは侵害性をもっていないし，あるいは長期にわたる現実の利用を規律する法により保護されているからである。

　ここで政府がこのような利用を制限したとする。完全な禁止は，無補償の私有財産の収用と思われる。しかしながら，隣人たちは，収用に通常求められる充分な補償について，とりわけ，自分たちの受ける利益が規制に服する所有者の損失よりも小さい場合には，それに反対しがちである。「正当な」補償の枠組に従って行動する必要があるので，規制に合致しない土地利用の消滅に関する制定法は，現在行われている利用を年限を切って継続することを認め，その終了時点で，所有者は自己負担でその地域のゾーニング条例を遵守した利用形態とすることを求める。代替的開発権の場合と同様，この制定法の背後にある基本的な考慮によれば，私的福利と公的福利とを分けてみると，公的福利が私的福利を上回るので，このような法的処理は，司法審査に耐えると思われているのである。

　しかしながら，私的権利と公的必要性との調整を語ることは，公共の用とポリス・パワーの差異を無視することである。事の本質を見れば，この制定法は，土地の将来利用と改良について厳しい制約を課す一方で，所有者が修理費と改良費の支出計画を変更することで，負担の緩和を図る可能性を所有者に与えている。にもかかわらず，補償されない損失として，2つのものが残る。1つは，建造物の予想される

寿命が消滅期間を越える場合，所有者はその建造物の財産回復権の価値を失うということである。補償されるべき価値は，現在額に換算された価値であるべきなのは当然であるが，これがゼロになることはほとんどない。というのは，現実の換算率はインフレの水準に依存せず，毎年2％程度で推移しているからである。[33] 2つめは，所有者は，非適合利用が認められる制限期間内で，資産の運用がより難しくなるであろう。たとえば，15年の寿命を持った建造物に認められた期間が5年間であるとする。適切な修理によりその建造物が10年もつとすれば，所有者は何をすべきか。全く修理しないと，許容された期間内における建造物の利用価値や建造物自体の価値を減じることになる。修理すれば，それらの価値を無駄にすることになる。こうして必要とされる修理ははるかにより多くの費用をかけて行われる。というのは，それらは所有者が占有利用を維持すべく予定した期間に消滅期間を一致させられないからである。

これらの弱点が認識されるなら，制定法を救う道はない。ポリス・パワーは，ここでは無関係であり，おそらく，法の求めに従わされる所有者に対する黙示の補償と思われるものの存在も見えない。それゆえ，市場価値の減少分，つまり確立した利用権および占有権の部分的収用部分は国家により支払われるべき補償の最低限の線を示すものである。補償条項のないこれらの制定法の使用を支持する諸判決は，個人の不公正な負担を回避するという趣旨を含んだ制定法の特別な側面を強調している。それによれば，すべてではないが，いくつかの事案では，改良は建造物の寿命の間，もしくは投資に対する「合理的な」収益を可能にするのに充分な期間認められている。また，極端に困難な別の事案では，地域の法律による委員会の承認によって異なる扱いが可能であるというのである。しかし，これらの議論は，家賃規制や史跡保護規制擁護論と同様にうまく機能しない。パンを収用した国家は，そのパンの一切れを返還したとしても，その義務を果たしたことにはならないからである。この制定法の特徴は，全体として，特定の事件で支払われるべき補償の額を減じるかもしれないが，それが利用，建造物，資産全体の没収あるいは資産価値の放棄などの形態を取る復帰権の没収であることを隠すことはできない。

1　292 U.S. 246 (1934).
2　Id. at 255. 当時この判決自体，もし個人所有者らが流水地役権の設定に合意していたとすれば認められたであろう高額な賠償を認めなかった。

3　第7章参照。
4　See, e.g., Jack L. Knetsch and Thomas E. Borcherding, "Expropriation of Private Property and the Basis for Compensation", 29 *U. Toronto L. J.* 237 (1979).
5　契約法における類似の問題に関する論議については，Timothy Muris, "Cost of Completion or Diminution in Market Value: The Relevance of Subjective Value," 12 *J. Legal Stud.* 379 (1983) 参照。
6　古い施設には適用されなかった諸々の新しい規制が適用されるため，キャンプ場を新たな場所に移設するのに何倍もの費用を要したとしても，公正な市場価格は当該土地の収用にとって適切な基準である，とする United States v. 546. 54 Acres of Land, 441 U. S. 506 (1979) の判決を参照。
7　See id. at 515-516.「被上訴人は公共のため当該キャンプ地を運営し続けるであろうという考えに基づいて，再調達費用を与えると，代替施設がけっして取得されない場合，あるいは取得後売却されたり，他の目的に転用されたりした場合，棚ぼたの利益が生じる。」契約法においてこれと同じことが次の場合に起こる。すなわち，建築請負契約や鉱物資源採掘契約における善意の契約当事者には，契約の完遂にかかる費用が市場価格よりも高額な場合に，その費用に相当する損害賠償金が与えられ，結果として収益が着服されることになる。See, e.g., Groves v. John Wunder Co., 205 Minn. 163, 286 N.W. 235 (1939).これは Muris 前掲注［5］393頁で論じられている。
8　Robert C. Ellickson, "Alternatives to Zoning: Covenants, Nuisance Rules, and Fines as Land Use Controls," 40 *U. Chi. L. Rev.* 68 Ⅰ, 736-737 (1973).この示唆は Knetsch and Borcherding 前掲注［4］241頁で取り上げられている。
9　第12章における水力施設法の論議を参照。
10　Comment, "Eminent Domain Valuations in an Age of Redevelopment: Incidental Losses," 67 *Yale L. J.* 61, 66 (1957).
11　438 U.S. 104 (1978).
12　公益事業の料金規制とそれ以外の独占に関する論議については，第17章を参照。
13　首都ワシントンの制度の概要は Block v. Hirsh, 256 U.S. 135 (1921) において描かれており，この事件は公共の用という要件との関連で，第12章で論じた。初期のニューヨーク州の諸ルールの説明については，Feldman Holding Co. v. Brown, 256 U.S. 170 (1921) を参照。この諸ルールは第二次世界大戦中に再導入され，その後長く維持されている。合憲とされるより近時の多くの制度は，賃借を特定の歴史的レベルに限定するという方法をとっている。補償なしに収用される値上がり部分が減じられるとしても，原則として，同じ分析をそれに加えることができる。

14 Block v. Hirsh, 256 U.S. 135 (1921). 第12章の論議を参照。
15 第18章参照。
16 第7章における Almota Farmers Elevator & Warehouse v. United States, 409 U.S. 470 (1973) の論議参照。
17 See, e.g., John Costonis, "The Chicago Plan: Incentive Zoning and the Preservation of Urban Landmarks," 85 *Harv. L. Rev.* 574 (1972); John Costonis, "'Fair' Compensation and the Accommodation Power: Antidotes for the Taking Impasse in Land Use Controversies," 75 *Colum. L. Rev.* 1021 (1975).
18 438 U.S. 104 (1978).
19 収用の問題については，第6章参照。
20 438 U.S. at 137.
21 42 N.Y.2d 324, 335, 366 N.E. 2d 1271, 1277, 397 N.Y.2d 914, 920-921 (1977), aff'd, 438 U.S. 104 (1978).
22 最善の諸条件の下でさえ，政府により未確定請求権が収用される場合，それは過小に評価される傾向にある。Olson v. United States, 292 U.S.246 (1934) 参照。この判決は，湖畔のさまざまな土地所有者の多数が自分たちの資源をプールすることに合意する場合に，はじめて設定することのできる流水地役権の価値を無視した。これとは反対に，政府が未確定の建物に関する権利を付与する場合にはきわめて過剰な評価がなされる。それは，同じ二重の基準の別個の側面である。
23 438 U.S. at 138.
24 450 U.S. 621 (1981).
25 Agins v.City of Tiburon, 24 Cal. 3d 266, 598 P.2d 25, 157 Cal. Rptr. 372 (1979).
26 See United States v. Westinghouse Co., 339 U.S. 261 (1950).
27 450 U.S. 623 (1981).
28 逆収用については，通常，Roger Cunningham, "Inverse Condemnation as a Remedy for 'Regulatory Takings,'" 8 *Hastings Const. L.Q.* 517 (1981) 参照。これは暫定的損害賠償金を支持している。他方，Daniel Mandelker, "Land Use Takings: The Compensation Isssue," 8 *Hastings Const. L.Q.* 491 (1981) はこれに反対している。第4章で論じられた Pumpelly v. Green Bay Co. は第11章で論じられたハイウェイ計画事件と同様に逆収用のケースであることに注意。
29 450 U.S. at 653.
30 公共の用という問題とポリス・パワーの問題は無視された。第一要件は充足されている。ポリス・パワーの問題が持ち出されなかったのは，原子力に対する連邦の直接的な安全制御が州の関与をあらかじめ回避したからであった。See Pacific Gas & Electrical v. State Energy Res. Conserve. & Dev. Comm'n., 461 U.S. 190

(1983).

31　See, e.g., Comment, "The Elimination of Noncomforming Uses!" 1951 *Wis L Rev.* 685.

32　Harbison v. City of Buffalo, 4 N.Y.2d 553, 562-563, 176 N.Y.S.2d 598, 605-606, 152 N.E.2d 42, 47 (1958); People v.Miller, 304 N.Y. 105, 107-108, 106 N.E. 2d34, 35.

33　人身被害事件において，失われた収入を評価する際に，同一の点が問題となる。そこでは，将来のインフレの不確実さは考慮する必要がないことが認識されている。というのは，割引率と将来の価値は同じようにインフレの影響を被るからである。Doca v. Marina Mercante Nicaraguense, S.A., 634 F.2d30 (2d Cir. 1980); O'Shea v. Riverway Towing, 677 F.2d 1194 '7th Cir. 1982) 参照。問題になっている減価償却と失った収入の双方に関して，現実の価値の変化，改良や将来加えられるサービスに応じて，一定の評価がなされなければならない。それはもちろん割引率とは無関係である。

第14章　黙示の現物補償

明示の補償が不要な場合

　われわれがこれまで行ってきた正当な補償という要件の分析は，土地の直接収用や家賃統制・史跡保護規制・土地の不適合利用解消立法に結果的に含まれる一定のタイプの収用に関するものであり，現金あるいは現物による明示の補償が国家に求められる事例に限定されていた。しかし，政府が自らのイニシアティヴで重要な行為を取ることができるのは，現金あるいはその他の財産が収用対象者に明示的に移転される場合に限られるということにはならない。憲法は，「正当な」補償を求めているが，とるべき補償の形式についてはなんら語っていない。したがって，原理的には，国家は自分で方式を選んで補償を行えばよいのである。この命題は，黙示の現物補償の重要性を示している。多数の人に影響を及ぼす収用は，規制・課税・損害賠償責任ルールの変更の形で行われる。これらの場合，収用がどのような形態をとるにしても，個々人に対して収用が課す負担を評価するという課題への取組は，2つの探求に分けることができる。第一は，政府の行為はその人の財産の保有・使用・処分をどの程度制約するのか，つまりどの程度収用の機能をもつのかを問うことである。第二は，一般的な立法が他人の権利に課す制約が収用された財産に対する補償としてどの程度機能するかを問うことである。この問は，無数の形態を取る政府活動一般について生じる。債務者の資産を差し押さえる債権者の権利の制限は，他の人々に同様の制限が課されれば，正当化されるだろうか。土地の占有者が看板・標識を立てる権利の制限は，他人に同様の制限が課されれば，正当化されるだろう

か。これらの事例やその他多くの事例は，一般的な法的ルールの下で黙示的に生じる便益の問題の存在を明らかにする。なぜなら，そこには，規制を受ける当事者に移転される特別な対価もなければ，規制対象になる当事者が元来保有していたものの一部がその人に残存保有されることもないからである。また，現金の移転がなされないので，問題となるこれらの便益は，現物である。

　これらの便益は，一般的に適用される制定法の下で発生する可能性が高い。なぜなら，同一のルールによって多数の個人が便益と負担の双方を受け取るからである。その場合，正当な補償を求める憲法の要求は，その制定法自体の機能によって完全に充足される。規制によって財産を収用される各人は，それと並行して他人からも行われる収用から黙示の補償を受け取るからである。この種の便益の存在は，しばしば観察できる。債務者から自分の債権を直接回収できない一般債権者は，補償を受けている。なぜなら，他の債権者に課される同様の制約が，資産のプールを形成し，それが債権額に応じた請求の支払に当てられるという保証になるからである。大きな看板を立てることができない土地の所有者には，隣人もまた彼の看板を遮るような看板を立てられないという保障が与えられる。所有者が受け取る財産が彼の供出する財産の価値と同等以上である限り，明示的補償は不要である。それを与えることは，不当な過剰補償であり，それ自体が他の誰かからの財産の収用を生む。[2]

　これらの議論の適用は，主権の行使に限定されず，包括的規制や賠償責任ルールの変更だけでなく，すでに分析した明らかな収用のため財源である現金収入を確保するための課税にも行われる。原則として，正当な補償という要件は，次の2つの条件が同時に成立する場合に充足される。(1)は，パイの総体，つまりすべての所有権と個人的権利の価値の総計が維持されるか，増加すること，(2)は，パイのそれぞれの1切れの大きさも同様に維持されるか，増大することである。

　(2)が充足される場合には，(1)もまた必然的に充足される。しかし，(2)が充足されない場合でも，(1)が充足されることがある。その場合には，明示的補償の支払によって，(1)と(2)をともに充足する社会的な措置を実現できるような方法（それがあるとして）がとられているかどうかを，その措置をとるための実施費用を考慮しつつ，吟味しなければならない。命題(1)と(2)だけでは社会的純余剰の配分方法が特定されるわけではない。しかし，この余剰については，公共の用にかんする私の議論の中ですでに説明した通り，ここでもまた比例配分が求められる。[3]

　黙示の現物補償という旋律は，公用収用法の領域では繰り返し現れる。ホームズ

は，Pennsylvania Coal Co. v. Mahon 事件で彼が述べた多くの命題の１つの中でこの旋律について示唆している。この事件で，彼は，政府の行為が全利害関係人の「利益の平均的相互性」を確保する場合には，合憲性を認められる可能性があると書いている。それは，「公正さと正義から見て」公衆一般が引き受けるべき負担が少数の人に課されている場合には，明示的補償が求められるという Armstrong v. United States 事件の主張の基礎となった。この命題は，仲裁的活動と企業的活動というサックス (Sax) の有益な区別と密接に関連している。つまり，政府の行為のために生まれる潜在的敗者に対して黙示の補償がなされる蓋然性は，後者より前者の方が大きいのである。最後に，黙示の現物補償の法理は，一般的に適用されるルールは，そのルールによって負担を課される階層の長期的利益を推進するように働くならば，合憲性を認められるべきであるという以下のマイクルマンの有名な命題の中でもっとも持続的・説得的な形で定式化されている。

> 「効率性を求めて行われる集団的措置は，ふつう数限りない人々に比例原理に反する負担を課す。その負担は，実際のところ補償という調整で帳消しにすることはできない。この難点に直面した場合，われわれは，集団的に決定された改良に伴う負担は時間をかければ充分「平等に」配分され，各人は純益を手にするだろうという了解可能なレベルの保証に到達できると信じることによって満足するように思われる。」

黙示の現物補償は，公用収用条項にとって決定的に重要で繰り返し演奏される旋律を奏でるものではあるが，この問題はここでもまた適切な文脈に位置づけるべきである。マイクルマンの定式化は，時間の流れの中で行われる負担の平等性の問題を収用問題に関するあたかも唯一の鍵であるかのように取り扱っているように見える。しかし，補償の問題，したがって黙示の現物補償の問題が現実化するのは，私有財産の収用があり，それが公共の用のためであり，しかも収用がポリス・パワーあるいは同意や危険の引受の法理によって正当化されない場合に限られる。

政府行為が途方もないほど比例原理に反する負担賦課をしながら，それに相応する国家の補償義務が伴わない場合がある。たとえば，権利侵害なき損害 (damnum absque iniuria) の場合には，個人の所有者は収用に該当しない政府行為によって境遇が悪化してもそのまま放置される。仮に，政府が巨大な役所用の建物群を建設したため，高級マンションから湖の景色が見えなくなり，マンションの市場賃貸価格が大幅に下落するとしよう。その経済的負担は明らかに比例原理に反するものだ

が，補償をする義務は政府にはない。なぜなら，制限約款による事前の拘束を受けていない隣人に対して，マンションの建物の所有者には差止という救済はもとより，損害賠償請求権すらないからである。同様に，Fuller v. United States 事件における放牧権について見たように，授権時に留保した権能に基づいて政府がある個人の特権を消滅させるとしても，その個人には補償を求める訴訟原因はない。[8] 害は1人の人に集中するが，補償は必要ではない。なぜなら，随時取消可能な免許を有するだけの原告は，自分の経済的損失が自分に対する権利侵害から引き起こされたということを示すことができないからである。

さらに，汚染されたごみ処理場の差押のような許容される収用は，ポリス・パワーによって完全に正当化される。[9] そのような場合における負担賦課は比例原理から大きく外れているが，ニューサンスをなくすという根拠は政府による使用禁止を完全に正当化すると思われる。マイクルマンは，Consolidated Rock Products v. City of Los Angeles 事件[10]における被告の採掘行動を理解できずに当惑して，次のように述べた。「訴えを起こした者の土地がゾーニング規制のため生産目的に一切使うことができなくなったという明確な認定があるにもかかわらず，なんら補償条項をもたないこの規制が合憲とされたことにかんする驚くべき事件である。」[11] しかし，この見解は補償にかんする彼の独自の一般理論にもっぱら依拠するものであり，そのため彼は憲法制度の中でポリス・パワーの果たす特徴的で，縮減させることのできない役割を適切に評価することができなくなっているのである。補償問題は，正当化の問題が解決されるまでは発生しない。典型的なニューサンス防止の事件では，この問題は補償要求者敗訴の形で処理されるのである。

完全な知識とパレート原理

　黙示の現物補償の問題をその法理的，制度的文脈から切り離して考えることはできない。しかし，収用，正当化理由，同意という入口問題処理が政府に不利な形で決着することになれば，論点は，最終的に正当な補償の問題に移る。完全な知識と算定が費用無しにできる世界であれば，それについて唯一正しい答が出ることであろう。その場合には，どの事件でも政府の行為によって財産の一部または全部を収用された人を個別に特定することが必要になる。それに引き続いて，当該収用によって生まれた負担と便益との精確な計測がなされるであろう。一定の当事者が被った総損失について明示の補償が必要とされ，その補償は他の当事者が得た総利得か

ら捻出されることになろう。次いで，公共の用という要件のため，総社会的余剰，つまり総利得が総損失を上回った部分は分割され，社会的投資のために各個人が元々拠出した割合に応じて，それらの個人全員に配分されることになろう。このような形態をしたシステムには，少なくとも１つの非常に好ましい属性が見られる。つまり，社会的な介入による利得は，どの１ドルをとってみても，原理上，憲法上の要請によって個人を特定して配分されることになるので，レント・シーキングや党派性の問題は完全に防止される。なぜなら，その対象となる党派的利得が存在しないからである。

　しかしながら，ちょっと考えてみれば，このようなプログラムの要求する信仰は途方もないものであることが分かる。収用された財産の価値とそれと引換に提供されたものの価値とを測定することは，とくに困難である。なぜなら，多くのプログラムの便益は公共財の形をしており，公共財の評価はどうしようもないくらい困難であることが知られているからである。また，評価作業の困難さは，便益と負担の発生が偶然的で不確実な場合，とりわけ人によって非常に異なる危険回避傾向について統一的な想定が成立しない場合には，なんら緩和されない。加えて，負担と便益を計算する費用が小さいとはとても言えず，計算すること自体が大きな政治的圧力を発生させる。関係当事者の数の多さだけからもわかるように，計算間違いと測定の問題は，枝葉末節の問題になるどころか，どの目的からしても主要問題になってしまうのである。

　第二の点は，形式的，論理的な問題である。もし，国家が各個人の私的な選好に関する完全な知識をもつことができるとすれば，公用収用条項は，全体としての社会的富のレベルを維持あるいは増加させることのない私有財産の収用を必然的にすべて禁止することになるであろう。この文脈におけるこのような結論は，異様ではないとしても，奇妙であろう。なぜなら，公用収用条項は，個人の権利を保護するだけであり，どこに向かうべきかという功利主義的問題を決定する固有の権力は，統治機構の政治部門に与えられているというのが一般の理解だからである。この論理的問題は，さまざまなプログラムを導入する国家の権力について重大な疑問を提示することになる。しかしながら，この結論は，形式論的根拠からは避けがたいように思われる。敗者全員に補償する唯一の方法は，税収による方法であるが，税もまた補償が必要な私有財産の収用である。支払われた税に対する補償がさらに別の税から支払われ，それもまた補償が必要だということになれば，無限後退がただち

に生じる。この後退を切断する唯一の方法は，政府による収用のたびごとに，すべての人が収用以前と少なくとも同等の境遇に置かれるような何らかの総社会的便益を生み出すことである。対照的に，政府の行為によって富の総計が縮小する場合には，少なくとも1人の人が敗者となり，その人は補償がなされていないという理由からその収用を差し止めることができる。

多数者からの収用を考える場合には，公用収用条項は，社会福祉に関して経済学の文献の中で発展させられてきた標準的なテストとの強い親縁性を示す。[15] 公用収用条項は，収用を行うよう求めているわけでも，収用が社会的な富の総レベルを最大化するよう求めているわけでもない。それが間違いなく求めているのは，各収用が社会的富の全体的レベルを増加させることである。そこには，標準的なカルドア＝ヒックス (Kaldor-Hicks) 基準との強い類似性がある。この基準は，ある権原の配分の仕方が別の配分の仕方よりも好ましいとされるためには，原則として勝者は敗者に対して補償をしなければならないとする。[16] カルドア＝ヒックス基準が考えているのが仮設的な補償であるのとは異なり，公用収用条項は現実の補償を要求するということを考えれば，公用収用条項の要求のほうがはるかに厳しいものと思われる。公用収用条項は，法的権原を変更することができるのは，誰も現状より悪くなる人がなく，少なくとも1人の人の境遇が改善される場合に限るという内容の憲法上のパレート基準を表現しているように思われる。そのことから，立法が導入するどの制度についても起こりうる結果は3つあるという結論が引き出される。第一は，なんらの明示的補償なしに，その制度が実施される。第二は，収用による総敗者に対する補償をすることができないという理由から，その制度が禁止される。これによって，長らく無視されてきた公用収用条項の差止の側面に光が当てられる。第三は，他の人々が得た収入から明示的補償が支払われる場合に限って，その制度を実施することができる。

どの結果が選択されるかは，大原則と具体的な証拠との組合せできまる。それは，ポリス・パワーに関連して検討した目的手段関係の場合に現れたものとそれほど異なるところはない。不確実性という困難な問題があるため，収用の存否自体について要求された論理的な厳密性は，ここでは要求することができない。理想状態では，正当な補償にかんする完璧な法理は，補償のない収用の数を最小限に抑えるであろうし，それによって相互依存関係にある評価の誤り（の総計）と制度の運営費用とを最小限に抑えるであろう。このプロセスに内在する不確実性を前提にすれば，その

中で，立法府に一定の裁量が認められるべきである。ある特定の事件において3つの可能な結果のどれを選ぶかを決めるためには，社会的なパイの全体的な大きさとパイ1切のそれぞれの大きさにかんする証拠，通常は間接的な証拠を集める必要がある。あるタイプの証拠だけで充分であることはなく，多くの場合に証拠は相互に矛盾するであろう。原理的に見れば，限界事例における誤りは，よりよい証拠によって修復することが可能であろうが，そのような証拠が現れるまでは，われわれは不完全な知識から発生する難事件を甘受しなければならない。

しかし，不運を嘆くよりは，多数者からの収用事件すべてに見られる補償問題について活用できる多様なタイプの証拠を検討するのが対応としては最善である。われわれが頼ることのできる第一のタイプは，一般的な経済理論である。それは，特定の政府活動計画の富にかんする影響を量的に評価する目的で使うことができる。第二のタイプは，再分配の動機である。それは，他の市民に比例原理に反するような形で資金負担をさせるような政府行動によって，その政府行動を支持する人々がどのような利得をしようとしているのかを明らかにするものである。第三のタイプの証拠は，収用が収用を受ける当事者たちに課す負担と負担のアンバランスの程度である。

経済理論：未分割共有資源のプールの内と外

政府規制，課税，コモン・ローのルールの効率性については，膨大な量の文献がこれを論じている。そうでない場合も若干あるが，多くの場合には基本的な結論について争う余地はない。はっきりと論証された結論の1つは，私的な合意によって古典的な公共財に対する充分なレベルの資金提供が行われることを期待できないということである。ゴネ得問題や取引費用問題のため，原理的にはすべての人によって選好される自発的な解決が妨げられるからである。これらの目的を達するために課税や規制を用いることは，これらの権限が総和がプラスになるゲーム（positive-sum game）を作り出すという想定が成立する場合に許されるべきである。必要とされる補償がふつう行われるという理由から，総和がプラスになるゲームは，課税や規制が全面的に無効とされることを防いでいる。この点は，一般的な国防のような事柄との関連ではとくに重要な意味をもつ。というのは，一般的な国防のような国家が提供するサービスについて，各人がそれに認める主観的な価値を判定することはきわめて困難であることがよく知られているからである。

同一の想定の成立は，取引費用の大きさが私有財産権に関するよく整備された制度の成立を困難にするような場合にも前提とされている。だからこそ，特定の事物に対する排他的な所有権あるいは少なくともきちんと定義された所有権の存在は，社会的なパイの大きさを拡大するという一般的な合意が存在するのである。未分割共有資源のプールの中から価値あるものを取り出し，それをきちんと定義された権利に帰属させる場合，どの制度も公用収用条項の補償要求を充足させるのに充分な富を創出できるものでなければならない。

　2つの格別に重要な事柄についてだけ述べておくことにしたい。第一に，石油やガスのような自然界において未分割共有資源のプールの形で発見される資源については，それを適切に定義された権利のシステムに委ねると，その価値がより高まるということについては，幅広い合意が成立している。したがって，未分割共有資源のプール問題を緩和する目的で定められるルールを一括して無効にするようなことは，ルール群がもたらす総利得を考慮する限り，まず起きない。残された問題は，明示的補償がなされるべきかどうか，なされるべきであるとすると，誰がなすべきかである。第二に，独占を阻み，競争を促進する反トラスト法は，明らかに同じ部類の問題だということである。もし取引費用がゼロであれば，競争という結論がつねに選ばれる。なぜなら，それによってより多くの財とサービスが生み出される，つまり，顧客は競争者より強い立場にあるか，少なくとも新しい競争者に対して事業に参入するよう促すことができるからである。したがって，独占は，総和がマイナスになるゲーム（negative-sum game）であるととらえられる。反トラスト法は，少なくともその将来に向けての適用においては，この総和がマイナスになるゲームを克服する目的で考案されたものである。[17]

　しかしながら，立法は，適切に定義された財産権を個人所有者から収用し，それを新しい未分割共有資源のプールに入れるというやり方で，しばしばこれとは逆の行動をとる。極端な例を考えてみよう。10人から成る社会があり，各人は社会の富の10分の1に対する適切に定義された権利をもっているとする。次に国家がすべての私有財産を国有化し，引換に，社会のパイ全部を獲得できる10分の1のチャンスを与えるという決定を下すとする。ほとんどの人が危険回避性向をもっていることからすると，創設された権利の価値は，その権利が未分割共有資源のプールに入れられる前よりも減少するであろう。その後に行われる財産の分割が抽選ではなく，政治的決定によって行われるならば，レント・シーキングと危険回避性向とが結び

ついて，富のレベルをさらに一層低下させるであろう。その場合には，たとえすべての人が法的に同一の扱いを受けるとしても，総和がマイナスになるゲームを禁止することができるであろう。そもそも，これほど露骨で不当な制度が一体成立しうるのかどうかこそが真の疑問になろう。しかし，より限定的に財産権を廃止することを目的とする立法についてもこれと全く同じ分析を行うことができる。政府が，仮に，公道建設に必要とされる土地については，一切補償を支払うことなく収用すると事前に公表するとしよう。レント・シーキングがなく，危険について中立的な世界においては，このような制度は憲法によるチェックに合格する。というのは，危険について中立的な人々は，不確実性については無差別であり，その一方でレント・シーキングの不存在は，党派的な利得の発生を防止する。公道建設場所のランダムな選択は，パイの全体的大きさを減少させることはないし，そのパイの分配を歪めることもない。こうして全員が完全な賠償を得ることになるからである。しかし，われわれの知っている世界では，すべての人を無補償の収用を受ける平等の危険にさらすような一般制定法は，必ず失敗に終わることであろう。[18] 国家が提供する宝くじの札は，それによって消滅させられる財産権と同等の価値をもってはいない。財産の価値は，この世に存在するものだけではなく，そのものに対する所有権の配置の仕方にもに基礎を置いているのである。

動機

　しかしながら，現実世界で起こる具体的な事例は，これほどあからさまなものではない。なぜなら，さまざまなタイプの収用の効果について誠実な議論を行っても，見解の相違が生じるからである。現実の事例においては，上に挙げた極端な事例と比べると，直接的な経済的証拠がはるかに薄弱である可能性がある。強制収用の事件で動機に関する証拠が有力になるのは，裁判所の手元に立法の社会的，経済的帰結に関する直接的な情報が何らない場合であっても，それによって裁判所が立法を吟味できるというまさにその理由からである。動機の重要性は，充分に明らかであり，それは，政府の行為によって再分配を行おうとする当事者たちは，自分たちが何をしているかをふつう自覚しているという言い方で容易に表現することができる。つまり，彼らが自分自身の便益を図るために他人から収用をしたいと述べる場合，彼らは本心を述べ，それを適切に実現するための目的手段関係を充分に理解している可能性が高い。これまでのところ，酪農業ロビーは自己利益を充分認識していな

いと批判した人は誰もいない。党派的な動機から行動している当事者を特定することによって，無補償の収用に関する一定の証拠を集めることができる。動機それ自体は，公然で，赤裸々な場合も，粉飾され，別物の顔をしていることもある。この動機は正当で主要な動機あるいは付随的な動機と混在させることができる。動機に関する証拠が正当な補償の問題について決定的であることはないが，ネグリジェンス領域の文献から一節を引用するならば，それは相互に矛盾する証拠の十字砲火からの避難所を提供する蛸壺型塹壕にはなるのである。

比例原理に反する負担賦課

比例原理に反する負担賦課の有無というテストは，強制収用に関する研究の核心に位置するものである。なぜなら，一定の種類の政府活動が社会的なパイを大きくするか小さくするかの判定はしばしば不可能だからである。このテストは，直接の測定ができない場合に立法の健全さを判断する1つの方法を提供する。比例原理に反する負担賦課の有無というテストは，過小包摂であるので，公的事柄を処理する仕方について国家に必然的に一定の裁量を与える。収用法でこのテストが核心にあるということを理解する最も簡単な方法は，公共の用のために私有財産が収用された後でさえ，社会的なパイの大きさが変わらない場合を想定してみることである。次にこの想定を緩めてみる。すると，このテストは，資源利用方法の変更について，その経路はしばしば特定できないとしても，社会的な富を増加させた，あるいは減少させたかという別の想定の下でそれを吟味することができるようになる。

比例原理に反する負担賦課の有無というテストそれ自体は，郵便局用の土地の収用のような単純な1対1対応の事例においてさえ，核心的重要性を失わない。その場合，通常は，市民個人が取引の一方の側にいて，他方の側には国家がいるという想定が成り立ち，その事例は対面取引として扱うことが適切となる。実の所，このような際だった対峙のさせ方は，本当の状況の（正当な）単純化である。なぜなら，土地所有者である個人は，また納税者でもあるから，その意味で取引の両方の側にいるからである。その個人の立場を完全に理解するためには，その人の私的な損失だけでなく，当該購入資金の一部として使われる（それ自体が収用である）税負担義務の中でその人が負担する割合，さらに当該財産の公的使用から得られる便益のうちでその人が得る分前を考慮しなければならない。

したがって，財産所有者は，実際には取引の両側に立っているけれども，その人

の利害の比重は一方に著しく片寄っている。単独の収用の事例は，例外なく，比例原理に反する負担賦課の有無に関わる事例になる。もしシカゴ市が私の土地を新しい市庁舎用に収用するとすれば，失われた私の土地の一部は1そのものだが，市がそれに対して提供する金銭に含まれる私の金銭は，おそらく100万分の1であろう。私は，納税者としての立場で利を得たり損失を被るかもしれないが，私の市民としての金銭的利害は，個人としての私の利害の大きさからすると，些少なものである。ここでは，明示の補償が必要である。なぜなら，重複の程度は非常に小さいので，たとえ私が新しい市庁舎から他の人々と同様に出資費に応じた便益を受け取るとしても，土地を失った私の境遇は悪化したまま放置されるからである。財産の価値は，それが公有であろうと民有であろうと同一であるという想定があるので，補償の効果は，個人間の相対的な富のあり方が不変であることを確保するところにある。[21]

　私法とのアナロジーを使ってみよう。ジェネラル・モーターズ（GM）の株100ドル分を保有する原告が，GMの従業員によって車を壊されたとして会社を訴えるとする。この株主は，実際，この事件の両方の側に関わっているが，その人の株主としての利害はあまりに小さいので，明示的な補償（その人は，そのわずかな一部を支払い，補償全額を受け取る）が勘定を合わせるために必要となる。会社についてその被害者がもっている部分的な利害は，会社の総価値の減少を反映する持株比率によって自動的に考慮される。すべての条件が同じであれば，そのGMの株主は，もしフォードの株をもっていなかったとすれば，フォードから同じ金額を補償として得たほうがよいと思うかもしれない。しかし，この2つの場合の違いはあまりに小さいので，検討するだけの価値はない。

　多数の個人からの財産の収用のダイナミックスは，1人の場合とは非常に異なる。各所有者個人が収用資金として拠出する部分は増加しないけれども，各人の損失は非常に縮小する。もっと形式的な表現をすれば，収用される財産の価値はmであり，それは1よりもはるかに小さい。mとnとは同一の桁に収まるものであり，限られた場合には，同一の数となる。

　以前使った例に戻ってみよう。市がある土地に家屋を建てたいと思っているとする。その土地は，奇妙にも市の全住民が同一持分で共同不動産権として保有している。さらに，その価値は，公有であろうと民有であろうと同一であると想定する。市はその土地を収用し，一般歳入から各住民に対してその利益分の支払をする。ここでもまた，所有者は取引の両側にいることになる。しかし，この場合は，彼らの

持分への利害の大きさは，どちらの側でも同じである。少なくとも，新しい市庁舎から各人が同等の利益を得るというようなもっとも単純な場合には，そうである。各住民が敗者として引き受ける取引の分前は，1より小さいnであり，それに土地の価値を乗じたものである。その額は，利得として受け取る部分の正確な額でもある。この状況の下では，明示的な補償の支払はなんらの機能も果たさないということがただちに判明する。なぜなら，それはシカゴ市のどの住民のもつ全価値も変更しないし，彼らの相対的な位置関係もなおのこと変更しないからである。もし市が過分の補償を支払うと，民有の富の部分は増加するが，増加分は市の現金準備額について各人がもつ持分の減少によって同じだけ相殺される。もし市が不充分な補償しか払わなければ，各人の私的な損失は市の勘定に残される増加分によって同じだけ相殺される。このような状況の下では，補償の支払は，たとえその実施費用がゼロであるとしても，してもしなくてもよい事柄になる。[22]

各個人の保有する総価値は，支払われる補償額によって影響されないというまさにその理由から，管理運営問題が決定を左右することになる。誰に対しても何の支払もしなければ，費用はほとんど不要であり，また利得が生み出される。その利得は，その集団に拠出比率に応じてまず分配され，全員の境遇を向上させる。以前に概要を示した完全補償制度は，完全に相殺しあう貸方と借方の組合せによって完璧に実現される。明示的な補償は，ある個人が取引の一方で完全な利得あるいは完全な損失を受け，他の側ではほんのわずかな利得あるいは損失しか受けない場合に，必要である。それとは対照的に，すべての個人が取引の両側で同一の部分的な利害をもっている場合については，明示的な補償は不要である。これに相応する私法の正確なアナロジーとしては，企業に対する比例的な出資あるいは出資比率に応じた分配がある。そのような出資と分配は，課税上の違いを別とすれば，多様な株主になんらの金銭的な効果も及ぼさない。[23]

したがって，対極にあるのは，1対n関係とn対n関係である。この両極の間には，無数のヴァリエーションがあり，そこでは，全般的な保有関係と位相を異にする拠出あるいは分配状況が見られる。ある単純なヴァリエーションを1つとりあげてみる。国家は，他の集団の構成員の倍の広さの（同質の）土地をある集団の各構成員から収用するが，各個人には全く同一の補償しかしないことがある。それとは逆に，各人から同一の広さの土地を収用するにもかかわらず，ある集団の構成員には他の集団の構成員の倍の補償が与えられることもある。どちらの場合も，その取

引内容は，比例的部分とそうでない部分とに分かれる。原理的に見れば，明示的補償は，比例的部分についてはなんら必要ではないが，そうでない部分については必要である。比例的扱いがなされない場合においては，支払われる補償のレベルは，参加者が無関心でいられることではない。自動的に借方と貸方とを相殺するシステムは，ここでは部分的には働くが，全面的に機能するわけではない。

　単純な例を挙げよう。ある人が100ドルと評価される土地を所有しており，その土地を市が収用する。この市は，2人の市民から構成されていて，各市民はその土地の公共目的の使用によって同じ便益を受けるとする。このことに関する唯一適切な答は，第二の市民に公共財に対して有する半分の利益を相殺するために50ドルを現金（あるいは現物）で支払わせることである。それを実現するためにA，Bの両名に課税し，その総額をAに支払う方法をとろうと，BからAに対する50ドルの直接的な移転支払（あるいは特別課金）の方法をとろうとかまわない。移転支払の適切なレベルを決定するためには，資産評価の正確性が決定的に重要であることは，明らかである。したがって，評価は通常の収用事件においては，決定的に重要であるが，多数の人を対象とする収用の場合にはたいていの場合重要ではない。

　財産が収用された後，社会的富が変動すると想定しよう。財産が私有から公有になることによって富の総計が増加するのか，減少するのかを確定できない場合には，どうすべきであろうか。その場合に目標となるのは，便益をもたらす取引だけを行わせるような誘因構造を作り出すなんらかの方法を見つけることである。この文脈では，比例原理に反する負担賦課の有無というテストが強力かつ望ましい影響力を発揮する。このテストは，法システムの機能の中に恒常的に存在するあるバイアスを利用して，大きな便益を獲得しようとする個人の力を抑制する。つまり，他人に追加的な拠出を要求するためには，自ら追加的な拠出をしなければならないことにするのである。自分自身が追加的な便益を獲得するためには，他人にもそれらを提供する用意がなければならない。多数者を対象とする収用事件では，比例原理に反する負担賦課の有無というテストは，すべての個人を相互に歯止めにすることによって，立法権の濫用を抑制するのである。広範な立法に比例原理に反する負担賦課が認められない場合にも，その立法が何らかの社会的損失を作り出す可能性はある。というのは，政府が過ちを犯して全員の境遇を悪化させるプログラムを実施しようとするとき，それを妨げるものは何もないからである。したがって，比例的要素をもったプログラムは，独り勝ちする者をなくすか，成果の分散によるわずかな違い

しか残さないということを命じる。したがって，今や政治過程は，富を減少させる効果発生を抑える目的で組み込まれた機構に服することになる。というのは，誰がみても賢明とは言えない政府行動によって利得を手にする人はいなくなるからである。政治生活の重大な危機は，ある集団が全体としてのパイの縮小を打ち消すのに充分な大きさの分前の増加を全体のパイの中に獲得する場合に発生する。[24] パイの全体が縮小したのであるから，成功を収めた党派の利得は，その他の人々のより大きな損失によって相殺されざるを得なくなる。比例原理に反する負担賦課の有無というテストが党派連合が公共財を簒奪することを妨げることによって防止しようとしているのは，まさにそのような損失である。

　比例原理に反する負担賦課の有無というテストは，必要のないところでは全く無害である一方，望ましい政治的結果を生み出す。私法によって行われた当初の資源配分の誤りの矯正について政治過程に期待することは，適切である。その一方で，効果がバランスを欠いている場合，勝者連合は大きな損失を敗者に負わせるような法を手に入れることができるであろう。敗者に対する明示的補償の要求は，この段階で政治的なゲームがプラスの総和を生み出す保証を与える助けとなる。したがって，比例原理による事例とそうでない事例の双方について，ある収用が全体として利得を生み出すのか，損失を生み出すのかに関する直接的な知識がない場合であっても，配分上の誤りを最小限に抑える構造的な誘因がシステムに与えられる。換言すると，比例原理に反する負担賦課の有無というテストは，各個人の厚生関数と社会的厚生関数との間に精密な連関を作り出し，後者が前者の単純な倍数になるようにするのである。そこから（単純な積分によって），比例原理に反する負担賦課の有無というテストの制約下にある個人が社会的厚生を最大化するような政府の政策を支持するならば，必然的に自分自身の厚生を最大化することになるという結論が引き出される。[25]

取引の連結

　われわれは，比例原理に反する負担賦課の有無というテストを考案することで克服しようとした問題を他の問題と切り離して独立に扱う場合に隠れた難点があることを過小評価してはならない。とくに注意すべきは，このテストは，われわれが取引の射程について独立した知識を有している場合にのみ有効に機能するという点である。[26] 単純な例に戻って考えてみよう。集団Aに属する市民が財産を拠出させられ，

それはもっぱら集団Bの市民の利用に供されるとする。その限りでは，この取引は不当な無補償の収用であるように見える。しかし，もしこの取引と並んで同等の価値をもった取引が行われ，そこでは集団Bに属する個人がもっぱら集団Aに属する個人の利益を図るために財産を拠出させられるとすれば，事態はどうなるであろうか。2つの取引は，独立して考慮すべきだろうか，それとも一緒にして考慮すべきだろうか。独立に考えるとすると，どちらの取引についても補償が求められる。しかし，一緒にして考えると，全体的状況は望ましいものとみなされるだろう。というのは，一方の場合の収用は，他方の場合の収用によって相殺され，両方の集団の構成員の境遇は向上することになるからである。

　しかし，裁判所は，取引をどのように組み合わせるかをどのように決定すべきであろうか。いくつかの答を示唆することができる。共通のプランの一部であるという理由から2つの取引を「連結」できる場合，つまり統合された全体の一部として扱うことができる場合には，結論は明白であろう。国家は，一連の取引をグループ化し，一方の取引のアンバランスは他方の取引のアンバランスによって相殺されると主張してよい筈である。しかし，2つの法が別個独立に制定される場合はどうであろうか。その場合には，連結効果が望ましいものである限り，取引を連結し，よりよい境遇に置かれるより大きな集団が存在することを示すことによって，負担がバランスを失していないことという基準は充足されていると主張したい誘惑が働く。しかし，別個独立した立法を一般的に連結することには，憲法上の次元を含んだ罠にはまることである。1つの要点は，2つの別個の立法パッケージの便益と負担は，同等の大きさでない可能性があるということである。また人々は2つの集団にきれいに分かれていないかもしれない。多くの個人は，ある制定法の下で利得を手にし，別の制定法の下で損失を被るかもしれないが，一定の個人は両方の制定法の下で，得ばかりしたり，損ばかりするかもしれない。制定法が連結されるとしても，それはもっぱら事後的になされる。つまり，連結パッケージのそれぞれの部分は，独立して行動の対象とされ，補償要求が抑えようとしている党派的な努力の影響を帯びてしまっているのである。実際には，それに濫用が追加される。政治的なダイナミックスを無視する場合には，そういったものが法的には相殺効果をもつものとして処理されてしまうのである。一定の範囲内で，裁判所は過去から未来までのすべての立法を単一の容器に入れ，便益と負担はつねに均衡していると主張することによって，公用収用条項を一般的規制としては骨抜きにしてしまおうとすれば，そうする

ことさえできるのである。

　ここで一般的な経済理論によって比例原理に反する負担賦課の有無というテストの射程に限定が加えられる。各制定法が総和をマイナスにするゲームの兆候を示す場合には，それら制定法は，総計としてより大きな総和の減少をもたらす。もし各制定法の損失が10であるとすれば，2つの制定法を連結した損失は，20であって，ゼロではない。この誤り（それは定義上，補償対象とならない収用を残してしまう）に陥らない唯一の方法は，立法府が連結を明示している場合に限って連結を受け入れることである。この場合，連結の明示は，ふつうプログラムごとあるいは制定法ごとに行われるであろう。ときとして，制定法間の一定の連関が見落とされることがあるであろう。しかし，比例原理に反する負担賦課の有無というテストが政府の各プログラムをそれだけに限定して評価する目的で用いられるならば，誤りによるコストは，はるかに小さくなる。したがって，憲法条項への忠実度ははるかに増大するのである。

一般化，平等保護，代表

　比例原理に反する負担賦課の有無に関する以上の分析には，法理論および倫理理論における一般化の役割についての重要な含意がある。伝統的な見解では，ルールの一般性は望ましいものだとしばしば考えられた。なぜなら，それは，とくに不当な取り扱いをする目的で特定の個人を選び出すことを防止するからである。しかし，一般化はつねに望ましいと考える人はいない。たとえば，人種差別や宗教的迫害を行うルールは，意識的に一般的な形式で文章化された。比例原理に反する負担賦課の有無というテストは，一般化が倫理的考察に有益ではあるが，なぜ実質的内容をもった倫理的命題に完全にとって代わるものにならないのかを適切に説明してくれる。政府の行動が同一の諸個人に対して同一の比率で収用と付与の双方を行う限り，何も問題はない。ロールズ（Rawls）の表現を使えば，ルールの一般性そのものは，すべての個人に無知のヴェールをつけさせるのであって，便益であれ，負担であれ，彼らが自分の利害を他人の利害より優先させることを不可能にさせる。多くのコモン・ローのルールはまさにこの特性をもっている。[27]しかし，一般化は，個人に対する不当な取り扱いを防ぐ完璧な保障からは程遠いものであり，それどころか多数の人を収奪する形態に変容させることが可能である。政府の行動は，その表現と適用の面では非常な一般性をもつことができるであろうが，すべての負担をある階級に

課し，すべての便益を別の階級に与えることができる。それは，私有財産に対する無補償の収用を大規模に行うことである。

　一般的命題は，2種類の場合において一般的立法が収用効果をもつことについての決定的ではないが，強力な推定を提供する。立法活動に対する司法統制が減少すれば，一般的立法が収用効果をもつ頻度は増加することが予想される。遡及立法は，そのような害の存在が推定される1つの場合である。人は他人がしたことのないような行動をとるものであるから，その人にとって一見したところ中立的な法のもつ費用は，引換にその人が受け取る便益よりもはるかに大きい。政府行動は，全く白紙の状況の下で行われるのではない。なぜなら，すべての人のもつ法的権利は立法がなされる以前に適切に定義されているからである。非遡及的立法によってさえ個人の権利は失われるものであり，場合によってはその損失は，非常に大きい。非遡及的立法は，「事前」にそのような状況について言及することは決してない。ここで，事前とは，権原の獲得以前という意味である。立法が非遡及的であるというのは，特定の行動（たとえば，建物の建築）を禁止する立法が成立する以前には，当該個人にはその行動をとる権利があったのだが，当該立法がその特定の行動に先んじてなされたという意味にすぎないのである。

　遡及立法の同類は，ある人に課される財産喪失という負担を別の人に与えられる引換の便益とを誤って結び付けてしまうような特別立法あるいは階級立法である。遡及法と同様，特別立法には格別の吟味が必要である。なぜなら，それは権利の喪失について補償が不充分であるという強力な証拠を提供するからである。負担が集中している一方，便益が分散していたり，その逆の状況があったりするからである。しかし，われわれが一般歳入あるいは石油・ガス特別税からの補助金でどのような取り扱いをしようとも，便益と負担との不整合は無補償の収用が行われたことの明白な指標である。一般的立法に問題がないことを確かめるための公式として，第一次的漸近として与えられるものは明快である。特別な便益には，特別な負担，一般的便益には一般的負担を課せばよいのである。遡及立法と特別立法は，しばしばこの推定に違背する。このようなどちらのタイプの措置も，直観を根拠として公正でないと以前から言われてきた。しかし，これらの直観には，それが公用収用条項の正当な補償要求の中に確実な憲法上の根拠をもっているのと同様，厳密な分析的根拠がある。

　一般的立法について抽象的な判断を下すことの困難さは，また平等保護と公用収

用との間に密接なつながりのあることを示すものである。この２つの条項の下における分析は，２つの重要な仕方で整合的である。平等保護に関する最近の見解を大まかにまとめれば，２つのことが要求されている。第一に，国家が選択する人間の分類あるいは行動は，何らかの正当な国家目的に関連づけられていなければならない。何らかの制約がなければ，国家はその望むどのような目的でも選ぶことができるし，すべての国家行動は妥当とされることになってしまうであろう。なぜなら，選ばれた目的がどのように不当なものであっても，その目的にそれらの行動は合理的で完全な関連性をもつことになるからである。もし国家がニューヨークで生まれた青い目の幼児に補助金を与えたいと欲する場合，制定法はその目的と手段を完全に整合的にできるであろう。そうなれば，平等保護条項は，完全な空文に帰し，比例原理に反する負担を賦課する税を容認することになるであろう。したがって，平等保護の法理が意味をもつためには目的のクラスに入れてよいものには制限がなければならないのである。

　最近の理論の求める第二の部分では，さまざまな種類の政府行動に対して適用される目的―手段審査の厳格さの程度がはっきりと区別される。したがって，ここでも概括的な言い方をすれば，人種やどこ系の人間であるかというような憲法違反の嫌疑がかかる分類は，厳格な目的―手段審査に服する一方，単なる経済的関係のようなものを含む分類は，Clover Leaf事件の場合のように，政府行動を容認する傾向の強い審査基準に服する。性差に基づく分類のような領域は，中間的な審査という落ち着きの悪いレベルの審査に服する。

　公用収用条項は，平等保護の理論が最近の理論とは非常に異なる役割を果たすべきことを示唆している。公用収用条項は，それ自体の内部に政府行動の正当な目的と不当な目的とを区別する実質的な基準を含んでいる。どのような形態の収用であっても，もしポリス・パワー（それ自体限定された目的の集合を伴っている）によって根拠づけられるのであれば，それは正当である。しかし，その正当化が失敗する場合には，補償が支払われなければならない。その補償は，一般的な非遡及立法の文脈ではおそらく黙示であり，しかも現物によってなされるであろう。この時点で，比例原理に反する負担賦課の有無というテストは，平等保護条項の中にある平等取扱いの要求と同様のものになるが，この条項が必要とする実質的目的の集合を提供する。財産権の保護の必要が明らかであるとすれば，憲法違反の嫌疑がかかる分類や基本権が関わる事件についてより厳しい審査を行うためのポリス・パワーの

分析がまさに必要だということになる。財産権に基礎を置く主張が関係する場合，他人の財産の収用によって利益を得る個人のグループを特定すれば，それで充分である。

このことを以前に用いた例を使って説明しよう。単純な平等保護の観点からの検討では，シカゴ市の課税および規制プログラムのもつ大きな影響が裁判所の審理に服するのは，シカゴに人種区分がある場合に限られるであろう。しかし，理由はともかく，比例原理に反する負担を課す立法の犠牲者となる個人のグループを特定することができれば，このグループは，(1)自分たちの財産が収用されたこと，(2)引換に提供された補償が不充分であることを主張することができる。シカゴ北部から南部へ，あるいはその逆の富の組織的移転がなされていることが，人種区分と同等の明確さで証明されれば，それで充分である。グループ間の境界設定やそのような境界を設定する動機ではなく，比例原理に反する負担賦課があったかどうかという争点が決定的に重要な争点になるのである。

この統一的な枠組の中では，不当な取り扱いの重要なジャンルの特定がより容易であるというような理由だけからでも，一定の事件は他の事件より厳格な審査を受けることになる。それは適切である。こうして国家に対する要求は，人種に関する事件において非常に厳しくなる。なぜなら，利益集団政治のダイナミズムのために，再分配を目指す連合は人種区分に沿って形成される可能性が非常に高まるからである。性差に基づく分類は，より注意深く取り扱われるべきである。なぜなら，そのような連合が再分配目的のために形成される可能性はいくぶん低くなるからである。[32] 他方，シカゴの道路清掃のための徴税の仕方と支出を同じように跡づけることはほとんど不可能であるから，司法的コントロールのレベルは，より低くすべきである（そういう立論は少なくとも可能である）。[33] すべての場合について，究極の問題は，収用について補償がなされたかどうかである。集団のタイプの違いは，多かれ少なかれ，比例原理に反する負担賦課の有無というテストを強化し，そのことはさらに，直接的な補償査定が裁判所の能力を超える場合に，補償の証拠を提供することになる。

ここまで展開してきた議論は，イーリ（John Ely）がその著作 *Democracy and Distrust* の中で展開した一般的な憲法解釈論と驚くほどの類似性をもっている。[34] イーリは，条項に根拠を求めないどのようなアプローチ方法も憲法解釈の中心的諸問題を解決することはないということをまず論証しようとする。次に，彼は，もっと

も難解な憲法条項の多くは，たとえば第1修正のように，すべての集団の政治過程へのアクセスを開放しておく努力としてまず理解し，第二に，平等保護条項のように，立法府における優勢な諸集団が政治過程を自分たちの目的追求の道具に転換することを防止する努力として理解するのが最善であると示そうとする。

この著作におけるイーリの分析は，非常に理解しがたいものである。なぜなら，憲法には，少なくとも表面的には，構造と過程をめぐる問題に関係のない非常に多くの実体的保障が含まれているからである[35]。しかし，本書における私の分析は，皮肉なことに，イーリが否定した条項に根拠を求める解釈によって，2組の関心を充分に架橋する少なくとも1つの道筋を示唆する。多数者を対象とする大規模な収用が行われるすべての場合について，政治過程は，公用収用条項に密接かつ厳格に縛りつけられる。たとえば，課税や規制に関連して，ある集団が別の集団を不利にするために政治過程を操ろうとする試みは，正当な補償の要件によって捕捉されるであろうし，比例原理に反する負担賦課の有無や邪悪な動機は，そのような試みの存在を示す便利な指標になる。代表原理を実現するための救済の問題は，さまざまな憲法条項に超憲法的に読み込まれるべき価値ではない。そうではなく，それは，ある制度が公用収用条項によって明確に禁止されている私有財産のAからBへの違法な再分配を行っているかどうかという問に関係のある証拠なのである。立法過程が壟断されると，そこには党派が活動するより大きな機会が生まれる。それは，起こってはならないとされることを発生させる可能性を高める。イーリは，財産権関係事件を根拠にして，不充分な代表制度が不適当な結果をもたらすことを示そうとしている。不充分な代表制度の問題は，伝統的には，デュー・プロセス条項を用いて攻撃されてきた[36]。しかし，彼は財産法関係事件に関する法理の故郷には申し訳程度に注目しているだけである。なぜなら，彼は，公用収用条項を憲法解釈の辺地に追いやっている優越的自由や基本権に関する現代の枠組を受け入れているからである[37]。しかし，比例原理に反する負担賦課の有無というテストの使用を狭い範囲の事件に封じ込めたり，立法府の破綻と不充分な補償との間にある強力なつながりを否定するはっきりした方法も，適切な方法も存在しないのである。以下の4つの章では，財産権に関する経済理論と動機によるテストとがどのようにして立法やコモン・ローによる特定の新しい試みと調和するのか，あるいは衝突するのかを明らかにする。

1 第12章参照。

2　黙示の補償の重要性は，意外な所で顔を出す。国家は，公正な裁判官を提供しなければならないというロックの主張を考えてみよう（*Of Civil Government* s.13 [1690]）。一見したところでは，公用収用条項が裁判所の命令に適用されることは明らかなように見える。国家がAとBの紛争を処理する場合に誤った判断を下せば，国家は不当に財産を収用することになる。実際には存在しないのにもかかわらず，債務の支払としてAからBへの100ドルの支払を強制すれば，それはAから100ドルを収用することである。実際に存在するにもかかわらず，Aに100ドルの債務の支払を行わせないならば，それはBからの収用である。したがって，公正な裁判官が求められるということは，過誤の確率は平等に配分されなければならない，つまりそれぞれの側が自分に有利に働く誤った判断の形で得をし，それが自分に不利に働く誤った判断に対する補償となるようにすべきだという要求として解釈できる。そのように理解される場合には，誤った判断について裁判所を完全に免責しても，それは正当な補償と公共の用という2つの要件を依然としてともに満足させる。なぜなら，この法的ルールは，集団的行動から予想される余剰を分配するからである。

3　第12章を見よ。

4　260 U.S.393, 415 (1922).

5　364 U.S. 40, 49. この事件の事実に関する詳しい検討については，第4章参照。

6　Joseph Sax, "Takings and the Police Power," 74 *Yale L. J.* 36 (1964). サックス自身は，この区別を次の論文で放棄した。"Takings, Private Property and Public Rights," 81 *Yale L. J.* 149 (1971).

7　Frank I. Michelman, "Property, Utility, and Fairness: Comments on the Ethical Foundation of 'Just Compensation' Law," 80 *Harv. L. Rev.* 1165, 1225 (1967).

8　第11章を見よ。

9　第10章を見よ。

10　57 Cal. 2d 515, 370 P.2d 342, 20 Cal. Rptr. 638, appeal dismissed, 371 U.S. 36 (1962).

11　Michelman, supra note 7, at 1191 n.55.

12　余剰と公共の用との間の関係については，第12章でとくに水力施設法について触れている部分を参照。

13　もし利得がなんら存在しないのであれば，純粋に公益的な規制でさえ提供しようという用意のある人は存在しないであろうという議論がなされるかもしれない。しかし，これは度をすぎて悲観的なものに思われる。その理由は2つある。第一は，このような立法に対する抵抗は，たとえあるとしても，党派的利得の小ささに対応してほとんど存在しないと思われるという理由であり，第二は，事業者団体のよう

な私的集団は，望ましい立法を阻害する原因となるフリーライダー問題を克服するだけの力を当然もっているという理由である。

14 この点は，私自身がかつて述べたことである。See Richard Epstein, "The Next Generation of Legal Scholarship?" 30 *Stanford Law. Rev.* 635, 645-646 (1978).

15 さまざまなテストの概観については，一般的に次の文献を参照。Jules Coleman, "Economics and the Law: A Critical Review of the Foundations of the Economic Approach to Law," 94 *Ethics* 649 (1984).

16 Id.

17 反トラスト法に対する私の見解のより詳細な説明については，Richard A. Epstein, "Private Property and the Public Domain: The Case of Antitrust," in *Ethics, Economics, and the Law*, NOMOS 24 (1982) 参照。

18 補償が求められる背景にある保険に関わる根拠の検討については，Lawrence Blume and Daniel L. Rubinfield, "Compensation for Takings: An Economic Analysis," 72 *Cal.L.Rev.* 569 (1984) を一般に参照。

19 このテーマが憲法の各条項すべてにわたってどのような形で広く見られるかを論証している次の論文を参照。Cass R. Sunstein, "Naked Preferences and the Constitution," 84 *Colum. L. Rev.* 1689 (1984).

20 蛸壺型塹壕の比喩は，通常の不法行為訴訟におけるネグリジェンス存否判定のための単一のテストを裁判所が確定できないことに由来している。「地方的慣行や一般的慣習は，単独体でも複合体でも，ネグリジェンスを肯定も否定もしないであろう。それらは，法の戦場に見られる蛸壺型塹壕にすぎないものであって，ネグリジェンスという嫌疑に対する避難所を提供するけれども，完全な防御を与えるものではない。」Bimberg v. Northern Pacific Ry., 217 Minn. 187, 192, 14 N.W.2d 410, 413 (1944).

21 ここには，代理費用に関する経済学の議論との密接な並行関係が見られる。 See, e.g., Michael C. Jensen and William H. Meckling, "Theory of the Firm: Managerial Behavior, Agency Costs, and Ownership Structure," 3 *J. Fin. Econ.* 305 (1976). この論文では，ある人がある行為の全費用を負担しなければならない一方で，便益の一部しか受け取ることができない場合，あるいは費用の一部しか負担しないが，便益の全部を受け取ることができる場合には，その個人のインセンティヴが歪められることが指摘されている。

22 公的負債と公的財源は，私的な富と私的な負債が逃れている政治的圧力にさらされる。しかし，集団的富に対する私的な富の選好でさえ，ここでは，細かいところで違いを生じる。というのは，市は，課税の全般的レベルを上げることによって過剰な補償支払分をいつでも取り戻すことができるからである。同様に，過小な補償

支払しかなされない場合には，将来の税を引き下げるか，節約された歳入を別の公共プロジェクトに支出することによって，差額を調整することができる。公的貯蓄と私的貯蓄とは相互に互換性をもっているという信念に立つ場合には，同一の議論が社会保障についても成立しうることに注意すべきである。

23 法人税領域における出資比率に応じた分配のルールとそうでないルールに関する詳細な検討については，Boris I. Bittker and James E. Eustace, *Federal Income Taxation of Corporations and Shareholders* (4th ed. 1979) 参照。その中心的テーマは，一貫して，相対的な保有に影響を及ぼさない書類上・財産上の調整は，課税結果に影響を全く及ぼさないが，相対的な持分に影響を及ぼす調整は，通常課税対象となる利得あるいは損失となりうるという点にある。そこで用いられるルール群は，ここで考察対象とされている収用法にとっても完全な道路地図である。収用法では，各市民の利害は，個人が保有する企業の株に相応するものである。

24 より数式的な表現をしてみよう。V をあるよく組織された社会におけるパイ全体の数値であるとし，レント・シーキングが発生した場合の数値を V^* ($<V$) とする。比例原理に反する負担の賦課を求める立法がなされる以前に，全体のパイの中に特定集団が保有した部分のパーセントを n とし，$(1-n)$ を第二の集団が保有した部分であるとする。当該立法が成立後には，第1の集団が保有する部分は $(n+x)$，第二の集団のそれは $(1-n-x)$ に等しくなる。この場合，x は，立法によって移転された相対的な富の部分である。立法後の勝者の手にする総価値は，立法以前の勝者の価値を超える，つまり $(n+x)V^* > nV$ となる。勝者がその総計を正確に計算していた場合には，このような結果が生じるであろう。勝者からすると，分前の増加は，パイの大きさの減少を相殺している。敗者からすると，その経済効果はつねにはっきりしており，通常その効果は大きい。なぜなら，$(1-n-x)V^* < (1-n)V$ だからである。もし小さくなったパイのより小さな分前しか受け取れないならば，ある集団が勝つことはできない。社会的な損失は，$V-V^*$ であることに注目すべきである。比例原理に反する負担賦課の有無というテストは，その損失を最小化することを意図して作られたものである。）パイの全体が縮小したのであるから，成功を収めた派閥の利得は，残りの人々の側の一層大きな損失によって補填されざるを得ない。比例原理に反する負担賦課の有無というテストが，集団の連携が公共善を失わせることのないようにすることによって防止しようとしているのは，まさにそのような損失なのである。

25 その証明は，簡明である。任意の社会厚生関数を $F(x)$ とする。比例原理に反する負担賦課の有無というテストによって，個人の関数は，$f(x)=kF(x)$ となる。ここで k は，1以下の数である。2つの関数について，最初の導関数は，同じ点でゼロになる。したがって，両関数は，同一の極大点をもつ。

26 この点は，Frank I. Michelman, "Politics and Values or What's Really Wrong with Rationality Review," 13 *Colum. L. Rev.* 487, 499-500 (1979) においても，「一連の立法の流れ」に関する検討の中で注目されている。この論文は，単独に見ると欠陥のある個別の取引を統合することについては懐疑的な立場をとっている。

27 第17章を見よ。別の文脈におけるこの同じ論点の検討については，Richard A. Epstein, "The Social Consequences of Common Law Rules," 95 *Harv. L. Rev.* 1717 (1982) 参照。

28 それはまた，Peter Westen, "The Empty Idea of Equality," 95 *Harv. L. Rev.* 537 (1982) が論じているように，類似した事件は同じように扱えという公式が内容空虚になるのを防止するための探求には実質的な次元があることを前提として，この一般的な倫理的要請に具体的な内容を与えることがどのようにして可能であるかをも示している。

29 たとえば，Cass R. Sunstein, "Public Values, Private Interests, and the Equal Protection Clause," 1982 *Sup. Ct. Rev.* 127, 129-131 参照。サンステイン (Sunstein) は，平等保護条項の1つの目的は立法府における派閥の形成を防止することであると述べている。それは，合理的な根拠の有無というテストの下で緩やかな審査を認めたいとする彼の意向と緊張関係にある結論のように思われる。

30 第10章を見よ。

31 第9章を見よ。

32 実際，性差による分類をすることは，生命保険や年金の場合のように，再分配を認めない多くの場合において適切であろう。第19章を見よ。

33 第18章における特別税に関する検討を参照。

34 John H. Ely, *Democracy and Distrust* (1980).

35 See Laurence H. Tribe, "The Puzzling Persistence of Process Based Constitutional Theories," 89 *Yale L. J.* 1063 (1980).

36 See, e.g., Ervine's Appeal, 16 Pa. 256 (1851), cited by Ely, supra note 34, at 81.

37 この条項に関するイーリの短い検討は，著書の96-97頁に見られる。その検討の含意は，証明もテストもされていない。この条項の中心的目的に関する1段落が終わると，彼は，再建期の憲法修正の検討に転じている。同様に，United States v. Carolene Products, 304 U.S. 144 (1938) 事件判決の有名な脚注4に関する彼の議論は，詳細ではあるが，憲法が保障する経済的自由とその他の権利との間に線を引くことについては，問題視していない。See Ely, supra note 34, at 75-77, 151-153.

第15章　財産と未分割共有資源のプール

　黙示の現物補償に関する基本的な分析は，本書の前半の各章でとりあげたどのタイプの収用についてもすべて適用することができる。しかし，システムの実際の機能は，コモン・ローや立法が生み出した制度の具体的あり方と一般理論との連携のさせ方によって左右される。この作業に近道はない。というのは，理論の力は，それが多くの個別分野における法理と法実務に与える統一性によってしか明らかにならないからである。この検討を進める場合に有益なことは，コモン・ロー上の分類が私有財産取得のルール，私有財産保護のルール，私有財産譲渡のルールという3つの異なるタイプのルールを特定していたことを思い出すことである。本章は，黙示の現物補償に関するルールが未分割共有資源のプールの管理との関係で，つまり財産の原始取得とその財産の爾後の管理と分割について，どのような仕方で，どの程度の柔軟性を許容するのかという問題を取り扱う。

未分割共有資源のプール：先占

　私有財産取得に関するコモン・ローの標準ルールは，無主物先占である。このルールは，始源状態において，各人は自分自身の労働を所有しており，自分自身の外にあるものを何も所有していないという前提を暗黙に含んでいる。無主物先占ルールが個人と外界のものとを結び付けるのである。[1] しかし，占有と所有との間の法的関係についての必然的真理であるとして，このルールを擁護することはできない。いかなる法的ルールもそのような望ましい属性を備えてはいない。[2] しかし，無主物先占ルールは，その連綿とした存続を説明する一定の非常に望ましい功利主義的特

徴を備えている。それは，政府の自覚的な介入や公認なしに所有権の不存在から所有権の存在への移行を可能にしている。このことは，国家を所有権の淵源ではなく所有権の守護者であるとみなすロック流の理論にとって決定的に重要である。このルールは，またそれぞれの財産についてただ1人の排他的な所有者がいることを保証する。そうなれば，その人は，使用あるいは売却によって財産を適切に利用できるよう管理することができる[3]。それに加えて，所有権を完全なものにするために物の幅広い活用と開発(たとえば，農場を完全なものにするための植林)が必要とされる場合[4]，このルールは，財産取得の最低限の基準を設定することによって，財産の取得費用を基準がないときよりもはるかに小さく抑える傾向をもつ。土地について適用される無主物先占ルールは，また，最初の所有者が世界に向かって自分の主張を周知徹底させ，それによって所有権の主張の対立を減少させるための簡単な方法，たとえば，探査の実施や柵を作るというような方法を生み出してくる。最後に，耐久性のある財産，主として土地について，無主物先占ルールは，1つのとくに好ましい特徴，つまりある物を保持しつづけようとして，その物の価値を減少さる誘因を発生させないという特徴をもっている。

この最後の点は，未開発土地を対象とする場合を除けば無主物先占ルールのもつ弱点を明らかにする。そのような場合に，個人の取得行為は，未分割共有資源のプールの状態にある天然資源の価値を減少させる傾向をもつ。たとえば，漁業や石油・ガス採掘事業について言えば，私人による無制限の取得は，全体の価値をえてして減少させる。各人は，未分割共有資源のプールに入っている資源を枯渇させることが自分の利益になることに気がつく。なぜなら，各人は，そのプールから自分用に取り出した部分から得られる利得を独占できる一方で，プール自体が被る損失のほんの一部しか負担しないからである。すべての個人によってこのような基本パターンが何度となく繰り返されると，行動が何らかの形態の相互的抑制によって規律される場合よりもすべての人が悪い境遇に置かれることになる。原理的には，当事者は，資源の浪費が起こる場合には，無主物先占ルールを放棄するという包括的合意を行うことが可能である。しかし，そのような契約をしようとしても，高い取引費用，フリーライダー問題，ゴネ得という馴染みのある三位一体を前提にすると，その試みは，合意に基づく社会形成を幅広く行うことを阻害する同一の克服困難な障害に直面することになる。

これらの交渉に基づく解決の試みは，失敗に終わるのがふつうであるから，憲法

上の制約がない限りは，集団的解決が求められる。ある見解は，それには実際何の問題もない，つまり物が誰の所有でもない状態にある限り，たとえ国家が当該の物について国家には共有の所有権があるという命令を発しても，誰もそれだけを理由として，国家は所有権を剥奪したという主張はできないと論じる。しかし，この議論は，成功しない。いかなる取引においても，つねに国家は，各個人の利益を図ろうとする代理人である。その唯一独特な権力は，正当な補償の提供を行って，個人に取引を強制することである。国家に既得権があるという命令を国家が発するのであれば，そのような宣言によって国家は私人にその既得権を付与しなければならない。しかし，無主物先占ルールが排除しているのは，まさにそのことである。国家は，根拠のない主張をするだけで欲しい地位を獲得することはできない。なぜなら，国家はそれが代表する市民の上には立つことができないからである。

　実際，それ以外の結論を考えることはほとんど不可能である。私有財産権に関する宣言理論に対する決定的な反論は，その理論では私人あるいは政府がある物に対して排他的な権利をどのようにして獲得するのかを説明できないという主張である。無主物先占のルールが要求しているのは，外から見える行為であり，このルールは，そのような行為をとる者に費用を負わせるものである。誰もが「摑み取り」できる間，それぞれの人の摑み取りは，他の人の摑み取りと競合する。しかし，他人の摑み取りを実力行使によって阻止することはできない。それとは対照的に，宣言をするには費用は要らないし，宣言の優先順位をはっきりさせる明らかな方法もない。宣言自体は，排他的な所有権の成立を否定する一方で，空虚な共同所有権を成立させるものでしかない。

　したがって，もし無主物先占だけが世界に向って，つまり対世的に有効な私権を成立させるのであれば，それが創造する財産権は，それを否定しようとする国家の宣言から公用収用条項によって保護される。つまり，財産取得の権利は，それ自体が対世的に有効な1つの財産権である。それに加えて，個人が誰の所有でもない物をわが物とすることを実力行使によって妨げる人がいないのであれば，ポリス・パワーは，国家を優越的な地位におくことではない。というのは，私人が誰の所有でもない物を自分のものにする場合に，コントロールすべき私的な不法はないからである。

　すると，未分割共有資源のプールの規制については，その規制が収用財産の所有者に対して黙示の現物補償を提供しているかどうかというまさにその点だけが問題

となる。ところで、規制は、補償を行っていると信じる強い理由がある。まず、この種の規制の配分的効果は、パイの全体の大きさを増加させる傾向をもつ。始源状態における明らかなゴネ得問題を前提にすると、創出される余剰について一方的な行為によってバランスを欠いた過大な分前を獲得する私的な当事者がいなければ、公共目的という要件は、公的規制をなんら否定するものではない。利得がおおよそ損失に比例する形で分配されている限り、未分割共有資源のプールを作る取決は合法とされるべきである。ここでは、異なる3つの文脈における立法について、黙示の現物補償がどのように影響を与えているかを跡づけるだけで充分である。3つの文脈とは、電気とガスの探査・公有水・破産であり、それらには共通の基礎構造が見られる。

石油とガス

石油・ガス関連事件における未分割共有資源のプール問題の生成過程を簡単にまとめておこう。初期には、コモン・ローの裁判官たちは、無主物先占のルールを複数の別々の土地所有者の所有する土地の下に埋蔵されている石油とガスに適用した。石油の「逃亡的」性質から見れば、石油を地下から掘り出して自分の占有に帰属させるまでは、どこに所在しようともプールされている石油に対して絶対的な権原を主張することのできる人は誰もいなかったのである。[8] 基本ルールの「所有権」的理解によると、土地所有者は、そこにある石油を所有してはいたのだが、隣地の所有者が最初に石油を占有すると、土地所有者の権原は消滅してしまうことになるのである。それと競合する「非所有権」的理解によれば、すべての土地所有者には、採掘権、つまり自分の不動産の上で石油を採掘する排他的な権利があるが、埋蔵されている石油に対する消滅条件つきの所有権はないとされていた。[9] 2つのルールは、ともに、石油がもともと地下に埋蔵されていたことを根拠として石油に対する絶対的な所有権を付与しようとする制度には、物理的な問題があることを承認していたのである。なぜなら、石油もガスもつねに移動しており、それらが地表に現れてきたときに、その資源が自分の物であるかどうかは誰にも知ることができないからである。また、どちらのルールも、石油とガスが採掘された場合には、占有・使用・処分について排他的な権利を有する所有者をはっきりとしかも容易に特定することができるという望ましい効果を伴っていた。

2つのルールの定式化の違いは、課税・横領・情報などに関する難しい法的論点

第15章 財産と未分割共有資源のプール 257

を含んだ多数の事件の結果に影響を与えてきた。しかし，そのような違いは，双方のルールに共通する弱点，つまりどちらも未分割共有資源のプールの問題を解決していないという弱点のために歪められた。どちらのルールも各所有者に対して石油をプールからできるだけ早く，かつできるだけ多く取り出せという動機を与え，それによってその生産能力の多くを枯渇させてしまう。所有権の絶対的性質と整合性を保とうとすれば，私人である当事者の誰も当該プールに利害関係をもつ人間によるそのプールの無意味な破壊や意図的な破壊を阻止することはできないであろう。たしかに故意は不当な行為をさらに悪質にするけれども，それによってそのような行為が実力行使や詐欺に転換するわけではない。強制的交換を含まない基本的な収用の法理を適用する限りは，故意がなく合法である行為は，故意があってもそのまま合法である。

　このようなパターンの所有権については，批判の余地が多いが，いかなる程度の批判であっても，無主物先占ルールに基づく個人の主張は，特定の石油に関するものであろうと，埋蔵されている石油を獲得する権利に関するものであろうと，土地についてみられる主張と同等に充分強固なものであることを否定することはできない。その話題との関係では，たとえば，国家は，石油がまだ埋蔵状態にあるという理由だけですべての地表の土地所有者を排除して，プール全体に対する権利を主張することはできないであろう。もし全面収用が憲法上の審査に服するのであれば，部分的収用も立法府・行政府・司法府のいずれによる場合であっても同様に審査に服する。黙示の現物補償がここでもまた鍵を握ることになる。

　まず，未分割共有資源のプールに掘られた油井からの石油とガスの浪費を防止する裁判所の損害賠償ルールに含まれる黙示の現物補償について考察することにする。Elliff v. Texon Drilling Co.事件において，原告は，被告には過失があり，その過失によって発生した「爆発」のために生産が被害にあったとして，一定の石油のプールに対する権利金および鉱物資源上の利害が被った損害の賠償を求めて訴えを起こした。伝統的な無主物先占ルールは，所有権がなければ，不法行為による請求は成立しないという単純な論理によって，失われた利益については何の保護も与えてこなかった。しかし，裁判所は，義務違反があれば不法行為による損害賠償訴訟の根拠となるような積極的な義務，この事件の場合は，採掘について適切な注意を払う義務を課すことに成功した。事前に（つまり，損失の発生以前に）見れば，この過失ルールは，全員が全員に対して便益を与える機能をもった。事前に見れば，そ

の油井からの利用可能な生産は増加し，減少することはない。このようにして創出される余剰によって，損害賠償責任ルールは，それ自体の補償を生成しているのである。その適用が中立的に行われるために，比例原理に反する負担の賦課の発生という問題も公共の用という問題も発生しない。たしかに，裁判所は，「賠償責任無し」から厳格責任ありへと急速に立場を変えていったが，この分析は補償と公共の用という2つの問題に関しては全く同じ結果を導く。というのは，このより厳格なルールは，過失という代替ルールと同一の相互的便益を提供するからである。どちらのルールを選択するかは，功利主義的判断の問題である。つまり，どちらの方がパイをより大きくするかで決まる。どちらのルールも公用収用条項と整合的であり，公用収用条項は，全体的な社会的向上を推進するが，強制するものではないからである。どちらのルールが選択されるにしても，賠償責任無しというもともとのコモン・ローのルールの立場以上の余剰があるということと，比例原理に反する負担賦課の有無というテストとの組合せによって，補償問題にはけりがつくのである。

同じタイプの議論によって，コモン・ローで実行できる以上のことを権利の大掛かりな再定義によって作り出そうとするさまざまな立法を正当化することもまた可能である。Ohio Oil Co. v. Indiana (No.1)事件[14]において，インディアナ州は，法律を制定して，石油を採掘する者に対して，油井から湧出する最初の2日分の石油を蓄積するのに充分なパイプ・タンク・その他の設備を設けるよう義務づけた。このルールは，無主物先占ルールの所有権的解釈と非所有権的解釈のどちらの下でも既得権としてみとめられる財産的利益を侵害する機能をもった。しかし，収用であることが一見して明らかであるにもかかわらず，この法は充分な黙示の現物補償を提供するものであった。この制定法が課す負担は，応分のものであり，経済理論は，この制定法が生産の全体的レベルを増加させると信じてよい適切な理由を提供していた。

この分析は，一層積極的な立法府の介入をも正当化する。であるから，多くの州は，行き過ぎた採掘を防止するために，油井間の距離を規制したり，共有の油田領域の利用に関する定めを含んだ法を制定したのである。そのことは，Eliff事件[15]の粗削りなコモン・ローの不法行為メカニズムを使っても実現可能であった。この場合にも，各所有者に課される負担は，より大きな利得の見込みによって相殺されている。ここでも，比例原理に反する負担賦課の有無というテストは，制度の合憲性を保証し，どの場合に補償が必要であるかを指し示している。したがって，採掘単位

区画を設定する制定法がもし未分割共有資源のプールから一定の所有者を排除するならば、その課す負担は、応分ではない。その場合には、失われた財産に対する補償が必要である。[16] したがって、制度が無主物先占ルールの下で関係者が合理的に獲得を期待できるものとは異なる分前を関係者に与える場合、そのことを理由としてこの制度を攻撃することは当然可能である。[17] 石油の物理的分布と地表の土地所有者が石油に到達する能力について生じる克服不可能な不確実性を前提とすれば、ここで一定程度の裁量の余地を認めなければならない。ただ、地表の広さとプールに対する各人の持分の多さを誠実・適切に考慮しようとするどのような制度も、違憲であるという主張を通常は退けることができなければならないし、実際これまではそうであった。[18] 未分割共有資源のプール問題は、失われる財産とそれと引換に受領される便益に関する複雑な計算を処理するための行政的解決を要請する。公用収用条項中には、この解決を強要するものも、阻止するものも存在していない。

公有水

石油とガスに関するルールの分析は、公有水の利用にからんだ未分割共有資源のプール問題にも拡張することができる。刑事事件である Rossmiller v. State 事件[19]において、被告は州法によって訴追された。この州法の該当部分は、まず「州……の湖の上に形成された氷は、所有物として州に帰属する」[20]と規定していた。次いで、この法は、1トン当たり10セントの使用料を州に支払うことなく氷を切り出し・出荷することを防止するための刑事罰によって担保された免許制度を設立した。使用料は、共通学校基金に払い込まれることになっていた。裁判所は、この制定法を違憲とし、州の公有水の上にある氷はもともと州の所有物ではなく、単なる宣言によって公共の所有物に転換できるものではないと判示した。次いで裁判所は、（適切にも）ポリス・パワーの課す制約は、私人である当事者による氷の専有について、それが使用であれ、販売であれ、また家庭用であれ、商業用であれ、専有を防止することについての充分な理由にならないと認定した。また、判決は、州が「団体としての自己利用を目的として」この財産の所有権を主張することはできない、なぜなら利用は、「集団としての州民に付与されているからである」とした。[21] 裁判所の見解によれば、「州内にいる各人は、当該対象物に対する優先的権利の主張による制約がなく、他人の有する同様の権利を侵害しない限り、[公有の水を有益に利用する]（原著者による補足）権利を有している」という状況は、「動かしがたいものである。」[22] こ

うして,裁判所は,この合法的秩序を変更しようとするどのような制定法も憲法違反にならざるを得ないと結論づけた。

Rossmiller事件では,制定法が行ったのは収用,つまりこの場合は所有者のいない氷を獲得する権利の収用にほかならず,その権利をポリス・パワーによる制限という形で制約することはできないと判断されたが,その感覚は健全である。この事件で問題となった税は,今日は10セントであるかもしれないが,明日には10ドルになりうるものであり,どちらの場合も従来はなんの条件もついていなかった所有権,つまり非排他的な共有権 (profit a prendre) であったものの部分的収用である。ただし,この所有権は,その他の権利以上に「動かしがたい」ものではない。というのは,強制的交換が収用権の本質にほかならないからである。したがって,問題となるのは,補償であるが,それがなされたと認定できる場合がある。なぜなら,われわれが論じているのは,未分割共有資源のプールにかんする立法だからである。もし氷切り出し許可から得られる収入が「公財政の補給に」使われるならば,多くの人々は豊富な補償を受け取ることになるので,比例原理に反する負担賦課が見られない限り,宣言による所有権獲得は,それで充分成立する。しかし,立法以前に相当な資本投資を行っていたロッシマー (Rossmiller) やその他の氷業者については,比例原理に反する負担が課されていることは容易に認定することができる。彼らの損失には,新しい事業に参入することから得られる投機的利潤が含まれるだけでなく,営業中の事業についてのより確定的・実質的な損失が含まれる。原理的には,ここで,必要な補償をどのように算定すべきかという難問が発生する。1つのありうべき回答は,事業価値の減少による方法であり,減少は無駄になるこれまでの投資あるいは,もはや手に入れることができなくなる期待利潤によって測定される。しかし,これらの点は,本件では,ほとんど問題にならない。州が補償を確保するメカニズムをなんら提供していない以上,当該制定法は無効であり,刑事訴追は不適法とされるべきだからである。

Rossmiller事件で見られた補償問題の分析は,漁業に関する近年の問題に明らかに関連性をもっている。州が州の水域における魚の乱獲を阻止できるという点については,問題はない。しかし,そうであるとしても,補償問題がなくなるわけではない。現在の権利の分配を信頼して実質的な投資を行った人々には,その損失について補償がなされなければならない。多くの場合,新しい規制の下で就労しなければならない漁業従事者に現金の支払をすることは,政治的理由だけから見ても,難

しいように思われる。しかし，補償は，失われる物と同等の価値をもった，新しい規制の下で漁業をする代替的権利の付与という形態で提供することも可能であろう。ここでも，補償について，個々の漁業従事者が漁業資源の枯渇という危険に以前からさらされていたという事情が考慮されるべきである。いずれにせよ，それは同じく評価の問題であって，権原の有無の問題ではない。実施上の問題があることは充分に明らかであろう。しかし，その問題は，捕獲された魚についてだけ既得権を認めるという強硬路線では回避することができない。この狭い見解は，無主物先占ルールの憲法上の位置から見て，排除されている。Rossmiller事件は，弱点があるにもかかわらず，この点を適切にとらえていたのである。

破産および債務超過に関する制定法

　黙示の現物補償は，未分割共有資源のプール問題が頻繁に発生する破産および債務超過に関する法の分析においても鍵を握っている。破産が起これば，一定の債権者は完全な弁済を受けることができないという前提が成立する。その下で，債務者財産に属する資産について，それを担保権を有する債権者と担保権を有しない債権者に分配する優先順位を決定せよという要求が法制度に対して生まれる。コモン・ローでは，未分割共有資源のプール問題は，次のようにして発生する。ある債務者が破産を遅らせようとして特定の一般債権者に対して完全な弁済を行ったとしても，その債務者は，その行為によって，他の債権者を債務者財産に対する紙屑同然の請求権をもつだけの地位に落とす不法行為を行ってはいないとされる。[23] 債務の支払は，その他の債権者に対する実力の行使や詐欺に該当しない。また他の債権者の所有する特定財産の譲渡に該当するわけでもない。というのは，どの債権者も財産の特定部分について完全な担保権を有しているわけではないからである。

　このコモン・ローの制度には，単純明快さという特徴がある。しかし，それが機能する場合，始源状態において何も所有されていないときに観察される未分割共有資源のプール問題に起因する問題が生じる。各債権者は，債務者の資産に対して一定の未確定の請求権をもっているが，資産の特定部分に対して確定した請求権をもっているわけではない。当事者間における所有権の線引きが不適切であるために，個々の債権者は，問題発生の兆候が少しでも見えれば，全力で自分の請求権を貫徹させようとする動機をもつ。1人の債権者がこのように行動するだけならば，債務者は破産を免れるかもしれないが，すべての債権者が自分の利益を守ろうとして即

時の支払を求めれば，債務者が破産する可能性は高い。あるいは，債務者は，自分の債務を場当たり的に処理しようとして，自分の本来の事業を円滑に進めることができなくなり，事業の全体的価値を減少させ，他の債権者を害する結果となるかもしれない。原理的には，他の債権者も同一歩調をとるという条件の下で，各債権者は合意をして請求を控え，債務者の事業を継続させることから確保できる利得を全員で分かち合うという可能性がある。しかしながら，大きな取引費用（他の一般債権者全員を特定すること），フリーライダー（他人に話の取りまとめをさせる），ゴネ得（自分の応分の分前以上があれば，参加するという反応）というようなよく知られた問題は，しばしばそのような試みを失敗に終わらせる。

　この問題に対処するために，破産法は，しばしば債権者間協議を義務づけ，個々の債権者が一方的に未分割共有資源のプールから資産を引き揚げる権利を制限している。とくに注目すべきことは，破産管財人は，進退極まった債務者から特定の一般債権者に対してなされた弁済を否認されるべき偏頗行為として無効にできる点である。[24] 管財人が偏頗行為を否認することができる範囲を正確に特定することは必ずしも容易ではない。未分割共有資源のプールの観点からの検討は，それに必要な費用を考慮すると，債務者が履行時に債務を完全に支払うことができる場合には無用である。したがって，通常の事業活動の場合，破産の恐れが発生する以前に，債務の弁済引当分を別置することには適切な理由がある。別置可能な弁済引当分であるかどうかを判別するため，制定法は，破産前の固定期間，かつては120日，現在は90日を設定し，それ以前の債務の弁済は，他の債権者を代表する破産管財人の否認対象とならないとしている。しかし，これらの制定法は，偏頗行為が否認されるのは，債権者が債務者の進退極まった状況を知っていた場合に限るかどうかについて曖昧な態度をとってきた。[25] 偏頗行為に関するこれらの取り扱いのすべてが同じように望ましいわけではない（たとえば，偏頗行為であることの認識は，実施上の理由からだけでも，ここでは重要でないとされるべきである）。しかし，実施上のこれらの些細な違いは，根本的な憲法問題の取り扱いを変えるものではない。個々の一般債権者の行動を調整する破産法は，それが未分割共有資源のプール問題を克服し，あるクラスの一般債権者を偏った仕方で有利あるいは不利にしない限りは，合憲である。

　判例は妥当な結論を出してきているが，それはしばしば誤った理論に基づいている。とくに，未分割共有資源のプールを作るという破産法の特徴が合憲とされるのは，債権者には債務者の資産に対する所有権がなく，したがって公用収用条項の下

で収用されるものは文字通り何もないという素朴な理由からではない。イラン人質事件に端を発した Dames & Moore v. Regan 事件では，カーター大統領は，イランとイラン政府所有の企業を相手取って合衆国の裁判所に提起されたすべての訴えを停止させ，それらを国際的仲裁裁判所で審理するよう命じた。この執行府命令の1つの側面を検討する中で，レンクィスト（Rehnquist）裁判官は，一般債権者は彼らの訴えの中に財産権的利害を有していない，なぜなら，大統領は先取特権（lien）が完全に設定される以前に訴訟権を停止してしまったからだと論じた。しかし，完成された先取特権と未完成の先取特権という区別と，財産権の存在と財産権の不存在という区別とは同じではない。それは，確定的残余権と未確定残余権の区別となんら異なるところはない。つまり，この両者は，形態や価値は異なるとしても，ともに財産権なのである。これ以外のとらえ方をすることは，立法府に対して宣言による財産権の創設を認めるものであり，それは，この場合のような未分割共有資源のプール状況であれ，それ以外の共有プール状況であれ，許されるものではない。

　担保権に基づかない請求の一般的性質を判定するため，制定法は担保権を有しない債権者全員についてその請求を認めず，破産した債務者の資産を国庫に移転すると想定してみよう。その場合，財産的利益は全く収用されていないと言うことはできるだろうか。この制定法は，受益者を一定の範囲のクラスに属する人々の中から指定する権限を受託者に付与している信託財産をすべて没収する制定法とどの程度の違いがあるのだろうか。仮に制定法が何の留保もつけず，無担保債務に対するすべての訴訟を廃止すると定めたらどうであろうか。重要なことは，たしかにその利益が未分割共有資源のプールの中のどこに該当するかは確定していないけれども，担保権を有しない債権者は間違いなく財産権的利益を有しているという点である。もちろん，そのプールは，公衆一般の共有ではなく，彼らだけの共有である。彼ら相互の関係は，石油やガスのプールの表土の所有者たちと同様に，非常に複雑である。しかし，債権者たちの権利を彼らの間で再編することと，これらの同一の権利を第三者に移転することとは全く別の話である。「収用はなされていない」という説明は，偏頗行為に関する立法については正しい結果に到達するが，強制的な移転が元のプールの外にいる人々に行われるならば，必ず誤った結果を導き出すのである。

　債務不履行と結びついた未分割共有資源のプール問題を免れるために，多くの貸主は，貸金について一般債権者に対する優先権を与える担保を求める。コモン・ロー上，唯一の担保形態は，占有を要件とするものであり，債権者は動産の物理的占

有を獲得すること，土地の占有を行うこと，あるいは証書その他の権原の証拠の占有を獲得することを要求された。この制度は，非常に煩雑である。なぜなら，それは，債権者が第三者からの担保として保有している土地を売却するというような，債権者による不当な行為を生み出す高い危険を伴うからである。それに加えて，この制度は，複数の異なる債権者からの借金の担保として同一の財産を使用することを，全く不可能ではないにせよ，困難にする。それは，複数の債権者の誰もが排他的な占有を行うことができないからである。これらの困難を解消するため，法制度は，競合する請求を担保権完成時期によって序列づけるさまざまな登記制度を導入してきた。自救行為によって創設され，占有を要件とする無骨な債権担保制度を(無補償で)廃止することはできないとしても，そのような制度を創設する義務は国家にはそもそも存在しない。しかし，現行登記制度は，優先順位を明確にする上で，それがとって代わったコモン・ローの制度よりも明らかに優れているので，それ自体の合憲性は黙示の現物補償に関するわれわれのどのテストを使っても問題にはならない。[29]

ひとたびこの債権担保制度が導入された場合，そこに発生する1つの理論的問題は，この制度をコモン・ロー上利用可能な始源的担保制度以外の何の代替制度も設けずに明日廃止することができるかどうかである。原理的に言えば，最初に作られるどの制定法も，ちょうど全市民の間の契約を創設するような形で起草し，したがってその廃止は契約違反に相当するというとらえ方もできるかもしれない。しかし，この制定法を他の制定法と区別して特別に扱う理由はないように思われるので，その廃止は，そもそも国家が提供する義務を負っておらず，すべての人にはその便益が当初から偶然的なものであるという通知がなされている便益を取り上げるだけのものにすぎない。そのように理解するならば，この事件は，Fuller v. United States 事件のような放牧権に関する事件の複雑な1変種にすぎないのである。[30]

そうであっても，制定法が制度に対するアクセスを一定の個人だけに許可することは認められないように思われる。選択的アクセス許可は，何人かの個人が有しているコモン・ロー上の担保をこの制度で認定された人々の制定法上の請求権に劣後させることになる。そのような劣後化は，私有財産の収用であり，それは一番抵当権とに二番抵当権の順位を逆転させる制定法となんら異なるところはない。アクセスの制限は，収用は公共の用のためであるといういかなる立論も許さないのであり，比例原理に反する負担賦課の有無というテストは，正当な補償をしていないことを

理由としてこの制度が許されないことを明らかにする。[31]

1 英米法については，Pierson v. Post, 3 Caines 175 (1805), 2 Am. Dec. 264 (1886) 参照。ローマ法の伝統については，Gaius, Institutes II, 66 (de Zuleuta trans. 1945) 参照。
2 See Richard A. Epstein, "Possession as the Root of Title," 13 *Ga. L. Rev.* 1221 (1979).
3 実質的にはすべての原状回復と賠償責任に関するルールを，権利を獲得する誘因に伴う取引費用の最小化手段として説明することができるが，その方法の理論的説明については，Donald Wittman, "Liability for Harm or Restitution for Benefit?" 13 *J. Legal Stud.* 57 (1984) を参照。
4 本来その土地に自生しない木を生育させておくことの困難さについては，Laura Ingalls Wilder, *The First Four Years* (1949) を参照。
5 第1章および第2章の議論を参照。
6 連邦最高裁判所は，野生動物を州際通商の取引対象から除外する州の権力を論じる中で全く同じことを述べている。Greer v. Connecticut, 161 U.S. 519 (1895) 事件では，「いかなる時期においても，当州その他の境を越えて運搬する目的で，やましぎ，襟巻き雁，うずらを殺してはならない」と規定する制定法は合憲とされた。その根拠の一部は，州には占有されていない野生動物に対する権原があるというところに求められた。この命題は，上記判決中の反対意見の中でフィールド裁判官によって激しく攻撃された（id. at 538-540)。その後彼の見解が多数の支持を受けるようになり，魚と野生動物の販売に対する制約は，現在では，通商条項一般に適用可能な同一のルールによって規律されている。

政府の宣言によって創設された所有権の明示的な否定は，Douglas v. Seacoast Products, Inc., 431 U.S. 265, 284 (1977) にある次の一節に見られる。「州は，私的な狩猟捕獲収蔵物の所有者と同一の立場にあるわけではない。また，野生の魚・鳥・動物を『所有する』という言い方は空想以外の何ものでもない。州も，連邦政府も技術を使ってそれらを捕獲して占有するまでは，獲物を得たいと思っている漁師や猟師以上の権原をそれらの被造物に対して有してはいない。」この一節は，Hughes v. Oklahoma, 441 U.S. 322, 334-335 (1979) 事件で肯定的に引用されている。この事件は，Geer事件の先例を変更し，州の所有権は，宣言によって獲得されうるという理論を拒否したのである。See generally Walter Hellerstein, "Hughes v. Oklahoma: The Court, The Commerce Clause, and State Control of Natural

Resources," 1979 *Sup. Ct. Rev.* 51.
7 　第7章参照。
8 　ここで挙げる参考文献の多くは，C. Donahue, T. Kauper, and P. Martin, *Property: An Introduction to the Concept and the Institution* 325-359 (1974) の優れた資料集に収録されている。See also Hammonds v. Central Kentucky Natural Gas Co., 75 S.W.2n 204 (1934).
9 　See Westmoreland & Cambria Natural Gas Co. v. DeWitte, 130 Pa. 235, 18 A. 724 (1899); Ohio Oil Co. v. Indiana (No.1), 177 U.S. 190 (1899).
10 　See Westmoreland & Cambria Natural Gas Co. v. DeWitte, 130 Pa. 235, 249 -250, 18 A. 724, 725 (1899); Stephens County v. Mid-Kansas Oil & Gas Co., 113 Tex. 160, 254 S.W. 290 (1923).
11 　当時の支配的な態度の表明については，Mayor of Bradford v. Pickles [1895] A.C. 587; Allen v. Flood [1898] A.C. 1 を参照。その石油関連事件への適用については，Hague v. Wheeler, 157 Pa. St. 324 (1893) 参照。
12 　146 Tex. 575, 210 S.W.2d 558 (1948).
13 　財産と不法行為との間になんら関連はないという見解については，Richard A. Posner, "Epstein's Tort Theory," 8 *J. Legal Stud.* 457 (1979) 参照。この論文は，たとえば競業のように，他人の行為によって以前より境遇が悪化したことをある人が発見したとき，どうして原則として賠償請求が成立しないかを説明していない。ポーズナ（Posner）の主張のうち，強力な部分は，ひとたびわれわれが未分割共有資源のプール制度を導入すれば，新しい所有者が発生し，したがって不法行為の請求を行う人が現れるという部分である。そのうちどの当事者に提訴権を与えるかを決定することは，決して卑劣な行為ではない。See, e.g., Pruitt v. Allied Chemical Corp., 523 F. Supp. 975 (E.D.Va. 1981). この事件では，商業漁業者，卸業者，仲介業者，レストラン所有者，とその多くの被用者の全員が石油流出によって引き起こされた害について訴訟を維持すべく努力したのである。また，伝統的な所有権による主張に根拠を置かない民事訴訟を認めず，統一的な政府によるコントロールを擁護する Richard A. Epstein, "The Principles of Environmental Protection: The Case of Superfund," 2 *Cato J.* 9 (1982) を参照。
14 　177 U.S. 190 (1899).
15 　Howard Williams and Charles Meyers, *Oil and Gas*, vol.6 (1984).
16 　See C. Donahue, Jr., Thomas E. Kauper, and Peter W. Martin, *Property* 357 (1974). そこには，排除される土地所有者は，ふつう，「隣接地の掘削者の鉱区使用料から分前を得るのであり，それはその人の土地の下にある埋蔵石油に対する持分に相応する」という注記がある。

17 そのような結果は，小所有者が大所有者に適用される未分割共有資源のプール規制と同一の規制に従って行動しないような制度において起こりうる。小掘削者について最低掘削領域単位規制の適用を停止したテキサス州鉄道委員会のルール37に関連して発生した濫用問題については，James H. Keahey, "The Texas Mineral Interest Pooling Act: End of an Era," 4 *Nat. Res. Lawyer* 359 (1971) 参照。

18　See, e.g., Railroad Comm'n v. Rowan & Nichols, 310 U.S. 573 (1940); 311 U.S.570 (1941); Pickens v. Railroad Comm'n, 387 S.W.2d 87 (Tex. 1965).

19　114 Wis. 169, 89 N.W. 839 (1902) (discussing Wis. ch. 470, Laws of 1901.)

20　Id at 172, 89 N.W. at 841.

21　Id at 188, 89 N.W. at 844.

22　Id at 188, 89 N.W. at 844.

23　Shelly v. Boothe, 73 Mo. 74 (1880).

24　Thomas H. Jackson, "Bankruptcy, Non-Bankruptcy, and the Creditors' Bargain," 91 *Yale L. J.* 857 (1982).

25　初期の破産法である1898年破産法第60条の下では，この期間は120日であった。しかし，管財人の権限が偏頗行為に及んだのは，偏頗行為で利を得た債権者が債務者の苦境を認識していた場合に限られた。現行法(破産法典第547条)は，認識の要件を削って，90日の期間を設定しているが，そのほうが簡明さという点から見て優れていると思われる。

26　453 U.S. 654 (1981).

27　See, e.g., James S. Rodgers, "The Impairment of Secured Creditors' Rights in Reorganization: A Study of the Relationship between the Fifth Amendment and the Bankruptcy Clause," 96 *Harv. L. Rev.* 973, 988-995 (1983). この論文は，担保権を有する債権者とそうでない債権者の財産権上の請求の違いを重視する見方を適切にも揶揄している。しかしながら，なすべき適切な推論は，どちらの形態の利益も保護されないということではなく，どちらも保護されるということである。

28　それに加えて，公用収用条項は，現存する先取特権を遡及的に無効にしたり，限定すること（部分的収用）を妨げるものではない。See, e.g., 11 U.S.C., section 552(b). この条文は，売買によらない代金，家庭用建具の非占有約定担保権，その他類似のものに関する遡及的免除を定めている。この制定法は，in Matter of Gifford事件 688 F. 2d 447 (7th Cir. 1982)で合憲とされた。同法は，United States v. Security Industrial Bank 事件 459 U.S. 70 (1982)では，Gifford事件で否定された憲法違反の主張を回避するために，（その文言にもかかわらず）非遡及的にのみ適用されるものとして解釈された。

29　第14章を見よ。

30 409 U.S. 488 (1973). See Chapter 14.

31 ここで示した処理は，Rodgers, supra note 27 が提示したディレンマを解消しようとする試みである。他方，彼は，「担保権を有する債権者の保有する所有権は，何らかの意味で実定法に先行するものである」かどうか（96 *Harv. L.Rev.* at 987），また政府は，すべての法的ルールは変更されることがあると告知するだけで財産に関するすべての保護を「無効」にできるかどうか（id. at 988 n.61）を決めかねている。本文で採用したアプローチの示すところによれば，国家は登記制度から得られる明白な利得を生成させる必要はないが，もし生成させた場合には，それに対する一般的なアクセスを許すことによって余剰を均等に分配しなけれならないのである。

第16章　不法行為

　前章で示した未分割共有資源のプールの事例には，黙示の現物補償の原理が深く関わっていた。だがさらにこの原理は，明確に境界が画定され，独自性をもった財産権についても重要な役割を果たす。ここでは，有形的侵害事件についてこの原理を適用して，本来の確定した所有権原の集合にコモン・ローと判定法が加えた様々な加工が適切であったかどうかを検討する。本章では，ニューサンス，面識のない関係における不法行為の一般ルール，合意による取決から生じる危害を取り挙げ，それらが将来起こる事例に適用される局面だけでなく，過去の事例に遡って適用される局面も視野に入れて考察することにする。

ニューサンス

侵害を伴うニューサンスと双方による独占

　所有権は，無主物先占のルールの下で取得される。この資格から生じる権利が侵害されるときは，これを矯正して他人の行動に対抗しなければならない。このような目的をもつのが不法行為のルールである。この不法行為の法システムが働くには，所有権からどのような権利が生じるのかを確定しなければならない。ここで注意したいのは，すでにコモン・ローの中に祖型になるルールがあり，規範とすべき正しい帰結が明確にされているということである。すなわち，所有権は，つねに主張されたし，その資格は，「土地を持つ者は誰であれ，その天空から地中までを持つ」(Cuius est solu, eius est usque ad coelum et usque ad inferos) という法諺を含んでいた。このコモン・ローのルールによれば，保護された空間に加えられるいか

なる侵害も，その大小に関わりなく訴訟原因となりうる害悪であり，損害賠償および差止命令により救済することができる。同じことを逆からいえば，有形的侵害を全く伴わない場合には，所有権を行使した結果ほかのすべての人が現状よりも悪い境遇におかれるとしても，その所有権の行使に対しては誰も異議を唱えることはできない。有形的侵害の場合，侵害かそうでないかの境界線は白黒がはっきりしており，それによって所有権はデカルト主義的な様相を帯びるといえよう。つまり，明確な境界線があるからこそ，人々は自分の立っている地点を認識でき，自発的な取引を通じて自分が元来持っている権利を繰り返し組み替えることも容易になる。

しかし，侵害なければ補償なしという原則に盲目的に従っていると，実質的な社会的富を失ってしまう可能性があり，現実には不法行為の法システムは妥協せざるを得ない。私有財産権の保護に非常に熱心な裁判官でさえ，侵害なければ補償なしの原則を不法行為責任の唯一の基準にすることは，功利主義と矛盾し受け入れられないと考えた。さて，侵害なければ補償なしの原則は，2つの仕方で妥協する。1つは，侵害があるにもかかわらず責任を否認することによって，もう1つは，侵害がないにもかかわらず責任を負わせることによってである。実際，ニューサンス法について加えられた修正は，大半が功利主義的な考慮と配分指向の考慮が混ざり合ったものであった。言い換えれば，私有財産権のシステムを起動させている概念の絶対性を緩和すれば，それによって各人は現状よりも良い境遇におかれるであろうという考慮が働いたのである。

極端な事例を想定してみよう。仮に所有権の絶対的排他性が例外なく貫徹するとしよう。すると，各人は取るに足らない無数の財産侵害に対し，損害賠償のみならず差止命令を求めて訴訟を提起しようとするだろう。だが，騒音，粉塵，悪臭いずれによって引き起こされた侵害であれ，このような訴訟の目的はその取るに足らない危害の防止ではない。その目的は，侵害がなかったとしたらその土地を利用して得られた筈の経済学でいう地代（rent）を部分的に回収することなのである。もし，被告が自分の活動から1,000ドルの便益を得，他方，原告は被告の活動によって1ドルの損害しか受けないとしよう。そのとき差止命令の請求権が有する（現在よく知られた）ゴネ得としての価値は莫大である。しかし，このような事例ですべての財産所有者は，相手を訴えると同時に相手からも訴えられる立場にある。こうした応酬は繰り返されるというのがゲームの常であるから，長期的にはすべての当事者が敗者となる。分析的観点からこの状況をみれば，前章で述べた未分割共有資源のプ

ールの浪費をいかに回避するかという問題と同じである。つまり，総和がマイナスになるゲームを止めるには何らかの強制的な装置が必要なのである。

　この問題に対処する1つのやり方は，上記のような所有権の排他性からは何も問題は生じない，つまり，低レベルの侵害は「本当の」侵害ではないと主張することである。この結果，権利侵害の事実は原則として存在しないことになるから，原告は敗訴するであろうと想定される。しかし，このような問題の処理は，公用収用条項の中核的な次の命題を否定するので失敗である。それは，私有財産制度の内部には自然法的で固有な一連の法的権原が存在する，という命題である。もし，他人の財産への侵害は例外なく権利侵害であることを否定するなら，有形的侵害があればすべて権利侵害と見なす根拠はなくなるのではないか。こうして有形的侵害が収用の判断にとって全く些細なことであるとすれば，公用収用条項は内容空虚なものになるのではないか。そこまでくると，われわれはさらに，ポリス・パワーの考え方を知的に否定した同じ懐疑論に唯々諾々と従うことになるであろう。そうなれば，問うことのできるただ一つの問題は，社会福祉を最大化するためには，社会はいかなる法的権原の組合せを設定すればよいかになってしまう。しかし，最大化という結果に心を奪われると，必ず根源的基準がおざなりにされる。つまり，誰が誰にいくら補償すべきかを確定する根源的所有権が見失われる。社会福祉の最大化アプローチによって解くことができるのは，政府の行動が許容範囲にあるかどうかという問題だけであり，許容された政府の行動が補償義務を伴うかどうかという問題は立てられない。

　未分割共有資源のプールの事例でもそうだったが，不法行為の事例においても収用問題は存在しないと強弁することでは問題を回避できない。ところが，コモン・ローには以下に示す3つの理論があり，差止命令さらには損害賠償を求めるゴネ得訴訟が際限なく起こされるのを防止している。その3つの理論とは，いわゆる「生活空間の相互利用 (live and let live)」ルール，現地基準ルール，一般損害と特別損害の区別である[2]。

生活空間の相互利用ルール

　生活空間を相互に利用しているという状況の下では，次のような一般的ルールがあると考えられる。それは，家庭生活あるいは業務活動が継続的に営まれているとき通常発生する低レベルの妨害は，私人間の訴訟原因にはなり得ないというルール

である。このルールは，黙示の現物補償が充分に与えられているかどうかを判定する3つの基準のすべてを容易に満たす。第一に，未分割共有資源のプールの事例と同じく，ここでも当事者の数が多い場合には取引費用が高くつき，個々の当事者が所有権をめぐり進んで再交渉することはない[3]。同様なことが生活空間の相互利用ルールについても言える。このルールが防止する訴訟はもっぱらゴネ得目的で提起されると思われるものなので，われわれは，実際に行われている活動の価値は，各個人にとっても総計をとっても，訴訟する権利の制限部分の価値を上回るという確信をもつことができる。第二に，低レベルの妨害が訴訟原因として認められない状況下で，ある個人の集団がほかの個人の集団を犠牲にして偏った利益を獲得するということはまず考えられない。第三に，上記のルールによってある人は料理をすることが可能になり，ある人はヴァイオリンの練習が可能になるといったように，このルールは膨大な数のさまざまな活動に対して同時に効力を発揮する。しかも，このルールが対象とする低レベルの妨害活動は高い頻度で生じるので，ルールが比例原理に反する負担を課すことはない。以上の検証に加えて，このルールに内在する2つの制約をはっきりさせ，ここでの主張を補強したい。第一の制約は，特別のあるいは実質的な損害がある事例においてはこのルールは機能しないということ，つまり，そのような損害の場合には，被害にあった当事者が損害賠償および差止命令を求めて訴訟を提起できるということである[4]。第二の制約は，ルールが例外を認めないといっても，それは悪意によってなされた活動を保護しないということである。ただし，ここでいう悪意とは，ほかの個人に対して取られた良からぬ意志を伴う行動という通常の意味である。

　生活空間の相互利用ルールの趣旨は，悪意によらない低レベルの侵害を本当は侵害であるのにそうではないと強弁することではない。また，コースの定義したような因果関係によってこのルールを理解することも見当違いである。コースの理解は虚無主義的な仕方で所有権システムを根底から破壊するからである[5]。生活空間の相互利用ルールは，一方で根源的侵害が所有権に加えられたという事実そのものは肯定しつつ，他方でこのルールの創出する行動の自由の背景に黙示の現物補償があることを突き止めている。このルールの魅力の1つは，私人がこのルールで認められている強制的交換を求めるとき，交換の強制が当事者の一方だけが求めるようなものではないという点である。したがって，そこでは未分割共有資源のプールから採掘する事例に見られたのと同様の増加価値の均等分配が見られ，水力施設法で要求

されたようなボーナスの支払は行う必要がない。以上のように，黙示の現物補償の問題を判断する3つの基準は，財産権に関する経済理論，党利党略的な再分配の動機の有無，比例原理に反する負担賦課の有無というテストであるが，いずれの基準に照らしてみても生活空間の相互利用ルールは憲法上のすべての水準を容易に満たしている。

現地基準ルール

　以上の分析の射程には，次に示す現地基準ルール（locality rule）も入ってくる。現地基準ルールとは，ある行為が引き起こしたニューサンスに対する訴訟を提起することができるかどうかを決定するにあたっては，その行為が性質と深刻さの点で当該地でなされたほかの行為とどの程度違いがあるのかを考慮しなければならない，というルールである。このルールの目的は，民家の1所有者が工業地域の生産活動一切を禁止したり，鉄道あるいは幹線道路の使用一切を禁止したりするのを不可能にすることである。ここで肝要なことは，生活空間の相互利用ルールにも言えたことだが，他人からある限度内のニューサンスを被る者は誰であれ，他人に対して同じ限度内のニューサンスを加えることができるという権利を有し，この点で完全な補償を受けているということである。現地基準ルールと生活空間の相互利用ルールの違いは1つしかない。それは，前者が比較的狭い地域を準拠空間としており，その内部で発生するより高いレベルの妨害が許容されるという点である。合衆国憲法の枠内にあって，妨害発生の範囲とレベルは一体のものとして結びついている。つまり，ある地域内の同質性が高くなれば，より高いレベルの妨害はより高いレベルの補償によって相殺され，すべての当事者はほぼ同じような程度の保護を受けていることになるのである。

　しかしながら，現地基準ルールの下では侵害行為の軽重に広いばらつきがあり，差し引きすれば自分の損失は便益を上回ると考える個人がでてくるかもしれない。この点で，現地基準ルールは，生活空間の相互利用ルールよりも問題があるといえる。それにもかかわらず，現地基準ルールが適切な制度であるということに変わりはない。このルールは特定の個人あるいは階層に対して予め有利に適用されるように仕組まれたものではないからである。ある土地所有者がその土地の利用に経済的魅力を見出せないときでも，その土地をそこから利益を上げることのできる第三者に売却し，これによって多大な利益を手にする機会を依然もつ。また，もしその不

利益の程度が深刻になれば，訴訟原因についてのコモン・ローのルールを変更したり，直接的な行政規制を行ってニューサンスの疑いのある活動を制限し，そうした活動によって当該域内の構成員がもれなく利益を受けるようにすることができる。このように将来予想される利益と損失は，一定の集団の人々の間で均等に配分される。したがって，比例原理に反する負担は課されていないので，公共の用あるいは正当な補償という憲法の要請を根拠とする現地基準ルールの批判は封じられる。

一般損害と特別損害

以上のような議論をさらに展開すれば，コモン・ローと憲法において根強く通用している一般損害と特別損害という区別をよりよく理解することができる。私法の分野において発展してきた一般損害とは，私人による訴訟では救済することのできないものを指し，それは以下の2つの条件を満たしていなければならない。第一に，侵害の及ぶ範囲が広域であること，第二に，侵害の性質が実体のないものだということ（馴染みぶかい例としては，事故を目撃した人が受けた「単なる」心理的ショックの事例，あるいは公道での交通事情による遅刻の事例がある）である。[7] ところが，一般損害は社会的富の大規模な喪失であり，国家はこれを避けるために罰金・立入検査・警察による強制といった直接的な行政管理システムを用意し，ニューサンスの危険に対処する。しかし，特別損害に対しては，私人による訴訟という手段が依然確保されている。これにより，大規模な侵害から生じる比例原理に反する負担の発生を回避することができる。このことは，とりわけ身体への侵害および公道へのアクセスを完全に拒否した事例で的確に示される。[8] もしそのような事例において被害者が救済されることなく放置されるなら，すべての人がその隣人に対して比例原理に反する損害を加えることができるようになってしまう。もっとも，一般損害と特別損害という二分論は完全ではない。この二分論は，比例原理に反する負担賦課の有無を計測することが難しい事例，たとえば，公道へのアクセスを部分的に拒否されるような場合にきわめて厳しい試練に立たされる。[9]

比例原理に反する負担賦課の有無の計測が難しい事例について，憲法判断は基本的にコモン・ローによる解決を踏襲している。たとえば，憲法の判例ではコモン・ローのそれと同様に，公道へのアクセスを部分的に拒否される事例において補償を認めないし，[10] 一般損害と特別損害という区別についてもはっきりとその重要性を認めている。Richards v. Washington Terminal 事件は，[11] 憲法と私法がともにこの二

分論を維持していることを示している。この事件は，原告が被告の建築作業から生じた粉塵，騒音，振動によって実質的な損害を受けたという事例である。さて，この事件において当該作業は，制定法に基づき認可されていた。そして被告は，この作業は一般損害に基づく訴訟に対し全面的に免責されるべきであると主張し，裁判所はそれを認めた。他方で裁判所は，特別損害については補償を認めた。しかし，この二分論に基づく裁判所の理由づけ，すなわち，侵害の程度が低くその及ぶ範囲が広域であるとき，それは財産の「収用」(それに該当する程度の損害ないし破壊という意味の収用)[12]には当たらないという理由づけは間違っている。そもそも収用の問題は，その程度が大か小かということではない。すべての部分的収用は，程度の大小にかかわらず補償されなければならない。そこで判決のこの箇所を正しく説明すれば以下のようになろう。たしかに侵害は存在するけれども，その軽重の程度と範囲が一定限度内であり，その建設プロジェクトが完成すればそこからこの被害者も利益を受けて全体としては現状よりも良い境遇に置かれるので，その侵害は許容される。このように事件を説明するとき，なぜふつうは公道の補修工事による損害に対して補償を請求しないのかということも理解できる。公道の補修工事は公道にアクセスする私権を妨害し，しかもこの私権は公用収用条項によって保護されているので請求は可能なのである[13]。さて，リチャーズが被った特別損害については，このようなコストと便益のだいたいのバランス，つまり，取られた財産と得られた財産のバランスがとれていない。したがって，裁判所の認めた金銭賠償がこのバランスを矯正するために必要だったのである。この事件の結論は正しいが，その論理は間違いである。「私有財産の収用」があったかどうかを決定するだけでは，公用収用条項を適用するために必要なことをすべてしたとは言えないからである。

　Batten v. United States事件[14]において，上のRichards事件は峻別され先例とは見なされなかった。このBatten事件は，多数の土地所有者が航空機によって発生したニューサンスについて補償の認められなかった事例である。上記2つの事例の違いは，Richards事件では損害を受けたのは1人であったが，Batten事件では多数の人が損害を受けたという点である。だが，被害者が多数であるという理由だけで損害が特別損害から一般損害へと転換するわけではない。Batten事件の被害者の1人の受けた損害は，Richards事件の原告のそれと同等かそれ以上だったかもしれないからである。さて，Batten事件のように明示の補償をしないことが正当化されるためには，生活妨害を受けた土地所有者がそれに見合う便益を得たことの証明が必要

である。だがこの証明は，土地価格の下落が所有者の便益を相殺して余りあること，かつ，軍事基地を使用する目的が一般市民の利益であってその基地周辺の住民だけの利益を目的としているのではないことからして，覆される可能性がかなり高い。

　Swetland v. Curtiss Airports Corp. 事件[15]では，便益と負担の適正なバランスという要請はかなり明確に評価された。この事件は，原告が近隣の空港施設に対して私法上のニューサンスを理由に飛行の差止を求めた事例である。裁判所の判決は，低空域の飛行をニューサンスと認めて禁止を命じ，他方，高空域の飛行については補償義務はないとして引続き飛行を認めた。土地所有権は天地を貫くという法諺によれば，原告の空中権は天の最も高い地点にまで及ぶというのが本来であるかもしれない[16]。しかし，上記判決は，富の全体に及ぼす効果および比例原理に反する負担賦課の有無というテストから容易に導き出すことができる。まず，より高い空域について，原告の有する利益は，航空輸送に対するゴネ得の価値にほかならない。一方，原告は航空輸送によって安価になった品物やサービスから便益を得，航空輸送がなかった場合に比べてよりよい境遇におかれるであろう。(原告が航空輸送の便益と自分の財産に対する排他的権利を2つとも手に入れたいと望む場合を仮定する必要は全くない。その場合には二重支払になるからである。) 次に，低空域の飛行については，生活妨害を受ける土地所有者ははるかに多くのコストを支払わねばならない。しかもこのコストは，すべての財産所有者によっては分担されず，まして一般市民によって分担されることはない。それゆえ，たとえ航空輸送サービスから得られる原告の便益が，補償されないニューサンスを上回り，この結果原告がよりよい境遇におかれるとしても，(公用収用条項の公共の用という要件に違反し)原告は航空輸送の増加価値のほんの小さな部分を得るだけであろう。結局，高空域の飛行と低空域の飛行という区別は，コモン・ロー上の一般損害と特別損害という区別，および，これを支持する公用収用条項の憲法解釈と完全に一致する。

侵害を伴わないニューサンス：遮光塀

　黙示の現物補償という論理の利点はまだある。この論理を用いれば，被告の行為が侵害を引き起こしていないにもかかわらず，それが訴訟原因になる事例を説明することができる。侵害なければ補償なしの原則に従えば，他人の土地財産に直接ないし間接に侵入しなければ自分の土地の上に何を建てても許される筈である。ところが，19世紀の終わり頃から判例法により，隣人の視野あるいは採光を妨げること

だけを目的とした「遮光塀」については，その撤去を求めることが可能になった。[17]
この遮光塀の事例は，次の2つの点で伝統的なコモン・ローのルールから逸脱している。その第一点は，侵害なければ補償なしの原則が放棄されたということである。その第二点は，動機は他の事例では考慮されないのがふつうであるのに，責任を認める要件として悪意の存在が掲げられたことである。しかし以下で説明するように，生活空間の相互利用の事例で黙示の現物補償の判定に用いたあの3つの基準に照らせば，侵害なければ補償なしの原則の緩和および悪意の存在証明の要件化は，全体として適切であることが理解される。第一に，遮光塀が設置される以前においては損益は均衡している。したがって，土地利用に加えられる制限は，他人の財産に加えられる同様な制限によって完全に補償されている。第二に，遮光塀の基本ルールは，あらゆる形態の土地利用に適用できるわけではない。たとえば，隣人の家屋あるいは物置の場合，悪意によって建てられたというただそれだけの理由でその撤去を求めることはできない。遮光塀のルールは，私人間において富を実質的に再分配[18]する傾向をもっている。しかし，強制的に交換されるべき使用価値の種類を塀だけに厳格に制限するため，私人間における富の実質的再分配を抑えるという傾向をもっている。第三に，一般的には隣人間の取引費用が少なければこのルールの必要性は低くなるが，このルールが存在しているのは，双方による独占の問題が起こらないようにするためである。つまり，当事者に別の仕方で権利の配分を変更するための交渉の自由を依然として与えるためなのである。このルールの採用により生じる損益の査定は難しいが，おそらく便益のほうが勝るであろう。以上のように，遮光塀のルールには比例原理に反する負担の賦課が見られず，再分配の動機もないので受け入れることができる。

　憲法における遮光塀の事案の処理は，コモン・ローのそれときわめて似通っている。このことを示しているのが Rideout v. Knox 事件というマサチューセッツ州の古い事件である。[19]この判決においてホームズ裁判官は，遮光塀を規制する制定法を合憲とした。この制定法によれば，不必要に6フィートを越える高さの塀で，隣接する財産の所有者を困らせるという目的のために悪意によって設置あるいは維持されるものは私的なニューサンスであった。原則的には，財産は侵害を伴わない限りその利用を制限されない筈である。しかし，上記制定法は，私有財産の利用を制限し，ポリス・パワーの及ばない対象を明らかに収用した。それにもかかわらず，この制定法は，黙示の現物補償の基準を満たしていた。まず，強制的交換を許される

事項はその範囲が厳格に制限されている。つまり，高さが6フィートに満たない塀は，コモン・ローのルールによって処理され，一方，高さがそれ以上の塀は，制定法により悪意の存在が塀の撤去の要件になっている。たしかに，塀を設置した後では当事者間に実質的な富の再分配をみとめることができるかもしれない。しかし，富の再分配があるかどうかを判断する時点をどこにするかは重要な問題である。それは，その制定法が成立した時点であり，そこでは富の再分配をみとめることはきわめて難しい。ところで，Rideout v. Knox 事件においては，州が私人間の所有権をめぐる紛争に介入してその再調整をする場合に，州の権限に加えられる適正な制約についても示唆が与えられている。

「悪意をもって倉庫や家屋を設置あるいは維持する者がいても，立法府がその行為を禁止することはわれわれの憲法の下ではできないであろう。したがって，立法府は，州に所在する大部分の財産を，所有者の過去あるいは現在の動機に関する陪審の認定に委ねることはできないであろう。しかしだからといって，6フィートを越えて不必要に設置された境界塀についても同様なルールが適用されるということにはならない。倉庫や家屋と塀の違いは程度の違いであるといわれるかもしれない。しかし念入りに分析すれば両者の違いは非常に大きい。少なくとも，程度の違いは，立法府がポリス・パワーを正当に行使できるかどうかを判定する1つの決定要因である。[20]」

遮光家屋と遮光塀の違いは，前者が明白な収用の対象であり後者はそうではないという点にあるのではない。また，ホームズの示唆とは異なり，前者はポリス・パワーの介入できる対象でないが後者はそうであるという点にあるのでもない。また，ホームズが好んで強調したように，程度問題は神ならぬ人間という身の上からは分析不可能な領域であると言い切ってしまうこともできない。実は，この制定法の合憲性をめぐる事例は，遮光塀に関するコモン・ローのルールによって説明できる。ただ，コモン・ローによっては明示できない線引，つまり，6フィートという数字によって，それより低い塀が問題の外におかれているという事情が加わっているにすぎない。したがって，これは，比例原理に反する負担賦課の有無というテストを教科書通りに適用すれば非常によくわかる事例である。遮光塀を禁止する制定法は，その適用に際して濫用される心配はないが，遮光家屋を禁止した場合はその濫用の危険がある。

支持地役権 (support rights)

　侵害がないのに補償義務を負わなければならないニューサンスの事例を検証するとき，比例原理に反する負担賦課の有無というテストは非常に大きな効果を発揮する。このことは，水平支持に関するコモン・ローのルールについても示される。土地所有者は隣人の財産に対して水平支持の義務を負う。これは，ほとんど普遍的と言ってよいルールである。この支持義務は，人の手の加えられていない土地だけに及び，現在あるいは将来の土地改良には及ばない。およそ土地に対する地役権は相互的であり，黙示の現物補償を互いに提供している。それゆえ，土地改良は水平支持の義務の対象外なのである。そうでなければ，当事者の一方が戦略として先に建物を建て，他人の土地に対してより大きな地役権を得ようとするとき，義務負担に不均衡が生じるであろう。しかし，いったん工事が始まったとしても両当事者は互いに積極的義務を負う。つまり，新たに建築する側は地面を掘削する前にその旨を要益地の保有者に通知しなければならないのである。これは建築する側にとって安価であるし，他方，要益地の保有者は，この通知によって構造物の補強あるいは支持地役権の購入をして，損失を軽減することができる。あらゆる点においてこのルールは全体の効率性を上昇させ，また，双方の現状を改善する。それゆえ，侵害なければ補償なしという絶対的ルールに対して歴史的に形成されたこの例外は，公用収用条項に基づく反論を受けることはない。

責任に関する一般ルール

　ニューサンスの分野でとくに目を引いたのは，取引交渉の要素であった。その重要性は，面識のない者の関係において適用される不法行為責任の一般ルールにおいて一層増す可能性がある。そのような不法行為法のルールは，理論的には，当事者間に起こるであろうあらゆる状況に対処するような完全な契約を結ぶことにより処理できるものであろう。しかし，実際には，こうした将来的な備えをした契約をすることは，取引にとってどうしようもない大きな障害となるので行われない。そこで考えてみなければならないのは，公用収用条項の正当な補償という要請を満足させつつ，どのような仕方で不法行為法の原則である厳格責任ルールを別のルールに変更することができるかという問題である。このことは以下の2つの場合について考察することができる。その第一は，伝統的に失当な行為 (misfeasance) と呼ばれる場合，つまり，被告が暴力あるいは不実の表示によって他人に危害を加えた場合

における責任ルールの変更である。第二は，伝統的に不作為と呼ばれる場合であり，ここでは，被告が暴力あるいは不実の表示という方法で危害を加えなかった場合について，不作為を責任なしとする一般原則の変更が問題となる。

失当な行為（misfeasance）

　失当な行為に対する責任を考察するにあたり，便宜上まず極端な仮定から始めよう。仮に身体あるいは財産の侵害に対して全く不法行為上の救済がないとしてみよう。この極端な状況における1つの利点は，訴訟費用がゼロだということであろう。しかし，この仕組は恐るべき動機づけを人々に与え，悲惨な状況が大規模に生じるであろう。このときロックの理論であれば政府が抑止する筈の，歯止めのない攻撃が起こり，すべての人間は一層悪い境遇へ陥る。たしかに，形式的に考えれば，不法行為の理論を破棄してもそれが一斉になされるのであれば，比例原理に反する負担の賦課は生じないように見えるであろう。しかし，実際の負担のバランスに目を向けるときそうとはいえない。不法行為理論の破棄から生じる器物損壊の機会は個人ごとに偏りがあり，富は全体として減少する。そして，比例原理に反する負担賦課の有無というテストもこのような極端な仮定を正当化できない。遮光家屋の事例に見られたように，所有権が甚だしく不安定にされるとき，どんな解決方法が採られても，黙示の現物補償は行われないのである。

　しかしながら，このような極端な状況が不適切であるからといって，制定法あるいはコモン・ローによって図られる中間的な解決のすべてが無効であるということにはならない。ここでは，過失責任のシステムと厳格責任のシステムの間に見られる不断の対立について考えてみよう。すでに述べたように，面識のない関係者間に生じる不法行為のすべての事例において，責任ルールの祖型は厳格責任である。このことは，所有権から当然に帰結する。しかしこのように考えたからといって，厳格責任から過失責任へと責任ルールを変更するとき，これに伴う実害を補償しなければルールの変更は当然無効であるということにはならない。たしかに原告の中には，過失を立証できなかったことが唯一の原因で，補償を得られなかった者がいるかもしれない。しかし，このルールの変更が適切かどうかを判断するとき，このような原告に注目することは誤りである。これは事故が起こってしまった後の時点でルールの変更を判断しているが，正しく判断するには事故が起こる前の時点に注目しなければならない。この時点からみれば，責任ルールの変更から生じる富への実

質的な影響はわずかであり無視することができる。責任ルールがどのように変更されるべきかについては，膨大な学術文献で盛んに論じられている。[22]

　いずれの責任ルールを選択すべきか。この問題を解決する際，社会的富の純益に注目してもそれほど参考にはならない。参考にすべきは，動機および比例原理に合致した負担賦課という他の2つの基準である。もっとも，後者の基準の有効性は，ルールの変更が個人の保有物に及ぼす限界効果によってわかりにくくなってはいるが，[23] さて，責任のルールが問題の焦点になるのは，事故が起こって訴訟が提起され，どのような責任ルールを選択するかにより訴訟の結果が左右されるという局面である。しかし，たいていの人にとって事故は日常的なものではない。また，過失責任および厳格責任という2つの原則は，面識のない関係者間における大半の事例では似たような結論に導く。過失の基準は，注意義務の水準を高く設定したり，過失推定則（res ipsa loquitur）を適用することによって，厳格なものとなり，事故があればただちに過失が推定されるという結論が導かれる場合がある。他方，厳格責任の原則は，被告が当該行為について第三者の介在の抗弁を認められるようなとき，緩和される。このように2つの原則の差は縮まり，どちらのルールを選択しても大きな違いはなくなる。しかしそれだけではない。事故が起こる前においては，訴訟で原告と被告のどちらの側に立たされるかわからないので，たいていの人はいずれの責任ルールが自分に有利に働くのかを知らない。このように，環境を設定する道具を与えられても，実際多くの人は無知のヴェールの背後で活動する。そのため，自分に有利なようにシステムを操作しようという動機が希薄である。無知のヴェールというロールズ的な理想は，自分自身についての個人情報をもたない無知な個人を想定することで成り立っていたが，もはやこの想定はその理想の基盤たり得ない。実は，外部環境こそがヴェールを織り成す唯一のものとして必要なのである。

　上記2つの責任ルールは，社会的富に対してどのような影響を及ぼすだろうか。この問題の検討にあたり裁判所に焦点を合わせるとき，比例原理に反する負担賦課の有無というテストがきわめて魅力的なものになる。2つの責任ルールのうちどちらがより高い頻度で採用されているかについては，経験的証拠を見つけることがほとんど不可能である。それについては市場取引というものがなく，どちらのルールがより好まれているかを明らかにする指標がないからである。さて，明示の補償を求めて訴訟が提起された場合，問題になるのは誰が何を誰に補償するのかということである。この問題について裁判所がコモン・ロー上有する裁量権を憲法上の指令

によって無効にすると，始源状態における権利を固定化し，公用収用条項自体がその利用を奨励する強制的交換の余地を奪うことになる。この問題については，何が賢明なことであるかということと，何が合憲であるかということとの違いは，重要である。というのは，既述のように，コモン・ロー上の不法行為責任ルールを広く一般化すれば，侵害を強力に防止することができるからである。不法行為法上の救済を得るために払うべき訴訟費用は，賭金（stakes）として見れば少額である。また，責任ルールの変更に伴って生じる便益の享受者は，おおむね損失の負担者でもあり，負担はバランスを失していない。自律的な修正に委ねるという政治的手法は，ここでうまく機能する。憲法的に見て，唯一適切な処理と考えられるのは，上記2つの責任ルールの自由な相互移行を認めることである。すなわち，裁判所はその裁量により厳格責任から過失責任へ，あるいは過失責任から厳格責任へとルールを変更することができ，それでいてそれは公用収用条項に違反しないとすることである。また，裁判所は中間的な解決を図ることもできる。つまり，過失推定則により，あるいはこれに類似しているが，因果関係の立証から過失を推定することによって，2つの責任システムを接近させることができる。さらに，所有権から必然的に帰結するのは厳格責任のルールであるが，この考えを否定するとしても，上記の結論は変わらない。つまり，過失責任を起点にすることはできるのであり，そうなれば厳格責任ルールが黙示の現物補償の有無を検証するテストを満たして機能することになる。

　以上と同様な分析は，ほかの不法行為法の法理にも適用できる。たとえば，因果関係をめぐる予見性と直接性の基準の有用性をめぐって，[24]言葉の使用および個別の事件処理の具体的妥当性に関する深刻な問題が生じる場合がある。このような場合における責任ルールの選択については，厳格責任が盛んに採用された時期と過失責任が盛んに採用された時期が不断に繰り返されている感がある。このように責任ルールの選択は揺れ動いているが，それが基本的な法理の選択に関わる場合でも，財産権の厳格なシステムからどのような因果関係論が帰結するのかが論じられる場合であっても，公用収用条項違反の懸念は全く見られない。それは，面識のない関係者間における不法行為の事例で政治的介入がないものを総合的に見れば，黙示の現物補償が確保されているからである。

　寄与過失と過失相殺のかかえるディレンマは，より一層尖鋭な形で現れる。2人の当事者の侵害行為のいずれが重大であるかを（過失責任ルールあるいは単純因果

関係 (simple causation) に依拠して）決定することは最良の法理論にとってすら容易ではない。寄与過失あるいは過失相殺のルールのどちらが適切な出発点であるかは（まだ）確定されていないとしても，どちらのルールも原理的には私有財産の収用である。しかし，出発点が確認されていないからといって，それは憲法的な検討に影響を及ぼすものではない。あるルールが不法行為システムについての適正な見方から要請されたものであれば，それの代替ルールは比例原理に反する負担賦課の有無というテストによって正当化されうる。これは上で述べた理由により明らかである。

不作為

　不作為の事件の底には善きサマリア人の問題がある。つまり，面識のない人間が差し迫った危難に陥っているときに，その危難を作り出していない人に，救助義務が発生するかという問題である。ここで問題になるのは，法は，所有権によって確定される根源的権利の範囲を越えて権利を付与できるのか，ということである。この問題は失当な行為の事件とは対照的である。被告が引き起こしたのではない外部の物理的力が他人に脅威を与えている場合，これを救助しないこと（これを救助の「失敗」と理解すると，その救助義務はどこからくるのかという問題が生じる）は，暴力あるいは詐欺によって他人に危害を加えることとは全く違うのである。

　極端な事例を想定することから始めよう。それは不法行為の法システムを全廃するという以前用いた想定と正反対のものである。仮に立法府が，面識のない人間を差し迫った危険から救助しなかった場合すべての人は厳格責任を負うべし，という制定法を作ったとしよう。この制定法を文字通り読めば，被告が救助を実行するのにかかるコストの高低は問題ではない。また，被告が橋の上にロープを片手に立っているのか，それとも1000マイル離れたところで眠っているのかということも全く考慮されない。まず，このような制定法は富の全体的効果という観点からみて違憲であるといえよう。この制定法の下では，原告は，財産を持っていそうな者を適当に選んで訴え，被告を確実に有責にすることができるからである。次に，この制定法は一見中立であるように見えるが，その課す負担は全くアンバランスである。それは人々に狙い撃ち的な行動の動機を与えるので，比例原理に反する負担賦課の有無というテストは，この稀代の制定法をその成立時点で無効とするであろう。

　しかし，この極端な事例は，中間的な事例，たとえば「簡単な」救助を行う義務

が，「コスト・不都合をわずかに伴うかあるいは全く伴わずに」救助できる者だけに発生する事件の分析については参考にならない。このルールに見られる文言の目的は，きわめて甚だしい適用の濫用を防止することであるが，その反面，原告の寄与過失，危険の客観的誤認など，多くの未決の問題を発生させる。ただ，不法行為責任が限りなく拡張されている現代にあってすら，上記のルールはまだ採用されたことがない。そのため，上のような未決の問題は現実問題として扱われたことはない。それにもかかわらず，私はこのルールを支持したい。このルールを一般化してもそれが課す負担はアンバランスにはならない。まさにこの理由により，このルールが面識のない関係者間における義務の一般的表現だ，と理解されることはないと私は確信している。たとえ，この簡単な救助のルールから便益あるいは損害を受ける人があることを事前に予想できるとしても，彼らは自分が便益を受けるか損害を受けるかについて知ることはできない。仮にできたとしても，あらゆる観点から見てそこから得られる潜在的便益は，これを共同して組織的に獲得するためにかかるコストよりも小さい。このような条件の制約がある限り，法的ルールを一般化することにより，政府があらゆる口実の下に行う財産の没収に対して堅固な防塁を手に入れることができる。

訴訟への制限

　コモン・ローではいったん義務が発生すれば，それは履行あるいは免除によらない限りいつまでも存在しつづける。時間の経過により権利が原告に追加されたり，あるいは義務が被告に追加されたりすることはない。当事者の法的関係は，当事者間の訴訟によってのみ変化する。しかし，あらゆる法システムには，出訴期限法があり，その主たる目的は，時間の経過を唯一の理由として訴訟する権利を否定することである。ただし，コモン・ローは，時間の経過を唯一の理由として訴訟の権利を否定することはない。

　出訴期限法に対して，公用収用条項が適用されることは明らかである。財産権は過去の加害のみならず将来の加害を矯正する権利も含んでいる。このような矯正の権利を制限する制定法が，私有財産の収用であることは全く明白である。これは，コモン・ローの責任ルールの変更が私有財産の収用であったことと同断である。しかし，出訴期間を制限する制定法がどのような企図によるものか，あるいは合憲かどうかについて真剣に取り組んだ例はない。そこでまず，この制定法がどのような

企図によるものかについて考えてみよう。第一に，この制定法について通常なされる理解は正当であり，その根拠はすぐに指摘できる。すなわち，この制定法が歓迎される理由は一般的改善であり，その内容は，これにより論争を適切なものに保ち，当事者が死亡したり証拠が古くなる前に裁判を行うというものである。第二に，出訴期限法は公的に記録されており，その存在はほぼ周知されているとみてよかろう。それゆえ，被害者にこの制定法を知らせてやるということは考慮しなくてよい。制定法がいったん公布されると，一般に人々は期間を過ぎれば訴訟できなくなるというコストを念頭に，この制定法の要求と向き合っているといってよい。もとより，原告が未成年であるとか精神的障害をもっていて自らのために訴訟ができないこともあろう。そうした場合のように訴訟が当然認められなければならない事例において，出訴期限法の適用を制約する法理は必要である。第三に，不動産と動産，横領とトレスパス，故意による侵害と過失による侵害など，事例の種類により出訴期間は異なる。しかし，このように詳しく訴訟の種類を分類したからといって，これは富を人々の間で意図的に再分配するために仕組まれたことではない。この分類は社会の階層分類を反映したものではないからである。（時機を逃さず訴訟を提起することにより）損失を低く抑える権限は，ほぼいかなる条件によっても制約されない。そして，この制定法によって訴訟を提起できなくなったとき，自分が憤懣やる方ない原告になるか，胸を撫で下ろす被告になるか，前もって予見することは難しい。

　出訴期限法が合憲であることは疑い得ない。この制定法によって富の再分配が生じるとしてもそれはわずかであり，またそれは無作為に生じるにすぎず，パイのサイズの全体が増大することによって覆い隠されてしまうのである。この新たな法体制で最も不遇な目に遭うものがいるとしても，旧体制の下で受けていた待遇よりは改善されるであろう。このように，黙示の現物補償の有無を検証する3つの基準はすべて満たされる。すなわち，まず，富が全体規模で増大しているということは経済学的裏付が明示するところである。次に，再分配の動機が存在しない。最後に，比例原理に反する負担の賦課も全くないのである。

　一層複雑な問題が生じるのは，制定法により出訴期間に制限が加えられる場合ではなく，勝訴した原告が回復可能な金額に制限を加えられたり，あるいは，敗訴した側が支払うべき金額に制限を加えられる場合である。この種の重大な制限を含んでいるのが，Price-Anderson法である。この制定法は，原子力事故による犠牲者がいかに重度の被害にあっていようとも，彼らが回収できる金額の上限を，民間の資

金と政府の資金をあわせて5億6千万ドルに設定した（もっとも，この金額は「そのような規模の惨事の結果から一般市民を保護するため，必要かつ適切なすべての措置を連邦議会はとるであろう」というどのようにでも受けとれる約束により増加される可能性はある）。この制限は明らかに部分的収用である。ここで重要な問題は，この制定法が黙示の現物補償を充分に行っているかどうかという点である。

　Duke Power Co. v. Carolina Environmental Study Group, Inc.事件[26]においてPrice-Anderson法の合憲性が問われた。この判決において連邦最高裁判所は形式的には公用収用条項を参照しなかったが，収用の観点から分析を行った。最高裁判所は，コモン・ローのルールがいったん審理されその妥当性を否認されたとき「そのルールに対する所有権も既得権も成立しない」という自らの先例を前提にして，冒頭では，代償が必要かどうかという問題については曖昧な態度をとった[27]。しかし，続いて最高裁判所は，黙示の現物補償につき，本書の分析に沿った形で問題を詳細に展開した[28]。Price-Anderson法において原告は，過失の立証義務を負わされていなかった。ここから最高裁判所は，因果関係における第三者の介在から生じる問題が克服できるという点，寄与過失および危険の引受を論拠になされる積極的抗弁に対抗することができるという2点を導きだし，これを制定法が原告に対して払った代償だと認定した。さらに最高裁判所は，そもそも行政命令によって原子力事故の発生率が抑制されており，これによって無制限の損害賠償請求権を失ったという原告のコストは相殺されているとしたのである。

　上で示された一連の便益が，将来の原告にとってかなりのものだというということには疑問の余地がない。また，会社が無制限の損害賠償請求を受ける心配がないということから，電力料金が低くなり，消費者に対してより多くの便益が提供される。しかし，その制定法がなにがしかの便益を提供するかどうかという問題の立て方は適切ではない。適切には，そこでの便益が，無制限の損害賠償請求権の喪失というコストに等しいかどうか，あるいはそれを上回るかどうかという問でなければならない。これは，どの程度の賠償が適当かを検討するときでさえ必ず考慮される問題である。制定法がもし損害賠償の上限を100ドルに設定すれば明らかに不当であり，100億ドルであれば文句なく適切であろう。

　Price-Anderson法は，被害額が法定の上限に達しない事件において難しい問題を引き起こす。公益事業者（およびその株主）と一般市民が当事者となる事件においては，石油・ガス採掘の事件あるいは生活空間の相互利用の事件とは異なり，権

利と義務の相互性が見られない。したがって，この制定法は，比例原理に反する負担賦課の有無というテストによって無効になることはないにせよ，この基準を満たすことはない。また，この制定法が一般市民に与える便益の価値を確定することは非常に困難である。この制定法が厳格責任の基準を採用しているとしても，それはコモン・ロー上の極度に危険な行為に適用される厳格責任の一般ルールに従っているにすぎない。[29] 因果関係における第三者介在の抗弁を否認しても，それはコモン・ローの厳格責任ルールと同じ効果しか生まないであろう。[30] また，これらの事件において寄与過失と危険の引受がコモン・ローの枠組に無条件に組み込まれたとしても，それが果たす役割はきわめて限定されたものにすぎない。さらに重要な点だが，1957年当初に設定された上限金額が，過去25年のインフレーションの結果不適切な数字になっている。これはこの制定法にとってどうみても有利な点とはいえない。

　以上のように，補償をめぐる取引交渉の内容と条件は著しく変わってしまったのであり，Price-Anderson 法も成立当初は合憲であったが，今日では違憲であるといえるかもしれない。しかし，単純に上限額を高く設定すれば陪審がどんどん高額の賠償金を認めるであろうから，あらゆる方面に問題が出てくるであろう。そこで，上限金額の設定にあたり，個々の原告に適切なレベルの補償を与えるもっと複雑な枠組を考えてみることができるかもしれない。たとえば，原告個人あるいは家族を単位として保険金の上限が設定される場合が考えられよう。また，不法行為により死亡した者の遺族による訴訟では，保険金の上限は数字と計算式によって明確になる可能性がある。身体侵害に対する損害賠償請求訴訟にあっては，医療費，苦痛，とりわけ精神的ショックによる苦痛に対して，それぞれ異なる上限を設定することができるかもしれない。ここに示したシステムの詳細を描くには，Duke Power 事件に現れているよりもはるかに多くの情報が必要である。しかし，たしかに言えることは，公用収用条項の正当な補償という要件が適用される以上，価額評価の問題は最高裁判所が認識していたよりもはるかに重要だということである。全体的な感じとしてなにがしかの実質的な対価が与えられるべきだという判断は，現代の弛緩した基準の下では適切かもしれないが，公用収用条項の下では不適切である。

労働者災害補償法

　労働者の災害補償は，契約法および不法行為法で扱われるが，そこでの両者の折合はスッキリしていない。一般論としては，労働者災害補償法は，産業事故を扱っ

てきた伝統的な不法行為法に代わるものである。この見方は本節で扱う労働者災害補償に関する事件の出発点にある。しかし，労働者災害補償法とそれ以外の不法行為法とは次の点で異なっている。つまり，通常の不法行為法が規定する関係は，面識のない人間の間の関係であるのに対し，労働者災害補償法が規定するのは，すでに合意によって相互関係が結ばれた個人間の関係なのである。このような個人間の関係においては，損害あるいは事故による被害の危険をどちらが負うのかを，合意によって明示的あるいは黙示的に規定することが可能である。

今日，労働者災害補償法はあらゆる州の法域に見られる。その大部分は1925年頃までに採択され，労使関係の全体構造を再編した。[31] 従来のコモン・ロー体制の下では個々の使用者と労働者は，業務災害の補償を含むあらゆる雇用条件を，契約によって自由に決めることができた。合意がない事項については，コモン・ローの発達させてきた不法行為法に準ずる一般的ルールがあった。このルールにより使用者は，労働者に対して合理的な程度に安全な職場を提供しなければならないという一般的義務を負った。その見返りとして使用者は，危険の引受，寄与過失，共同雇用という全く違う3種類の抗弁を認められた。[32] このようなコモン・ローの旧体制を揺るがしたのが労働者災害補償法であった。それは一方で，使用者が補償しなければならない可能性のある産業事故の種類を増やし，他方で，個々の産業事故に支払われる補償額に上限を設定したのである。

コモン・ローの旧体制を揺るがすために導入された構造的改革は以下のようなものである。第一に，使用者側の過失の有無が，補償問題については問題にされないことになった。これに代わる新たな責任基準は，事故が「業務に起因し就業中に発生した」かどうかというものであった。第二に，上記の異なる3つのコモン・ロー上の抗弁が廃止され，故意に自分を傷つけた場合以外，労働者は補償を請求することが認められた。このように使用者の責任は拡大されたが，それに対する目に見える形での見返りとして次の2つがあった。1つは，制定法のいわゆる「排他的救済」の規定である。これにより，労働者は使用者に対して不法行為法上の救済を求めることができなくなった。もう1つは，制定法が救済を命ずる被害者に支払われる補償額が，同種の被害についてコモン・ローが勝訴した原告に認める補償額よりも，少ないという点である。労働者災害補償法は苦痛の程度を考慮しておらず，初期の制定法の中には逸失賃金と医療費に対する補償額の上限を設定した例もあった。コモン・ローによる補償が，原告の心身を元の健康な状態にすることを目的としてい

るとすれば，労働者災害補償法の目的は，身体被害あるいは死のダメージを和らげることであり，コモン・ローの目的よりも控え目であるといえよう。「補償をめぐる取引交渉」においては，補償対象が拡大されるのと引換に補償額が削減されたというのが真相である。

　実定法の問題としていえば，このように一般的な形態を備えた労働者災害補償法を違憲であると主張する訴えに勝ち目はない。だが，歴史的には労働者災害補償法の立場は現在よりも複雑であった。最初の労働者災害補償法は1910年のニューヨーク労働者災害補償法であった。これは Ives v. South Buffalo R. R. Co. 事件を扱った[33]ニューヨーク州最高裁判所で違憲とされた。この事件におけるワーナー（Werner）裁判官の判決意見は，許容範囲を超えた曲解や皮肉を含んでおり，今日ではほとんど支持されない。しかし，そこで労働者災害補償法に投げかけられた疑問は，一蹴して済ませることのできないものである。

　Ives 事件の判決において，冒頭ワーナー裁判官はウェインライト（Wainwright）委員会に賛辞を贈った。この委員会は，コモン・ローの無駄で非効率部分の詳細について包括的な報告を行い，労働者災害補償法の成立を促進した。[34]裁判所は続けてすぐに，制定法によって共同雇用，危険の引受，寄与過失の3つの抗弁を廃止することは憲法上問題はないという結論を述べた。しかし，裁判所は，落度のない者に責任を負わせる制定法のやり方には賛成しなかった。この制定法の下では，使用者が責任を負うのは自分自身の行為によるのではなく，被害にあった時点で被害者が労働者の地位にあったということによるのであった。一方，コモン・ローは，厳格責任のルールの下においてさえ，労働者という地位を責任発生の源泉としたことはなかった。続いて裁判所は，2つの基本的命題を提示し，この制定法は違憲であると判断した。その第一の命題は，制定法と憲法の規定との関係をめぐるものであり，第二の命題は，制定法の実質的機能に関するものであった。

> 「所有権の成立根拠は，哲学的あるいは科学的思弁ではなく，また，思いやりや慈愛といった賞賛すべき衝動でもなく，まして自然的正義の指令でもない。所有権の根拠は，所有権に変更を加えることができるのは人民であって立法府ではないという基本法にある。……これ以外の見解に従えば，憲法が保護するのは立法府が剝奪していない権利だけであるという謬見に陥るであろう。この制定法を擁護するためにここで展開された経済学的あるいは社会学的論拠が容

認され，所有権という基本的観念が覆されるとすれば，立法府の絶対的裁量を制限するものはなくなり，憲法の与える保障も空虚な言葉となり果ててしまい，完全に安泰であるような私的権利は存在しなくなってしまうであろう。……危険が業務に本質的に内在しているがゆえに労働者への危険を使用者に負荷しなければならないという議論は，経済学的には適切かもしれない。しかしこの主張は，次の法原則と対立する。この原則によれば，危険が労働者の業務と不可分のものであるとしても，最先端をいく法が期待するよりはるかに周到な注意が払われたにもかかわらず生じうる危険であれば，その危険を引き受けるよう使用者に強制することはできないのである。もしも，法的な義務を怠っておらず，侵害も何ら加えていない使用者に対して，立法府がその使用者の仕事が本質的に危険であると判断したという理由だけで責任を負わせるとすればどうであろう。もしこれが認められるならば，その使用者の仕事から生じる疾病の治療を主な目的として運営されている病院あるいは慈善施設を援助するためならば，その使用者に特別税を課することもできるということになるであろう。この制定法の分析を最終的に集約していえば，それはＡの財産を取ってＢに与えているのであって，われわれの憲法の下で許されることではない。[35]」

カレン（Cullen）首席裁判官は，透徹した同調意見の中で次のように述べた。

「損害が契約上の義務あるいは落度によるものではないにもかかわらず，その損害について賠償義務を負わせるような原則を私は知らない。隣人の債務を肩代わりする義務を負わせる制定法を支持しようとすれば，コモン・ローは各人に本人の債務を履行するよう義務づけているが，この制定法はそのコモン・ローを若干修正して各人に隣人の債務を履行する義務を負わせているにすぎない，という詭弁を要するであろう。[36]」

裁判所が憲法の最高性によりながら議論を進めている部分については異論はない。しかし，そこでの考察には限界がある。たしかに，責任のルールをどのように修正しても，またその遡及効を否定するとしても，責任ルールの変更はワーナーが明示したとおり，私有財産の収用に他ならない。しかし，Ives事件における上記2つの判決意見は，黙示の現物補償の問題に想到していない。これは明らかな欠点であり，ここから見当違いな類比が試みられることになる。それは，ワーナーが用いた慈善目的の特別税と使用者の補償義務との類比[37]，および，カレンが用いた隣人の債務を肩代わりする義務と使用者の補償義務との類比である。これらの類比で示された例では私有財産が収用されている。にもかかわらず，収用を受けた所有者に対して黙

示の現物補償は全くなされていない。この種の収用では，反証されない限り補償は提供されていないと推定される。たしかに，使用者が自分の財貨を慈善目的のために支出することにより，社会的富は全体に増大するかもしれない。しかし，病院が特定の使用者の仕事に起因する疾病の治療を主たる目的として運営されるとは考えられない。したがって，慈善目的の特別税が使用者に課されるならば，この課税は第三者の便益のために行われることになり，便益と負担のバランスはとれず，比例原理に反する負担賦課の有無というテストを満たさないのである。[38]

カレン裁判官は隣人の債務の肩代わりを命じる制定法を仮想したが，これは，厳格で無条件の救助義務を一律に負わせる制定法に似ている。形式の上では，すべての人間に隣人の債務を肩代わりさせる場合，負わされる義務はバランスを失していない。しかし実際には，各人はその隣人の財貨を消費する自由を得るから，途方もないモラルハザードが発生する。つまり，AがBの信用を自由にできる場合，AはBの財貨を自分で取る代わりに，自分の債権者にBの財貨を取る権利を認めることができる。この債務の肩代わりのルールにより，各人の境遇はおおむね現状より悪化する。また，この極端なルールによって手に入る他人の財貨を使う機会は，ほぼ間違いなく個人によってばらつきが生じ，甚だしい負担のアンバランスが生じる。また，このような制定法を企てる動機は理解不可能である。以上のように，債務の肩代わりを命じる制定法は，すでに示した不法行為責任を完全に廃止するという想定，あるいは状況を無視して絶対的な救助義務を負わせる想定と似ており，黙示の現物補償を検証する3つの基準のいずれによっても違憲となる。

責任ルールの変更に関するほかの中間的な事例もそうだったが，労働者災害補償法も上記の極端な事例によっては説明できない。労働者災害補償法は，第三者の利益を図る慈善ではないし，また，誰の利益にもならない債務の肩代わりでもない。労働者災害補償法の本質は，使用者と労働者の「補償」をめぐる取引交渉である。公用収用条項の観点に立つ本書の分析では，労働者災害補償法の対価になっているのは取るに足らない制定法上の細かな規定ではなく，使用者の失った権利を補償する重要な源の存在である。New York Central R. R. v. White事件で，[39]連邦最高裁判所が全員一致でこの制定法を支持したのは，一定の補償が明確な形で存在したからであった。

しかし，White事件は，これまで考えられてきたほどには，簡単ではない。連邦最高裁判所の各裁判官は，収用された私権に対してなんらかの意味の補償があった

ことを認めている。したがって、補償が存在するかどうかは中心的問題ではない。問題は、憲法は正当な補償を要求しているということであり、収用された私権に対して制定法が完全な補償を与えているかどうかということなのである。ここでいう補償の１つは、制定法の排他的救済条項という明示的補償である。だがさらにもう１つ、黙示の補償がある。それは、雇用契約の給与条件を変更する使用者の権限である。これは制定法によって新たに使用者が負うことになったリスクを補償するものであった。

　本件において使用者に与えられる補償は上記の２つで充分だろうか。その答はけっして明白ではない。もしもこの制定法の補償制度が名案であったなら、労使双方は自主的にこの種の制度を採用していた筈だからである。[40] これは考慮に値する論点である。イングランドの鉄道会社と鉱山会社は、自主的に補償制度を採用した。[41] ウェインライト（Wainwright）報告によれば、ニューヨーク州の多くの鉄道会社が同様[42]な制度を採用した。おそらく合衆国のほかの地域でも同様であったろう。しかしながら、この制定法は従来守られてきた一線を越えていた。この制定法は自主的には採用されたことのない義務を強制し、既存の補償義務がカヴァーする労働災害の範囲を拡張した。この立法的収用により、すべてではないにせよ多くの会社の資産価値は減少した。より一般的にいえば、この制定法は契約の自由に制限を加え、労使双方の境遇を現状よりも悪化させた。黙示の現物補償を検証するという観点からは、この制定法の与える便益は不充分であるほかなく、この制定法は無効であるといわなければならない。

　しかし、この議論は、自らの正当性を信じるあまり、結論を急ぎすぎている。まず、共同雇用に関するコモン・ローのルールが、責任の所在を確定する精密な基準であるかどうかは明確ではない。また、多くの産業において労災補償制度の導入にかかる経営コストは、個々の会社単位で見るとあまりに高いが、立法によって大々的に支持されるならこうした改革も会社に受け入れられるであろう。さらに、コモン・ローによる労災補償と制定法による労災補償のうち、どちらかを選択してこれを強制しなければならないとしたとき、とくに憲法上の根拠に基づいて既存のコモン・ローによる解決方法を優先し、制定法による労災補償を拒絶することが合理的選択だとはいえない。実際、コモン・ローのルールが制定法の制度よりも優れているということは、全く明らかではないのである。何より、多くの雇用契約がコモン・ローによる解決を選択していないという事実がある。少なくとも、すべての業種の

すべての会社にとってコモン・ローの責任ルールは理想的であるという主張に説得力はない。

制定法の労災補償制度は，コモン・ローのルールより優れているという主張を可能にするようないくつかの事実を明らかにすることは容易である。まず，制定法の労災補償制度は多くの産業事故を補償の対象にしており，そのルールの運用はコモン・ローのそれよりも簡素であることが多い。[43] また，この制度の下では労使間で一種の危険の共有が成立し，その動機づけ効果はコモン・ローのそれよりも優れているといえるかもしれない。コストを最小化するのが難しいのは，労使が重複して事故防止行動をとることができるのが通常だからである。この問題を解決するにあたりコモン・ローは，完全な損害賠償と積極的抗弁（寄与過失，危険の引受，そしておそらく共同雇用）を組み合わせる。これに対して，制定法の労災補償制度は，一方で補償額を低減しつつ，他方で補償対象を拡大し，積極的抗弁を廃止することでコストの最小化という問題に対処する。制定法の制度に従う使用者は，ともかく一定の損害賠償をしなければならないので，事故防止の動機づけを持ち続ける。他方，労働者になされる補償は不完全なものにすぎないので，労働者はこの制度内にあって事故防止の動機づけを持ち続ける。このように制定法の労災補償制度は，労使双方に対してその行動をコントロールする傾向を有し，双方にとり充分に魅力的である。それゆえ，この制度は形を変えて行われている私有財産の没収にほかならないといった軽々しい非難はできない。[44]

それでは労働者災害補償法の正当性を認めてよいのか，というとそれも問題である。民事責任に関するコモン・ローのルールを変更する場合，労働者災害補償法による変更とその他の（適切な）変更との間には明らかな違いがあるからである。その違いとは階級対立という否定し得ない要素である。これはマディスン（Madison）が『フェデラリスト』第10編において「党争」の危険を記述して以来，危惧されてきた問題である。未分割共有資源のプールである石油やガスに関するルールの対象は，特定の土地所有者の集団であり，おおむね同じ社会階層の出身者で構成され，権利と義務についても対等な関係にある。不法行為責任の一般的ルールの対象は，すべての人間である。自動車事故の無過失責任制度の対象は，すべての社会階層およびすべての収入区分に属する運転者であり，まさにこの理由のために，憲法判断の局面では労働者災害補償法よりも簡単なケースである。[45] ところが，労働者災害補償法については，どのように周到な表現で記述しても，その対象者がきわめて異な

る2つの集団に属する個人であることは否定できない。それは使用者と労働者であり，両者の激しい歴史的な対立は周知のことで改めて説明するまでもない。たしかに，少数派であるとはいえかなりの数の使用者が，政治的な配慮から労働者災害補償法を支持したことは事実である。しかし，そういう支持行動に関するいくつかの（部分的）説明がこの制定法に有利に働くというわけではない。たとえば，使用者の中には一層悪い立法を避けるためにこれらの制定法を支持した者がいるかもしれない。また，この制定法を遵守する費用が他社よりも低い，たとえば，自社の労働者の質の高さが費用を抑制するという理由から，他社との競争を有利に進める目的で制定法を支持した会社もあったであろう。もとより，そのような制定法を穏当なものと信じて支持した会社もあったであろう。

労働者災害補償法の正当性に疑問を投げかける理由はまだある。それは，この制定法を正当化する論拠，つまり，労働者は階級として不平等な交渉能力しかもちえないから立法府に対して保護を求める権利がある，という論理である。しかしこの論理に従うなら，暴力と詐欺を抑止するというポリス・パワーの古典的な介入目的がそもそも存在しない事例において政府が介入し，一方の階級から他方の階級に富を再分配できるということになる。これは憲法上問題がある。私有財産制度では獲得した財産を処分する権利が認められている。したがって，濫用（上記のような暴力と詐欺）が契約締結のプロセスで決定的な役割を果たしていないかぎり，あるいは補償（ここでは黙示の補償）が提供されていないかぎり，使用者には雇用条件をめぐって労働者と契約する権利を認めなければならない。契約の権利を否定するために「交渉能力の不平等」を用いるとき，際限なく立法府の介入を認めることになろう。というのは，法人あるいは個人が持っている財産の間に相対的な格差がある，ということはほぼすべての事例について言えるからである。財産が不平等なために契約における選択の自由がなくなるのだといわれるが，この主張は労働契約を例外のケースであるように見せかけて，契約自由の原則を廃止するものである。交渉能力の平等性を基準として，契約を正統なものとそうでないものとに分類することはできない。また，この基準は，白黒しか判定できない基準が無数の段階に分かれる財産の相対的格差をいかにして評価するのか明らかにしていない。そもそも私有財産制度であれば，交渉に先立って当事者間に存在している財産あるいは能力の格差を唯一の理由として，その交渉を無効にすることなどできない。さらに，当事者の元々の財産がどのようなものであろうと，双方の財産価値は取引交渉の権利によっ

て増大するのであるから，取引を無効にする理由は全くない。もし契約が両当事者の便益を目的としていないならば，なぜ人々は飽くことなくさまざまな無数の取引に携わってきたのであろうか。私有財産制度は，先占あるいは自発的な合意によって獲得された財産につねに保護を与える。これこそ正しい理解である。100万ドルの最後の1ドルも，その最初の1ドルと全く同じように保護を受けている。国家は所有者の財産が多すぎるという理由で，合法的に取得された財産を取りあげることはできない。同じ理由から，国家はその財産の一部を取りあげることもできない。財産を処分する権利に加えられる制限は，部分的収用である。持主の交渉能力が「優れている」といってすぐさま財産の没収をすることが許されないならば，部分的収用も同様に許されない。契約を無効にする理由として交渉能力の不平等をすぐに持ち出すのは，万能の切札を持ち出すに等しく，まじめな議論の妨げとなる。[47]この万能の切札は強制的交換が認められている場合においてすら，私有財産制度と全く共存できないものである。

　労働者災害補償法の成立を説明しうる論理は，富の再分配だけではない。まだ論ずるべきものが残っている。それはこの制定法の補償制度は効率的であるという主張である。この効率性という点から強く支持される制定法の補償制度は，中間的な形態をとる。基本的な補償制度は，それが使用者の責任に関するコモン・ローのルールに取って代わるものとみなされる限りは，例外を全く許さない。しかし，契約によって基本的な補償制度から抜け出すことを禁止することは，問題である。なるほど，そのような禁止が使用者の詐欺を抑止するための合理的な手段であるというのであれば，契約自由の制限は正当化されるかもしれない。しかし，実際それが詐欺抑止の手段でありうるのかどうかは疑問である。使用者は労働条件の実態を知っているのが普通だからである。[48]詐欺のようにポリス・パワーが介入する理由がないところでは，使用者と労働者は立法府が定めた補償額あるいは補償対象を契約によ・・・・・・って変更し・・，双方がそれをコストがかかりすぎると判断したときには，制定法の制度を完全に放棄する自由が憲法で認められている。しかし，この基本的な補償制度の提案について，ウェインライト委員会は「労働者が使用者の気まぐれやえこひいきに左右される」[49]という理由で拒否した。委員会の意見では，気まぐれやえこひいきはその制定法ができる以前にはあったということになる。しかし，長命な私法の制度が制定法が出現するずっと以前から存在したというのも事実である。これは，気まぐれやえこひいきが制度の存続にとって重要なものではなかったことを意味し

ているのではないだろうか。また、使用者がどのような補償制度も拒否するということは通常考えられない。好ましい労働者を引きつけ手元に留めておくには、使用者は便益を包括的な形にまとめて労働者に提示しなければならないからである。(たとえば、使用者は、業務に起因しない被害でも不具廃疾に対して補償をするというのがふつうである。)だが何より、労災補償に関する立法府のルールを契約によって変更できるようにしておくことは、立法府の行き過ぎた介入に対する効果的なチェックとなる。もし州が補償対象を拡張しすぎたりあるいは補償額を高くしすぎるとき、当事者は契約によって基本的な誤りを正すことができる。もとより、当事者による変更の自由を認めたからといって、基本的な補償制度を維持する実質的な便益は失われていない。この制度をそのまま利用したい人はそうすればよいのである。

　以上の議論は、市場が経済学的に望ましいという前提だけにたって進められていたわけではない。公用収用条項が憲法上要請している事柄についても、以上の議論は耐えうるものである。現在の実定法の問題としては、労働者災害補償法は、使用者に代償を提供しているという形式を備えていれば、それだけで合憲とされている。しかし、制定法のプログラムの形式だけが、補償の規模を確定するわけではない。補償対象の範囲および補償額の上限は、プログラムの具体的内容によっても確定される。また、このようなプログラムの機能は、時間の経過とともに容易に変化するものである。法律が成立したときには労使双方によって公正であると思われた補償条件も、そのプログラムが有効である全期間にわたって公正であるとは言えないであろう。ここでまたしても、契約によって補償対象に関する規定を変更することで問題はほぼ取り除かれる。契約を締結する権利は、財産に対する権利の一部であり、この権利を排除する労働者災害補償法（たとえば連邦使用者責任法）[50]は違憲である。このように見てくれば、Ives事件がもたらした決定的な皮肉は一見して明らかであろう。なるほど、その判決意見は、落度のない使用者に責任が負わされることを批判した。しかしそれに気を取られすぎ、明示の契約による危険の引受などコモン・ロー上の抗弁が否認されてもそれをあっさり認めようとし、その過ちの重大さに気づかなかったのである。この過ちにより、立法府は正当な補償の加減を決定する白紙委任状を得た。そのため、労災立法において、使用者は当然得る筈の代償を提供されるとは限らず、充分な保護を受けられなくなってしまったのである。

遡及立法

原則として無効

　White 事件で支持された労働者災害補償法のプログラムは，立法後に起こった事故だけを対象にしていた。判決意見の中で裁判所は，遡及立法については全く別の論理が適用されるであろうととくに断っていた。[51] さて，私が展開した黙示の現物補償についての一般的な議論からいえば，遡及立法はきわめて厳しい審査を受けなければならない。分析の出発点となるのは，すでに認められている訴訟原因（あるいは訴訟原因に対する既得の抗弁権）は公用収用条項によって保護される財産の 1 つだということである。遡及立法は，その立法以前から存在している請求権を剥奪して個人から財産を奪うものである。たしかに，請求権を剥奪された人は，請求できない代わりに他人からも同様な請求を受けない。したがって，制定法の一般性により補償を受け取っていると言えるであろう。しかし，補償があるからといってそれが充分なものであるとは限らない。なるほど，請求権の放棄と引換に相手からも請求されないという便益が得られる。だが，この便益は，同じ請求権を他人に行使してはならないという義務を果たすことのできる，将来の請求分についてのみ正当化される。この限界を越えて権利を剥奪するというところに遡及立法の大きな欠点がある。遡及立法はその構造上，与える権利よりも大きな価値の権利を剥奪する。したがって，このように，補償の不完全性の意味するものが立法の課す負担のアンバランスにほかならない典型的場合が遡及立法なのである。

　遡及立法としてしばしば問題になるのは，労働者を対象とする定年退職後および雇用期間中の補償制度である。かつて連邦最高裁判所は，収用理論を根拠としてこのような制度立法を無効にする傾向があった。しかし近時の最高裁判所は，断固として立法府の主導権を支持し，立法府をますます増長させてしまった。このような最高裁判所の対照的な態度の背後にはどのような法理が働いているのだろうか。このことを知るには，Railroad Retirement Board v. Alton R. R. (1935)[52] と Usery v. Turner-Elkhorn Mining Co. (1975)[53] の 2 つの事件を比較するのがよい。現行法の目指している方向はきわめて極端なものであり，最高裁判所は経済問題についてはほぼすべての遡及立法を無反省に支持している。[54]

　Alton R. R. 事件で最高裁判所は，次のようなニュー・ディール立法を無効とした。この制定法によれば，鉄道会社は義務の 1 つとして，労働者のために定年退職

後の補償制度基金を創設しなければならなかった。ここで対象となった労働者の中には，定年退職者，転職者，何らかの理由で解雇された者など，この立法以前にすでに職場を離れ，会社が何の義務も負っていないような者も含まれていた。さらにこの制定法によれば，鉄道会社に勤務した経験をもつ者の採用にあたっては，鉄道会社はその経験年数に応じて算定される分担金を上記制度の基金に納めなければならなかった。この制定法は，会社に対しては経験を積んだ労働者に高い賃金を払うよう要請し，経験ある労働者に対しては自分の労働力を安く売らないようにさせる効果をもっていた。この制度の下では，分担金は連邦政府によって運営される共同基金に納付され，会社は労働者に直接支払うように求められてはいなかった。しかし，共同基金は，鉄道会社と労働者とを結ぶパイプ役を演じているだけであるから，手品のように会社から労働者への支払という事実を変えることはできない。さて，このプログラムはほんのわずかの合憲性も備えていなかった。そこには代償を提示しようというそぶりすらなく，一方には便益だけを与え，他方には負担だけを与えるという仕掛けが見られた。この事件は，形式的には「デュー・プロセス」に基づいて議論されたが，収用をそのテーマから切り離すことができないことは以下のように明白であった。

>「労働者は契約に従って完全に補償を受けており，労使共にそれ以上の金額が使用者から与えられねばならないとは夢想だにしなかったのであるから，この制定法によって労働者に支払われる部分は，将来見込まれる鉄道会社の収入から収用されるものといえよう。制定法の規定は，遥か昔のしかも終了した契約を蒸し返して新たな負担を追加している点で遡及的であるのみならず，いくつかの鉄道会社に対しては，その所有者が関わったことのない契約を根拠に私有財産の露骨な剥奪を行っている。このように，この制定法はある者の財産を奪いそれを別の者に与えることにより法のデュー・プロセスを否定している。」[55]

ロバーツ (Roberts) 裁判官は，その意見の中で，この制定法上の制度は憲法上2つの欠陥をもつと指摘した。その1つは基金への強制的な分担金の納付であり，もう1つは新規採用者についてその経験年数を加算して扱えという要請である。第一の点において重要なことは，所有者に損失（財産の収用）が生じているということであって，どのような形態で便益が労働者に図られているかということではない。第二の点は，以前の仕事の経験に対して何らかの上積み評価をしなければならないとすれば，それは明らかに将来結ばれる契約の内容を制約することになるという点

である。この制約が将来に向けられているということは憲法上の難点を免れる理由にはならない。この経験者優遇の規定の目的として考えられる唯一のものは，まだ労働力として参入していない者によって仕かけられる競争からすでに労働者となっている者を守る，という目的だからである。以上のようにこの制定法は，鉄道会社に対しても労働者に対しても便益以上に負担を強いており，黙示の現物補償を提供することができない。この事件はやさしく解決できる事例の1つであり，判決が正しいことはいうまでもない。

　Turner-Elkhorn事件では塵肺症の補償制度について議論されたが，そこでは上の事件とは全く異なるアプローチが取られた。まず，改正前の制定法が，塵肺症に罹った労働者のために補償基金を創設した。この基金は一般財源および炭鉱会社への特別課税によって成り立っていた。この制定法によって課税された会社は，補償対象の労働者を雇用しているものに限定されていた。しかし，この制定法は後に改正され，すべての炭鉱会社が課税対象となった。その主たる理由は，当初の制定法によって歪められた競争力のバランスを矯正することだといわれた。この制定法に対する違憲訴訟は，Alton R. R.事件の場合と同様，その論拠をデュー・プロセス条項の収用的側面においていた。しかし，1935年から1976年の間に憲法上の大革命が起こっていた。連邦最高裁判所は，「純粋に」経済的な問題が争点であるという理由で，経済規制立法の問題については連邦議会がほぼ全権をもつという新たな推定を適用したのである。連邦最高裁判所は，課税が遡及的であること，課税の影響はこの制定法の成立以前においては働かず予防措置の採用を促し得ないこと，課税の対象は競争の激しかった業種に属する会社の「荒稼ぎした利益」には及ばないことを認めた。にもかかわらず，最高裁判所はこの制定法を合憲としたのである。

　連邦最高裁判所はこの課税を収用と断ずるには至らなかったが，もとよりこれは収用であった。マーシャル（Marshall）裁判官は，この制定法は経済生活を共に営む上で生じる「便益と負担」を調整するものだと述べたが，このように言うだけでは，ことの真相は明らかになっていない。実は2つの調整があって，1つは私有財産を取り上げており，もう1つはそれを他人に与えているのだということが認識されなければならない。また，制定法のうち改正前のものを問題にするか改正後のそれを問題にするかによって結論が変わるわけではない。両方ともAlton R. R.事件で指摘したものと同一の憲法上の難点を抱えている。たしかに，マーシャル裁判官がいうように，Turner-Elkhorn事件では資金の用途は特定のプログラムに限定され

ていたが，Alton R. R.事件では労働者の好きなように使うことができた。だがこの違いによって憲法上の扱いは変わらない。黙示の現物補償の究極の問題は，政府の介入が作り出した負担者に，充分な便益が与えられているのか否かということである。第三者に対して便益が金銭ではなく現物によって与えられたことを示しても，炭鉱会社に対して見返りの便益があったことを証明したことにはならない。この種の再分配が幅を利かすのを見過ごすことは，公用収用条項を無視することになる。再分配の導入がいかに巧妙な口実の下に図られようとそれを許してはならない，というのがその要請なのである。

この制定法が改正されたとき，課税対象の範囲は，労働者が罹災した当時まだ開業していなかった炭鉱会社にまで広げられた。しかし，基金調達の仕方が変わったからといって，制定法に対する憲法判断に影響があるわけではない。というのは，この制定法は同時に別の種類のある人々に対し，無補償の収用を行っているからである。このような結論を避けるために連邦最高裁判所の採った方策は，面前に自分の無知の壁を立てることであった。というのは，裁判所は，経済規制立法がまさに私的財産権に関わるものであるときに，私有財産権とは何の関係もない，という命題を大前提として論理を構成したからである。負担を荷わされた当事者が黙示の現物補償を受けているかどうかを判定する，あの3つの基準のいずれかに照らしてみれば，塵肺症の補償制度が誠実な憲法審査に耐えうるものではないことは明らかである。

さて，特別の便益提供を目的とするプログラムが一般財源から資金を得てよいかというのは難しい問題であるが，これは第19章で扱う予定である。だが，かりに政府がそのようなプログラムを公金によって企画することができるとしても，そこで発生する義務の負担を求める場合には注意が必要である。つまり，問題の危害についてどのような理論に照らしても責任を負うとはいえないような公衆のほんの一部に負担させることは，全く支持できないのである。もしもそのプログラムの補償対象になっている罹災者が，個人的に直接炭鉱会社を訴えれば，この罹災者に対して会社側は，因果関係の全面的な否定をはじめ，危険の引受あるいは出訴期限法にいたる多くの抗弁を展開するであろう。厳然として存在する便益の相互性の要請を無視して，立法府はこうした抗弁の廃止を命令することはできないし，同様に新たな訴訟原因の創設を命令することもできないのである。

第16章 不法行為　301

経済規制立法の推定の克服

　しかし以上の議論から，遡及立法はその構造上，便益と負担のバランスを歪めるので公用収用条項により全面的に禁止されるべきだといえるだろうか。これは，あまりに性急でしかも誤った結論である。真の問題は，私有財産が収用されたときに黙示の現物補償がなされているかどうかである。この視点から遡及立法を見れば，収用される財産の価値は実質的なものなので補償も実質的なものでなければならない，ということが理解されるであろう。いかなるプログラムであれ，その細部に立ち入ってみれば，求められている適正な補償がどのような仕方で提供されるのかを明確にすることができる。以下においては充分な補償を提供した遡及立法の事例をとりあげる。まず，徐々に病因が累積することによって発症する被害につき，保険による担保を導入した労働者災害補償法，次に，製造物責任の事例において，市場占有率に応じた負担を会社に負わせた判例を扱う。

保険による担保　アスベストの吸引の場合のように，累積の結果，つまり，低いレベルではあるが継続的に危険な物質にさらされることから被害が生じることがある。このような被害の事例においては，誰が労働者に補償するのかを決定する際，保険による担保が問題になる。現代の補償制度は通常このような事例を補償の対象にしている。そこで私の分析も，現行の補償制度が穏当であり，その下で提起される個別の請求が妥当であることを当然の前提にする。さてここで問題になるのは，どの使用者，あるいは，どの使用者のどの保険会社が，個別の請求に対処するのかということである。まず，労働者が複数の使用者の下で働いていた場合を想定しよう。そして，出発点となるルールを，補償額はその雇用期間の長さに比例して割り当てられねばならない，ということにしよう。しかし，補償義務をこのように比例配分することには，ルールの運用上大きな困難が伴う。このルールの下では，1件の請求に対処するのに多くの保険会社と使用者が関与しなければならないからである。そこで，このルールから次のような州法への変更も考えられる。それは，最後の使用者の最後の保険会社（自家保険の使用者を含む）だけに保険金全額の支払義務を負わせるというものである。しかし，上で出発点としたルールの下では，すべての使用者と保険会社は相互に契約する自由を既得権として保持しているのに対し，この州法ではこの既得権は無効になってしまう。

　労災補償に保険を導入する制定法は，すべての補償義務をいったん未分割共有資源のプールの形にしたのちに分割して分配しているといってよい。それは，抗弁に

かかる運用コストを減らし，同時に特定の集団に常に有利に働くということがないような仕方で行われる。なぜこのような仕方で補償義務の分配が可能であるのか。それは，実際には現状が悪化する会社があるとしても，このシステムの下ではすべての会社が，事前に積極的な価値を期待できるからである。このように，既得権への遡及的な介入から期待できる便益は，負担すべきコストと同じかそれ以上であり，黙示の現物補償を検証する3つの基準のすべてを満たす。さらに残っている問題として，この制定法の下で節約することのできた運用コストをどのように分配するのかということがある。しかし，ここでは公共の用という要件が充足されている。ルールが比較的固定され自動的に機能している以上，会社が個別に余剰利益を私用することはできないからである。

市場占有率に比例した責任　Sindell v. Abbott Laboratories 事件は[57]，製造物責任に関する事例で，DES という薬を妊娠中に服用した母親の娘たちが起こした訴訟である。彼女たちは，DES の安全検査と販売方法について製造者に過失があり，これによって被害にあったと主張した。しかし，母親による薬の服用から次世代の娘による提訴までに有効な記録がなくなっていた。原告は自分の母親が服用した錠剤の製造元を特定することができず，果たしてこのような場合に裁判を進められるかどうかが Sindell 事件の焦点であった。製造元の特定という問題を克服するために裁判所が採った方法は，市場占有率に比例した責任という原則であった。これによって DES の被害者は，自分の母親が服用した錠剤の製造元を特定できない場合でも，その錠剤の製造者から補償を受けることが可能になった。このように補償の道が開かれた訴訟の分析にあたり，収用という観点に関わってこない要素については，保険による担保の場合と同様，一応妥当なものとして前提しておく。さて，市場占有率に比例した責任のルールにより，ある製造者は自分の引き起こしていない被害について責任を負わされ，ある製造者は自分の引き起こした被害について責任の大半を免れる。一方，個別の訴訟が提起される場合には，それに対して製造者が行う抗弁は所有権に基づくものであり，製造者は公用収用条項によって保護される。（市場占有率に比例した責任のルールを所有権の視点から見れば，州が正当な理由なしに製造者から財貨を取り，それを被害者に支払うようなものであろう。）それゆえ，被告が自分の全く関与していない被害に対し補償を強制されるのは，（上述の保険のシステムで働く強制と同様）私有財産の収用である。また，この市場占有率による責任ルールは，それが販売時ではなく提訴時に宣

言されたという点で,遡及的に働く。しかしそれにもかかわらず,すべての製造者の補償義務は未分割共有資源のプールの形にまとめられ,遡及的にルールが適用されても黙示の現物補償は完全に行われる。すなわち,それぞれの被告の義務は,自身への個別請求を全額支払うことではない。彼らの義務は,被告全員になされたすべての請求のわずかな部分について補償をすることである。このとき,補償総額は次の仕方で確定することができる。原告と被告とを正確に対応させなくても,一応製造者の誰かに請求の個数とその金額を無作為に割り当てれば,補償総額を確定することができるのである。こうした総額の確定方法は,DES の事例では非常に有効である。[58] ある被告の製造者が100件の賠償請求についてその10％を支払う場合と10件の賠償請求について100％を支払う場合とでは,その期待値に差がないとき,違いは全く生じない。[59]

　Sindell 事件は,市場占有率に応じた責任のルールを採用したが,被害の全コストの支払を,実質的な部分を占める業者に求めた。この点でこの判決は,憲法の許容する範囲を逸脱してしまった。この判決に反対する理由は,「実質的な」という曖昧な用語にあるのではない。たとえば,仮に75％の市場占有率をもつ業者が全損失に補償義務を負うとしても,全く同様の反論が成り立つ。この判決の弱点はむしろ,補償義務を未分割共有資源のプールとして活用する際,富の再分配を目的としたところにある。被害者がその錠剤を販売していない製造者を直接訴えた場合に,富の再分配が目的となりえないのはいうまでもないであろう。補償義務を未分割共有資源のプールの形で活用することが許されるのは,被告が特定できない場合にこの問題を克服するためであって,支払能力のある被告に財政的負担を追加するためではない。したがって,個々の被告が市場占有率と同じ比率で損失総額からそれぞれに固有の賠償額を割り当てられるとき,正しい結論が得られるのである。ところが判決は,市場に占める一定割合の製造者に当該損失のすべてを支払わせるというものであった。これにより裁判所は,会社Aに会社Bの負債を弁済させたも同然である。そして,必要以上の責任を誰かにつねに負わせるという構造的欠陥を作り出してしまった。この判決に従うとき,財産は必ず正当な補償なしに収用される。Sindell 事件およびその他の事件一般において,責任ルールを検証する究極的基準は,ルールが遡及的かどうかということではなく,便益と負担のバランスがとれているかどうかということである。たしかに遡及的なルールにおいて便益と負担のバランスがうまくとれていないことは多い。しかしそのバランスの欠如は,遡及的であるとい

うことから必然的に帰結するわけではない。

1 その最も典型的な例は，財務府裁判所のブラムウェル（Bramwell）裁判官である。彼は明確なレッセフェールのイデオロギーをもっていた数少ないコモン・ロー裁判官の1人である。このイデオロギーにより彼は Fletcher v. Rylands, 3 Hurl. & C. 774 (Ex. 1865) で厳格責任ルールを採用した。この判決は Fletcher v. Rylands, L. R. 1 Ex. 265 (1866) で支持され，続いて Rylands v. Fletcher, L. R. 3. H. L. 330 (1868) で支持されている。そのちょうど2年前にブラムウェルは Bamford v. Turnley, 3 B. & S 66, 122 Eng. Rep. 27 (Ex. 1862) において，今日でも最良といえる黙示の現物補償の定式化を示した。

2 これら3つのコモン・ローの理論のより詳細な説明およびそれらと一般的定式（the general formula）との関係については，Richard A. Epstein, "Nuisance Law: Corrective Justice and Its Utilitarian Constraints," 8 *J. Legal Stud.* 49, 82 90 (1979) 参照。

3 所有権および不法行為上の訴訟原因のシステム構築におけるこれらの要素については，Guido Calabresi and A. Douglas Melamed, "Property Rules, Liability Rules, and Inalienablity: One View of the Cathedral," 85 *Harv. L. Rev.* 1089 (1972) 参照。彼らの論文は憲法を射程に入れていないが，この論文が確定している一般的関係は憲法原理に要求される一般性と恒久性を備えている。

4 See, e.g., Colls v. Home & Colonial Stores [1904] A. C. 179.

5 この議論については第9章を参照。

6 第12章を見よ。

7 See Epstein, supra note 2, at 99-101.

8 Anon., Y. B. Mich. 27 Hen. 8, f. 27, pl. 10 (1535).

9 See, e.g., Smith v. City of Boston, 61 Mass. (7 Cush.) 254 (1851). これは部分的に道路から遮断されたとき救済の認められなかった事例である。この事例を違った角度から考察したものとして，Richard A. Epstein, "The Social Consequences of Common Law Rules," 95 *Harv. L. Rev.* 1717, 1732 (1982); M. Horwitz, *The Transformation of American Law* 77-78 (1977) 参照。

10 See, e.g., Malone v. Commonwealth, 378 Mass. 74, 389 N. E. 2D 975 (1979).

11 233 U. S. 546 (1913).

12 Id. at 551-552.

13 See Transportation Co. v. Chicago, 99 U. S. 635 (1878). この事件においては，第4章で議論した Pumpelly v. Green Bay Co., 80 U. S. (13 Wall.) 166 (1871) 事件

の拘束力が，とくに原則を示されないまま制限された。これは，裁判官が比例原理に反する負担賦課の有無というテストの力を理解できなかったからである。

14 306 F. 2d 580 (10th Cir. 1962).

15 41 F. 2D 929 (N. D. Ohio 1930), as modified 55 F. 2D 201 (6th Cir. 1932).

16 この論点自体にはつねに反対意見があった。その根拠となる主張は，占有が法的権原の根源にあるのだから，土地所有者が所有するのは効果的占有の可能な領域に限定されるというものである。See, e.g., Frederick Pollock, *The Law of Torts* 362 (13th ed. 1929). 最近の議論では，Bruce Ackerman, *Private Property and the Constitution* 118-123 (1977) 参照。これについての批判は，Richard A. Epstein, "The Next Generation of Legal Scholarship?," 30 *Stan. L. Rev.* 635, 650-652 (1978) 参照。

17 See, e.g., Flaherty v. Moran, 81 Mich. 52, 45 N. W. 381 (1890).

18 Kuzniak v. Kozminski, 107 Mich. 444, 65 N. W. 275 (1895).

19 148 Mass. 368, 19 N. E. 390 (1889).

20 Id. at 369, 19 N. E. at 392.

21 第4章を見よ。

22 See, e.g., Richard A. Epstein, "A Theory of Strict Liability," 2 *J. Legal Stud.* 151 (1973); George P. Fletcher, "Fairness and Utility in Tort Law", 85 *Harv. L. Rev.* 537 (1972); Richard A. Posner, "A Theory of Negligence", 1 *J. Legal Stud.* 29 (1972).

23 憲法上の含意を棚上げして，記述的な議論を詳細に展開したものとして Epstein, supra note 9, at 1717 参照。

24 主要な事件としては，In re Polemis [1921] 3 K. B. 560; Overseas Tankship (U. K.) Ltd. v. Morts Dock and Engineering Co., Ltd. (The Wagon Mound [No. 1]) [1961] A. C. 388 (H. L. E.) がある。一般的参考文献としては，H. L. A. Hart and A. M. Honore, *Causation in the Law* (1959). 因果関係についての資料集としては，Richard A. Epstein, Charles O. Gregory, and Harry Kalven, Jr., *Cases and Materials on Torts* ch. 5 (4th ed. 1984) がある。

25 See, e.g, James Barr Ames, "Law and Morals," 22 *Har. L. Rev.* 97, 113 (1908). 彼は「実用的原則」を以下のように述べている。「他人を差し迫った死あるいは重大な身体的傷害から救助することに失敗した者は，その救助がほとんどゼロに等しい負担によって可能であり，しかも，その救助をしなかったことから死あるいは重大な身体的障害が結果として生じたときには，刑事罰を受けなければならない。また，障害を負った本人，あるいは本人死亡の場合にはその寡婦と子どもに対して補償をしなければならない。」さらに，Ernest J. Weinrib, "The Case for a Duty to Rescue,"

90 *Yale L. J.* 247 (1980) も参照。この論文には「簡単な」救助という用語がみえる。

26   438 U. S. 59 (1978).

27   Id. at 88 n. 32. 引用は Second Emplyers' Liability Cases, 223 U.S. 1, 50 (1921) によるが，その典拠は Munn v. Illinois, 94 U. S. 113, 134 (1877) である。批判については第8章参照。

28   公益企業の資産が，この制定法の下で賠償請求されている6000万ドルをはるかに上回っている点に注意。ここでの問題は有限責任によって処理されるものではない。Price-Anderson Act は，単に第三者保護を目的とする強制保険のシステムとして理解することはできない。というのは，会社の資産はこの制定法によって訴訟から遮断されているからである。

29   See *Restatement (Second) of Torts* §§ 519-520 (1977).

30   See Id. § 522. See also Yukon Equipment, Inc. v. Fireman's Fund Insurance Co., 585 P. 2d 1206 (Alas. 1978).

31   労災補償プログラムおよびそれがコモン・ローのルールに与えた変化についての一般的説明としては，ニューヨークの労働者災害補償法を違憲とした Ives v. South Buffalo Ry. Co., 201 N. Y. 271, 94 N. E. 431 (1911)，修正されたこのニューヨークの制定法について連邦レベルで合憲とした New York Central Railroad Co. v. White, 243 U. S. 188 (1917) を参照。労働者災害補償法の発展については，Richard A. Epstein, "The Historical Origins and Economic Structure of Workers' Compensation Law," 16 *Ga. L. Rev.* 775 (1982) 参照。

32   寄与過失とは，おおまかに言えば，当該労働者が自分自身の安全について合理的な注意を怠ることであった。危険の引受は，周知の危険を受け入れるという労働者の判断を含んでいた。共同雇用の抗弁は，労働者が自分と使用者との関係などにおいて自分の同僚の労働者の過失から生じる危険を引き受けるという内容である。

33   201 N. Y. 271, 94 N. E. 431 (1911).

34   この委員会報告の正式タイトルは「使用者の責任およびその他の問題の調査を目的として1909年の法律第513号に従い任命された委員会がニューヨーク州議会に行った報告 (Report to the Legislature of the State of New York, by the Commission Appointed under Chapter 513 of the Laws of 1909 to Inquire into the Question of Employers' Liability and Other Matters)」である。

35   201 N. Y. at 294-296; 94 N. E. at 440 (citations omitted).

36   201 N. Y. at 318-319; 94 N. E. at 449.

37   ここでの「特別税」への言及は偶然ではなく重要な点である。第18章参照。

38   慈善目的の課税が支持されうるかどうかという問題は，第19章の主たる課題であ

る。
39 243 U. S. 188 (1917). この判決はピットニー（Pitney）裁判官によって書かれたことをつけ加えておく。彼の保守主義は，Coppage v. Kansas, 236 U. S. 1 (1915)から明らかである。彼は黄犬契約を禁止した州の立法を違憲であると判断した。
40 ここでは使用者の視点からのみ労働者災害補償法を考察している。もちろん労働者災害補償法が（少なくとも幾人かの）労働者の立場を不利にしているという議論も可能である。しかしこうした議論には次のような困難が伴う。公用収用条項の適用範囲は私有財産に限定されているが，私有財産としての労働の処分にまでその適用が及ぶとはおそらく解釈されるべきではないであろう。なお，実体的デュー・プロセスの議論はこのような制約を受けないことに注意すべきである。というのは，その射程は自由と財産であり，この両者の間に不明瞭な線引をする必要はないからである。
41 これについては Epstein, supra note 31, at 775, 787-797 参照。ここで鍵となるケースは Griffiths v. Earl of Dudley, 9 Q. B. D. 357 (1882); Clements v. London & Northwestern Railway ［1894］2 Q. B. 482 である。イングランド労働者災害補償法は1897年（60 & 61 Vict., ch. 37）に成立し，合衆国の制定法の雛形となった。
42 Wainwright Commission Report 35-36.
43 補償にあたり適格審査をするケースが制定法の場合でも比較的多くあり，制定法による処理がコモン・ローのそれよりも簡素であるとは実は断言できない。制定法かコモン・ローかという選択肢は正反対のものであり，どちらがいいかというのは結局経験的な問題である。会社によって被害の頻度も重大さも異なるのであるから，すべての会社にとって答は同じではない。
44 私は別のところでこれらの点についてもっと突っ込んだ議論をしている。Epstein, supra note 31, at 775, 800-803.
45 See, e.g., Pinnick v. Cleary, 360 Mass. 1, 271 N. E. 2D 592 (1971). これらの制定法は劇的な富の再分配をしているが，そこでは故意による危害と実質的な損害に対する不法行為法上の救済は否定されていない。また，これらの制定法は，警察による強制を含め，直接的な交通規制の価値を完全に認めている。こうした制定法は，代償が厳格に要請される場合であっても，明らかに合憲であると思われる。
46 使用者が労災補償制度に示した支持については Wainwright CommissionReport at 20 参照。
47 この問題が意味をもつ場合もないとは言えないかもしれない。多くの交渉，とりわけ継続中の関係の一部として行われる交渉においては増加価値が生じうる。当事者の一方が増加価値のより多くの部分を搾取する自由を構造的に持っている場合，交渉能力の不平等が存在すると断言できる。雇用契約におけるこの論点を敷衍した

ものとして Richard A. Epstein, "In Defense of the Contract at Will," 51 *U. Chi. L. Rev.* 947 (1984) 参照。しかし通常，交渉能力の不平等という語は使用者の専横と同義に用いられる。使用者の専横を突き詰めていくと，なぜ労働者が直接的賃金 (positive wages) を受け取っているのかが説明不可能となる。つまり，もし使用者が労働の価格の現状を顧慮せず決定的に有利な交渉力を行使しているというのであれば，なぜ使用者は労働者になにがしかでも支払わねばならないのであろうか。一定賃金を支払わねばならないということが認められる以上，その価格は市場の競争によって決まるであろう。

48 たとえば，この点をウェインライト委員会は採り上げていない。同委員会が強調したのは，補償の僥倖的性格，不法行為制度の無駄の多い運用実態，解決の遅延，不法行為責任が労使間に助長する敵対関係である。詐欺についての議論が成立するには，労働者災害補償法が適用される（ほぼ）すべての事例について，以下のことが示されねばならないであろう。すなわち，使用者が労働条件に関する労働者の錯誤を利用し，効果的に危険の性質・大きさについて労働者に誤解を与えたということが示されなければならないのである。しかし，工場において労働者が毎日顔を合わせて働いているような状況で詐欺が成功するとは思われない。この詐欺防止という論理が最もよく当てはまるのは累積的な精神的被害の事例である。しかし，それについては使用者が危険の範囲と発生形態について知っていたかどうかという重大な問題がしばしば生じる。

49 Wainwright Commission Report at 36.

50 Employer's Liability Act, 34 Stat. 232 (1906). これは The Employer's Liability Cases, 207 U. S. 463 (1908) において州際通商条項を逸脱しているという理由で違憲とされた。その後まもなく Employer's Liability Act, 35 Stat. 65 (1908) が成立し，さらに修正された。36 Stat. 291 (1910). この修正法は州際通商条項違反であるとの理由に基づき違憲であるとして訴えられたが合憲と判断された。Second Employers' Liability Cases, 223 U. S. 1 (1912).

51 243 U. S. at 202.

52 295 U. S. 330 (1935).

53 428 U. S. 1 (1975).

54 See, e.g., Pension Benefit Guaranty Corp. v. Gray & Co., 104 S. Ct. 2709 (1984). この事件では the Multiemployer Pension Plan Amendments Act of 1980 が支持された。この制定法は既存の共同事業者計画 (multiemployer plans) から使用者が撤退する権利を剥奪したが，これはもちろん，原則的には公用収用条項によって保護される契約の権利であった。この事件は，立法府が撤退の権利を制限できるかどうかという論点を含んでいなかったが，この事実は現在の状況を表している。

事件の争点は，撤退の権利に加えられる制限がいつ始まるのかということ，つまり，法律の成立の約 5 カ月前に連邦議会が当該計画を初めて審議したその当日から始まるのかどうかということであった。これは立法における遡及ではなく，遡及立法の適用における遡及であり，別の局面における遡及形式である。

55 295 U. S. at 349-350.

56 *Ill. Rev. Stat.* Ch. 73, §1084 (1977). この立法の特別規定により非常に短期間しか雇用されていなかった使用者はしばしば対象から外されるが，このような配慮は計算をより精密にし，法律の合憲性を高めるにすぎない。このプログラムが将来において適用されるとすれば，その問題の多い動機づけ効果により深刻な実務上の困難に直面することに注意すべきである。というのは，使用者は健康状態の悪化が見込まれる労働者を雇用することに躊躇すると思われるからである。Patricia Danzon, "Tort Reform and the Role of Government in Private Insurance Markets," 13 *J. Leg. Stud* 517 (1984) 参照。このイリノイの制定法は P. A. 83-588, §2, eff. Jan. 1, 1984. により廃止された。

57 26 Cal. 3d 588, 607 P. 2d 924, 163 Cal. Rptr. 132 (1980), cert denied; E. R. Squibb & Sons, Inc. v. Sindell, 449 U. S. 912 (1980).

58 それは 2 つの理由による。第一に，DES における危険な物質は DES それ自体であり，化学的に変化しない物質である。それゆえ，不純物あるいは製造過程での問題は生じない。第二に，請求の多くは（腺腫のように）少額であり，（癌のように）そうでない場合においても請求先は分散する傾向がある。

59 補償義務を未分割共有資源として活用するとき，その効果の及ぶ範囲は比較的広い。したがって，この期待値の差はどの会社にとっても減少し，危険を避けたがる会社にとっては新たな便益が付加されることになるという点に注意すべきである。新たに加わる運用上の負担で補償されていないものがあるが，これを相殺するものとして，有効な訴訟原因をもちながら供給先を特定するのが困難である原告の負担する補償されていない損害を挙げるべきである。ここではどちらが勝者になるのかを決定することは非常に難しい。攻撃的な収用理論でさえ，両方の解決の誤りのコストが非常に高く簡単には比較できない場合，あまり役には立たないのである。

第17章　規制

　黙示の現物補償の問題は，私有財産の使用・処分に対して国家が直接に規制する場合でも発生する。これはきわめて大きな主題であるが，すでに確立した理論枠組に依拠すれば，比較的簡潔に取り扱うことができるだろう。本章では，土地利用規制および，賃金・価格規制のようなより包括的な形態の経済規制に焦点を合わせ，これらをすべて（莫大な数の）私有財産の収用であると想定して扱うことにする。ここで私が考慮するのは，ポリス・パワーの下では正当化しえない規制だけである。核心となる問題は，通常，その規制が黙示の現物補償を定めているか，しかもその補償が憲法典によって要求され，すでに述べた3つの異なったテストに従っているかどうかである。

土地利用規制

不満の源泉

　土地利用関係の事件において厳格な司法審査が必要とされる理由は，ほとんど，地方政府の政治は党派的紛争のリスクが高いという点にある。一般的な賠償責任のルールに直面した当事者たちは，無知のヴェールの下にあると思われるが，土地利用規制については，Euclid 事件に関してすでに行った検討から明らかなように，全く逆のことが妥当している[1]。誰もが自らの立場を前もって知っているので，公的な規制の下では，未開拓地の所有者もその未開拓地を獲得しようと考えている人も，濡れ手に粟の利益をあげる機会が存在する。よくある状況として，低所得者用住居の開発業者が，厳格な居住用最低面積規制のある郊外の土地を買えないようにされ

ている場合があげられる。それによって排除される当事者とは，富める者と貧しい者の両方であり，また実業家・有産階級と少数派人種・エスニック集団の両方である。[2] 所有権と投票権とは何の相関関係ももたされていないために，状況は一層悪くなる。問題の土地はたいてい，空き地であるか，さもなくば単独所有である。そして，開発業者および将来の購入者はたいてい，その法域の外にいるため，投票権を持っていないか，直接の政治的影響力を行使できない。こうした状態が出発点にあれば，土地利用規制がどれだけ明らかな一般性をもっていたとしても，たしかな指針を提供することはできない。なぜなら，それは歪曲された適用のための無数の可能性を隠すからである。富裕で力のある開発業者がいれば，その人たちが政治過程を実効的に利用して，これらのリスクから自らを守るだろうと主張されるかもしれない。たしかにそうかもしれないが，しかし何故に彼らは，地方のゾーニング手続というハードルを乗り越えてまで土地開発の障害を克服しなければならないのか，そのような障害は最初から設けられるべきではなかったのではないか，という疑問が残るのである。[3]

　通常は，ほとんどの土地利用規制制度が自動的に執行可能なものでないことを思い起こしてほしい。そうすれば，陰謀のリスクがより明白になるだろう。自動的に執行可能どころか，その制度が措定する望ましい目的は，非常に一般的な言い方でもって設定されているのである。たとえば，美観の維持であるとか，スプロール現象の防止であるとか，個々の近隣地域の保持といったような表現がそれである。[4] そして制度の運営は個別具体的な適用に依存している。通例，それは，地方の利益集団のきわめて特殊な要求に応えて行われる地方の土地利用計画策定委員会の決定の形をとる。このようにして，大きなずれが一般原則の宣明とその具体的な適用との間に発生する。通常の土地利用紛争においては，当事者たちは直接的な利益を求めて争うのであり，彼らの地方の支配に挑もうとする他者をうまく追い払えるなら，彼らは熱中してそれに取り組むであろう。

　こうした事情の存在は，激昂した隣人たちが徒党を組んで土地利用規制委員会に押しかけ，許された土地利用に関する何らかの変更提案に対して抗議したり，あるいは意見を述べたりするというよく知られた光景からも裏づけられる。一般に市民は，その気があれば，発生しそうなニューサンスによる価値の低下とそうでない価値の低下を区別するくらいはできるだろう。しかし，合法的であれ違法であれ，どちらの活動であっても自分たちの土地の価値を低下させるのだから，市民には自己

抑制的に振舞う動機づけがほとんど働かないのである。とくに，今のように，法制度自体が意味のある反対論を無視したり，それらを不自然であるとか理解できないものと決めつけているのに，市民に自分達の反対論について是々非々であれとどうして言えようか。この場合の合理的な戦略は，狭い直接的な自己利益から行動し投票することなのである。抗議する市民は，聴聞の手続的権利や専門家の証言といった要請を認めるだろうが，それはその要請が遅延の機会を提供するからであり，また最終的な結果に相当の効果を及ぼさないからである。公の言論は地域の決定の不公平さを明らかにしたり，曖昧にしたりするかもしれないが，たとえそれが完全に尊重されたとしても，修正第1条にできることといえば，ほんのわずかの事例において結果を変えるくらいのことであろう。

　政治過程は収用の問題と直接に結びついている。地方の土地利用規制委員会は，使用・処分といった私的権利を収用して補償なしに公的領域に移し，それを多数決ルールによって再び他者に分配するのかもしれない。ゾーニングは，私有財産制度と完全に対照的位置におかれているのである。私有財産権は単一の所有者が（ニューサンスにならない範囲内で）自分の土地の1区画をどのように使うべきか決定することを許容する。所有権が実現されているところでは，所有者は集団的選択という難問に立ち向かう必要もなしに，効率的な土地利用について自ら選択することができる。現在の所有者が土地の開拓や利用をする備えがないというのなら，個人や企業が容易にその土地の買取の手配をすることができるのである。土地利用規制は土地を修正された未分割共有資源のプールに戻すことにほかならない。そうなれば，たとえ所有者である1人の人しか実際にはその土地を使用できないとしても，多数の人が土地の将来の利用に制限をつけることができる。充分に定義されない権利がよく定義された権利にとって代わり，取引費用は，土地利用ないしは土地所有において何らかの変化があれば得られる筈であった利益を超越するであろう。それは，もう1つの総和がマイナスになるゲームである。

　したがって，不安定な政治状況を矯正するには，ゾーニング過程の厳格な司法審査が適切だということになる。地方における規制についてよく観察される司法の謙譲は，全く不適切である。たしかに，無補償の収用が，地方の土地利用規制委員会が下す唯一の結論というわけではない。だから，ゾーニングそれ自体をすべて無効にせよというのは問題外である。[5]ゾーニングの中にはニューサンス類似の行為を抑制しているものもあるし，規制の中には負担を課せられた人に対して，同時に利益

も与えるものが存在するのである。ポリス・パワーの議論が明らかにしているのは，地方の権力に対しては原則に基づいた制限があるということである。同様に，黙示の現物補償の議論は，すでに詳しく説明した一連のテクニックによって解答されなければならない。たとえば，規制の帰結の直接的測定，経済的損失の理論的予測，比例原理に反する負担賦課の有無のテスト，地方的動機の審査といったテクニックがそれに当たる。土地利用に関するたいていの事件において，これらすべてが明示の補償の必要性を示している。このことは以下の判例法の検討から明らかになるだろう。

適用事例

　まずは，憲法の定める基準に原則として合格する規制から検討を始めるのが適当であろう。たとえば，新しい看板の大きさ，形，色に対する地方の統制を考えてみよう。こういった規制は先に議論した広告板[6]の全面禁止よりもはるかに的が絞られている。その制限は，ポリス・パワーでは説明されない財産的権利の制約である。それにもかかわらず，ここでは黙示の現物補償があることを見てとれるのである。というのも，この場合を検討すれば，それが未分割共有資源のプール問題のもう1つの事例であることが分かるからである。その規制がなければ，個々人は自己の看板をできるだけ目立たせようとする動機をもつだろう。なぜなら，個人は目立つ場所から得られるすべてのものを自分の懐に入れようとし，負担はそれに伴って発生する美観の費用の一部だけにしようとするからである。看板の大きさを一方的に自己抑制するのでは，その自己抑制から生まれる機会に乗じようとする人が出るだろうから，ほとんどうまくいかないだろう。多数の当事者間で契約を結ぼうとしても，通常要する取引費用の制約を考えると，交渉を行うことはできない。しかし，包括的な条例だと，個々人に対して看板の実効的な利用に必要な可視性を保証しながら，濫用を統制することができるのである。ほとんどの店舗が共通の貸主から賃借を行うショッピング・センターの店舗賃貸借契約に，そのような制限が通常含まれているのは，まさにこうした理由からである。したがって，規制が他の人々を拘束するように望む一方で，自分は以前と同様に自由なままでいたいと望むからといって，その人がその規制を攻撃することはできないのである。補償が必要かどうかを判断するための適切な基準線は，規制に服する所有者が，枠組をはめられる以前よりもよい境遇になるかどうかである。自分は無制約だが他人が拘束されれば，以前より

もよい境遇になるかではない。こうした規制の詳細は事案によって変わるだろう。だから注意しておかなければならないのは，ある範囲の土地所有者が有利になるように組み込まれた偏りが，枠組の公正さを掘り崩しかねない比例原理に反する負担を作り出していないかどうかである。現在の占有者が新規参入者よりも広範な看板特権を与えられているようなら，そうした事態も起こりうるだろう。

　このような発想方法は，より広範な形態の規制に当てはめることができる。Maher v. City of New Orleans 事件[7]において，地方の条例が，オールド・フレンチ・クウォータ地区にある建造物の外面を変更しようとする場合は，地方の承認が必要であると定めていた。この事件では，建造物の取り壊しとその場所でのアパートの建築を求める申請が退けられた。この制限は一応の収用であるが，実際には現物により補償された可能性が大きい。というのも，近隣の風致を維持することは，規制を受ける全当事者の利益になるからである。だからといって，補償は不要であるという帰結になるとは限らない。なぜなら，その利益は，規制を受ける所有者を超えて，その地区で観光客との商売によって利益を得た人たちにまで及ぶかもしれないからである。したがって，最終的な憲法的評価を行うためには，規制が（所有者の修繕・維持義務を反映して）建造物の価値を低下させたのかどうかを問う必要がある。そして，もしそうだというのなら，そのような価値の低下が，全体であれ一部であれ，規制全体の一部として含まれる不動産税上の何らかの特別控除によって相殺されるかどうかを問う必要がある。受け取った利益は収用された財産価値に等しいとみなすことは適切ではない。それは相互利益の可能性が明白な場合でさえそうである。収用は行われなかったと偽ることで問題を回避できるものではないからである。

　しかし，論争になっているほとんどのゾーニング事件で，明示の補償を認めないのは不適切である。確立した判例の賢明さに重大な疑問のあることを示すには，カリフォルニア州での3つの土地利用事件を詳細に検討すればよい。HFH, Ltd. v. Superior Courtin Los Angels County 事件[8]は，黙示の現物補償の理論に基づいて土地利用規制を維持しようと意識している事例である。原告は，合資会社であるが，農業地域に5.87エイカーの土地を購入した。その土地はそのとき商業地域に指定されていた。購入後5年が経過しても，土地は開発されていなかった。その時点で地方の土地利用規制委員会が一時的にその土地を農業用地に指定変更し，ほどなくして「低密集居住用」に地域指定した。それは意図された商業用途を事実上不可能に

するものであった。土地の価値は40万ドルから7万5千ドルに下落したと評価された。この事例において，裁判所の最初の議論は，価値の低下は damnum absque iniuria すなわち，単なる価値の減少であるというものであった。しかしながら，その結論は全く支持できない。というのも，それは損失をあたかも市場の条件が変わって生じたかのように扱っているからである。しかし実際は，損失は部分収用の反映なのであり，この場合は，国家によって課された土地に対する制限的約款の反映なのである。同様に弱いのは次のような議論である。すなわち，所有権には権利の取得後，合理的な時間内に土地を開発する義務が伴っており，その義務を果たさなければ権利に対する国家の規制は妥当とされるという議論である。ここで考慮すべきことは，反成長志向をもった裁判所が不必要な動機づけを行って，時期尚早と思われる開発を進めさせようとするのは自滅的であろうというだけではない。所有権が与えるのは，開発の義務ではなく，開発の権利であり，それに加えて開発しない権利である。同等の正当性を認められた選択肢を1つ2つ選んだからといって，そこから単純に権利の放棄を推定することはできない。この種の規制は，明らかに部分収用であり，本件の場合は，開発権の部分収用を含んでいる。

しかしながら，決定的に問題であると思われる考え方は，裁判所の次のような意見である。すなわち，商業目的の土地の価値が，少なくとも一部は，他の近隣の土地が以前は住宅用に限定されていたという事実に依存していたとしていることである。この議論が主張しているのは，要するに，甘い汁だけを吸うことは許されない，つまり原告は他人が規制を受けていることから生じる利益を受けながら，規制の負担から逃れようとすることは許されないという点である。そのような議論は，便益と負担が1つの同じパッケージの中に入れられている場合には，明らかに正しい。というのも，それ以外の決定をすれば，未分割共有資源のプール問題を解決しようとしているあらゆる立法的枠組を，反対の兆候が出たとたんに崩壊させてしまうからである。しかし本件では2組の制限が同時に課されているわけでもなければ，同じ計画の一部として課されているわけでもない。私人である当事者が何らかの原状回復法理論に基づいて，利益を受ける土地の所有者は，その土地の価値増加分について補償すべきだと要求することはできないだろう。国家の立場もそれと何ら変わるところはない。では，関係する出訴期限法を適用できなくなって久しい時点において，制限的約款が他の人々に課されていることへの補償であるとして，所与の利益を相殺の対象とすることは可能なのだろうか。

現在の制限も以前の制限もどちらも包括的枠組の一部として扱われるのだと考えてみよう。その場合も，制限の価値を最大限正確に評価すべき厳格な憲法上の義務がある。たとえば，近隣の土地がゾーニングされなければ，原告の土地は38万ドルの価値しかなかったと立証できるとすれば，国家によって支払われる明示の補償は2万ドル分だけ減額されるべきだということになろう。これは HFH 事件において異議を申し立てた土地所有者が被った32万5千ドル相当分の無補償の損失と比べると大変な違いである。しかし，近隣の土地に対する制限がこの区画に何らかの利益を与えたとする証拠はない。近隣の土地がゾーニングされないままであったとしたら，激しい宅地開発にさらされた可能性があり，そうして原告の商業用地の価値を引き上げたかもしれない。あるいは，もし付近の土地が商業用に開発されていたとしたら，原告の土地は商業用であれ住宅用であれ，40万ドルをはるかに超える価値となっていたかもしれない。両区画への制限はこの訴訟に参加していない第三者の利益のために課されたという可能性も無視できない。したがって，規制が土地所有者に課した費用は32万5千ドルであるというのが最初の概算でなければならない。この金額は黙示の現物補償を考慮しても大きく変わるものではない。市場価値に関する証拠が強く反対の方向を示している場合に，与えられた暗黙の利益は課された損失に等しいという憲法上の確定的推定をするのは完全に不適当である。

　憲法上の制約を回避する際の巧妙さは，第9巡回区連邦控訴裁判所の判決である Haas v. City and County of San Francisco 事件[9]にも現れている。そこにおける原告は，サンフランシスコのロシアン・ヒル地区にある大きな未開発地の所有者であった。そこに原告は高層アパートを建設しようと計画していた。当初の土地の購入価格は165万ドルであり，購入代金は市の担当部局から建築許可を得ることを条件として支払われることになっていた。その土地について条件つき契約が成立した後にハースが行った最初の建築許可申請は，市の計画委員会によって承認されなかった。その後，委員会は独自に，これまで以上の一般的な高さ・容積制限を採択した。それは，とりわけ，ロシアン・ヒル地区における建設を300フィート以下の建物に制限するものであった。そこでハースは新しい要件に合致させた修正計画を提出し，それは公聴会後に承認された。そうした後に土地の売買契約が最終的に締結されたのである。購入代金が売手に支払われ，16万5千ドルの手数料が仲介人に支払われた。ハースはすぐに建設用地の開発を始めたところ，ロシアン・ヒル環境改善協会という近隣住民の団体が訴えを起こして，この事業計画は1970年のカリフォルニア

州修正環境法の適用を受けるはずであると主張し，(よそ者による)建設の差止を求めたのである。ハースは事実審で勝訴したものの，控訴審で敗訴した。判決によると，ハースは建設予定地で適切な時期に本格的な建設に着手していなかったため，法律の規制要件について祖父条項の適用を受けることができないという。話は振出に戻ったが，ハースは自分がかつてよりも一層敵対的な状況下におかれていることに気づいた。というのも，その間に，市の計画委員会が一般的な40フィートの高さ制限を採択し，厳格な密度統制を行い，彼の土地をR5からR3に引き下げてゾーニングしていたからである。その過程が土地の価値を実質的に低下させたことに疑問の余地はない。また，強力な地方の偏見が開発を企てようとする「州外の」企業の利益を接収したことも疑いない。

　これが補償を要する収用であるかどうかは，比例原理に反する負担賦課の有無というよく知られた問題にかかっているという主張がなされた。ハノスナッドフー (Hufstedler)裁判官は，全員一致の法廷意見において，比例原理に反する負担賦課があったという主張に対して以下のような意見を述べた。

　　「ハースの土地は，他のロシアン・ヒルにある土地からとくに選び出されたわけではないし，比例原理に反する経済的重荷を背負わされたわけでもない。裁判記録からは，問題となった土地利用規制がいわゆる「差別的な特定区画 (reverse spot)」ゾーニングにあたるという事情も一切窺えない。逆に，土地利用統制は市開発のための包括的計画の一部であって，美観上の価値と他の居住者の一般的福利の維持を目的としているのである。土地利用制限は『政策の実現と合理的関連性を有しており……，大きな公共の利益を生み出すものと見込まれ，同様の状況にあるすべての土地に適用できるものである……。』ハースの隣人はすべて，自己の土地の将来の開発について，ハースに課されたものと同一の制限に服するのである。たしかに，今のところは，影響を受けた他の土地所有者が誰もハースと同じ大きさの未開発地を持っていないことから，ハースが比例原理に反する負担を賦課されているように見える。しかし，実際には，ロシアン・ヒル地区のすべての土地所有者は，ハースと同様，単独であれ他の土地所有者と共同する場合であれ，高層アパートを建設するために自己の土地を再開発することはできないのである。

　　ハースは深刻な経済的損失を被った。その挫折感たるや，近傍の土地所有者が受けたものと比べようもない。損失は大きいし，またハースは公共の福祉のために，比例原理に反するような負担に耐えなければならないのではあるが，

しかし，それによって規制が収用に変質させられるわけではない。」[11]

ハフステッドラー裁判官の議論を扱う際に重要なことは，部分収用を攻撃するには２つの別個のやり方があるということに注意することである。その２つとは，経済的損失の直接的評価と比例原理に反する負担賦課の有無である。直接的評価による場合には，元の価値と規制のために生じた事後の価値との差が適当な尺度になる。これまでのゾーニング条例の効果を度外視するとすれば，165万ドルの購入価格が市場価値の信頼できる証拠であり，それには10％の仲介手数料や他の取得費用が追加されるべきである。ハースは土地の残余価値は10万ドルにすぎないと主張したが，ロシアン・ヒル地区のテラスハウス取引の実質的な市場を考慮すれば，その数字は低いように思われる。しかし，たとえその数字を２倍にしてみたところで，ハースが自己の土地の価値に反映されていない包括的な土地利用計画からなんらかの利益を受けていると考えることはほとんど不可能である。

上述のことに対して，一般的な規制については，直接的評価の代わりに比例原理に反する負担賦課の有無のテストの使用を主張することができる。裁判所はこのテストの適用可能性について言葉を濁しており，引用した文章の最初のところでは否定している。ただ，最後のところで，やや不承不承ではあるが，承認する結果となっている。しかし，事案の事実を見る限り，比例原理に反する負担賦課の有無のテストは，裁判所がとった主題に対する非常に硬直したアプローチを覆して，明示の補償を要求しているのである。ハフステッドラー裁判官にとって，Haas事件の決定的な問題は，ハースとすぐ近くの隣人の双方に対して，同じ類型の制限が課されたのかどうかであった。たしかに，このテストは全く無意味ではない。というのも，かりにハースの土地利用は制限されたのに，隣人たちはすべて依然として自由に自己の土地の上に高層ビルを建てられるのだとすれば，ハースは補償を得ると思われるからである。

しかし，Haas事件が比例原理に反する負担賦課の有無のテストを無効にしなかったからといって，それだけで法廷意見がそのテストを公平に扱ったということにはならない。これまでと同様，なすべきことは間接的手段によって与えるべき補償の程度を測定することである。形式的に同じような制限に服するということに根拠を求めるのは，何らかの相互利益がありさえすれば，それで充分であるというのにほかならない。しかし，憲法典が正当な補償を求めている場合に，決定的に重要なのは，補償の存在ではなく，補償の額である。この問題については，市場価値に関

する証拠が裁判所の結論に対する反駁になっている。たとえその証拠を無視し，制限が表面上は中立的なものであるとしても，負担はバランスを失している。というのは，その制限がハースに課した費用は彼の隣人に課された制限の費用をはるかに上回るものだったからである。ハースが建築を望む一方で，隣人たちは建設差止を望んだ。隣人たちからすると，自己の土地の非市場的余剰価値が保護されることになった。ところが，ハースにしてみれば，希望が粉々に打ち砕かれたのである。加えて，隣人たちのほうには開発の機会はほとんどなかった。彼らの誰もが建設用の大きな土地を獲得するという形での信頼費用を何らかけてはいないし，着工も全くしていない。[12] ハースは高層ビルを建設するのに充分な土地を集めてきた。同じことをするためには，他のどんな建設業者でも同じ収集費用をかけなければならないだろう。土地を手放したくないと思っている1人の土地所有者に邪魔されるような目に遭うかもしれない。さらに加えて，ハースが更地のことを心配するだけでよかったのに対して，他の建設業者は既存の建物を撤去しなければならなかったかもしれないのである。裁判所は，ハースの収集費用は他の人よりも彼を不利な立場におくように「見える」というところまで認めている。これらの費用は単なる見かけ以上のものである。というのも，彼は他の人よりも実際に不利な立場におかれたからである。だからこそ，比例原理に反する負担賦課の有無のテストは満たされているのであり，裁判所の判決は間違っているのである。

　その誤りがいかなるものであれ，Haas 事件判決は，現在の連邦最高裁判所の法思想と整合的であるように思われる。その法思想は，土地利用規制問題に関連して，Agins v. City of Tiburon 事件において展開されている。[13] この事件の原告は，サンフランシスコ湾が見える第一種住居地域に約5エイカーの土地を所有していた。カリフォルニア州法に従い，市はその土地の上に建設できる建物の数を5つに制限する計画を立てた。ゾーニングが行われる直前に，市はオープン・スペース用に保全すべき土地を獲得するために，125万ドルの公債を売却することを承認した。その承認文書の中に，原告の土地に対する明示的な言及はなかったが，[14] それでもそれが何のためであるかはきわめて明白であった。新しい建築の制限という望ましい目的の大部分を達成するために，地方政府がほんのわずかの費用で土地をゾーニングできるのであれば，なぜオープン・スペース用の土地を獲得するのに125万ドルを支払わなければならないのだろうか。たしかに，結果においては違いがある。というのも，ゾーニングだと一般公衆がその土地を使用することは認められないだろうが，公用

収用によって取得すれば，そのような価値ある権利をもたらすことができるだろう。しかし，地域に住む者の立場からいえば，重要な問題は次のことだけである。すなわち，土地の価値の相当な部分に匹敵する値打ちをもつ制限的約款をほとんど無料で獲得できる場合に，当該土地に125万ドルを支払うだけの必要はあるのかである。答は明らかであるように思われる。とくに，制限に服する土地が，相当な期間経過後，適当な手続（別個の聴聞や新しい決定）をとれば，減少した価値で収用できるとすれば，そうであろう。

Agins 事件における法廷意見はパウエル裁判官によって書かれたが，それはポリス・パワーと黙示の現物補償の議論の誤った使い方が，いかに公用収用条項の核心を破壊しうるかということを示している。すなわち，

> 「ゾーニング条例は，オープン・スペース条項によって，住居財産の慎重で秩序のある開発を確保するという市の利益に貢献し，それを通じて上訴人と公衆の双方に利益を与えている。上訴人の5エイカーの地域が条例によって影響を受ける唯一の土地であるという証拠はない。したがって，上訴人は，市のポリス・パワーの行使による便益と負担を他の所有者と共有しているといえる。ゾーニング条例の公平性を評価する際は，上訴人が被るかもしれない何らかの市場価値の低下とともに，これらの利益のことも考慮されなければならない。」[15]

論旨は，充分に明確であるが，その議論は明らかに誤りである。まず第一に，他の土地所有者がゾーニング規制に服するということは重要ではない。たとえ服するとしても，規制は依然として収用そのものである。そして，もし地域のすべての土地が規制に服さないのだとすれば，比例原理に反する負担の賦課があることになる。それはたとえば，未開拓の土地に広範な使用制限を課すことによって，すでに開拓された土地の価値を上昇させるようなものである。当然ではあるが，条例の制定によって誰も利益を受けていないという主張は展開されていない。というのも，もしみんなが損失を被るのなら，その措置が採用されることはないだろう。制限的ルールというのは，政府によって支援された取引制限なのである。

第二に，所有者たちがポリス・パワーの利益を「共有している」ことは重要ではない。争点は彼らが受け取る利益の範囲である。それは失われる財産と充分かつ完全に等しくなければならない。5セントの補償の支払は，100ドルの支払義務を免除するものではない。単に何らかの利益があれば，それで充分な評価がなされたものとして扱うことは，間違いだと分かっていること，あるいは少なくとも明白な証拠

に反することも確定的推定にしてしまいかねない。

　第三に，ポリス・パワーの利益は「上訴人が被るかもしれない何らかの市場価値の低下と一緒にして考慮される[16]」べきものではない。要点は，これらの利益が全く不充分にしか考慮されていないというところにあるのではない。それどころか，これらの利益は規制が課された時点の土地の価値の中にすでに折り込み済みであり，それを別個に考慮することは，重複計算することになって，州の利益を不当に大きくしてしまうことが問題なのである。

　HFH 事件，Haas 事件，Agins 事件は，現代の公用収用法の問題性をすべて露呈させた一連の事件の典型例である。これらの事件は，まず公用収用条項の文言を狭く解釈し，次にポリス・パワーを拡大解釈し，その上で比例原理に反する負担賦課の有無の要件を制限的に解釈することによって正当化されている。現行の法は，間違った法理と地方政府に対する擁護不可能な司法の謙譲を結合したものなのである。

料金，価格，賃金規制

　黙示の現物補償の一般理論はまた，適用はより困難であるものの，より広範な類型である経済規制にも当てはめることができる。その問題の源泉は明白であろう。というのも，包括的な政府規制の量や波及効果を計算することはこれまで以上に難しいからである。直接の補償は，状況に固有の複雑さゆえに，ほとんど不可能である。したがって，憲法違反に対する適切な救済は，ある状況においては，規制の全面的無効ということになろう。もしどのような賃金・価格規制もそれ自体として違憲であると断言できるのであれば，理論上の問題ははるかに簡単になるであろうが，そのような一般的な判断を下すことはとてもできない。

　まず最初に，政府規制が妥当であるといってよいような領域，すなわち，鉄道その他の公共料金の領域を取り上げよう。これらの問題を適切に取り扱った事件が初めて連邦最高裁判所に持ち込まれたのは，19世紀末のことであった。その頃，急速な産業化により，鉄道や公益事業に対して莫大な投資が可能になったためである。そのリーディング・ケースは Smyth v. Ames 事件である。[17]この事件は，ネブラスカ州が旅客・貨物運送の運賃表を定めたところ，このような運賃表は，資本投資に対する合理的な収益を得るすべての機会を奪うものであると鉄道会社が訴えたというものである。事件はデュー・プロセス条項の名の下で議論されたが，その分析方法は，由緒ある公用収用法のそれであった。というのも，ハーラン (Harlan) 裁判官

は，適切な争点は，料金構造が公共の用のために正当な補償なしで鉄道財産を収用するものになっているかどうかだと考えたからであった。[18]

ここで，なぜ鉄道や公益事業は規制を受け入れなければならないのかと問う人がいるかもしれない。市場におけるそのサービスの価格が料金規制を受けた価格を上回るのであれば，（公用収用条項は処分の権利をカヴァーしているのだから），市場から得ることのできる収益と規制が認める収益との差に対して補償を受ける権利があることは一応証明できる。しかし，この議論は規制を受ける産業についての重要な特徴を見過ごしている。なぜならば，この産業が獲得した市場での地位，しかもおそらく独占的な地位は，政府の介入のおかげだからである。政府の介入があったからこそ，必要な土地についての権益を集めることができたのである。鉄道の典型的なやり方は，政府の権力に訴えて，政府から土地を無償で手に入れることであったし，公益事業の典型的なやり方は，私的な収用権を行使して，公的な通行権を入手することであった。

このように整理すれば，争点は1つに絞ることができる。これらすべての収用は公共目的のためであるに違いないのであるから，問題は，公用収用権の下で，誰が資源の移転によって生み出された余剰を受け取る権利があるのか，ということになる。万一，公益事業や鉄道が全く規制を受けずに経営できるのだとすれば，最初の株主たちは，余剰の平等な配分を要求する公共の用という要件に違背して，自分たちの利益のために余剰を独占してよいことになろう。[19]

料金規制の問題は，余剰の大きさを最大化すると同時に，その公正な分配を確保するという両方の方法に関わっている。これだけはいえるだろうと思われるのは，単純に全般的かつ非差別的なサービスを義務づける一方で，規制企業には何らかの統一価格を自ら選んで設定してもよいとするのが，適切な回答だということである。しかし，この場合の危険は明白である。その産業が複雑であると，すべてのサービスを均一な単位費用で提供することはできない。電力需要の少ないときよりも，電力需要のピーク時に発電する方が費用は大きい。したがって，非差別供給は，費用の不均一な財に対して均一価格を設定することを通して，自ら不適切な動機づけを作り出してしまうのである。その結果，ある単位を損して売っても，他は莫大な利益を生むというシステムだと，ピーク時に過剰消費が発生する。価格設定の際には，非差別の理想を維持できるような料金区分を考慮しつつ，その区分を充分に柔軟にして，余剰の不平等な分配を防止しなければならない。さもないと，法的に支えら

れた独占が生じてしまうだろう。

　それゆえ，直接的な価格規制は，規制産業に対して，私的な収用権を付与するシステムの仕上げ部分として理解されるのである。ある意味では，それはすでに検討した労災補償の状況と非常によく似ている。そこでは代償の大きさは立法府の裁量に委ねられ，裁判所による憲法上の審査はほとんどないか，全くなかったのであった。[20]

　しかし料金規制は，歴史的には，逆方向への転換であった。州が望むような方法で自由に料金を設定できるようなことになれば，規制権限が没収権限に転化することを裁判所は承知していた。したがって，「合理的な収益」という定式は，次のような2つのディレンマを免れようとする努力だったのである。第一に，きわめてはっきりしていることだが，郵便局用地として土地を収用する場合とは異なり，このような場合に当初から固定料金を設定することはできない。労災補償の場合に見られたように，1回きりの解決では未来が抱える不確実性に充分配慮することはできないのである。[21] 第二に，鉄道が最初の投資を行った後，州が補償について自ら適切だと判断する額を決めるようなことは（党派的利益が図られる危険性があるがゆえに）認めることはできない。Smyth v. Ames 事件でとられた司法審査のシステムは，鉄道が州の権限を使って財産を取得する際に，その対価支払の猶予が認められる世界における中間的な立場をとることの表明である。ある意味においてこの判決は，補償の基準になるべきものは「その価値であって費用ではない」という一般的な命題が間違いであることを明らかにするもののように見える。しかし，適切に理解すれば，収益率規制は，競争市場が排除されている状況において，競争市場における収益（およびそれがもたらす余剰の公正な配分）を提供しようとする努力なのである。

　このシステムを執行するのに必要な仕事は大変なものである。たとえば，Smyth v. Ames 事件では，ネブラスカ州側の弁護士は料金表を擁護して，「賢明とはいえない契約，貧弱な施工，異常に高価な資材費用，当該財産の建設と経営を担当する人々に見られるあくどさについては」，利潤は認められるべきではないと主張した。[22] この主張は正当である。というのも，たとえシステムが費用を基礎として機能しているとしても，企業の経営失敗に帰せられる価値の損失は消費者に転嫁されるべきでないという点を指摘しているからである。このように料金の基礎は，経営の失敗に帰せられる価値の低下を考慮するように適切に調整されなければならない（経営行動は，それをカヴァーする動機づけ構造によって疑いなく影響を受ける）。料金規制に

まつわる複雑な事情は無数の他の問題にも及んでいる。たとえば，適切な資本費用，企業活動に伴うリスクの程度，規制を受ける産業が引き受けなければならない義務の価格評価といったことに関して絶えず調査する必要がある。これらの作業はいずれをとっても，最善の指針が「合理的な収益率」としか言っていない以上，容易に遂行できるものではない。たしかに，直接規制に伴う過誤の費用や執行費用のために自然独占による余剰は，すべてではないとしてもほとんどが雲散霧消してしまうのだから，単純な差別禁止規定の制定だけにとどめるべきだという主張を強力に擁護することも可能であると思われる。[23]しかし，ここは特定産業の料金規制を個別具体的に擁護したり攻撃したりする場所ではない。ここで私が示そうとしているのは，Smyth v. Ames 事件において概要が示されたシステムが，憲法的伝統の大まかな枠内でなぜ正当化されるのかということだけである。

それとはっきりとした対比を見せているのは他の種類の規制である。それは，個別企業の収益がいかなる点においても州の公用収用権の行使に依存していないのに，その企業の利益を制限しようとする規制である。[24]今日これらの事例に対する支配的な社会の反応は，料金規制にはさまざまなものがあることを無視し，それは原理の問題として正当化されると想定して，規制される当事者がどのようにしてその優位性を手に入れたのかを全く問わないというものである。こういう，包括的な経済規制の功罪を審理したがらない態度は，既決の事例にはっきりと反映している。したがって，ゾーニング決定に対する訴えは，少なくとも棄却前に丁寧な審尋を受けるのであるが，包括的な経済規制に対する訴えは，Lochner 事件の幽霊が現れたとされて，あっさり片づけられるのがふつうである。[25]しかし，実はもっと厳格な審査が必要なのである。

まず，商品が開かれた市場で取り引きされるときの価格を制限する諸統制を考えることにしたい。その場合，安易な解決法に屈して，政府の行動を部分収用ではなく単なる規制とみなす誘惑にかられるかもしれない。しかし，このアプローチは原理的に破綻している。というのも，決定的な問題は，その収用について補償がなされたとみなすべきか否かということだからである。ここでもまた例によって，評価に関する直接的方法（つまり，規制される企業の株式の市場価値の変動）と比例原理に反する負担賦課の有無というテストとが居心地悪そうに混在している。評価の結果を容易にあるいは画一的に導き出すことはできない。たとえば，価格制限として，あらゆる製品を，価値や先行費用と無関係に，わずか1ドルで販売しなければ

ならないとする規制を考えてみよう。もしこのような将来の規制が公用収用条項の適用対象に入るとすれば，そのような制定法は，（万一）可決成立されたとしても，この条項違反とされるに違いないのである。この制度からはどうしようもない混乱が発生し，それだけで条項違反となるであろうから，この制度の悪影響全体を逐一証明する必要はない。何人かの人（実質的にはすべての人）は，必ず真の敗者になるだろう。たとえ比例原理に反する負担賦課の有無というテストだけをもっぱら考慮するとしても，この制定法はやはり条項違反とされるであろう。というのも，その規制の厳しさは，私的所有財産のあり方によって決定的に違ってくるからである。すべての人が今までよりも悪い状態にされる一方，他の人よりも損害を多く被る人が現れるだろう。価格統制が許容されるとすれば，全員が同じ1ドル価格規制の下で働くというような中立的な形式だけに着目し，かつ，すべての当事者の損失を無補償のままにしておくという経済効果を無視する場合に限られるのである。

現実の世界においては，誰もそのような不条理な価格統制制度を申し立てないだろうから，憲法上の制約が立法府の行動に対して実際に発動されることはない。これらの価格統制を政治的に実行可能とするのに必要な手だてそのものが，憲法的基準により近い適合性をもたらすものなのである。規制の基礎となる価格は，異なった所有財産の異なった価値を反映するその時点の歴史価格と連動しているのがふつうであり，それによって，もしそれがなかったら生じていたであろう急激な富の変動を和らげている。しかし，単一の統制制度は，財が異なっても同じ結果をもたらすとは限らない。インフレーションのない市場ですら，財の価格変動は，非常に大きいのである。たとえば，コンピュータ関連の製品の価格は着実に下落し，農作物の価格は大きく上下し，写真フィルムの価格は銀と連動するといった具合である。さらに次のような強力な議論がある。それによると，価格統制は廃止されなければならないという。というのも，最初の定式がいかに衡平であって，立法府の動機がいかに高尚であったとしても，それ固有の硬直性が劇的にパイを小さくするからだというのである。ただし，比例原理に反する負担賦課の有無というテストに関する（慈善的）バージョンを用いて，どんな直接的価格統制システムにも内在するアンバランスを無視する場合は，制定法の一般性によって違憲の主張を退けることができるかもしれない。そういう局面は存在する。たとえば，価格統制が戦時に（つまり外因的ショックで）導入されると，最初は，市場によらない偶発性への応答として正当化されるかもしれない。しかし，その枠組の憲法適合性を承認する大きな理

由は，もしそれが通常考えられる程度に悪いものなら，平時になれば，だいたいの人がそれを廃止するために動くだろうから，憲法的に無効としなくても消滅するだろうとされることにある。

　しかしながら，選択的価格統制，つまり価格統制が1つの産業には適用されるのに，他には適用されない場合は，事態は全く違ったものになる。その主たる例証が，1950年代に行われた天然ガス価格に対する統制と，1971年にニクソン大統領が導入した価格統制の一般的システムが廃止された後にも存続することとなった石油およびガス価格に対する統制である。こうなると，比例原理に反する負担賦課の有無を基準とする議論は明示の補償要求を擁護するための決手でなければならない。規制が部分収用であるということに疑問の余地はない。なぜなら，たとえ所有権の他の属性がそのまま残されているとしても，一定の価格以上ないし以下で処分する権利は取り除かれてしまっているからである。また，暗黙の補償があるとはいえ，規制が比例原理に反する負担を課していることを考えると，その補償では不充分である。問題のルールに服している石油会社は1つではないという事情は取るに足りないだろう。というのも，ある産業全体が規制されれば，規制されたクラス全体において，便益と負担の相互的な提供がなくなるからである。それは未分割共有資源のプール規制の場合ときわめて対照的である。規制されたすべての当事者の状況は，他人が同様に規制されたからといって好転するわけではないのである。たしかに，当事者の間で何らかの間接的な重なり合いは存在する。石油会社の株主は，そのルールから便益を受ける消費者でもある。しかし，この2つの市場を横切って完全な分散が行われることはない。むしろ全く逆に，多くの消費者は製造者としての利益を持たず，多くの製造者はほんのわずかな消費者としての利益しか持っていない。たとえ段階的執行理論の本格的積極的な使用が認められて，1つ1つが総和がマイナスになるゲームであるような，ばらばらの規制枠組をつないだとしても，規制の不規則模様が長期的には問題を打ち消しあって最終的にはバランスのとれたものになると思わせる証拠はない。論争において問題となっているものの総量は莫大であるが，原理に基づいて回答するのは容易である。

　この議論は他の直接的な規制に及ぼすことができる。一般利息制限法は，全般的な富の効果から見ればたしかにマイナスに働くが，比例原理に反する負担賦課の有無というテストに依拠して維持できるかもしれない。しかし，この文脈では生じる許容可能性も，有利子で貸す権利の選択的制限が許されないということについては，

生じる余地さえない。もっとも，裁判所は，ロックナー時代の最盛期ですら，一般利息制限法から連邦および州立銀行だけを免除して，他の無担保の貸手を免除しないコネチカット州法（平等保護条項に基づいて違憲と主張された）を司法的謙譲の原則とポリス・パワーという広範な根拠に訴えて合法とする対応をしている。[28]

今世紀の初頭において，最低賃金法や最高労働時間法を違憲無効にしたり[29]，また，黄犬契約に対する連邦および州の禁止措置を違憲無効にしようとする動きがあった[30]。しかし，こうした一連の事件に対して，実体的デュー・プロセスの法理は，公共的関心事をめぐる立法府の活動には制限を課さないという異論の余地ある理由から，ほとんど先例的価値を認められてこなかった。しかし，公用収用の議論はそう簡単に消えるものではない。ここでは，その議論は，雇用者と被用者のどちらからも持ち出すことができる。労災補償の場合と同様に，この禁止措置は契約の自由の核心に関わる。労働時間や賃金に対する制限は，疑問の余地なく，雇用者が財産を処分する権限に対する制限である。被用者の主張は，皮肉なことだが，制限が被用者の労働力を処分する権利に対するものであって，財産に対するものでないことから，公用収用条項の下ではしっくり馴染まないと思われるかもしれない。しかし，被用者もまた，自己の労働力を使って財産を獲得する権利を厳しく制限されているのである。人的サービスに対する「自由」の利益は，通常，契約自由の原則によってカヴァーされ，実体的デュー・プロセス法の下で展開されてきたのだから，公用収用条項によってもカヴァーされているといえよう。こういう主張が現実になされるとは思われないが，あり得ないことではない。しかし，雇用者にとって，雇用契約に対するこれらの制限は疑いなく部分収用である。それはどこから見ても階級立法であり，憲法上，全面的に無効にすることが求められる。なぜなら，正当な補償は（余剰の平等な分配はいうまでもなく）なされておらず，補償しようにもできないものだからである。

上述の議論は，一般的な形で，労働時間や賃金を制限するあらゆる規制に適用される。もちろん，この場合，憲法上の非難は労災補償立法に対するものよりもはるかに容易である。というのも，そこには安全・健康事項を根拠にした，一応の妥当性をもつポリス・パワーの主張が成立しないからである。雇用者は賃金の額を不実表示していると主張する，それなりに説得力をもった議論も成立しない。そのことは，最低賃金の支持者たちが，契約賃金を書面で開示するよう雇用者に義務づけようとする法案に対して，どのように反応するのかを考えてみれば分かるだろう。

この要点を最初によく理解できたのはハーラン裁判官であった。彼は Lochner 事件で反対意見を書いたのであるが，Adair 事件では黄犬契約禁止立法を無効とする意見を書いている。Adair 事件は，簡明な事件であるので，以後の社会立法，とくに，連邦労働関係法（the National Labor Relations Act）は，契約自由と私有財産の排他的占有に対して複雑な制限を伴うのだから，公用収用法上の根拠から当然違法とされなければならないものである。

団体交渉は，適切に設定された市場が複雑な未分割共有資源のプール制によって排除された制度のもう1つの例である。未分割共有資源のプール制は，全般的な富の効果はマイナスであり，比例原理に反する莫大な負担をとりわけ既存の企業に対して課すものである。[31] この議論を否定する唯一の方法は，契約上の権利に対してあらゆる将来に向かう規制は公用収用条項の範囲外にあると主張することである。しかし，この方法で，1時間1,000ドルの最低賃金法に対処できるだろうか。1時間10ドルの最高賃金法はどうだろうか。すべての労働者を雇用することに対する全面禁止措置はどうだろうか。私的契約でのすべての行動の権利を完全に否定することはどうだろうか。組合員が生産していない商品の売買を禁止する法律はどうだろうか。すべての処分の権利を財産権の範囲外におくことは，これらの主張を処理するための1つの都合の良い方法ではある。しかし，そのアプローチは，財産権からその本質的属性の1つを奪うことによって，重大な問題を避けているだけなのである。今日，処分の権利を根底から排除する法律は，平等保護条項やデュー・プロセス条項の下で（成功するかどうかは分からないとしても），おそらく攻撃されることになるだろう。けれども，その新しい理論上の場が，財産権が訴えの基礎であるという事実を隠すことはできない。

私の立場は20世紀の立法の大部分を無効にするのではないかと言われるかもしれない。たしかに，その通りである。しかし，だからといって，この立場が原理的に間違っていることになるのだろうか。私の批判が幅広い領域をカヴァーしているということは，多種多様な事件の中に，はっきりとしたパターンの憲法判例が見られることの提示にほかならない。諸事件につながりがあるということは，立法の大部分を一蓮托生にするという効果をもつ。ここで私の議論が正しいとすれば，ニュー・ディールの経済社会立法はすべて，原則として，労働法の悪弊を被っているのだから，同じ憲法的運命に委ねられなければならないということになろう。ニュー・ディールとは，まさに制限政府の諸原則と矛盾するものであり，その目的を確保する

ためにデザインされた憲法条項と矛盾するものである。この社会立法に対してどんな攻撃を加えたとしても、そのことで国家統治が不可能になるというわけではない。また、ある破壊的な営みが公衆全体に損害を与えながら存続するというわけでもない。警察はその役割を果たすことができ、裁判所は門戸を開いており、軍隊は準備を整えていて、未分割共有資源のプールは区分管理することができ、頑強な問題は克服可能であり、不確実性には対処することができる。しかし、公用収用条項はレント・シーキングと政治的党派性を統制するために考案されている。公用収用条項が及ぶのは、まさにこういった営みであり、しかもこういった営みだけなのである。この立場に対抗する唯一の議論は、もっとプラグマティックなものである。すなわち、いったん原則から離れれば、原則が要求する道に戻ってくるのは不可能になるというものである。こういう議論については、公用収用条項（少なくとも、収用の議論）が、最初に租税に対して、次に福祉受給権の立法的創設に対して、どのように当てはまるのかを探求した後で考えてみたいと思う。

1 第10章を見よ。
2 開発業者と取り引きする将来の買手は、開発業者の立場とは異なる立場にあるということにも注意されたい。たしかに、これらの地方条例は、そういった買手から、財産を獲得する権利を奪うものである。しかし、ほとんどの事例において、これらの損失は補償される必要がない。なぜなら、その損失は、新しい場所に店が移った場合の将来の顧客の損失と同様、あまりにも小さく、かつ、拡散されているからである。第4章参照。ただし、個々の当事者が、土地を獲得するのに実質的な投資を行っていた場合は、その効果はバランスを失するのだから、明示の補償が原則として必要とされよう。
3 See, e.g., Harbison v. City of Buffalo, 4 N.Y.2d 553, 564-575, 176 N.Y.S.2d 598, 606-616, 152 N.E.2d 42, 48-54(1958) (Van Voorhis, J., dissenting).
4 See, e.g., Cal [Gov't] Code § 65302(a) (West 1983).
5 See Frank I. Michelman, "Political Markets and Community Self-Determination: Competing Judicial Models of Local Government Legitimacy," 53 *Indiana L.J.* 145 (1977-78).
6 第10章における Metromedia, Inc. 事件についての議論参照。
7 516 F.2d 1051(5th Cir. 1975). この事件についての同様の分析は、次の文献に窺うことができる。Donald Wittman, "Liability for Harm or Restitution for

Benefits?" 13 *J. Legal Stud.* 57, 75-76(1984).

8　15 Cal. 3d 508, 542 P. 2d 237, 125 Cal. Rptr. 365 (1975), cert. denied, 425 U.S. 904 (1976).

9　605 F.2d 1117 (9th Cir, 1979).

10　Russian Hill Improvement Ass'n v. Bd. of Permit Appeals, 44 Cal App. 3d 158, 164, 118 Cal. Reptr. 490, 494 (1974).

適用される制定法の文言は，「本格的な建設が行われ，建設と必要な資材に対する実質的責任が課される」環境法上の事業計画について祖父条項を持ち出している。Cal [Pub. Res] Code § 21170(a) (West1977). 制定法で述べられたテストは，たとえ公用収用条項の下で争うことができるのは，遡及的制限だけであるとしても，憲法上の理由から誤っている。比例原理に反する負担の中に含まれるべきは，すべての信頼利益的支出であり，実際の用地でなされたのでない支出すら含まれる。それどころか，もっといえば，特定区画の土地を獲得するためになされた支出であっても，その後に行われた制限が購入を頓挫させるのであれば，補償可能であるべきだろう。というのも，これらの支出は（第7章で議論した Almota 事件における特別改良工事のように）少なくとも費用に見合った期待価値を有するからである。カリフォルニア州法の趣旨は，広範な遡及的土地利用規制を容認するものである。

11　605 F.2d at 1121.

12　裁判所に対して公平を期するためにいうと，これらの要素はここでは無関係とされていたという事情がある。しかし，その理由というのは，カリフォルニア州裁判所における先例の副次的な禁反言効果であるにすぎない。605 F.2d at 1119-1120. もしも正しい基準が以前の訴訟で適用されていたとすれば，これらの要素が考慮されていただろう。

13　447 U.S. 255(1980).

14　Agins v. City of Tiburon, 24 Cal.3d 266, 270, 598 P.2d 25, 27, 157 Cal. Rptr. 372, 374(1979).

15　447 U.S. at 262.

16　Id.

17　169 U.S. 466 (1898). この事件の重要性を計る1つの尺度は，William Jennings Bryan が料金規制を擁護するネブラスカ州の訴訟代理人の1人であったという事実である。

18　Id. at 522-527.

19　たとえ当初は規制がなくても，その後の規制は許される。それは留保された許可権に従うからではなくて，最初の許可に制限がないのは他人の権利の侵害だったからである。このことは現在，時期を失した州の主張によって制限されている。もち

ろん，鍵となる問題は，条件が付加される前に得られた一時的利益のために，州が取り戻すことができるかどうかである。こういう難しい企ては，しばしば割に合わない。過去の誤りを取り消そうとする努力にまつわる複雑な事情については，終章を参照されたい。

20 規制の問題はきわめて重大であるので，余剰を補足するのに強力な擁護論が可能であろう。つまり，公益事業を経営する州の排他的権利を，競争入札を通じて，ある当事者に払い下げ，独占価格の設定を認める代わりに，(一括前払いを考慮して)競争的収益だけを受け取らせるのである。しかし，その提案はある範囲の人々に不充分なサービスを供給するという結果に終わるかもしれない。現在の知識からすれば，そのようなシステムが伝統的な規制を支配しているので，必ず取って代わるだろうということは不可能であるように思われる。というのも，とりわけ，公用収用条項が要求しているのは，余剰の公平な分配にすぎないのであって，余剰の大きさを最大化する立法義務まで課しているわけではないからである。

21 第16章を見よ。

22 169 U.S. at 479.

23 See Harold Demsetz, "Why Regulate Utilities?" 11 *J.L. & Econ.* 55 (1968); Richard A. Posner, "Natural Monopoly and Its Regulation," 21 *Stan. L. Rev.* 548 (1969).

24 私は制限賠償責任を包括的規制の基礎におくべき充分な留金であるとは見ていない。ここで特権の全面的利用可能性が意味するのは，当事者たちが，それが提供する利得に比例した持分を確保する一方で，何らかの外部性には，不法行為のリスクに保険を要求することで対処できるというものである。国家の特権を付加的な規制の留金として利用しようとする努力は，理論の要求と相容れない。というのも，その結果どうなるかというと，特別の特許や特権を獲得した人たちのように，特定の個人が，余剰の比例的持分以上のものを手にするだろうと思われるからである。See Henry Butler, "Nineteenth-Century Jurisdictional Competition in the Granting of Corporate Privileges," 14 *J. Legal Stud.* 129 (1984).

25 Lochner v. New York, 198 U.S. 45 (1905).

26 See, e.g., Gale Anne Norton, "The Limitless Federal Taxing Power" (paper presented at the Federalist Society Western Conference on Reforming Tax Policy, University of Colorado School of Law, Oct. 14-16, 1983).

27 第14章を見よ。

28 See Griffith v. Connecticut, 218 U.S. 563 (1910).

29 See Adkins v. Children's Hospital, 261 U.S. 525 (1923).

30 Adair v. United States, 208 U.S. 161 (1908); Coppage v. Kansas, 236 U.S. 1

(1915).

31 憲法上の文脈以外の重要な争点に関する,もっと詳細な分析については, Richard A. Epstein, "A Common Law of Labor Relations: A Critique of the New Deal Labor Legislation," 92 *Yale L.J.* 1357 (1983). そこでのコモン・ロー論議は,ここでの憲法論議をたどるものであって,結果においてはほとんど違いがない。Coppage v. Kansas 事件における Pitney 裁判官の議論の中に答はない。もし何かあるとしても,それはあまりに根拠薄弱なものである。というのも,自発的な取引で生まれる富の不平等性は,総和をプラスにするゲームの一部として生じるということを充分に強調していなかったからである。

第18章 課税

　政府の課税権は，公用収用条項および関連する憲法上の規定によってどの程度制限されうるのだろうか。合衆国および州が，その管轄権の範囲内で個々の活動に課税することができるというのは自明のことである。[1] 判例の中で繰り返し強調されていることだが，課税権については，それは一般に絶対的なものであるというのが現代的な見解である。[2] 実際，課税権は，政府権限を一般的に制限する憲法規定によってのみ制限されるのである。たとえば一般的税制の中で黒人と白人，あるいは男性と女性に異なった税負担を課したとすれば，それは平等保護条項の下で無効とされるだろうが，黒人と白人の双方に均一の，高率の税を課すとき，それを問題にすることはできない。新聞に特別の税を課せば，それは言論の自由に対する制限であるとして無効とされるだろう。[3] しかし，すべての税は公用収用条項の下で審査されるべきであるという命題は，現在ではほとんど支持されない。課税権と収用権は，それぞれ別個のものなのであり，前者は，後者に課される制限には全く影響を受けないのである。100％にも迫るような没収税を恣意的なものであるとして攻撃してもうまくいかないだろうが，ともかくその攻撃は，公用収用ではなく実体的デュー・プロセスの範疇で行わなければならないのである。

　とはいうものの，現在行われている区別は小手先の技術に依存している。その点は，税と収用とが区別されるべきかどうかではなく，それがどのように区別されるべきかを問うことによって明らかになる。さて，税とは何であろうか。19世紀の書物では，まず初めに税と収用とは厳密に区別されるという主張がなされ，そして課税は没収の裏面であると定義されていた。たとえば，クーリー（Thomas Cooley）

は,「法律家としてあまりに有能であったために,公用収用権に対して課せられた公共の用という制限——それはほぼすべての州憲法の中に現れるのだが——が,収用権の制限を意図したものであると主張することはなかった[4]」のである。だからこそ,彼の著書である The Constitutional Limitations の第14章のタイトルは「課税権」とされ,一方第15章は「公用収用」とされているのである(第16章は,この対比を完結させるべく「ポリス・パワー」となっている[5])。しかし,クーリーは,公用収用における公共の用という制限は,税の定義の中に黙示的に含まれていると主張している。

「課税という名の下でなされるすべてのものが必ずしも税であるとは限らない。政府の課する抑圧的な負担が,慎重に検証してみると,税ではなく,実は立憲政治の原則が是認しない違法な財産没収であったなどといったこともありうる。

第一に,本来の意味での課税とは,公共の目的のため,および政府の適切な必要を満たすために金銭を徴収することであるから,他の目的のために市民から金銭を徴収することは,この権限の適切な行使とはいえず,したがって正当だと見なされてはならないのである。[6]」

クーリーは,一般的に課される税は不当な収用ではないと言わんとしているのである。税と収用の両方が1つの概念枠組によってカヴァーされるということは,19世紀の後半に盛んに論じられた公共の目的原則についてのジェイコブズ(Clyde Jacobs)の説明の中でさらに明らかにされている。[7]

「公共の目的原則は,(自然人,法人のいずれであれ)人は,犯罪で有罪とされ,民事上の義務違反を問われ,またはいくぶんかの直接の補償の支払を受ける場合を除いて,政府権力の行使によって財産を収用されるべきではないという考えに対する1つの対応であった。州憲法および連邦憲法は,政府による公用収用権限の行使によって財産を収用された個人に対する直接の補償を明示的に規定しているが,課税という手段によって財産を収用された場合の補償については何らの規定も存在しない。……司法府がすべての納税者は同等の利益を受けるべきだと主張できないことは明らかであろうし,裁判官は通常,受ける利益の量と税額とを比較することはなかった。しかし裁判所は,課税と支出の目的について,国家の成員としての納税者に何らかの直接的な利益が生じるであろう合理的な見込みが存在することについては,これを要求したのである。[8]」

収用を分析する中で現れるすべての要素,すなわち,財産の取上,(犯罪および民

事上の違法を規制する際の）正当化，公共の用，黙示の補償といった要素は，課税の文脈においても見られる。そこで本章では，税と収用の一元的分析について検証する。しかし，説明を容易にするために，汚染物質に課される税などといった，不公平な結果をもたらすにもかかわらずポリス・パワーによって正当化されるような特別税はすべて，ここでは触れないことにする。また，再分配を目的とするすべての税についても，扱いは次章まで延期することにし，本章では，正当な補償および公共の用という制限に注目することにする。そして，本章の文脈においては，その2つの制限は収束する傾向を有している。というのも，公共の用というためには，政府の行為から生ずることが期待される余剰の公平な分割のみが必要だからであり，それは，正当な補償の問題の中で用いられるのと同一の，比例原理に反する負担賦課の有無というテストを用いることによって最もよく評価されるからである。そこで本章では，まず初めに，連邦レベルや州レベルで課されてきたいくつかの特別税を検討する。すなわち，主に道路・下水道改良工事に対する特別課税，より最近の事例では棚ぼた利益税[9]，鉱物の採掘に課される採掘税[10]である。その後，他の相続税および贈与税そして累進所得税の憲法的地位について検討する。

特別課税

　特別課税およびそれが憲法上どのように監視されてきたかに関する歴史には長く複雑なものがあるため，ここでは簡単に回顧するにとどめる。[11]単純なモデルで考えてみよう。公道を舗装することによってその道路に面している土地を所有する者に200ドルの利益がもたらされ，舗装の費用として100ドルかかるとしよう。また，舗装することによってそのコミュニティの他の人たちにも利益が及ぶとしよう。原理的には，その道路は舗装すべきだということになるので，資金の調達と計画の監督をどのように行うかだけが問題となる。1つのありうる答としては，その道路に面する土地の所有者による自主的な取決に委ねることが考えられよう。しかし，その道路は未分割共有資源のプールであるため，ゴネ得やフリーライダーの問題を考えれば，そういった契約的な取決は概してうまくいかないだろう。誰もが，自ら協力せずして舗装されることを望むようになるからである。最終的に，道路は舗装されず，公的な介入がないがためにすべての者について生活環境が悪化することになる。公用収用条項の下では，公共の用というハードルは，影響を受ける土地所有者間で余剰が公平に分配されていれば，容易に飛び越えられるのである。[12]

したがって，公共の用および正当な補償の問題は，双方ともに，道路に面している者の費用と利益の調整にかかっていることになる。またそれは，明らかに評価の問題が支配する論点である。[13]南北戦争以前は，利益は個人が受け取るものだということが一般に当然だと考えられていた。公用収用の伝統の中の憲法判例には，特別税を土地の部分的収用と見なし，課税権と公用収用権との厳格な分離を克服することによってこのことを要求するものもあった。[14]個人に費用と利益を帰属させることに対しては，算定に費用がかかり，さらに算定額が一般に当てにならないために，改善を行うことから得られる利益をすべてとまではいかなくとも，その大半を食いつぶしてしまうのではないかという反対があった。さらに，この点は憲法的な問題をもはらんでいる。すなわち，算定のための費用が期待される剰余分を越えるようなことがあれば，特別課税は請負業者や課税額査定者にとってはぼろ儲けになり，土地所有者の境遇は悪化することになるからである。[15]

19世紀の終わりにかけてますます有力となっていったもう1つの評価枠組は，税から得られる個人的な利益を評価する代替的基準として典型的には間口のフィート，エイカー数，あるいは評価額といった一般的方式を用いることによって変化を見積もるものであった。したがって，管理費用の削減は，より正確でない評価制度を導入することによって達成されたのである。評価制度そのものは正確さを欠くものとなってしまったが，それと引換に，政治的濫用の可能性が減少したのである。もちろん，変化に関する個別算定方式は，なされるべき補償を直接評価決定するが，他方，一般的算定方式による課金は，比例原理に反する負担賦課の有無というテストに服する。実務と判例法の両方がこの2つの算定方式間を不安定に揺れ動いていたということは驚くべきではない。20世紀初頭には，緩やかな司法介入を容認するコンセンサスが形成され，そして裁判所は，基本的には，関係者が得る利益の算定方式については，どちらを州が選んでもよいとしたのである。ホームズ自身はこの選択を「程度」の問題であるとした。[16]というのも，利益を見積もるある方法が，すべての事例において他のものよりも安価で，正確であることをはっきりと示すことはできないからである。

しかしながら，比例原理に反する負担賦課の有無という基準を採用したからといって，特別課税に対するすべての司法審査を完全に放棄することにはならなかった。むしろ，司法審査は，手続全体の中の何らかの欠陥によって，一定の特別課税から生ずる純利益（または純損失）の中から，所有者個人が公平な取分を受け取ること

を妨げられていないかどうかの審査へと変化したのである。法は，一般理論が要求する公用収用条項と政府活動との間の関連づけをこのような形で新たに示している。1つの関心事は，与えられる利益に関して，少なくともそれが個別に見積もられる場合に，聴聞を受ける権利が存在するかどうかであった。実体的な問題としては，便益と費用との間の対応関係が決定的に失われていることの強力な証拠があれば憲法の規制が発動されたのである。道路設置の事例である Norwood v. Baker 事件においては，間口のフィートに基づく特別課税がただ1人の土地所有者に課された。つまり，彼女は，自分自身が失った土地と，評価を行う際に公金に及んだ費用の両方を自ら補償させられることになったのである。「われわれの判断では，私有財産の所有者から，その者に発生する特別の利益を大幅に越えてまで公的改良の費用を徴収することは，その越えた部分については，課税を装った，公共の用のための私有財産の無補償の収用である」と判決は述べている。ただ1人の土地所有者が問題となっており，強制的な交換によって生じた損失が彼に補償されないような場合には，未分割共有資源プールの問題がそこにあるということは，けっして自明ではない。しかし，同判決は，ただちに，適切な方向に限定され，通常の状況においては，税と利益との対応関係が失われていることを示す証拠が存在しない場合には，可能な評価方法はどのようなものであれ憲法上許容されることが明らかにされた。ただし，対応関係が失われてはならないという警告が無意味なものでないことは，たとえば，Martin v. District of Columbia 事件において明らかである。同判決でホームズは，土地所有者に対し彼らの土地を通る路地について課された特別課税を，（評価を行う費用を含めた）その費用が土地全体の価値の3倍に及んでいるという理由で無効としたのである。

　特別課税の問題は，個別算定制度の細部にとどまるものではない。1つの困難な問題は，特別課税が，どのようにしてコミュニティの中で課されている一般財産税と調和するのかに関するものである。特別課税に対する正当化理由は，その地域内の当事者は，特別の負担を必要とする特別の利益を得ている，というものである。域外の者が手にする外部利益は，課税される当事者が，同様な資金調達によって他所に敷設される道路から受ける外部利益と相殺されるので，ここでは無視される。たしかに，町中のすべての道路のための資金を特別課税によって調達する必要はない。というのも，実務上一貫してすべての道路改良の費用を一般歳入から支払うことによって，便益と負担の両方のバランスが保たれるからである。どちらの運営方

法が最良なのかに関する経済的議論は，その両方に内在する濫用の可能性と，問題の明らかな類似性とを考えれば，一般的に立法府に委ねられる。

しかしながら，原理的に，もし州が，ある地域の改良資金を特別税で調達する一方で，同種同質の地域の改良を一般歳入で賄うというような決定をしたとすれば，状況は非常に異なってくる。というのも，その場合，特別の課税を負担する者は，反対給付によって相殺されないコミュニティの負担を引き受けさせられることになるからである。したがって，将来の修繕・支出のために一時金を特別課税の中につねに含めておくことには問題がない。しかし，他の修繕資金が一般歳入によって調達されれば状況は異なってくる。というのも，限定的な規模でしかないものの，同様の内在的不均衡がここで再び現れるからである。たしかに，課税される財産には特別の利益が生じるために別異の取り扱いが許される，という証明を州が行うことは認められるべきである。しかし，その証明がなされるまでは，比例原理に反する負担賦課の有無というテストは，いつでも，同様の状況下にある土地については同等の課税を要求するのである。さらに，これらの課税要件は，充分に一般的であるため，莫大な訴訟負担を生じさせることはないだろう。要するに，特別課税の歴史全体を見れば，課税と収用との厳格な範疇的区別を維持することは無益であることが分かるのである。今日大規模な訴訟が存在しないといっても，それは特別課税に対するこれまで用いられてきた要件がその有効性を完全に失ったということを示しているわけではない。それが示すのは，時間の経過に伴う技術革新によって評価の重要性は減少したとしても，評価実施の制度枠組によって憲法上の要件が自動的に充足され続けているということだけである。

棚ぼた利益税

特別課税の中には，連邦レベルで特定の商品やサービスに課される税も含まれる[22]。棚ぼた利益税は，一定のアラスカ産原油に対する特別扱いゆえに，「しかし，すべての関税，賦課金および消費税は，合衆国を通して均一でなければならない」[23]という憲法の均一性条項の下でその合憲性が争われた。均一性および公用収用条項についての分析は，パラレルに進んで，どちらの条項もその税を無効とする。棚ぼた利益税は，その基本的な仕組から見ると，その税制成立時において実施されていた上限価格規制の下で可能であった原油の（分類に応じた）販売価格と実際の市場価格との差額に課されるものであった[24]。税率は60％から75％の間に設定され，結果として，

市場価格と規制価格との間には大幅な隔差があったため，数十億ドルもの税収となったのである。

　その税は，単独のものとしてみれば，負担と利益の帰属先が一致していないゆえに，明らかに原油所有者に対して比例原理に反する負担を課している。その税の目的がもっぱら原油所有者にそういう結果をもたらすことにあったということは，その2つの中心的特徴から明らかである。第一に，その税収入の大部分は一般的信託基金に払い込まれ，交通機関の改良，高齢者への援助，その他社会的目的のために用いられている。同基金が存在することこそが，徴収されるその税が，課税されている原油所有者に対して何ら特別の利益を与えてはいないことを示す強力な証拠なのである。第二に，その税は，基礎価格を調整し，そうしてその効果を原油所有者に集中させることによって負担を消費者に転嫁することを防止するために創設されたのである。[25]

　ある意味では，その税は，原油生産者にとっての恩恵であった。なぜなら，それによって彼らは，かつての価格規制下にあった頃よりも経済的地位が向上したからである。したがって，もしそういった価格規制が合憲だとするなら，棚ぼた利益税によって経済的地位が向上する者が同税を没収的であるとして争うことができるような理論的根拠は存在しない。しかし，実際は，選択的価格統制制度は，自発的な取引における処分権に対する制限同様，私有財産の違憲な収用である。[26]同税を評価する唯一の適切な基本線は市場価格である。そのような評価方法をとれば，財産に対する否定的影響と同様，比例原理に反する負担が求められていることは充分に明らかであり，それによって，少なくともいくらかの補償されない損失があることが明白になる。

　しかしながら，このテストを取り扱う際，同税の便益および負担があまりに社会全体に拡散させられているため，便益と負担のバランスが体系的にとれているかどうかを知るのは非常に困難ではないかと言いたい思いに駆られるかもしれない。なぜなら，規制を受ける原油の多くは，公企業によって所有されており，その株式は，非常に数多くの個人によって直接あるいは機関投資家を通じて所有されているからである。しかし，この主張を万一そのまま認めるとなると，政府が公企業の所有する土地を収用するときには補償が否定されることになってしまう。この主張は，その没収が明らかな没収であろうとなかろうと，誤りである。税負担の転嫁という形で説明したところで，それは多くの者に便益と負担が及ぶということを示している

にすぎず，すべての者に及んでいることを示してはいない。ましてや負担の適切なバランスが取れていることが示されるわけでもない。バランスが取れていれば，特定の集団がその税を支持したり，あるいはそれに反対するというようなことはない筈である。その上，たとえば，原油に対して大きな利害をもつ者に対して雇用や油田使用料といった形で明らかな比例原理に反する負担が求められている場合を見極めるのは容易である。さらに言うと，投資家には，そもそもこの政治的リスクを予め分散させる義務はない。それは，農場主が高速道路建設のために土地を没収される危険に対する対策として隣接州の土地を購入する義務を負わないのと同様である。[27]

せいぜい残っているのは，株式保有が非常に広く分散しているので，この税の経済的影響が完全に明らかになるまでは，負担が比例原理に反するとは言えない，という立論のわずかな可能性のみである。しかし，税の経済的影響が完全に明らかになるかどうかはけっして自明ではないから，棚ぼた利益税を無効にするための唯一の主張は，無効とすることによって税法を執行する際の誤りの可能性が減少する，というものであろう。その税を擁護するための最善の議論は，私人への転嫁が行われるので，それは一般歳入税と非常によく似た形で機能するというものであろう。しかし，それがそのようには機能しない危険があるのになぜあえてその危険を冒す必要があるのだろうか。税の理想が一般歳入税であるのなら，国家にその利用を求めるべきであろう。自ら作り出す不確実性を棚ぼた利益税が隠れ蓑に使うことを許す理由など存在しない。特別税による増収レベルを一般歳入税で達成するのは，政治的に実行できないから特別税が必要なのだと言うことも許されない。比例原理に反する負担賦課の有無というテストは，公金支出に対する司法府の直接的な監督が不可能であるので，まさにそういった政治的圧力に抵抗するために課税事項について用いられるのである。[28]

この税は，支払を強いられる者に対する有効な補償制度が存在しない以上，違憲無効とされなければならない。この税を徴収する費用，および得られた税収の利益を受けようとさまざまに主張する数千人もの人に利益を分配する費用を政府が負担しなければならないのだとすれば，すべての者の経済的地位は悪化するのである。そのようなやり方は，この税を単に無効にすることよりも確実に，誤りと混乱を生じさせる。そしてそのやり方には費用が必要なので，それは誰かから収用することによって徴収されなければならないであろう。支払を税収とを一致させる際には確実に誤差が発生するので，不充分な補償額しかはじきださない算定方式で，立法府

が個々の補償をまかり間違って払うとしても，差止が必ず求められることになるだろう。[29]

United States v. Ptasynski 事件[30]において最高裁判所は，収用の主張に言及すらしなかった。というのも，それは最高裁判所自身の先例によって事実上，否定されていたからである。しかし，本件で提起されていた争点——その税は，アラスカの原油の中には特別税に服していないものもある以上，均一に課されたものではないがために無効ではないかという争点——は，たとえ憲法の下で要求される均一性が地理的な均一性のみに言及しているのだとしても[31]，比例原理に反する負担賦課の有無というテストに非常によく似ている。均一性が，それが妥当するすべての税にとっての絶対的条件として扱われるべきであるということには充分な理由がある。それは，州間のえこひいきやそこから生じうるレント・シーキングを防止するための明瞭な方法なのであり，また，最高裁判所も述べたように，その規定は，おそらくそういう目的を考慮して制定されたものなのである[32]。より正確に言えば，すべての歳入が代替可能であることを考えると，課税について政府の裁量を認めることはむしろ有害であり，したがって裁量を制限する強力で一見して明らかなルールの設定が正当化される。「均一性条項は，議会に対し，何に課税すべきなのかを決定する幅広い自由を与え，議会が地域に特有の問題を考慮することを禁止していない」[33]という最高裁判所の結論は，同条項の文言と構造の両方に矛盾しており，また，その双方に力を与える憲法理論に矛盾しているのである。

実際，Ptasynski 事件は，均一性条項をけっしてテストとは言えない子供だましにまでおとしめるものである。このような子供だましは，経済的自由に対して一般的に用いられている「合理的根拠」テストに典型的に見られる。この事件で最高裁判所は，生産にとくに費用がかかるような原油やガスについて，連邦議会は税制上優遇措置を講じることを考えてもかまわないと述べたのである。低費用生産から高費用生産へと話を変えることを経済的に正当化する根拠はあり得るのだろうか。知られている論のどれを見ても，理想的な税は投資対象の選択を変化させるべきではなく，それは，均一性条項が見事に資する目的であるということが示唆されている。Ptasynski 事件においてなされた根拠薄弱な合理化は，1つの誤った主張がいかにして厳格な禁止を，立法取引や，個人間のみならず州間の巧みな策謀を許す全面的なライセンスに変形させてしまうのかを示しているのである。[34]

州の採掘税その他

　棚ぼた利益税に類似した州税として，州内に存在するさまざまなエネルギー源に課される巨額の採掘税がある。たとえば，Commonwealth Edison v. Montana 事件[35]においては，州は，州内通商であれ州際通商であれ，販売されるすべての石炭の「契約販売」価格の30％に等しい税を課していた。その税そのものは，トン数ではなく価格に基づいたものであり，その総額は，事実上，従来の税水準の7倍に等しいものであったのだが，課税される財産の所有者には何ら新しいサービスは与えられていなかった。また，その税には，課税の濫用に対する個人の権利の司法的な保護の視点が完全に欠如していたので，Commonwealth Edison 事件は，連邦憲法上の問題，つまり同税が州外の消費者に対して比例原理に反する負担を課しているかどうかという問題をも含んでいたのである。[36]

　特別課税に関する一連の事件から，モンタナ州採掘税の問題性を明らかにする手がかりが得られる。その問題性の1つの現れは，その税収の半分が両院議員の4分の3の賛成によってのみ支出することができる特別基金に回されていたということに見ることができる。もう1つの現れは，同州の一般財産税および一般所得税が減税されたことである。それは，州外の者が割合に応じた利益を得ることができないような全体計画の一部として，一般税から特別税への重点の移行が行われたことを浮かび上がらせるものである。

　同税の合憲性を支持するために多くの主張を行うことはできるだろうが，そのどれもが充分ではない。同税は，同州内における石炭資源の保全を促進するものであると言われていた。しかしその主張は，せいぜい収用を認めるような公共の用を証明するにすぎず，無補償の収用を認めるようなポリス・パワーに基づく正当化を提供しない。また，石炭の価値の上昇から生ずる石炭会社の利益の突出を抑えるために必要であると主張することもできない。というのも，同州はその利益を2つの方法で捕捉することができるからである。すなわち，価格に基づく統一売上税または州所得税であり，前者の場合は，価格上昇に伴って税収が増加することになる。したがって，特別の採掘税は，特別の利益が与えられることを証明することによってのみ正当化可能なのだが，そのような利益はここには存在しないのである。

　Commonwealth Edison 事件の判決は，次のような根拠でも擁護可能かもしれない。すなわち，最高裁判所は，そういった極端な事例であってもその税を有効にし

ないと，あらゆる形式の地方政府の課税を際限なく審査しなければならない状態に追い込まれてしまうのでやむをえないという根拠である。一般的な問題として，そういった主張は明らかに誤っている。なぜなら，あらゆる商品に課される統一売上税は，どのような憲法上の基準が課されるとしてもそれに合致するし，州は，どのような歳入目標を設定したとしてもそれを実現することができるからである。たしかに，困難な事例もあるだろう。たとえば，州が基本食料品から売上税を全額免除するといったようなことを考えてみよう。多くの個人や会社が影響を受け，したがって税の転嫁問題の議論が高まるだろう。課税対象から食料を除外することが低所得者に対する暗黙の補助金になるとして推奨宣伝されるかもしれないが[37]，それは，たとえば食料品チェーン店とレストランとの間の再分配をめぐる争いといったような，一括一律課税ならば回避できるようなタイプの立法上の弊害をもたらすにすぎないのである。したがって，そのような免税措置は，たとえば一般的不動産税を，その税の対象である不動産の種類（宅地用，商業用，工業用）によって区別しようとする努力と同様，無効とされるべきである。あらゆる事例において，一括一律課税によって，政治的陰謀や全体的な富の減少をもたらす特別税に訴える必要なく，州が自ら設定する歳入目標に到達することが可能なのである。

所得税：累進性

　より困難で論争的な問題は，所得税がもっぱら純粋な公共財の供給のために金銭を徴収する場合に，公用収用条項（あるいはその基本構造に沿った議論）が所得税の実施にどのような制限を課すのかということである。他の領域同様，便益と費用を直接評価することは不可能である。われわれは，所得税が比例原理に反する負担を求めていないかどうか，パイ全体を大きくするのかどうかを検証しなければならない。ここでの批判の対象は，言うまでもなく累進課税である。

　ここでの批判対象は，課税そのものでもなければそれによって必然的に生ずる不公平でもない。合衆国政府が軍隊を国外の戦闘に送れば，その活動を支持する者もあれば反対する者もあるだろう。にもかかわらず，憲法は（責任を大統領と議会に分担させて）単一の外交政策を要請するので，すべての見解を満足させることは不可能である。古典的な（つまり，不可分で非排他的な）公共財は平等な主観的利益をもたらすと主張したり，いわんや税の支払額を超える利益がもたらされるなどと主張することは，われわれの（事実上ありとあらゆる）組織化された統治制度と全

く矛盾する。政府はさまざまなグループが独自の理由で支持する膨大な数の集合的決定をなしているというだけで，いくぶんかの平等はもたらされるかもしれない。しかし，長期的には，そのバランスが保たれなくなる者も出てくるだろう。集合的生活の代償は，意見の通らなかった市民が望まない公的行為について，個別的であれ集合的であれ，税の払戻を受けることができないということである。

　それでもなお，政府が自らの公的機能を果たすための徴税方法について何らの制約も存在しないということにはならない。当初の合衆国憲法は，課税権を制限していた。議会は，「合衆国の債務を支払い，共同の防衛および一般的福祉のために支出する目的で，税，関税，賦課金および消費税を課し徴収する[38]」権限を有している。同条項の構造は，課税の適切な目的が本質的に制限されていることを示唆する一方，「共同の防衛」や「一般的福祉」に言及することによって憲法上の制約と公共財についての通常の経済的説明との連動を強化している。実際，合衆国の「一般的福祉」は，無制約の権限を与えているわけではなく，むしろ，公的債務および共同の防衛という他の2項目と並列に，そして市民間の強制的所得移転の制度に対して鋭く対立するものとして，狭く解釈されるべきものである。

　しかし，時と共に，課税権に対する制限は侵食されてきた。最高裁判所は，United States v. Butler 事件[39]において，一般的福祉という文言が課税目的を制約することを正しく認めた[40]。しかしながら最高裁判所は，それに続けて，課税権に対する制限には，同条項固有の事項のみならず，第1条の他の箇所で議会に与えられている特定の権限の行使も含まれると判示したのである。Butler 事件において，このような解釈を採用し，そして農業は（1936年当時においては）通商条項の射程から外れた純粋に州の問題であるという見解を採用することによって，最高裁判所は，農業調整法（Agricultural Adjustment Act）の下で課されている加工税を無効にすることができたのである。最高裁判所は，課税と通商との間にこのつながりをでっち上げることによって，課税に対するすべての内在的制約を無力化してしまった。というのは，それから10年もたたないうちに，議会は通商条項の下で，あらゆる農業活動を含む，事実上すべての経済活動を規制できるようになったからである[41]。

　通商条項および一般的福祉条項の下でのこのような展開は，最高裁判所が，制限政府の憲章をいかに容易に立法府全能の憲章へと書き換えることができるかを改めて確認している。しかし，たとえ一般的福祉条項を厳格に解釈し，したがって適切な課税目的を古典的な公共財の供給に限定したとしても，市民間の負担配分が重要

であることに変わりはない。その問題へのアプローチとしては，19世紀の公共目的理論が行ったように，課税の概念に内在する制限を考慮する方法と，ちょうど第1条の下で議会に与えられている他の権限を制限しているのと同様，課税権を原理的に制限する公用収用条項そのものを考慮する方法とがある。[42]

私は，税負担をどのように割り当てるかを決定するのに公共財の直接の評価は何ら役に立たないことを示した。しかし，動機および比例原理に反する負担賦課の有無という2つの論点は，まだ残されている。累進課税の背景にある再分配動機は，あまりに明白で否定することはできないように思われる。実際，その動機はしばしば累進課税の中心的な社会的正当化理由だと考えられているのである。しかし，負担の賦課について，より重要な主張が影響力を持ち始めている。比例原理に反する負担賦課の有無というテストは，戦争と平和の問題に関する政治的な見解の対立に由来する富に対する効果を必然的にすべて無視することになる。しかし，所得（または富）のレベルと受け取る便益との間にありうる相関関係を同じように無視する必然性は存在しない。自発的に運営されている市場において，私人の嗜好は大いに所得レベルに依存している。公共財の文脈においても，類似の推定が同様に成り立つように思われる。単純な人頭税（すなわち，所得レベルにかかわらず課税金額が一定であり，故に，原理的には税額が所得額を超えることもあり得る）は，何ら明らかな長所を有してはいないのである。[43]長所をもたないどころか，もし人頭税を用いると間接的な便益を全然うまく評価できないのであれば，人頭税は，それが助長する負担と便益配分とが対応しないため，公用収用条項によって富者に対する不当な再分配であると断罪されるのである。

どういった形式の一般歳入税なら許容されるのだろうか。ここでは，その選択は，本質的には純所得に対する2つの税の類型の間で行われる。第一の類型は比例税であり，その下では，純所得の最初の1ドルから最後の1ドルまで，純所得に一定の税率が課される。第二の類型は累進所得税である。累進所得税と比例所得税とは，収入の総額に応じて（厳密に）税の総額が増加するという特徴を共に有している。一般歳入税もまた，けっして一定というわけではないが厳密に収入と共に増加し，しばしば低額部にゼロ非課税部分を含む限界税率によって構成されている。累進税および比例税は，共に政府がどのような歳入目標にも到達することを許容する。というのも，税率は，議会の望む高さに設定することができるからである。唯一の形式的な制約は，配分的なものである。原理的には，もし政府の活動から生ずる利益が

私人の所得の増加よりも急激に増えるのであれば，累進課税が適切であろう。しかし，そういった結論を支持するような現実的な証拠は何ら存在せず，(移転支払の問題は脇に置くとしても) むしろそれを否定する直感的な理由が存在するのである。たとえば，身体の安全という利益は，おそらくは所得に比例するものではないだろう。というのも，被課税所得の低い人々は，身体の資本価値が高く，あるいは帰属所得を多く有する若いときにこそ，身体の安全を高く評価する傾向をもっているかもしれないからである。

しかしながら，便益関数について何ら信頼できる証拠が入手できない場合にこの問題が扱われると仮定しよう。その場合に考えられる１つの結論は，政治過程によって作成された一般税率表はいかなるものであれ許容され，最高裁判所は，その問題について簡単な審理をするだけでよい，つまりたとえ課税が私有財産の収用なのだとしても，税率表に関する事項は排他的に立法府の領域に属するものとするというものになるかもしれない。[44] その場合，税と引換に与えられる何らかの「直接の」利益が存在するという議論は，間違いなく可能であり，したがって，クーリーの定式でさえ，累進課税を排除しないことになる。

にもかかわらず，このアプローチは，公的な利益の配分についての不完全な情報がもたらす政治的結果を誇張している。正確な便益発生表が存在しないからといってそこで話が終わるわけではない。むしろそのことは，誤り，すなわち課される税と受け取られる間接的利益との間の対応関係が失われる可能性を最小化するためにわれわれが次善の考慮を行うことを要求するのである。個人が受け取る便益の表がたしかでない場合，それは，あらゆる事情を考慮した上でどのような形で課税すれば税と利益との間に予測される対応関係のずれが最小化されるのか，という基本的な問題を再び持ち出すことを求めるのである。

それを最もうまくできるのは，さまざまな理由から，数ある税の中でも一律税であるように思われる。あるレベルでは，それはまさに文字通り所得のあらゆる源泉に比例的な負担を課すものであり，したがって公用収用法のこの領域において非常に重要な，比例原理に反する負担賦課の有無というテストをパスする。ただし，必ずしも数字の上で負担と便益とが等価である必要はない。なぜなら，実際問題として，一律税であっても，税と間接的便益との間の完全な一致を保証できないからである。そうであっても，一律税の場合の一致は偶然以上のものである。一律税は，充分に評価できる程度の一致をもたらすし，再分配動機がはっきりとその効果の中

に現れる累進度の高い税より明らかに優れているのである。さらに，一律税だと，無限に考えられる恣意的な累進税率表の中から1つを選択する必要がなくなるのである。(税率に関係なく，認められる累進度を特定するような)他の基準線があればその方がより包括的な憲法体系の一部となりうるかもしれないが，それがない以上，一律税が最も「素直な」アプローチなのである。

憲法上一律税を支持する主張の論拠は，政治的な側面を考慮したときに強化される。累進性の程度を自由に操作することが認められれば，無補償の収用を禁じる重要な憲法上の砦が取り除かれることになる。累進課税は，諸党派に利益増加の期待を抱かせることによって，立法府におけるレント・シーキングの頻度と強度を増加させるのである。ここでは，一般的な不法行為のルールと一般的な税のルールとの差異ははっきりしている。というのも，ほとんどの人々は，自らの予測される所得について無知のヴェールに包まれているわけではないからである。政治的利益のための私的な努力は，将来の損失者の抵抗に遭い，公用収用条項が防止することになっている筈の典型的な総和がマイナスになるゲームを引き起こすだろう。パイの大きさが小さくなるにつれ，純損失者が増加する可能性が高くなるのである。一律税の厳格性と単純さが，この可能性を最もうまくコントロールすることができる。それは，レント・シーキング活動から得られる利益を減少させることによって，その活動レベルを全体として低下させるのである。一律税は，パイの大きさを増大させることによって，スライスされた各部分を大きくする傾向をもつ。さらに，限界税率を一定にするような制度は，課税に応じた私的な計画を容易にし，したがって節税および脱税のレベルを下げることによってさらなる利益の源泉を提供してくれるのである。一律税によって与えられる保護はけっして理想的なものではない。なぜなら，あるグループが費用の比例的割合分として負担した利益のすべて（あるいはほとんど）を他のグループが得てしまうような政策が存在するからである。しかし，この点は，2つの暗黙の前提を例証しているにすぎない。すなわち，第一に，あらゆる政府の濫用を止める唯一の方法は，公共財から得られる個々の予算計画について完全な知識をもつことであり，第二に，比例原理に反する負担賦課の有無というテストは，それがあらゆるタイプの濫用を探し出すことができない点においてつねに過小包摂である，ということである。しかし，一律税は，濫用の全体的レベルを下げる点で有効であり，すべての濫用を止めることができないからといって拒絶されるべきではない。

公用収用条項は一律税を要求するものと解釈しても現実には費用はかからない。一律税は，政府の歳入総額を抑制するものではなく，立法府や執行府が，裁判官の指名や戦争の遂行といった憲法上の機能を果たすことを阻害するものでもない。しかし，誰が給料を払い，あるいは軍の資金を賄うことになるのかを決定する際には，裁判官の指名や戦争の遂行の場合ほどの裁量権は必要ではない。金銭は完全に代替可能なのであり，どこから調達されたものであれ，1ドルは1ドルなのである。資金調達の際の裁量行使から得られる利益は無視できるほど小さいが，裁量権の濫用が制度全体にもたらす費用はかなりのものになる可能性がある。

一律税は，裁判所に対しても，刑務所や精神病院を運営したり，あるいは政治的決定の良し悪しを審理してはならないという最小限の要求を課す。一律税は，選挙区割り変更の際に用いられる1人1票原則と非常によく似た側面を有している。それは実施が容易であり，政治的選択についてよりすぐれた動機づけの構造を与え，さらに，どれだけの税を課し，あるいはそのように徴収された歳入をどのように使用するかについて，政治的選択に代えてに司法判決を用いることはないのである。

上記のような主張に対して，注目すべきは名目上の税率ではなく実効税率であり，実際の累進レベルは税率表上のそれよりもはるかに低いのだと主張することもできるだろう。[46] しかし，これらの数字はしばしば非常に信用しがたい。なぜなら，そこには，累進度の高い税の支払を回避するために納税者が負担する費用，たとえば，地方債所有者が被る収益の減少，節税策に伴う業務上のリスク，高額に及ぶ弁護士や会計士の費用といったものが含まれていないからである。さらに，累進課税を，それが累進ではなく単純比例税額をもたらすという根拠で擁護するのは非常に奇妙である。一律税を支持する論拠は，これらの厄介な問題を考慮に入れた後にも全く同様に強健なのだと認めた方がはるかにましである。というのも，一律税は，全個人の生活環境が課税後にも向上する可能性をなお最大化するからである。

第二の反論はまた違った方向性を有している。それは，もし累進所得税が違憲だとされれば，内国歳入法典の構造全体が憲法判断の格好の的になるかもしれないと主張するのである。つまり，もし純所得に対する比例税のみが許容されるとなると，課税所得の定義が憲法問題にされると言うのである。しかし，所得の定義が憲法問題になることと，所得の理想的な定義から逸脱するものは合憲性が脆弱になると主張することとは全く別のことである。議論の方向は全く逆であって，ヘイグ‐サイモンズ（Haig-Simons）による所得の理想的な定義からの逸脱は，それが何ら体系

的な不公平な結果を発生させない限りは容認される。したがって，不動産や株式の含み益に対しても課税されなければならないとか，まだ支払われていない将来の年金も所得に算入されなければならないとか，業務財産の減価償却の前倒しが認められるとか(あるいは認められないとか)，あるいは引越費用や医療費，不慮の損害の控除は必要であるとか許されないなどといった憲法上の要求は存在しないのである。

(貯金や再投資される利益の控除を認めることによる）所得税から消費税への切替，あるいはその逆の切替もまた，完全に立法府の権限の範囲内である。同様に，パートナーシップに対して企業や信託と同様の課税を行うことを要求するものは何もない。信託や年金への課税が，同時に，同一の規則によってなされる必要もない。パートナーシップの所得は課税されず，企業の所得は2倍の課税である一方，信託に対しては保留利益のみが課税されることになっているかもしれない。残っている唯一の制約は，あらゆる形式の通常の所得は，課税されるときには，均一の税率であるというものである。また，納税者の取引や業務の中で用いられる財産である資本資産についての別個の取り扱いを争ったり，長期的なキャピタルゲイン税について6ヵ月もしくは12ヵ月の保有期間を用いることに対して，何ら憲法上の根拠が存在するわけではないのである。税法が一般原則の適用を通じて異なる資産を異なった仕方で扱うことは自由なので，すべてが許容されるのである。キャピタルゲインに対して，それが現実化する以前に，通常の所得税率で課税したいと思う者もあるだろうし，ただ資産売却の強制を回避するためだけだとしても，その現実化の時点で課税するのが適切であると主張する者もあるかもしれない。同様に，(再投資資本に対するゼロ課税を含め）キャピタルゲイン税を低く設定することは，(いつキャピタルゲインが投資から現実化するのかを決定する納税者の権限から生ずる）固定化効果に対抗したり，資本資産に対するインフレーション効果を消すために正当化されるのである。これらの税原則の得失は社会全体の中に非常に多様に分散しているので，それらを比例原理に反する負担賦課の有無というテストの下で問題にすることは無意味であるように思われる。

税体系の中に組み込まれている明確な補助金のいくつかについては，結果は非常に異なったものとなるかもしれない。たとえば，費用よりも多い割合で減耗償却を認める規則は，鉱業や石油・ガス業者に対して明らかな補助金を創設しているように思われる。資本項目について認められる控除の時期を争う方法は存在しないけれども（なぜなら，時期問題を判定するための明確な基準線が存在しないからであ

運用上，実際の支出額を超えた額の費用弁償を無効とすることは，充分容易であるように思われる。というのは，まさにそれが通常の政策議論においても非難されることだからである。つまり，実際の支出額を超えた額の費用弁償を認める規則は，所得をどのように定義したにしろ，ある個人が比例原理によって算出される負担額以下しか払わないことを認めるような，負担と便益との対応関係について構造的な不整合性を作り出すのである。

一律税原則がどこまで押し進められるべきかは，もちろん困難な問題である。次のような主張について考えてみよう。家屋取得に伴って設定された抵当権に対する支払利息の控除は，賃借人ではなく，当該家屋を所有する者に対する暗黙の補助金となっている。その不公平は，その控除をなくすか，賃料のうち利子の支払にあてられる部分について賃借人にも同様の控除を創設することによってのみ除去することができるという主張である。この主張には聞くべきものがあるかもしれないが，それが憲法問題として論じるに値するかどうかは不明である。というのも，あらゆる段階において，土地の開発と家屋の取得について，それぞれの市場で広範な選択の自由が存在する（そして存在してきた）からである。ここでの効果は，市民全体に非常に拡散しているように思われるので，とくにそれが長期抵当権の設定に深く組み込まれている場合には，現在のような取扱いにおそらくなるのであろう。

実際，内国歳入法典の規定をより念入りに吟味すれば，累進課税が憲法上，強く禁止されていることが明らかになる。一律税は，基本的な税規定を曖昧にするどころか，他の形式の濫用を直接の規制によって統制する必要性さえ減少させるのである。たとえば，すべての者が同一の限界税率に直面するので，富める者はもはや非課税の地方債に投資したり慈善の寄付をしたりすることから特別の利益を得ることはなくなる。高所得の家屋所有者に対する利息控除という税制上の利益もまた，減耗償却率から得られる利益同様，減少するのである。贈与や家族信託による所得の分割は，もし最初の1ドルから最後の1ドルまでが比例税に服するのであれば，税制上の魅力のすべてを失うのである。税制度間のいくつかの残された相違の大部分は除去されることになる。というのは，個人は，自らの金銭財産の所有形態を自由に（つまり，直接投資したり，あるいは自分の資産を年金信託や株式の形で）多様化したり，税制上最も有利な投資を選択することができるからである。比例税への移行は，その制度の運営費用（それは，すべての者からの収用に他ならない）を除去し，それによってパイ全体，そしておそらくはスライスされた各部分を大きくす

ることができるのである。

しかし，一方には赤字財政を，他方にインフレを統制する効果的な方法が存在しない場合に，なぜ累進課税を問題にするのかという疑問があるかもしれない。その問題は，その3つの手法の間の緊密な関係を示しているのであって，課税を統制することがなぜ重要でないのかを示すどころか，むしろ反対の結論を指し示している。赤字財政およびインフレは，比例原理に沿って影響を及ぼす傾向があり，したがって，どのようなグループもそのような状況を構造的に利益を得るために利用することは困難となるのである。赤字財政に関しては，その費用は，もし累進課税が除去されたとすれば社会全体に対する比例原理に沿った負担となる利息支払額の増加に反映されるのである。したがって，累進課税を禁止することによって，政府の赤字財政の3形態間に好ましい調和がもたらされるのである。すべてはほぼ比例的に負担されるので，濫用の可能性を抑制しつつ，財産所有形態の選択から得られる党派的な利益は少なくなるだろう。累進課税を支持する論拠は「すわりが悪い」のではない。誤っているのである。

遺産税および贈与税

遺産税，贈与税，相続税といったさまざまな資産移転税を適切に取り扱うことは，はるかに容易である。構造上，資産移転税は通常は累進度が高く，低額の部分については多くの免税措置があり，それを超えると限界税率は急勾配に高くなる。主として所得再分配の動機からこれらの税を説明することができる。[49] 負担が比例原理に反していることは明白であり，対応する特別の利益は存在しない。これらの税は，すでに十全な額の所得税や消費税を負担している個人に課されているのである。もし共通の費用の一部がこれらの税から支出されているのでなければ，資産移転税を比例的にすることによってその差を埋めることができるだろう。にもかかわらず，累進的な資産移転税は，便益と費用負担との適切な対応関係を欠いており，レント・シーキングを招き入れてしまうという点において，累進所得税と同じ欠点を有している。最近の資産移転税の緩和は，[50] (1)個人の年間控除額を譲渡人―譲受人あたり1万ドルに引き上げ，(2)（同時に）不動産全体について不動産税からの60万ドルの控除を導入し，(3)すべての配偶者間譲渡に対する配偶者控除を与えることによって，税額を減少させてきた。これらの規定の純粋な効果は，人口のごく一部を除くすべての者から資産移転税の負担を取り除くことにあるから，そのために狙い撃ち的効

果が強化されて,同税は,収用で違法だという法的な挑戦を容易に受けやすくなるのである。

にもかかわらず,累進的な資産移転税は,現在の憲法という天空の中の恒星である。というのも,初期の頃,それらに対する挑戦は容易に退けられてしまったからである。Magoun v. Illinois Trust & Savings Bank 事件[51]は,州の累進相続税を支持し,その後すぐ,Knowlton v. Moore 事件[52]において最高裁判所は,米西戦争中に制定された連邦の累進相続税を支持した。第一次世界大戦末期,New York Trust v. Eisner 事件[53]において,ホームズ裁判官は正面から Knowlton 事件に依拠し,当時導入されたばかりの不動産税のより高度に累進的な特徴を支持したのである[54]。これらの事件は,公用収用条項そのものを扱ったものではなく,裁判所は大規模な政府の権限濫用がある場合に限って介入するという一般的な宣言のみに依拠したものである[55]。しかしながら,最初に Magoun 事件,その後続の事件におけるこれらの税を支持するために用いられた主たる主張は,「1．相続税は,財産ではなく相続に課せられるものである。2．遺贈や法定相続による財産取得権は法の創造物であり,自然権ではない――つまり特権なのであり,したがってそれを与える側はそれに条件を課してもよいのである[56]」というものであるが,そこに示されているとおり,公用収用条項はこれらの事件すべてに明らかに関連性をもっている。

少しよく考えてみると,この立場の弱点が明らかになる。第一の命題に関しては,財産権と相続権との間には原理的な区別は存在しないのである。財産の概念には,排他的な所有,使用,処分の権利が含まれる。処分の権利には,生前の贈与や売買による処分が含まれ,また,死亡時の処分が含まれる。ただし,後者は,たとえば寡婦産や権利としての相続分に関する規定によって保護される家族構成員によるその地位の主張がある場合にのみ制限される。しかし,そこには他人や社会一般に有利になるような主張の余地など存在しないのである。

同様に,Magoun 事件の第二の主張は,私有財産や制限政府という憲法上の理論とは全く両立しない,裸の実証主義を言い直したものにすぎない。公用収用条項は,立法府の権限を制限することを意図したものであり,その目的は,立法府が財産権を否定しようとする場合に,それに対抗できるような自然法的な財産権の説明を受け入れて初めて達成することができるのである。実証主義的な説明では私有財産を全く保護できないのである。もし相続権が州によって与えられた特権だとするなら,同じことが所有権や通常の売買を行う権利についても言えることになるのだろうか。

「私有財産は州によって定義される」とは，他の箇所同様課税に関しても，あらゆる憲法理論とは両立しない，もう1つの許されない独断なのである。

この主張は，もし州による累進的な資産移転税の賦課に対して有効なのだとすれば，なおさら連邦政府に対して不利に作用する。というのも，税は，政府が自由に剥奪することができると言われている特権を行使する対価であるという口実を考慮することはもはやできないからである。相続の権利を与えたり留保したりするという連邦の権限は存在しないのである。連邦政府は，自らの収用行為を，それが許容される公的収用の範囲内にあることを証明することによって正当化することが，より明らかに要求されるのである。これについては，再分配目的が明らかである以上，判決や学術文献には1点の曇りもないのである。

1 合衆国憲法第1条第8節第1項の文言は次のようなものである。「連邦議会は，次の権限を有する。合衆国の債務を支払い，共同の防衛および一般的福祉のために支出する目的で，税，関税，賦課金および消費税を課し徴収すること。ただし，すべての関税，賦課金および消費税は，合衆国を通して均一でなければならない。」同様の権限はすべての州にも与えられており，とにもかくにもそれらは主権の不可欠の属性である。

2 See, e.g., Magnano Co. v. Hamilton, 292 U.S. 40 (1934).

3 See, e.g., Grossjean v. American Press Co., 297 U.S. 233 (1936); Minneapolis Star and Tribune Co. v. Minn. Comm'r of Revenue, 460 U.S. 575 (1983).

4 Clyde E. Jacobs, *Law Writers and the Courts* 107 (1954).

5 Thomas M. Cooley, *Constitutional Limitations* (1st ed. 1868).

6 Id. at 479. 同節は，Jacobs, supra note 4, at 107-109 で詳細に議論されている。

7 See Jacobs, supra note 4, at ch. 5. ジェイコブズは，最高裁判所は7対2で「修正第14条のデュー・プロセスの射程内に持ち込むために公共目的という制限に充分好意的であった」と述べた。Id. at 152-153. See Falbrook Irrigation District v. Bradley, 164 U.S. 112 (1896). 最高裁判所がそれを用いて民間の製造業者への資金援助を無効としたものについて，Parkersburg v. Brown, 106 U.S. 487 (1882), Cole v. La Grange, 113 U.S. 1 (1885) 参照。鉄道に関してそのような援助が認められたとしても，その区別は，鉄道の公共運送人 (common carrier) としての地位により正当化することができるだろう。第7章参照。

8 Jacobs, supra note 4, at 157-158.

9 United States v. Ptasynski, 462 U.S. 74 (1983).

10 Commonwealth Edison Co. v. Montana, 453 U.S. 609 (1981).
11 より詳細に取り扱ったものとして，Stephen Diamond, "The Death and Transfiguration of Benefit Taxation: Special Assessments in Nineteenth-Century America," 12 *J. Legal Stud.* 201 (1983) 参照。
12 私設道路，すなわち，「対価を払った者のみに開かれている」道路に対する特別課税に言及する id. at 209 参照。同税は，公共運送人型の規制の下で実施されていれば公共目的たりうるだろう。
13 ここでの事件は，すべて地元に利益をもたらす地元の改良に関するものである。高速幹線道路の場合には第三者の利益が中心的になりがちであり，それに対しては，特別課税はかなり不適切である。新しい高速道路が地方への輸送費用を不要にするという極端な事例を考えてみよ。その道路建設の費用を地元の財産に課すことは，もしその道路建設によって道路付近の土地について，立地条件と結びついて地代が高くなっていたという利益をなくしてしまうのであれば，便益と費用を調和させるものではない。
14 See, e.g., 定型的評価方式を認めた People ex rel. Post v. Mayor of Brooklyn, 6 Bar. 209 (N.Y. Sup. Ct. 1849), rev'd in People ex rel. Griffin v. Mayor of Brooklyn, 4 N.Y. 419 (1851).
15 濫用に関する議論については，Diamond, supra note 11, at 210-214 参照。
16 Martin v. District of Columbia, 205 U.S. 135, 139 (1907).
17 See, e.g., Londoner v. City & County of Denver, 210 U.S. 373 (1908).
18 172 U.S. 269 (1898).
19 Id. at 279.
20 French v. Barber Asphalt Paving Co., 181 U.S. 324 (1901). 同判決は，Thomas M. Cooley, *Constitutional Limitations* 618 (5th ed. 1883) がすでに論じた扱い方に沿ったものである。
21 205 U.S. 135 (1907).
22 以下の議論の多くは，Richard A. Epstein, "Taxation, Regulation, and Confiscation," 20 *Osgoode Hall L. J.* 433, 443-445 (1982) に基づいている。この論文は，棚ぼた利益税を 9 対 0 で支持した United States v. Ptasynski, 462 U.S. 74 (1983) 事件判決を最高裁判所が下す前に公表されたものである。
23 第 1 条第 8 節第 1 項。
24 Crude Oil Windfall Profit Tax of 1980, Pub. L. No. 96-223, 94 Stat. 229 (1980).
25 ここでの理論は，同税は利益のみに対して課されるものであるため，原油販売者は，同税がなければ売ったであろうと思われるのと同じ価格で販売することによって自らの利益を最大化するであろう，というものである。しかし，この主張は，少

なくとも1つの重要な二次的効果，つまり同税は，原油の総生産量を減少させ，そしてその供給量の変化は市場価格を上昇させる傾向があることを無視している。
26　第17章を見よ。
27　実際，分散の程度を限定するような，相殺的利益がしばしば存在するのである。ある領域について真の専門知識を有する者にとっては，専門化から生ずる利益は通常，限定された活動のみに従事することから生ずるさらなるリスクにまさるのである。通常の市場において分業が存在するのはそういうわけなのである。いずれにせよ，人をさらしてもかまわないのは，市場リスクであって，市民や政府の剝奪行為ではないのである。
28　政府はこの問題を充分に認識しており，その税が憲法上争われる前に徴収されるような状況を作り上げた。適用可能な法律の下では，その税が源泉徴収されるまでは憲法上争うことができず，課税年度が終わった後，支払期日が到達してようやく争うことが許されるのである。内国歳入法典第7421条（1984）は税の査定や徴収を差し止める訴訟を禁止し，合衆国法律集第28巻第2201条（1976）は，連邦裁判所が連邦の税金事件において宣言的判決を下すことを禁止している。金銭がすでに支出され，他の資金を徴収することができない以上，この遅れによってその税を有効とする強力な動機づけが発生する。こういったことすべてが憲法上の権利に明らかに負担を課すのであり，税法に通常の基準を適用するような制度，すなわち，その税の合憲性に深刻な疑いが存在する場合の，迅速な本案判決を前提とした徴収（少なくとも徴収された金銭の支出）の差止を認める制度が適切なのである。
29　都市再開発のための土地買占の際になされた補償調整の比較については，第12章参照。
30　462 U.S. 74 (1983).
31　たとえば，鉄道で合衆国に入国した者には課されないが，船舶で港から入国したすべての者に均一に課される税を支持したHead Money Cases, 112 U.S. 580 (1884)，累進的相続税を有効だとしたKnowlton v. Moore, 178 U.S. 41 (1900) 参照。後者は以下の本文で議論される。
32　See 2 Joseph Story, *Commentaries on the Constitution of the United States* § 958 (1833).
33　462 U.S. at 84. この点についての主たる典拠は，Regional Rail Reorganization Cases, 419 U.S. 102 (1974) であり，同判決においては，第1条第8節第4項の破産条項の統一性の文言にもかかわらず，地方鉄道会社の会社更正が認められた。ここでさえ，金銭は代替可能であるが，鉄道はそうではないという重要な相違が存在するのである。
34　州際紛争における比例原理に反する負担賦課の有無というテストの役割は，均一

性条項の適切な評価に限定されているわけではない。輸入商品への課税が不適切かどうかを判定するための非差別テスト（Michelin Tire Corp. v. Wages, 423 U.S. 276 [1976] 参照）の利用は，依然として，比例原理に反する負担賦課の有無というテストのもう1つの適用であり，それは，連邦であれ州であれ非差別的に適用される普通税をはるかに寛容的に見る政府間免除の原則である。たとえば，州による課税の禁止は「州内の他の不動産同様，銀行の不動産によって支払われる税には及ばず，また，州内の他の同種の財産同様，メリーランド（Maryland）州市民がこの制度の中で有する利益に課せられる税にも及ばない」(Id. at 436.) と述べたMcCulloch v. Maryland, 17 U.S. (4 Wheat.) 316 (1819) 参照。このテーマは，John Hart Ely, *Democracy and Distrust* 83-86 (1980) において詳細に展開されており，そこでは適切にも，非差別的な税は政治過程が機能している証拠と見なされている。

35　453 U.S. 609 (1981).
36　同判決中の議論については，Epstein, supra note 22, at 445-449 参照。
37　第19章参照。
38　第1条第8節第1項。
39　United States v. Butler, 297 U.S. 1 (1936).
40　この点についてさえ，論争があった。1つの見解は，課税権を，まさに同条項に含まれている目的だけに限定するものであった。247 U.S. at 65-68 の議論参照。これに対しロバーツ（Roberts）裁判官は，優秀な法律家としての振舞を見せ，同条項を広く読み込む見解に与して問題を解決し，その条項を素直に読んだのではあまりに狭すぎて当該税を支持することはできないと認定した。
41　See, e.g., Wickard v. Filburn, 317 U.S. 111 (1942).
42　歴史の問題として，累進性の問題は，「連邦議会は，各州に割り当てることなく，また人口調査や人口計算に関わりなく，いかなる源泉に由来するものでも，所得に税を課し徴収する権限を有する」と規定する1913年に成立した修正第16条で解決されたと主張することもできるだろう。同条は，各州に割り当てられていない財産に対する直接税を含んでいたという理由だけで累進所得税を無効にしたPollock v. Farmers Loan and Trust, 157 U.S. 429 (1895) 事件を覆す形で成立したものである。修正第16条は，その文面上は全く異なった問題に向けられていたのだとしても，累進課税を容認している限りでPollock事件を再確認したものだと読むこともできるだろう。しかしながら，私は，同条は，文言通り，課税権はもはや人口調査や人口計算に応じて各州に割り当てるという要請によっては制限されないと言っているものとして読むべきだと考える。そう読めば，修正第16条は，州間の公平はもはや連邦の税法の関心事ではないと言っていることになるのである。それは個人間の公平を扱ってはいないのである。

43 See Cooley, supra note 20, at 613.「課税は，市民の財産や個人に対して政府が与える保護の対価であり，同様の状況にあるすべての者が保護されれば，そのすべての者は，確保される利益に応じて負担すべきである。人頭税は，正当にも不適切なものと見なされ，歳入徴収のための手段としては滅多に利用されないのである。」原理的には，この一節は，おそらくは憲法上の根拠からさえも，累進課税に反対の主張として読むこともできるだろう。

44 See, e.g., Blum and Harry Kalven, *The Uneasy Case for Progressive Taxation* (1953).

45 See Michael Graetz, "To Praise the Estate Tax, Not to Buy It," 93 *Yale L. J.* 259, 274-278 (1983). 明示的な移転の正当化は第19章で議論される。

46 See, generally, *Income Tax Schedules, Distribution of Taxpayers and Revenues* (OECD Paris, 1981). 同書は，なかんずく，合衆国において第10百分順位の人々にとっての個人的限界税率は16％であり，一方，第90百分順位の人々にとってのそれは36％で，けっして小さな差ではないと報告する。

47 サイモンズ（Henry C. Simons）は，個人所得を「(1)消費の中で行使される権利の市場価値と，(2)当該期間の最初と最後におけるすべての財産権の価値の変化の代数的総和である」と定義した。Henry C. Simons, *Personal Income Taxation* 50 (1938).

48 See, e.g., David Slawson, "Taxing as Ordinary Income the Appreciation of Publicly Held Stock," 76 *Yale L. J.* 623 (1967).

49 「理論家は，相続税について多くの擁護論を他に展開してきた。たとえば，相続税は，遺言検認制度の利用や死亡に伴う私有財産の移転を促進する際のその他のサービスに対して州が課す適切な料金であるといったことが示唆されてきたのである。また，州は故人の財産が生前にも保護されてきたことに対する料金を遅まきながら徴収しているのだとか，あるいはより皮肉的には，故人が生前に行ったかもしれない脱税に対して一種の罰を科しているのだと主張する者もあった。あるいはまた，相続は棚ぼた的にやってくるのであり，したがって相続税は相続人に何ら犠牲を課するものではなく，支払える以上課税は正当化されると主張する者もある。……しかし，今日の贈与税や遺産税は正面から平等主義を拠り所としており，これらの他の理論は平等主義に対してはお飾りにすぎない，という結論は回避しがたい。」Boris Bittker, *Federal Income, Estate and Gift Taxation* 990-991 (3rd ed. 1964).

50 See, generally, "Economic Recovery Tax Act of 1981", Pub. L. 97-34, 95 Stat. 172, 299 (1981). その規定の要約と批判については，Graetz, supra note 45 参照。

51 170 U.S. 283 (1898).

52 178 U.S. 41 (1900).

53 256 U.S. 345 (1921).

54 不動産税は相続税よりも累進度が高い。なぜなら，前者においては，故人の財産全体が，遺言の下での受遺者が誰で，何人いるのかに関わりなく，一括して扱われるからである。相続税に関しては，それぞれの取分が個別に課税され，ほとんどの不動産に対し，組み込まれた形で税が分割されるのである。さらに，ほとんどの相続税は故人と血縁もしくは婚姻関係にあった者について税率が低く，典型的な処分に対してさらに税率を低くしている。

55 See, e.g., Knowlton v. Moore, 178 U.S. at 77.

56 170 U.S. at 288. 上記の文言は，Knowlton v. Moore 事件が依拠したところのものである。178 U.S. at 55.

第19章　無償給付と福祉受給権

無償給付と福祉受給権

　現代の政治状況を一瞥してみよう。すると，かなりの税金が，誰もが利用できる伝統的な公共財に費やされる一方，財源の大部分が無償給付にも費やされていることに気づく。現在，無償給付プログラムの規模や目的について，政治的あるいは社会的な側面から問題が提起されている。その際，憲法上それが許されるのかどうかという視点は全く欠落している。しかし，権利の問題は重要であり，おざなりな対応は禁物である。税金というのは，誰かから収用した財産である。したがって，公用収用条項を適用せよという要求があっても当然であるし，またそれは避けられないことなのである。無償給付プログラムは，綿密な法解釈の枠組による精査を潜脱している。しかし，この潜脱を排除するだけではプログラムの価値を検討することにはならない。税金は公共の用のために集められ，使われているのだろうか。徴税は，ポリス・パワーの仕事だろうか。それは，政府の目的として人民の同意により正当化されるであろうか。納税者は，黙示の現物補償を受けているだろうか。

　まず第一に言えることは，大抵の無償給付プログラムには，憲法上重大な誤りがあるということである。しかし，こうした過去の誤りを改善しようという合意ができたにせよ，誤りを改善することと，その誤りが何であるかを認識することとは別の作業である。そこで本章の前半のテーマは，無償給付プログラムと福祉受給権が憲法上いかなる地位を占めるのかを認識することである。ただし，そこで展開する批判は，無償給付プログラムが作られる以前の，いわば白紙の段階で妥当するもの

とする。このように想定するとき，問題は次の一事に絞られる。それは，無償給付プログラムは該当する憲法上の基準を満たしているかどうかという問題である。本章後半のテーマは，これらのプログラムが原則として違憲であるとき，それを改善する仕方である。何世代にもわたって，しかもたいていは大規模に実施されてきたものを，違憲のプログラムであったからもうこの辺で止める，ということができるだろうか。端的に無効である，といってしまうことは現実的でない。なぜなら，長期間維持されてきた福祉プログラムの周辺には，社会的制度および個人の請求権がまとわりつき増殖しているからである。では，このように歴史に根拠をもつ請求権が重要であるからといって，現状を黙認し続けることが唯一の責任ある行動の仕方であろうか。言い換えれば，歴史の歯車を逆に回して制度に組み込まれた誤りを元通りにすることは，憲法上禁止されているのだろうか。

社会を白紙に戻すとして

　現代の無償給付プログラムは違憲であろうか。合憲であるという主張の第一の論拠は，収用の目的は公共の用に限られているからだというものである。この公共の用という制約によって，公権力は強制的に（金銭を含む）財産をAからBに移転することを封じられているというのである。しかし，社会保障，失業給付など一般に福祉を目的とするプログラムが，純粋に公共財を提供するなどということはない。むしろ，無償給付プログラムは，防衛などの公共の利益の対極に位置するといってよい。また，無償給付プログラムの性格は，公共運送人（common carrier）に課される義務と似たようなものだということもできない。公共運送人に課される義務は，均質的なサービスを提供せよということ，さらに，利用客が最低限の行動の基準ないしマナーを破らない限り，顧客にサービス提供を断ってはならないということである。公共運送に関するこのような基本的な原則およびその例外の目的は，その社会のすべての構成員に余剰価値を公正に分割することである。まず，均質的なサービスの提供により，すべての構成員は利益を共有することができる。次に，マナーの悪い顧客に対してはサービスを拒否できるという例外規定により，いかなる構成員も行き過ぎた利益を独占することができない。無償給付プログラムは，このような公共運送人の事例とは対照的である。そのプログラムにおける受給資格の要件の目的とは，たとえば，水力施設法[1]の事例に見られたような相互的独占の問題を克服するために政府による規制が必要とはいえない状況で，特定の集団だけに利益を得

させるということである。

　以上のように，収用の目的は公共の用でなければならないというのであれば，政府は無償給付プログラムを即座に凍結しなければならないであろう。このような結論は，制定当初の憲法の構造に照らせば驚くほどのことではない。公用収用条項の範囲外において，連邦政府には合衆国憲法第1条のいかなる規定によっても無償給付プログラムを実施する権限は与えられていないように見える。このようなプログラムの実施は，州政府に任されていた（当然，その実施にあたり州政府は自らの公用収用条項と格闘せねばならない）。無償給付プログラムについて公用収用条項に含まれる追加的な制約も，政府が別の形でそれを行うことを可能にするのではなく，当初の憲法の判断を重ねて確認するものに過ぎない。ところで，金銭というのは最も代替性と分割性を備えた資産である。金銭を私人の間で移転させることは，政府がなすべき仕事であるとは認められない。AからBへの露骨な資産の移転は禁止されるべきである。このことについてはすべての人が同意するだろう。では，Aのようなタイプの人々からなる集団からBのようなタイプの人々からなる集団へと資産を移転することにすれば，それは許されることになるのだろうか。便益と負担に明らかなアンバランスがあるとき，両当事者を構成する人数が増えれば，それだけ公権力のなす害悪の規模も増大するであろう。

　現代の憲法判断において公共の用という文言が裏方の役割しか果たしていないことからすると，この文言にこれほどの力を与えることは，偏っているし，また，適切な解釈ではないように思われるかもしれない。しかし，こうした解釈がどれほど説得力をもつかを知りたければ，次のように問うてみるのも一案であろう。仮に無償給付プログラムが公共の用という制約をクリアしたとして，では，そのプログラムは正当な補償という要件を満たすであろうか。かつて課税はこの要件を満たしていた。このことは，非常に素朴な一律税の性格を分析すればわかることである。それは古典的な公共財のために使用され，私的な濫用を抑制し，裁判所が簡単に監督することができるような性格のものだった。だが，無償給付プログラムを自由に実施することは，正当な補償という要件を満たさない。なぜなら，そこには一律税に見られたような制約がないので，私的な濫用が抑止されず，裁判所の監督も機能しないからである。典型的な給付プログラムは，納税者から現金を奪い，それを受給者に与える。このとき受給者の受け取る利益は，将来いつ発生するかわからない不確実なものであり，発生以前においても以後においてもその価値を評価することが

難しいのは周知のことである。そこでは納税者がつねに受益者であるとは言えない。さらに問題を難しくする事情がある。これらのプログラムは，私的な市場において契約を交わす私人が直面するあらゆる難題，とりわけ保険が通常負うリスク，逆選択とモラルハザードを克服しなければならない。しかも，この克服を一層困難にする環境にプログラムは置かれている。つまり，そのプログラムにおいては，需要が公的なサービスに対するものであることから，「一切提供しない」という選択が非常に困難なのである。さて，問題は都市在住者から農業従事者への資産の移転であるかもしれないし，あるいは裕福な者から貧乏な者への移転であるかもしれない。いずれにせよ，われわれはレント・シーキングをする人の態度によく見られるあの攻防の手練手管を動員する。そのとき，われわれはしばしば非常に高価な運営費用を払って，お馴染みの間違った仕方で分け前を与えるのである。制度に構造的な偏重と非効率があると，補償されない敗者が必ず出てくる。この種のプログラムは補償問題で早晩暗礁に乗り上げるだろう。しかし，無償給付プログラムを全面的に禁止すれば，補償問題に悩む必要はない。また，この全面的禁止によって，事案ごとにその都度解決する場合よりも安価に正しい結論を導くことができる。つまり，この禁止により，すべての私人は無補償の収用をされる危険を一気に最小化することができる。無償給付プログラムは全面禁止すべきであるという命題の正しさは，どのような福祉プログラムを検討することによっても例示できる。ここでは，まず失業補償プログラムについて，次に，定期の年金における男女格差をなくそうという最近の介入的傾向について考察する。そのあと，福祉プログラムについて一般的に検討する。

失業給付

連邦最高裁判所は，失業補償プログラムが合憲であることをCarmichael v. Southern Coal & Coke Co. 事件で認めた。アラバマ州では，8人以上の従業員を20週間にわたって雇用している事業者に対し，その1ヵ月に支払った賃金の総額に一定の割合で課税していた。税収は失業信託基金に払い込まれた。この基金は，連邦政府によって設立され，連邦社会保障法の下で運営されていた。連邦社会保障法は，課税対象から「農業労働者，家事労働者，船員，保険外交員，身近な親戚を雇用する者」，さらにまた，「慈善目的の機関，複数の州にまたがる鉄道，連邦政府，州政府その他の下位統治機関」を除外していた。さらに同法によれば，失業給付は，「所定

の『待機期間』を失業状態で経過しなければ支給されず，その支給額は賃金の半額とし，支給額の上限は1週あたり15ドル以下とし，支給期間は最長で年間16週間とする」と限定されていた。ただし，この失業給付は，生活に困っていないという理由で拒否されることはなかった。

　上記連邦社会保障法に対しては，その適用範囲が恣意的であるという理由からさまざまな批判があった。適用を免除された対象者の長いリストを目にすればそれも当然であろう。また，同法は目に見えない形で収用を行っているという，実体的デュー・プロセス理論からの批判もあった。さて，ストーン（Stone）裁判官は同法を合憲であるとした。その論拠は，課税の適正な対象を決め，税収を配分するにあたり，政府は幅広い裁量権を有するというものだった。これは通常理解されていた憲法のスタンスである。だがこのときストーンは，単に同法に法的正当性を与える基準を呈示しただけではなかった。彼はメディケアという老齢者医療保険（1984年の医師の診療報酬の一時凍結を含む）のような税金によって賄われるあらゆる公的給付プログラムへの批判を封じる基準を打ち出してしまったのである。同法が公共の用という要件を満たしているかどうかという難題に対しては，ストーンは先例をもって回答した。すなわち，アルコールその他の商品への特別課税が，学校教育のような特定の目的のために使用されるといった多くの事例があり，そこでは連邦議会に特定の者を援助するためにそれ以外の者を犠牲にする権限が与えられている，というのである。

　税金によって賄われるプログラムの合憲性をもっと真面目に考えると，問題が非常に複雑であることに気づくだろう。一見したところ，失業補償を目的とする課税は，比例原理に反する負担賦課の有無というテストをかなり満たしているように見える。失業補償から生じる便益は，おおむね事業者と従業員の双方によって共有されている。なぜなら，事業者は賃金を引き下げることにより従業員の取分からその一部を割愛することができるからである。さらに，待機期間および共同保険といった給付の支給構造は，モラルハザードを効果的に抑制する。つまり，失業給付に頼るほうが良い暮らしができるから離職するといった行動を抑制する。同様に，上記連邦社会保障法の適用範囲が8人以上を雇用している営業者に限定されていることは，2つの側面から支持できる。第一に，基金運営の面から支持できる。第二に，適用外の勤労者が負担と便益の点で基金に無関係であることとあいまって，基金の均質性を高める努力として支持できる。また，同法が生活に困っていない従業員も

給付の対象にしていることは，同法の性格を福祉プログラムであるよりは保険に近づけており，同法の正当性を補強している。

しかし，同法には以下のような問題がある。一見しただけでは，この連邦社会保障法が，密かに富の再分配を企てているようには思われない。しかし，同法が目に見えない形で補償対象となる従業員に富を再分配しているのは事実である。プログラムの構造上，税は賃金の総額に課されている。この結果，離職率の低い安定した労働関係にある事業者と従業員は，人員の入れ替わりが激しい企業の従業員（そして当然事業者）に対して，一方的に補助金を払っていることになる。Carmichael 事件においてサザランド（Sutherland）裁判官の反対意見は多くの示唆に富んでいた。その指摘によれば，他の失業補償法は業種別に基金を分割して設定しており，たとえば季節労働者と通年労働者との違いを調整することによって，助成金の目に見えない移転を最小限に抑えている。[9] これに対してストーン裁判官は，失業補償プログラムの監督にあたり，中庸を得た努力をすることを拒絶した。彼がしたのは，先例に対して月並な敬意を払うことであった。ストーンは自分の立論を補強するため，同法はポリス・パワーの目的の範囲内であるという議論を展開した。すなわち，失業の原因というのは1業種に限定して考えることのできないもので，同法が管理しようとしている失業の原因は外在的な危険であって，同法は，「事業者が責任を負えない事柄，つまり，競争……関税，発明，流行の変化，市場の変化，仕事の環境の変化」に対処しようとしているのだ，というのである。[10] さらに，ストーンは（ロックが犯した黙示の同意という論拠の誤りにも見られた仕方で）黙示の現物補償[11]という論拠に訴えた。

> 「秩序ある社会は，税金を公的な目的のために納めることによって成立しまた維持されるが，納税者はそうした社会に生活することから生じるさまざまな特権を享受している。この特権の享受こそ，憲法が納税者に認めている唯一の便益なのである。これ以外の見方をとるならば，およそ税制が成り立つためには，税金の使用目的を納税者の負担を補償することに限定しなければならないであろう。そうなれば，政府の最も基本的な原理を破棄することになろう。すなわちそれは，政府が存在する主たる理由は共通善を図ることだという原理である。」[12]

上記の引用は2つの議論を含んでいる。1つはポリス・パワーについての議論であり，もう1つは黙示の便益に関する議論である。まず，ストーンがポリス・パワ

ーについての議論を展開する理由は何か。それは、なぜ公権力には競争から生じる外在的な危険を抑制する資格があるのかを説明するためである。しかし、人員を余計に雇用している企業が、失業という外在的な危険の発生に加担したと見なされねばならない明確な理由はどこにもない。問題はむしろ Carmichael 事件でストーンが行った失業の原因の説明にある。それは因果関係についての誤った見方に基づいており、ここからポリス・パワーの守備範囲を際限なく拡大する立場が出てくる。まず初めに、ストーンが競争から生まれる侵害をどのように説明しているかを見ておこう。もし公権力をわれわれの視野から除くなら、残るのは私的な行為である。私的な行為は、暴力あるいは不実表示を伴わないなら、憲法の目からみて侵害行為の烙印を押されることはない。さて、一方に競争に負けた事業者と従業員が、他方に勝った競争相手がいるとしよう。ストーンはこれらの私人間において敗者は勝者に対し損害賠償を請求する権利をもつとする。そして、国家は敗者の代理人として、手続上執行の難しい敗者の私権を、課税という公的な手段で代わりに実現していると考える。だが、果たしてそうだろうか。否である。なぜなら、競争は侵害行為ではなく、そこにおいて敗者は勝者に対して訴訟を起こす権利を有しないからである。たしかに、環境汚染における救済は、手続上実現の難しいものであり、汚染への課税は損害賠償請求に代わるものである。しかし、そもそも損害賠償請求の権利があるかどうかという点において、競争から生じる損害を救済するための税金は、環境汚染に対する課税とは全く違うのである。おしなべてストーンの議論には、公用収用条項の基本原理に対する尊重が欠落している。この基本原理によれば、国家に固有な唯一の権力は、自発的な取引が成立しないときに交換を強制することである。収用に反対する立場からポリス・パワーを見れば、競争における敗北と通常のニューサンスとは違うのであって、ポリス・パワーは競争から生じる損害を救済することはできないのである。

　上記引用に含まれる第二の議論は、黙示の便益の理論である。これは、納税者が課税からどれだけの便益を受けるのかということを検証する理論である。しかし、ここでのストーンの議論も成功しているとは言えない。社会生活をすることが納税者に対する充分な便益だとストーンはいうが、そうであればどのような税金であってもこの基準に適合することになって、違憲審査は意味を失うだろう。しかし、納税者の受ける便益を直接に計測できない場合ですら、課税を検証するいくつかの方法がほかにある。失業補償プログラムのための課税を検証する基準は、比例原理に

反する負担賦課の有無というテストである。もとよりこれは，限られた範囲で適用される。補助金の移転が行われうるのは，労働者同士あるいは企業間においてだからである。さて，ストーンは，比例原理に反する負担賦課という前提を否定することにより，黙示の便益の理論を破綻させようとした。ストーンは次のように述べた。「われわれが今問題にしているこの課税プログラムに対しては，給付および受給者と，税の負担者およびその税負担との間に全く何の接点も見出せない，という批判がされる。だがこの批判はあたっていない。この課税は他の点においては修正第4条に沿っているし，また，公共の用を目的としている。[13]」だが，ストーンは，比例原理に反する負担賦課の有無というテストがいかなる点で理論として不適当なのかを説明しなかった。もとより，憲法の分野には，比例原理に反する負担賦課の有無というテストの重要性を如実に示す特別負担金について多くの事例があるのだが。

失業補償を目的とする課税に対しては上記のような批判があるが，以下の議論はこの批判を補強するものである。それは，失業給付の分配が社会全体に及ぼす効果に関する議論である。失業給付の支給は，失業率を逆に押し上げてしまうかもしれない。もし事業者が従業員を解雇する際に失業補償基金に分担金を払わねばならないとすれば，そもそも事業者は，従業員，とりわけすぐ辞める恐れのある従業員を雇うことにもっと慎重になるだろう。そうすると新たな雇用の機会は創出されず，失業率が低下することはあり得ない。また，失業給付の水準が上昇すると，就職により得られる利益が現状より少なくなり，労働者は新たな仕事を探さなくなるだろう。失業補償を目的とする課税が資本の形成にどのような影響を与えるかについて正確に評価することは難しい。しかし，この課税は会社の将来の儲けに対して先取特権として作用する。したがって，投資に対する利潤率は下がる傾向があり，新たなビジネス，新たな職場は生まれにくくなる。このような間接的な危害は甚大であるように思われるが，Carmichael事件では全く触れられなかった。この判決が強調したのは，問題の核心ではなく，連邦議会ならこんなことを思いついたであろうといった程度のことでしかない。[14] 無償給付のシステムに対しては，富を増大させる効果を期待することもできなければ，比例原理に合致する負担が課されることを期待することもできない。したがって，この制度は違憲無効とされなければならない。

性差を考慮した年金

最近，保険や年金を扱う会社がその給付額を算定する際に，男女別の生命表を使

ってもよいかどうかが問題になっている。今までの一連の考察はこの問題の解決に対しても有用である。保険業者が現在の期待値からみて不当に高い給付金を，一律の保険料と引換に支払わなければならないシステムでは，目に見えない形で資産が移転する。このシステムでは保険料と給付金の間にアンバランスがあるが，これはわれわれのよく知っている2つの仕方によって批判することができる。第一に，このプログラムの構造からいって，集団としてみた女性はつねに勝者であり，男性はつねに敗者であり，プログラムは比例原理に反する負担を賦課されることにならざるを得ない。(おおむね同年齢の夫婦は影響をうけない)。第二に，資産を強制的に移転するプログラムの下では必ず補償を受けることのできない人が出て，社会全体の富は減少する。要点をはっきりさせるために，City of Los Angeles Dept. of Water and Power v. Manhart 事件[15]の年金プログラムの結末を見ていくことにしよう。このプログラムは，訴訟の結果変更されたが，変更以前には，統計上明らかに男女間にみられる平均寿命の差を考慮して従業員の払う保険料に差を設けていた。すべての従業員は毎月同額の給付金を受けることになっていたために，女性は，男性よりも毎月高額の保険料を払ったが，女性は男性より長生きするからそれを回収することができたのである。

　ところが，裁判所は，従業員の払う保険料を計算する際に性差を考慮することは違法な性差別にあたると判断した。そして，裁判所は，今後は毎月の保険料を男女同額とし，しかも給付金の男女同額は維持せよと命じたのである。Manhart 事件の判決がもたらした1つの帰結は，女性は男性よりも多くの補償総額を期待できるようになったということである。この帰結はさらに，雇用に際して女性よりも男性の従業員への需要を高める。さらに，この裁判所の判決には動機づけの効果もあり，ロサンジェルス市当局の管理下にある会社とその従業員は，次のような対処が可能である。男性従業員は自分の損害を部分的にせよ減らすために，平均余命とは無関係の年金を選択することができる。たとえば，その方法には，退職時にまとまった金額の受給を選択すること，あるいは，(税制上の理由から)一定期間に限定して同一金額の受給を選択することが考えられる。また，この判決は，現有の基金の性格に変化をもたらす。すなわち，女性の受給権者の増加により，給付額を変動させるほうが基金にとって好都合になってくる。なぜなら，女性の受給権者の割合が増え，終身の年金が契約時の金額に固定されたままであると，プログラムが破産する恐れが高まるからである。しかし，個々人がその受給権を行使する前にプログラムを再

調整することは困難である。

　Manhart事件の判決が下りた後、ロサンジェルス市当局は上記のような財政上あるいは運営上の理由により、男性および女性従業員に対して終身の年金制度を廃止した。[16] むろん、終身の年金制度の存続は、男女双方の従業員にとって強い希望であったであろう。さて、新たな年金制度の給付金は、従来通り男女同額であり、そこには公民権の規定を一見して明らかに侵害している事態はなかった。しかし、終身年金の廃止とそれに代わる制度の導入により誰が利益を得たのだろうか。相当多くの男女の従業員が、年金を選ぶなら、自分や配偶者を終身カヴァーするものがいいと思った筈である。この選好にはきわめて健全な危険回避の思惑が働いている。つまり、人間は、中年に達したわが子に遺す手つかずの資産の価値を計算するよりも、年金の支給年限を超えて生きながらえることを恐れるのである。しかし、終身にわたってリスクを共同担保する制度は巧妙に廃止された。皮肉なことに、市当局が独自に考案した終身プログラムに裁判所が介入したために、かえって女性は従来以上の負担を荷うことになってしまった。女性は男性より平均寿命が長く、その分だけ余命の長短に差が生じる。すると、女性が積立金の枠内で財を消費する最適比率を決定することが従来より難しくなったのである。このように、すべての人の境遇は以前よりも悪化し、しかも、悪化する程度は男女間で同じでない。ここでわからないことといえば、せいぜい男性の不満および女性の不満がどの程度のものだったのかということにすぎない。公用収用条項に照らしてみれば、性差を考慮しない生命表の使用が非難に値することは明らかである。

福祉目的の無償給付

　これから福祉制度の下で運営される無償給付を考察するが、その前に、問題の核心について述べておかなければならない。福祉を目的とする無償給付は、現金、現物いずれの形で支給されるにせよ、それは実現可能な範囲内で裕福な者を犠牲にして行われる貧困者への援助である。いま、貧困者に対する福祉目的の無償給付が、原則的に全く適切なことだと仮定しよう。その場合でも、今までの分析の大部分については、何ら変更すべき点はない。思いつきでなされる再分配を正当化する理由はないのである。たとえば、一方的に資産を家主から賃借人へ、その州の非定住者から定住者へ、債権者から債務者へ、石油・ガスの生産者から消費者へ、男性から女性へ、という具合に資産が移転するとき、これを正当化する理由はない（また、

これら資産の移転が一方的でなく双方向である場合にもこれを正当化する理由はない)。

　だが，上記のように無償給付を適正なものと仮定すると，今までの分析に3つの変更が生じてしまうのも事実である。しかし，この変更は適切なものとは言えない。第一に，収用は公共の用のためにのみ許されるという制約が無効になる。そして，裕福な者から貧困者へなされる現金での無償給付，あるいは公営住宅建設の助成といった現物による給付プログラムは，チェックされなくなる。第二に，従来よりも一層自由に政府は自らが望む再分配プログラムを公金で賄うことになる。もっとも，この場合，政府は自由に相続税その他，棚ぼた的な収入への特別な課税を開始できるわけではけっしてない。なぜなら，貧困者を援助する義務があるとしても，それは裕福な者に一般的に課されるべきものであり，その一部だけに課されるべきものではないからである。したがって，所得の再分配が今日の急務というのであれば，累進課税が唯一，政府の採用することのできる税制である。第三に，さまざまな準保険的なプログラム，失業給付，社会保障，老齢者年金など，その極彩色の給付プログラムには目もくらむばかりだが，それらの主たる効果が裕福な者から貧困者への富の再分配であるとしても，それらは合憲だということになる。しかしこれはきわめて疑わしい帰結である。

　しかし，公用収用条項が，福祉目的のあらゆる強制的な無償給付を原則として禁じていると理解するならば，議論は明快である。その場合，上で見たように，無償給付プログラムを正当化する条件がどのようなものであるかについて考察する必要は全くなくなる。さて，無償給付プログラムの検討は，公用収用条項で通常問題になる，4つの点からなされる。それは，収用，正当化，公共の用，補償である。第一の収用については自明であるから，残りの3つの点から検討すればよい。この3つの検討に福祉受給権が耐えうるときにのみ，この権利は適正であると認めることができる。まず，正当化の観点からプログラムの検討をする。いうまでもないが，単純な議論で事足りるとは思われない。皆が同意せざるを得ない，防衛のような古典的な公共善はこの分野にはないからである。もちろん，福祉目的の給付を支給することについて現在広くコンセンサスが存在する，ということはできるであろう。たしかにこう言えば，福祉プログラムに対して政治的に反論はできないであろう。しかし，そのようなコンセンサスが存在すると言っても，それは，税金の性格を善意の寄付金に変換するようなコンセンサスを意味しない。同様にそれは，現在実施

されている無償給付プログラムの性格および形態についてのコンセンサスがあることを意味しない。

　福祉プログラムを正当化する議論には，ポリス・パワーと黙示の現物補償の2つを組み合わせることが必要である。しかし，この2つの間にスッキリした折り合いをつけるのは難しい。収用に反対する立場からみれば，ポリス・パワーと福祉受給権は簡単に両立するものではない。汚染に対する課税は，課税される当事者が行った侵害行為を取り締まるという目的をもっているが，福祉を目的とする給付プログラムは，そうした取締の目的をもっていないのである。だがこれに対して，そうしたプログラムを実施することも，汚染に対する課税と同様にポリス・パワーの仕事である，という反論があるかもしれない。すなわち，福祉的給付が支給されないとき，反社会的な行動をして他人に侵害を加える者が出てくるので，この給付はそうした侵害からの保護を目的としている，というのである。だが，この反論は権利から出発する議論を真っ向から否定するものである[17]。権利を基底にして考えれば，暴力が正当化されるのは，被害者に対して暴力を使用する場合ではなく，加害者に対して暴力を使用する場合である。それは当然の理であって，言論の自由を侵害する者を取り締まることができないという理由で，政府が言論の自由自体を否定したら，誰もこれに同意しないだろう。なぜなら，ポリス・パワーの気まぐれな自己主張が呼び水となって政治的弾圧が始まるかもしれないと危惧されるからである。同じ議論を使うことにより，反社会的行動を取り締まるために福祉プログラムを利用することの誤りが明らかになる。つまり，反社会的な行動を取り締まるために，その間接的な手段として，合法的な行動に制裁を課すことは，ポリス・パワーの通常の仕事ではないのである。

　では，私有財産制度の枠内で福祉受給権はどのように正当化されるのだろうか。正当化のためには，その給付プログラムを賄う納税者が黙示の現物補償を受け取っていることが論証されなければならない。しかし，この議論を進めていくうち，先に見たポリス・パワーによる福祉プログラムの正当化の論理に収束してしまう恐れもある。すなわち，貧困者は福祉的給付にありつけないと暴力を振るい，裕福な者を襲うだろうから，裕福な者は給付プログラムを賄う税金と引換に暴力からの保護という目に見えない補償を受け取っている。そして，得られたこの平和は支払った税金以上の価値をもつ，というのである。このような見方からすると，福祉プログラムを賄うことは戦略的な意味を帯びた政府への賄賂と同じである。納税者は，貧

因者の強制的取締から生じると予想される一層割高な警察のコストを，この賄略により回避しているのである。しかし，政府の裁量が制限されている体制の下では，自分の利益を増やす機会は個人の手中にある（たとえば，最低賃金のような障碍なしに労働市場に参入する機会）。そのような機会のあるところで，いつまでも社会の底辺にいる特定の階級が社会秩序に脅威を与えるのではないか，と思うのは杞憂である。個人はその自発的な活動により比較的高価な見返りを手にできるので，破壊活動への誘惑は小さくなるに違いないからである。したがって，無償給付プログラムを正当化する際には，通常のレベルで手段の適性を評価することが重要であり，これこそ憲法上適正な方法である。暴力に対する第一の防衛手段は，緊急の事態に応じてさまざまな形態をとりうる警察である。[18] 無償給付プログラムは，暴力に対処する方法としては不適切な手段である。給付プログラムが暴力に対処する最良の方法であるというためには，通常の方法では対処できない騒擾が社会に発生するという，明白かつ現在の危険がなくてはならない。洪水で破壊された町において無料で食料を提供するとき，それは無償給付プログラムの一例だと思われるかもしれないが，その目的は眼前の略奪の危険を予防することであり，この援助に反対することは難しいだろう。では，農務省の発行する食料配給切符はどうであろうか。それを，明白かつ現在の革命の危険に対する解毒剤だということは難しいであろう。

　福祉プログラムを課税によって強制的に賄うことが適当でないとすれば，このプログラムを善意の寄付によって賄えばよいではないかという議論が出てくるだろう。だがそうすると，善意の社会制度に付物のフリーライダーの問題が生じる。[19] たしかに，善意で無償給付を支払う人は社会の安定に貢献している。だが，この社会の安定はすべての人によって享受されているにもかかわらず，すべての人がその享受に見合うだけの負担を求められているわけではない。ここにフリーライダーの問題があるのだが，これを解決する唯一の方法は，すべての人に公共善，ここでは福祉プログラムの基金に分担金を払わせることである。しかしここで次のような問題が生じる。一体誰の判断によって，福祉プログラムに協力したくなかった者の富が増えたとか減ったとか言うことができるのか。いま仮に X という人物がいて，福祉プログラムは個人の自助ではなく施しに頼る生活を選ばせるので忌まわしい制度だと考えているとしよう。そして彼はいかなる種類の慈善活動に対しても一切援助を拒んでいるとしよう。さて，もし X の意見が選挙の結果多数を占めるなら，彼はポリス・パワーを楯にとり，他人に慈善目的で寄付することを禁止できるだろうか。もしそ

れができないというのなら，多数者は寄付を強制することもできないのではないか。誰か1人が福祉目的の給付プログラムを断ったとしても，他の人が自分たちのプログラムを推進することに問題はない。実際に，教育，宗教，医療，福祉を目的とするすべての慈善は長らく，全人口のほんの一握りの人々からの協力と経済的支援によって運営されてきたのである。このような慈善活動には，石油や天然ガスの利用に伴うような未分割共有資源のプールの浪費の問題は起こらない。すべての利害関係者に寄付が強制されない場合には，天然資源が浪費される心配はないとみていいだろう。

　福祉プログラムを正当化するには，黙示の現物補償が納税者になされなくてはならない。この主張に対しては，次のように保険の議論を使って反論がなされるかもしれない。誰だって明日どん底の生活に落ちるかもしれない。だから，今日保険料を払い込んでおけば，明日それを回収することができる。福祉的給付を受給できる適格者は，どん底に落ちる可能性をもつほとんどすべての人間なのだ。この見解は誤りであり，それは，Carmichael 事件および Haas 事件[20]の判決に見られたものと同じ性格の誤りである。保険が成立するには保険料と保険金の収支が保険統計上，適正でなくてはならない。あまり役立ちそうにない見返りがあると言うだけでは充分ではない。黙示の現物補償という要件を満たすには，期待値の最大値を算出し，それが要求された支払額を超えることが必要である。仮にすべての人間は危険を避け，かつ，無知のヴェールの背後にいるとすれば，万一の場合に対処する補償網がある場合，それがない場合よりも，すべての人間の境遇は良好だろうか。しかしこの結論はきわめて疑わしい。というのは，どんな福祉制度も動機づけ効果がマイナスに働き，運営費用がかなりかかるため，効率性は低減するからである。したがって，危険を避ける度合，負の動機づけ，運営費用，これら3つについて相当程度詳細な知識をもたないならば，これらの限定された条件に服する福祉受給権の適性すら経験的に判断することはできない。今日実施されている複雑なプログラムについて判断を下すことはなおさらできない。

　ここで最も重要な点は，無償給付プログラムへの参加を強制されている個人はけっして無知のヴェールの背後にいるわけではない，ということである。新しい福祉プログラムが導入される以前，あるいは古いプログラムが拡充される以前において，すでに今日のわれわれは皆，自分が法的あるいは社会的にどのような境遇におかれているのかを知っている。このような状況は，一般的な不法行為のルールの場合に

はけっしてみられなかった。[21]福祉プログラムについては，配分される損益の実質分をわれわれは皆だいたい計算できる。そして，損益のバランスが均衡しているとは到底いえないことを知るのである。福祉プログラムをゲームになぞらえるとよくわかるかもしれない。2人がチェスをクィーン抜きで始めたとすると，そのときの2人の損益はだいたい相殺される（ただし，一方が予めクィーン抜きのゲームの戦略を研究していないものとする）。しかし，もし片方が一方的に競技中いつでも相互のクィーンを引き抜いてよいという特権をもっている場合はどうだろうか。たぶんこの競技者が特権を行使する時点は，相手のクィーンが王手をかける形勢にあり，一方，自分のクィーンは隅っこで身動きがとれない状況ではなかろうか。このような特権があるとき，損益は釣り合っていないのであり，それはチェスでも人生でも同様である。結局，福祉プログラムの現状をみると，相変わらず無償給付の約束はきわめて小さな期待値しかもたず，プログラムを賄う納税者に充分な補償をしているとは言えないのである。

　政府は，公用収用条項の制約に服するなら収用を実施でき，その限定された範囲内で無償給付プログラムの実施もできる。だが，それはきわめて周辺的な制度にとどまり公用収用条項の枠を超えるものではない。福祉制度が抱える根源的な問題は，福祉制度が代議制の前提である私有財産権の理論と衝突する，ということである。善意の欠如が民事訴訟の訴訟原因になることはありえない。それは，不法行為，契約，不当利得の典型的訴訟において認められる訴訟原因とは非常に離れた位置にある。およそ民事事件において，責任の有無・軽重を左右するのは，事件の当事者の行動であって，民事責任の存否が，原告の困窮度と被告の財産との比較考量によって左右されることはない。通常，不法行為法上の義務は面識のない関係を前提とし，侵害してはならないとか攻撃してはならないといったように，つねに禁止の形で表現される。個々人はその隣人を助けるためにいくら支払うべきかといったことは，法律の仕事ではない。同様に，支払った側の便益と受け取った側の便益との比較考量も，法律の仕事ではない。同様に，相対的な境遇の善し悪しの違いに起因する懸念に対処するため，責任を社会の富のレベルの変動の関数にすることは法律の仕事ではない。理想論だが仮に，不法行為法のシステムがすべての損害を事前に差し止めることができるならば，損害賠償額を算定することは法律の仕事ではなくなるだろう。しかしこんなことはあり得ないから，法律は落度のない側の被害に相当する金銭評価額を決めなければならない。不法行為制度から生じる1つの帰結は，善き

サマリア人のルールである。善きサマリア人のごとく隣人を愛せという義務の妥当性が証明される以前には，面識のない者を救助する義務もなく，また，「どれほどの」注意が求められるのかを決める必要もないのである。同様に，契約法は私人のために複雑な義務を規定していない。それは私人間ですでに作られた契約上の義務を強制するか，あるいは，契約が規定しなかった事柄を処理するために雛形として標準的な条項を示すだけである。契約当事者の間に割って入りその満足度あるいは契約に含まれない便益の要求について比較考量することは法律の仕事ではない。同様なことが，不当利得返還の請求について言える。この請求は，被告が受けた便益についてのみ支払義務を課すのであり，第三者に対して善良な行動を要求するものではない。これは憲法が求めていることに合致する。

このように法律は自らのなすべき義務の射程を限定しているのだが，これをやめて援助の手を無限にさしのべるような義務を採用するなら，法の世界は一変するであろう。私人の関係において善意がどの程度呈示されるべきかを説明する理論は存在しない。法律にできることは，第三者が介入して善意の提供を強要しないようにすることだけである。善意のレベルを決めることは個々の善意者にも難しい問題だが，社会福祉という集合的なレベルの善意提供においても解決できない問題である。ある法理論の下で，差し迫った危険に直面した面識のない人を救助する義務がないならば，その法理論から，無償給付プログラムおよび福祉的義務を導き出すことはできないし，ましてそれを発展させることはできないのである。

しかし，以上述べたことの趣旨は，与えるも与えないも個人の自由であり，困窮者に救いの手をさしのべるという道徳的な大義名分はない，ということではない。また，行動が法律にかなっている限りその行動の性格に対しては皆無関心でなければならない，といっているのではない。伝統的な理解はその反対の立場を表明している。「不完全な義務」という概念を認めることにより，善意の提供を通常の消費から区別しているのである。この不完全な義務とは，良心と宗教の職分であり，公権力の職分ではない。[22] そして，この曖昧な第三の義務概念が多くの人々の行動に強い影響をもつことを疑う根拠は何ら存在しない。

慈善を目的とする義務は，なぜ不完全な義務と見なされているのか。このことを理解したければ，援助プログラムを導入しようとする人が直面する，制度設計上の問題点を考えてみればいいだろう。およそ福祉制度であれば，出生時の障害，不充分な養育環境，不慮の災難に備え，一種の無料の保険をプログラムとして組み込ん

でいる。しかし，金銭あるいは現物を給付することには問題がある。というのは，福祉制度はある種の保険のパッケージを作るのであるから，それは保険に通常つきまとうモラルハザード，つまり貧者に保護を与えると貧者発生の可能性を増加させるという危険を克服しなければならないからである。すべての人が適格者となる福祉目的の給付プログラムを無造作に導入すると，人はその給付を受けるために自分の境遇を現在よりも悪くするような行動方針を採るかもしれない。汗水流して稼いだ賃金が福祉給付より低ければ，生産活動は止めて無償給付を受ける算段に頭を使おうとする（あるいは少なくともその気になるかもしれない）。もしもホームレスでなければ公営住宅に住めないというのであれば，家賃あるいは譲渡抵当を支払わないか，極端な場合（サウスブロンクス地区のように）住宅に放火するというのが最良の戦略であろう。みんながみんなこんな戦略を採るわけではないということは，この議論とは関係がない。まとまった人数をサンプルとしたとき，自分の戦略を変える人がほんの僅かでも過半数を上回れば，モラルハザードの危険ありと判定してよい。このモラルハザードの問題と取り組むために，福祉プログラムは個々人の行動に目を光らせなければならない。では，それはどうすればできるのか。

　民間の慈善団体はこのモラルハザードの問題に対して例外なく敏感である。それらの慈善団体は，家計調査，待機期間，職業要件を課し，ふさわしくない人が給付を受けることのないように注意する。これらの団体は，盲目であるとかあるいは特定の病気に罹っているといった，一見してすぐにわかる困窮の理由を要件化してモラルハザードの問題に対処することができる。また，これらの団体は，濫用防止のために暗黙の社会的影響力を行使することができる。このことは，多くの慈善団体が宗教，地縁，友情をきずなとして設立されていることに現れている。また，これらの団体は，現物を支給することで，団体の資産が自分たちの行動の倫理に反する目的に流用されることを防ぐことができる。またそのために，金銭的に評価できないコストを受給者に課すこともできる。したがって，慈善団体「救世軍」がレストランの食事引換券ではなく，自らの手で空腹な人々に食事を提供し，あるいは，食事の前に祈り食後に掃除することを義務としているのは，偶然ではなく，モラルハザードの問題を考慮してのことなのである。もし「救世軍」が現金を支給すれば，それは食物よりも酒に消費されるかもしれない。また，食事を提供するにしてもそれを求めるすべての人に無条件に提供するなら，限りある自分たちの資産を空腹な人々のために使うことはできないであろう。現金が（慈善という目的にふさわしく

ないためほとんど）支給できないとき，祈り・仕事・待機は，モラルハザード対策としてきわめて有効に機能する，価格に換算できない配給形態である。

　以上のような問題が無償の贈与には伴うのだが，それは，空腹と困窮に対する慈善に限られた問題ではない。多くの民間の財団は，与えた補助金が特権的な余暇のために使われることを知っている。そこで，財団は多額の費用をかけて，財団が援助に値する実績をもった個人を見つけ，基金の流用の危険を少なくするのである。ここでは，補助金提供の申し出，同僚の推薦，進捗状況の報告，更新期間の短期化が，「救世軍」における祈りと掃除に相当するものであり，受給者への監視が共通する問題である。大学の複雑な制度構造（個々の理事，事務部門，教育研究部門）にも寄付者を保護する配慮がなされているが，それは当然のことである。もし大学への寄付金が研究教育以外の目的に流用されると知っていれば誰が大学に寄付をするだろうか。

　次に，給付水準をどのあたりに設定するかという問題がある。民間の慈善団体は，困窮者の保護ができる程度に給付を設定しなければならない。しかし，その給付は生産活動に携わる人々が保護を受けたいと願うような高さであってはならないのである。とはいえ，無償給付に理想的なレベルというものはない。もし給付を低くしすぎればそれは援助にならない。もし高くしすぎれば，「現在は困窮していない」人々から対処しきれないほど多くの申請が出されるだろう。一般的にいえば，他の市場に見られるように，給付の市場においても共同保険のある種の原理が働くことは誰にでも予測できる。したがって，給付水準は我慢できないくらいに低く設定しておき，受給資格を取得するためにだけ愚劣な行動を選択することを助長しないようにすべきである。[24] 政治過程を使えば適切な給付水準を設定できるというのは全く根拠のない考えである。

　今日よく次のことを耳にする。数え切れないくらい多くの人たちが福祉給付を受けているが，それは現在の福祉制度によって早急に対処されなければならない問題があるということを示しているのだ，というのである。しかし，福祉給付の受給者数の増大という現状はむしろ，福祉制度がサービスへの需要を抑制できていないという点に起因するのであり，これは明らかな制度上の欠陥を示していると考えたほうがよい。需要と供給の法則によれば，受給希望者の数は給付の水準に直接左右される。給付水準が高ければ，それだけ給付希望者は多くなる。給付を受けるコストが一定であるなら，給付の期待値が高ければそれに応じて給付に対する需要は高ま

る。この帰結は，希望者の邪悪さや貪欲といった道徳的資質によるものではない。実際は，人間の行動に普通に見られる自利のルールが福祉プログラムにおいて大規模に働いているのであって，人間の他の活動領域に見られる状況と変わらない。医療給付として消費された総額は，単に保健サービスへの需要の関数なのだろうか。言い換えると，第三者が当事者に給付するという制度機構の下では，提供されるサービスの価格は上昇し，同時に，そのサービスに対する需要も高くなるとされるが，このことは考慮すべき重要な要素であろうか。福祉名簿に記載される人数が増加するということと給付水準のアップには関係がないのだろうか。親に扶養される子に援助することは，婚外子の増加や家族の崩壊に影響を与えないだろうか。

　このように言うからといって，（任意の）福祉援助の理想的な水準はゼロであるべきだと主張しているのではない。ただ，次のような態度，すなわち，福祉給付に対する需要が現在のように高くなり一向に下がらないのは，福祉制度の外にそのような状況を招来した原因があるからであり，福祉制度はその発生について自ら責任を負わない問題に対処しているだけだ，という態度が根本的に間違いだと言っているのである。しかし，手短に本当のことを言えば，もし公権力が福祉プログラムに着手しなかったとすれば，プログラムへの需要は現在よりもはるかに小さかったであろう。福祉プログラムが想定している受益者は偏狭な利己的人間なのだ，ということを認めるならば，民間の慈善団体にさえ，あらゆる面で満点の無償給付をすることは全く至難のわざである。

　しかし，いかなる福祉的給付にもモラルハザードの危険が内在しているということが，公用収用条項とどのような関係をもつのかと問われるかもしれない。これに端的な回答をするならば，私有財産の基本的ルールは，いかなる形態の福祉的給付とも矛盾する，ということに尽きる。この矛盾を避ける１つの方法は，産湯と一緒に赤子を捨てること，つまり，福祉事業からきっぱり手をひくことである。このような選択をするのは，単に狭い意味で自己の利益を優先するからではなく，また，私的な貪欲さが最高の社会的道徳であると信じているからでもない。同様に，小さな子どもが飢えたり浮浪者が路上で凍えるのを見て密かに喜びを感じるからでもない。福祉からきっぱり手をひくという選択は，公権力がいったん無償給付プログラムに手を染めると，そこから生じる耐えがたい合併症から絶対に回復できないという信念に基づいている。給付水準が高くなると，それだけ需要が高まり，ついには，レント・シーキングさながらの力の駆引が政治の場で繰り広げられ，そこから大規

模な需要が産み出される。この需要に対処するには,社会の生産能力の多くを犠牲にしなければならない。だが,流砂にのめり込んで苦しみあえぐよりも,初めからそこに転落すべきではない。民間の私的に運営される慈善では現在のレベルの需要に対応しきれないと言われるかもしれない。これに対しては,私的な援助の制度の下では現在のような肥大した需要はそもそも生じなかったであろう,と回答することができる。より賢明な運営によって需要は削減でき,富は全体規模で増加する。その結果,その需要を満足させる手段は一層豊富になるであろう。私的に運営される福祉制度が一般的になれば,福祉制度は現在よりもはるかに控え目なものになる。このことが理解されれば,民間の福祉制度というものには現実味があり,基本的に支持することができる。所得税が発案される以前の19世紀において,慈善活動は普通のこととして行われ,その目的も大規模な大学や病院の援助だけでなく,不慮の災難における犠牲者の救済であった。また,ニュー・ディール政策以前には多くの救貧プログラムが実施されていたが,政府のプログラムがそれにとって代わり,市民の間にあった福祉プログラムの私的運営に対する熱意を奪ってしまった。政府の介入を削減すれば民間レベルに善意が再びわき起こるであろう。

　政府は福祉事業からきっぱり手を引くべきだという立場は,私有財産制と矛盾なく一貫しており,またそれだけに堅牢な立場である。では,現状に対処する他の方法を見つけることはできないのか。つまり,私有財産の概念からいえば明らかに禁止される筈の公的な善意を合衆国憲法の中に位置づける方法はないのであろうか。そこで,慈善目的の寄付に対する所得控除(これは固定税率制の下では不可能である)を考えてみよう。私の立場からすれば,所得控除は次の条件を満たしていなければ一般的に容認できない。すなわち,慈善に対する所得控除を利用しない人々,したがって,社会全体の予算の歳出について控除利用者よりも多く負担する人々が,この制度から純益を得るという条件が満たされなければならない。政府主導の福祉プログラムから支出される通常の無償給付についていえば,そのプログラムへの協力を余儀なくされている納税者にとって純益はないと言っていい。だが,所得控除によって支えられている私人の慈善プログラムについては,少し事情が違うと言えるかもしれない。まず第一に,慈善に対する所得控除を受けられるのは,慈善プログラムを始めるために必要な私財を投げうった個人に限られる,という点が違うであろう。私人による慈善事業の性質から見て,ある党派によって立法府が捕獲されるとは想像し難い。というのは,かなりの私財を投じた人間だけがそれに見合った

公的な費用の支出を求めることができるからである。このように，公的な費用を要求するには自分もかなりの負担を私的にしなければならないということが露骨な再分配に対する歯止めになっている。このような歯止めは，公的な資金によって全面的に財政支援される給付プログラムには全く見られないものである。第二に，慈善プログラムが民間団体によって私的に運営されるとき，モラルハザードの問題には，完全にと言うにはほど遠いが，よりよく対応することができる。同じようなプログラムを実施するなら，政府よりも民間団体がそれを運営するほうが，分配される給付額および外部的な便益は大きいだろう。

　上で述べた2つの違いは，慈善の経済学的側面にかかわっているだけではない。それは収用の問題にも直接関わりをもつ。外部費用の低減は以下のことを意味する。すなわち，制度自体がより効率的であれば，そのような制度が機能するとき間接的な便益が制度に協力しない人々にもかなり多くもたらされ，それゆえ，この人々の財産が収用される割合は比較的低くなる。さて，上記2つの違いを考慮するとき，所得控除は憲法に反しないと理解され，慈善プログラムを支持する根拠はそれで充分だと思われるかもしれない。しかし，上記のような違いの分析は，小手先の不安定な辻褄合せであり，これによって福祉と私有財産制度は矛盾するという中心命題を否定することはできない。差し迫った危険に置かれた人を救助する義務が，たとえ救助のコストがゼロあるいはゼロに近い場合でも，個人に発生しないとすれば，どうして代議制をとる政府が，困窮状態にある人々に対して福祉的義務を負うのであろうか。無償給付プログラムの実施にあたり，公用収用条項の正当な補償という要件を満たす制度的基盤整備を案出することはそもそも不可能である。

社会の現状を踏まえて

　慈善寄付の所得控除は例外として認めることができるとしても，収用条項はほぼすべての公的な無償給付プログラムおよび福祉プログラムを禁止する，というのが原則である。たとえ，それらのプログラムが巧妙に設計され実施されるとしてもこの原則は変わらない。変わる状況があるとしても，その範囲はポリス・パワーおよび黙示の補償という検証基準によってきわめて狭く限定される。それゆえ，もしこれらのプログラムに政府が着手した時点で，その実施反対論が正しかったとすれば，そのときの唯一適切な対応は，そのプログラムを無効にすることだった筈である。なぜなら，そのプログラムは正当な補償という要件を，明示の補償にせよ，あるい

は黙示の補償にせよ，いずれの仕方でも満たすことができないからである。しかし，今日では，以下に述べる2つの社会的事実により，プログラムは無効であるといって済ますことは賢明な選択とは言えない。第一に，現在行われている多くの課税ないし規制は，論理的には公用収用条項を侵害しているのであるが，長期にわたって機能してきたという現実がある。第二に，ほぼすべての受給者は，数十年というのではないにせよ，数年以上にわたって現在の法体制に依存して暮らしてきたという現実がある。

　このような現実は考慮すべき重要な点であり，衒学者あるいは道学者の見落としてしまうことである。そこで，前半の分析は，現実に合うように変形されなければならない。だが，憲法に訴えて政府の役割を制限すべきであると説くことは，時計の針を反対に回す空想的な努力であり，20世紀を否定する懐古趣味にすぎないのだろうか。それとも，この前半の分析により，すべての誤りではないにせよ，そのいくつかを解決することができるだろうか。そこでいつも私は以下のように自問する。もし私が課税，規制，没収の三者の緊密な関係を誤解しているとすれば，上のように問うてみる資格さえ私にはないが，もし，私の前半の分析が原則的に適切であるなら，その分析によって政府の介入政策を批判せざるを得ない。ただ時の経つのを待っているだけでは Brown v. Board of Education 事件[27]において政府が採った人種隔離政策のごとき介入は無効にならないのである。

　過去が現在にどれほどの影響を与えるものかを検討しようとすれば，私法とのアナロジーから始めるのがよい。Aが大理石の塊を1つ所有していたところ，それがBによって盗まれたとする。そうとは知らずCはこの大理石にレリーフ彫刻を施した。AはCが自分の大理石を占有していることを突き止めその返還を要求した。さて，どのような法的処理が可能であろうか。解決は容易ではない。所有権の主張を絶対的に擁護する世界では，所有者には原状回復を求める資格がある。しかし，落ち度のない二人の当事者のうち一方が，第三者の盗難，詐欺，無関心などによる損害を引き受けなければならない例は数多い。そうした事例では，AはCから自分の大理石を取り戻すことができるのだろうかという初歩的な疑問に対しても，決定的な1つの私法的解決を導き出すことは難しい。[28]

　所有権の主張に対し，Bの侵害行為が介在しているという抗弁は認められないとしよう（これが一般的な解答であろう）。この場合どのような救済があるだろうか。卵はもう割れてしまった。ハンプティダンプティが教えるように，事態の進行を逆

戻りさせることはできない。そこで私法誕生以来ずっと採用されてきたのが強制的交換である。Aは彫刻を施された大理石を単に取り戻せばそれで万事終わりというわけにはいかない。もしそれが許されるなら，Cの労働はAに搾取されることになろう。他方，Cは自分が大理石に彫刻をしたという理由だけでそれを手元に置き，何も支払わないということは許されない。一般論としては，Cは同種類・同質の大理石を提供するか，そうでなければ相当額の現金を支払わねばならない。大理石が破損したり，より大きな構造物に埋め込まれたり，あるいは第三者に転売されるとき，発生する問題を処理するにはなにがしかの調整が必要である。だが，こうした事例においてつねに言えるのは，私法は元々の所有者の権利の力を尊重しようとするということである。むろん，そのとき私法は原状回復を妨げる，価値評価，遡及，支払不能といった問題に直面する。にもかかわらず，誰1人として，Cの信頼利益のほうが強いからAの根源的な権利は完全に無意味なものにせざるをえない，とは言わないのである。

では，黙示の無償給付あるいは福祉の受給権（先行するいくつかの章で扱った権利も含めて）についてどのような救済が可能であろうか。この問題が，私法のケースと比べて気が遠くなるほど複雑なことは明白である。しかし，分析のパターンは私法の場合と基本的に同じである。この複雑な状況に対応する適切なやり方は，数ある救済を選別して序列化することである。これは過去の誤りを解決しようという試みを放棄することではない。現在のように信頼利益が強力で広く浸透している場合には，信頼利益は尊重されるべきである。したがって，警告なしに現在の福祉制度を切り崩すことは今日では許されないだろう。他方，信頼利益が弱い場合には，もっと積極的に現在の福祉制度を切り崩すことが憲法上の厳格な義務である。

これまでにもみたとおり，救済のあり方を検討する方法には比較的良いものとそうでないものがある。いま仮に，福祉的給付を全廃する一方で最低賃金の制度は維持する，という提案を受け入れるとしよう。その場合，個人は福祉的給付を受ける権利を剥奪されるだけでなく，儲けの多い仕事にも就けないことになろう。これはあってはならないことである。また，多くの人は社会保障制度への協力を強要され，実際かなりの金額でそれに応じてきた。そして，この社会保障制度の下で既に無償給付が他の人に支払われているという現実がある。いまこの社会保障制度を途中で止めるということは，愚かな選択というより間違った選択であり，邪悪である。もしそうするならば，あまりにも多くの個人の貸借表を消算しなければならないであ

ろうし，現在運用されている福祉プログラムをあてにしていた多くの人々から個人貯蓄に励む機会を奪ってしまうことになるだろう。実際，利息を付けるにせよつけないにせよ，福祉プログラムに払い込まれた金を持主に返す方法はないし，退職者がその後30年以上続くであろう消費生活を賄うだけの金額を毎週捻出することはできないのである。このように，福祉制度を正面から攻撃することは，現在の財政上の悪夢を解消する方法ではあり得ない。

このように信頼利益の力を考慮すると，何か打つ手があるのか否か苦境に立たされる。1つの方法として，福祉プログラムの給付水準を現在のレベル以上に拡大しないようにすることが挙げられる。しかし，これは言うのは簡単だが行うのは難しい。給付水準を通常調整するときでも，生活費の変化あるいは提供されるサービスの単価の変化を考慮に入れなければならない。したがって，プログラムの拡大を全面的に禁止するとなれば，拡大をチェックする基準をどのように設定するのかという非常に難しい問題に突き当たる。さらに，将来の給付額の上昇は元来プログラムに組み込まれていた，という（あまり根拠のない）信頼利益の主張も完全に無視するわけにはいかない。将来の給付の見通しが現在の投資あるいは消費のパターンに影響を与えることを考えれば，それも当然である。また，福祉プログラムの規模の大きさを考えれば，裁判所が単発的に介入しても，それは耐えるに値しない困難を生み出すだけであろう。

仮に裁判所にとって，このような控え目な形の介入が，その裁量によってできるとしても，憲法を根拠とするもっと強力な形での介入は，事ここに至ってはほとんど不可能である。1つ考えられるとすれば，給付水準を下げたりあるいは社会保障給付の開始最低年齢を引き上げることであろう。しかし，新たな線引きをする場合，客観的基準があるわけではないので恣意的にならざるを得ない。そして，退職後利用できるあらゆる種類の給付を当てにして退職前に職業を選択している，という信頼利益の主張もある。これを考慮すると，新たに線を引き直すのは賢明な判断とは言えなくなる。そこで再び，裁量を行使するほうが，勇敢な態度だということになる。裁判所は中間的な立場，つまり，給付水準は下げないが，水準を下げられていた給付をそれ以前の水準に戻すという判断を試みるかもしれない。だが，裁判所はこの試みを避けるべきである。なぜなら，プログラム自体の直接的な変更あるいはインフレの効果によって給付水準が下がるかもしれないのに，その可能性を裁判所が摘み取ることになるからである。結局のところ，福祉プログラムの問題になじむ

のは政治的解決だけである。だが，これは，どのような解決も不可能であると言っているのに等しいかもしれない。

現在アメリカ人の生活において，老齢年金その他の福祉プログラムは生活の一部として織り込まれているが，これらほぼすべての福祉プログラムは，上と同様な分析によって理解することができる。この現在の生活形態は非常に深く根付いている。新たなプログラムの導入などがまだはっきりしていない初期の段階ですら，これを憲法上の手段によって断念させることは難しく，結局，福祉依存の生活を変えることができないという有り様である。生ける憲法というレトリックは，現在の法を決定している過去のこの誤りを前にしては，憂愁なる屈折を示す語である。けだし，社会の誤りは法の力をもつ（Error communis facit legem）。

しかし上の格言はつねに真ではない。信頼利益がそれほどまでには強力でないという場合もあるのである。このことを確かめるにあたって，税制の基本構造は適切な事例である。1950年代には90％以上の人が，所得に対する課税の割合が最も低い区分に属していた。それがケネディの時代には70％に落ちた。さらに，最近の改革によって，それは50％に落ちた。もっとも，そこにはインフレの影響でもっと多くの人が実質的には入っているのであるが。さて，政治ならばともかく，責任ある裁判所であれば，連邦議会に将来累進性の水準を上げるべきでないと要求することができ，信頼利益はその要求を妨げる理由とはならない。累進課税の廃棄を難しくしているのは，まさに無償給付が執拗に継続しているという事情にほかならない。上のように課税区分はめまぐるしく変わっている。信頼利益は将来の所得，さらには過去の取引から得られた所得に対する課税率にも関係している筈である。したがって，現在の税制において信頼利益が強力に尊重されているとは到底いえない。相続税や贈与税のように棚ぼた的な収入への課税は，特別な収奪であり，このような類の税は無効にすることが充分可能である。そうした税は裁判所が連邦議会を監視していなかったときにはびこってきたものなのである。

以上の分析は，課税以外の事柄についても有効である。直接的な規制は変動するものであって，一点に固定されないのは当然のことであり，そこでは信頼利益はつねに裏切られる。最低賃金の規制も同様に変動する。そこで，信頼利益があることを理由にして，最低賃金の即刻無効に反対できるのだろうかという疑問が湧く。たしかに，最低賃金の規制の下で得をする人もいれば損をする人もいる。しかし，一般的には，そのような損得は市場での競争ではなく恩恵によるものである。むろん，

この規制によって社会全体が得る利益はプラスであろう。そして，この規制のために業界から撤退せざるを得ない会社がある場合においてすら，次のようなことは聞いたためしがない。すなわち，所有権の主張のほうが有力であり，最低賃金の規制は導入できない，あるいはその水準を上げることはできない，という人は皆無なのである。すると，いまさらとくにこの規制は違憲であるといって，信頼利益が規制の撤廃ないし凍結を妨げていると論じること自体ピントはずれであるように見える。だが，私はなにも，昔のルールの下で行われた取引を新しいルールの導入以後は解約せよ，といっているのではない。私はただ，将来における規制撤廃を主張しているだけである。つまり，規制を撤廃した後の取引は無効だといっているのであって，それ以前の取引に遡及して無効にせよといっているわけではない。

　そもそも憲法に照らしてみると，不健全なプログラムを導入することは許されていないのみならず，そのような既存のプログラムを放置しておくことも許されない。規制を撤廃しようと決定するとその瞬間，法的権利は無効になる。同様に，昔からある憲法という根源的な制定法に訴えても法的権利は無効になるであろう。すると，撤廃の対象は最低賃金の規制にとどまらない。連邦労働関係法もまたそうである。労働組合の組織化が将来進む場合，それは市場のルールの枠内で，しかも，団体交渉の義務化という便益を伴わない形で進むべきであろう。その場合，現行の集団的合意はそのまま有効であり得るし，年金その他のプログラムの基金を保護する規定は作られる（組合が現行法の下で資格を剝奪されるときつねにその必要が生じてくる）。だから，信頼利益を無視せよというわけではない。では，石油や天然ガスの価格の統制はどうであろうか。（もし現在の契約が尊重されるならば）こうした価格統制を明日にでも裁判所が無効にしてはならない理由はない。実際のところ，裁判所が一挙に無効の判断を下すほうが徐々に統制を緩めるよりも混乱ははるかに少ないであろう。なぜなら，漸進的な緩和の場合，エネルギー資源の採取を控えて市場への出し惜しみをねらう悪質な動機づけが生じるからである。

　ゾーニングは，撤廃されるべきだろうか。ゾーニングの中には合憲であると認めていいものがあり，全面撤廃を支持することはできない。しかし，この規制が全く見直されなくてよいのかというとそうではない。またしても信頼利益を尊重するために，規制を受ける土地を分類してみる必要がある。開発の進んだ土地では，規制が行き過ぎた状態にあり，それを今さら変更するのは難しい。この規制によって私人は複雑な契約を交わす余地を完全に奪われているが，開発の進んだ土地では公権

力の規制権限を認めることは信頼利益を尊重する１つの方法である。もとより，規制がなければ土地利用のあり方は私人間の契約によって決定されたであろう。だが，公権力に歯止めをかけて土地利用を規制させないようにしたからといって，それは土地を規制のない原状へ復帰させることを意味しない。それは，現在の土地利用のあり方を私人の手を通じて組織的に決定する世界へ復帰することを意味するのである。そこですぐに見当がつくのは，どうせ規制が失くならないのなら，とりあえず現行のゾーニングをすべて有効なものとし，信頼利益を末端部分で切り捨てるための複雑な方法はあえて考えない，というこの上なく単純な解決である。しかし，これでもまだ現状に対して寛容すぎる。たとえば，それまで管理されていなかったりあるいは共同の所有に服していた土地に規制が加えられる場合には，信頼利益の力は無視できる。また，すでに規制を受けている土地に更なる規制が加えられる場合には，信頼利益は全くない。憲法レベルおよび政治レベルで規制が緩和されると，それと並行して政府の機能は制度上縮小の方向に進む可能性がある。これは私的所有権と私的契約の原理に回帰する運動である。

　一体われわれは福祉プログラムの最後の砦に到達できるだろうか。すでに論じたように，社会保障給付プログラムの正当性を支持するにあたり，根拠のはっきりしている事例というのは１つぐらいしかない。将来の見通しのきかないものについてこれ以上何か言えるだろうか。幸せなことに，この問題はそれほど差し迫ったものでないかもしれない。私がこれまでその概要を述べてきた他の改革は，政治的プロセスと経済的構造に対して間違いなく影響をもつであろう。生産は増加し，税金は一般的に下降するだろう。福祉と労働の生産性のバランスは，給付水準が同じままでも給付を求める人はほとんどいなくなるといった具合に，好ましい方角に向かうだろう。このような結果はさらに，給付の財源である税金を削減するだろう。これは生産性の向上を暗示する。以上の結果をもたらす行動を選択する勇気を持つならば，分配に伴う損失を補ってあまりあるほど大きな社会全体の利益を加速的にもたらすことができるだろう。

　さてそこで次のような疑問が起こる。裁判所あるいは立法府を通じて上記のような改革を実行していこうとする政治的な意思が存在するだろうか。存在しないというのが手短な答である。その存在の可能性すらないかもしれない。だがもっと長い回答をすることで多くのメッセージを伝えてみたい。上記の改革を実行しようという政治的意思が存在しないのはなぜか。その理由の１つは，現在の支配的な論調が

本書の立場とはことごとく対立しているところに求めることができる。私有財産権というのは調整の最後につけられるラベルに過ぎないと思われており，その都度場当たり的に対応することが，収用問題の分析では重要なのだと考えられている。政治的取引が民主主義の本質だと思われている。現在，私有財産権に対する知的懐疑は評判がいいが，その評判を切り崩すことによって，憲法理論の復活にまでは至らないとしても，上記の政治的意思の活性化にはつながるかもしれない。だが，福祉経済的なプログラムの強大なネットワークを完全に根絶することはできないにせよ，現在の憲法の枠組はそのネットワークの結び目をほどく役目を充分に果たすことができる。正しい理論であれば，世界を一変させることはできないとしても，少なくとも適切な多くの変化を引き起こすことはできる。なぜなら，賭金が高いという条件の下では，どのような方針の変更が呈示されるにせよ，そこから予想される結果は深刻に受けとめられるからである。

1　第12章参照。
2　しかし注意すべきは，公用収用条項が修正第14条に組み込まれたことで，無償給付プログラムに対するもっと劇的な挑戦が可能になっている点である。仮に各州が無償給付プログラムを実施するとすれば，利益を上げる企業を自分の州に留めあるいは誘致するため，州の間で競争が起こるだろう。この競争によって，無償給付のレベルは下がるであろうから，憲法はこうしたプログラムを厳禁している，とわざわざ強調する必要はなくなるだろう。本章で私が示したのは，無償給付プログラムについて連邦制度の下でどのような態度が可能であるのかということではなく，連邦政府であろうと州政府であろうとおよそ公権力は無償給付プログラムを実施すべきでないと考える制度の下で，どのような態度が可能であるかということである。
3　301 U.S. 495 (1937).
4　この社会保障法に関連していくつかの問題が裁判所に持ち込まれた。基金の運営に関する規定が複雑なために，連邦制度に関わる疑問が提起されたのである。結局そこで明らかになったのは，連邦制度に関する問題は実に不透明な性格をもっているということだった。See Steward Machine Co. v. Davis, 30 U.S. 548 (1937).
5　301 U.S. at 512.
6　Id. at 519.
7　See, e.g., Bell's Gap R. R. Co. v. Pennsylvania, 134 U.S. 232 (1890).
8　301 U.S. at 522.「いくつかの州では，タバコ税は学校の資金あるいは教育上の目的に限定して使用されている。……アルコール販売許可に際して業者が納める料金

あるいは酒税は，老齢年金の基金になっている。……失業給付プログラムは，たいていの州では特別の債券の発行によって賄われているが，ガソリン税によって賄われている州もある。」Id. at n. 14. ストーンは，ここに挙げた事例のすべてを合憲であると推定しているが，肝心の論拠は説明されておらず，ただ，先例に触れているだけである。

9　Id. at 529-531.
10　Id. at 524. すでに引用したように，ストーンが課税において便益と負担の間に関連性がある必要は全くない，と明言するとき，彼の論理展開は粗雑の極に達する。
11　第12章参照。
12　301 U.S. at 522-523　(citations omitted).
13　Id. at 521.
14　Id. at 516-517. ストーン裁判官はいう。「[失業が永続すれば] それと同時に，社会的および経済的損失を引き起こす諸悪が社会全体に蔓延する。その諸悪として，貧困，貯蓄の取崩し，……購買力の低下がある。その他に立法府が失業から生じるのではないかと懸念していると思われる悪として，放浪および私有財産への犯罪，結婚率の低下，家庭生活の荒廃，出生率の低下，婚外子の増加，失業者およびその家族の健康の悪化，失業者の子どもの栄養不良がある。」この説明では，無制限の失業補償を誰の負担で行うのかが言及されていない。そのため，この種の失業給付プログラムがいかに不適切な案であるかということがわからない。ここで注意したいのは，失業が増えれば購買力が低下すると指摘されている点である。現在この点は全くの誤解であることが広く知られている。というのは，全体としてみれば，失業給付が誰かに支給されるとき，購買力が上昇するが，それは給付の負担者の損失によって相殺されるからである。
15　435 U.S. 702 (1978). この判決はさまざまな分野で批判的に分析されてきた。Spencer L. Kimball, "Reverse Sex Discrimination: Manhart," 1979 *Am. Bar Found. Res. J.* 83; Lea Brilmayer, Richard W. Heckeler, Douglas Laycock, and Teresa A. Sullivan, "Sex Discrimination in Employer-Sponsored Insurance Plans: A Legal and Demographic Analysis," 47 *U. Chi. L. Rev.* 505 (1980); G. J. Benston, "The Economics of Gender Discrimination in Employee Fringe Benefits: Manhart Revised," 49 *U. Chi. L. Rev.* 489 (1982).

　　Brilmayerとその共著者による議論の一部は，いかなる個人も唯一のグループに分類されないから平均寿命というのは特定できないのだ，という仮定に立っている。つまり，サウスカロライナの黒人男性と分類されれば，その平均寿命は58歳であるが，単に男性とだけ分類されれば，その平均寿命は70歳である。しかし彼らの議論は，実際はそうではないのに，すべての分類が同じように有効であると仮定してお

り，その点で間違っている。市場のプロセスを経るとき，最も均質的な固有の集団が限定され，この集団からまとまった統計学的データをそれほど手間をかけずに得ることができる。仮にある保険会社が男女の区別をしているだけだとすれば，次に市場に参入してくる保険会社は男性と低い保険料で契約をするだろう。すると，既存の保険会社は，現有の基金に占める男女比を考慮して保険料を改定しなければならないだろう。このような市場のプロセスは，新規の市場参入者が保険料を値下げできる人口学的性格をもつ固有の集団を開拓できる限り，進行するだろう。被保険者集団を開拓する市場ゲームにおいて，保険会社は最初から迷わず，性別などの利用可能な最も有利なグループ分類を行って，このゲームの射程を縮小するのである。

16 Jane Bryant Quinn, "The Great Unisex Debate," Newsweek, July 4, 1983, at 52.

17 起きるかもしれない騒擾についてのこの議論は，現代の主要な労働法である連邦労働関係法を正当化するためにも使われてきた。私はこの労働法との関連でその議論が適切かどうかを検討したことがある。Richard A. Epstein, "A Common Law of Labor Relations: A Critique of the New Deal Labor Legislation," 92 *Yale L. J.* 1357 (1983).

18 連邦労働関係法に対しては同様な扱いをすることが適切であり，この法律を「業務上の治安」によって正当化する議論は，同様の難点によって弱められる。See Epstein, supra note 17, at 1404-1406.

19 See Frank H. Easterbrook and Daniel R. Fischel, "Auction and Sunk Costs in Tender Offers," 35 *Stan. L. Rev.* 1 (1982). これは公開買付規制の場合におけるフリーライダーの問題を提起している。

20 第17章を見よ。

21 第16章を見よ。

22 たとえばJoseph Story, "Natural Law" を参照。これは，Encyclopedia Americana (1836) にある無署名論文であり，James McClellan, *Joseph Story and American Constitution* (1971) に付録として収録された。関連箇所は以下の部分である。「権利の中にはわれわれが完全な権利と呼ぶものがある。それらは内容が確定的なものであり，暴力，あるいは市民社会にあっては法律によって主張することができる。他方，権利の中には不完全な権利というものもある。不完全な権利は内容が曖昧で不確定であり，暴力あるいは法律によって主張することができない。それはただ，当事者の良心に義務を課すだけである。以上のように，人間は自分の生命，身体の自由，財産に対して完全な権利を持っている。人間は暴力に訴えてこれらの権利をその侵害者に対して主張し，それを守ることができる。しかし，たとえ当人が窮乏の身の上でも，あるいは他人を思いやる人間であっても，あるいは，真に感謝

に値する人間であるとしても，他人に与えた好意あるいは慈善に対する感謝については不完全な権利しかもたないのである。……不完全な権利について，制裁は宗教的な責任の感覚として当事者の良心だけに課されるものだが，それにもかかわらず，この不完全な権利に対応する義務を果たせという責務は無条件の命令であると見なされるべきである。その義務はあたかも，地上で最も強力な制裁をもっているということもできよう。なぜなら，その義務は神の命令から生じ，神の意志に従って果たされなければならないからである。」Id. at 315.

23 モラルハザードというのは，ある不都合な事柄が起こったときのために保険が設定されると，その時点からこの不都合な事柄が生じる傾向が増大する，ということを示す。多くの場面では，逆選択という概念が重要である。逆選択というのは，保険でカヴァーされている事柄について補償を受ける場合，自分が平均的な確率よりも大きな確率でその補償を受けられると知ったとき，被保険者に生じる，保険に加入したいという傾向を示す。このコンテクストでは，保険は売却されるので逆選択はあまり重要ではない。これら2つの概念についての一般的説明としては，William Bishop, "The Contract-Tort Boundary and the Economics of Insurance," 12 *J. Legal Stud.* 241 (1983).

24 労働災害補償の事例における低額の給付について，同様な議論を Richard A. Epstein, "The Historical Origins and Economic Structure of Workers' Compensation Law," 16 *Ga. L. Rev.* 775 (1982)で行った。

25 See A. W. B. Simpson, "Bursting Reservoirs: The Historical Context of Rylands v. Fletcher," 13 *J. Legal Stud.* 209, 223-225 (1984). これはダムの決壊によって傷害を受けた人と住居を失った人々に対する公的援助を扱っている。赤十字も同様に機能する。

26 See Russel D. Roberts, "A Positive Model of Private Charity and Public Transfers," 92 *J. Pol. Econ.* 136 (1984).

27 347 U.S. 483 (1954). 人種隔離政策が無効であるという結論は，Brown 事件の判決意見に従うよりも，本章でのアプローチに従うほうがはるかに容易に導き出すことができる。その場合，人種差別の関心が入る余地はない。われわれのアプローチでは，ある政治的党派がその州でいかにして主導権を握り私利のために財源を流用したのかということを詳しく説明する。この説明によって人種隔離のシステム全体が比例原理に反する負担賦課の有無というテストを満たさないことが明らかになる。Brown 事件では，人種隔離を採用する公立学校の性格は「本質的に不平等」であるといわれていたが，それは行き過ぎた公権力の濫用に対する強力な反論となっていたかもしれない。これらの害悪と比べれば信頼利益は何ら考慮に値しない。

28 この論点については，Douglas G. Baird and Thomas H. Jackson, "Possession

and Ownership, an Examiniation of the Scope of Article 9," 35 *Stan. L. Rev.* 175 (1983).

29 See, e.g., Gaius, *Institutes* II §§ 73-80. ここで扱われている事例は，Aの財産の中にBの財産あるいは労働が混入したケースである。明晰な議論としては，J. K. B. M. Nicholas, *An Introduction to Roman Law*, 133-140 (1962). 現代の法もローマ法と同様この問題についてコンセンサスに達していないことに注意したい。

終章　哲学的含意

要約

　これまでの19の章で行った公用収用条項の考察は、土地の直接的な取得から現代国家に特徴的なさまざまな形態の規制や課税に及ぶ広い範囲の事件をカヴァーするものであった。この最終章の主たる関心対象は、公用収用条項の法的地位ではなく、規範的政治理論に関わるより大きな問題である。それは、公用収用条項に現在与えられている憲法的正当性を度外視した場合に、その条項の本質的意義は何かということである。いま仮にわれわれが全く新たに政府を組織しようとする場合、その憲法は本書の解釈に沿った公用収用条項を含むことになるであろうか。私のテーゼは、公用収用条項についての本書のアプローチが人身の自由と私有財産の両者に適用されるならば、それは、国家の機能とその権力の限界の両者を説明する原理を提供するというものである。

　代議制統治は、市民に対する国家の権利は、本人に取引交渉上の利益を与える個人の権利の総和より大きくなることはないという前提から出発している。国家が国家としてなんら独自の権原の集合をもたないのは、会社が会社としての権利をその株主に対してもたないのと同様である。[1] 公権に関わるすべての問題は、個人の権原に関わる問題のこみいった複合体であるから、財産法、契約法、不法行為法の諸原則は、政府権力の適切な限界を明らかにするために用いることができる。これらのルールは、私人間の適切な関係を決定するものであり、国家が取引の一方で代理人として介入してくる場合でも、その関係はそのまま維持される。これらの権原に関

する原則は，きわめて簡単な単純合計のルールに従うので，賠償責任ルール，規制，課税の変更を伴うような非常に多くの事件に対して一貫した強さで適用できる。私権の制度は，統治に関わる複雑な制度を評価できる包括的で内的統一性をもった基本的で規範的な権原を提供する。所有権制度が初めて確立される時点において，権利の間にはなんらのギャップもないのであるから，なんらかの国家の介入によって私的所有権が変容する場合にもギャップは発生しない。

　しかしながら，国家は，最初の権利の配分状態から自発的な取引を通じて単純に生成するものではない（構想のレベルにおいてさえ，そうである）。フリーライダー，ゴネ得者，さらに非常な不確実性の存在のため，国家の始まり以前になんらかの全体的合意が形成されることなど不可能である。そうなると，問われるべきは，国家が単なる自発的な保護組合以上のものになり，その領域内で独占的な力の使用ができるようになるためには最低限どのような権力を付加することが必要かということであろう。収用に関する分析は，その答を出すことができる。必要とされる追加的権力とは，奪われるもの以上に価値のある権利を個人に残すような所有権の交換を強制する国家の権利である。ホッブズ的な無制限の主権者の恐怖は，国家が強制することのできる交換の種類について加えられる2つの重要な制約によって避けることができる。第一は，収用の論理が許す強制的な交換は公共の用がある場合に限られる。それによって，ある人から別の人への勝手な物の移転が排除される。第二は，補償が要求されるということである。そのため，供出される権利と引換に各人はより大きな価値のあるものを受け取るのである。

　分析を突き詰めていくと，この2つの条件は1つになってしまう。なぜなら，強制的な権力行使は，ゲームが全体としてプラスを生み出し，ゲームから生み出される余剰が比例的に配分される場合に限定されるからである。特異な個人的好みをもつ人が強姦，殺人，略奪・強奪する力を奪われるということを理由にして，その人の境遇が前よりも悪化するような例を作って見せることはつねに容易である。しかし，強制的交換の基本は，個人の自律を求める個人の権原なのであって，内実を無視した個人の選好ではない。他の個人に対する当然の権利として国家内で保有するものでない限り，何かを奪われるとしても，その当事者はそれについてなんら不平を申し立てることはできない。全員一致の同意という要請は，統治制度への移行をなんら妨げるものではない。ただ1人の変わり者が国家の生成を妨げることはできない。ひとたび組織されてしまうと，国家は統治権力をもってしまう。なぜなら，

国家は，その固有の領域内においていかなる形態の侵害からも人々を保護するのに充分な力を独占するからである。最後に，偏見をもたない裁判官から構成される制度（それは自然的正義の伝統の一部として長年にわたって承認されてきた）によって，国家は，すべての紛争が処理されるような保証を与えている。裁判による最終決着ができるというメリットは，社会秩序にとって実質的に大きなプラスであり，他方，裁判の誤りはランダムに配分される傾向をもつので，すべての人は創出される余剰から比例原理に基づいて配分を受けることができる。[3]

この収用にかんする理論枠組は，すべての個人は，統治制度の形成以前には現実か虚構かはともかく，「自然状態」にいたという暗黙の想定に依拠してはいない。おかれているのはそれとは全く逆の想定である。政治理論が，統治制度の設立以前は，人々には共通の言語がなく，正邪の区別がなく，共通の文化や伝統がなく，国家の外ではなんらの社会化の手段もないということを想定するのであれば，その理論は全く不可解である。国家の問題は，ときに考えられるよりは，もっと範囲の狭いものである。国家は，個人の権利の源でも社会共同体の源でもない。国家は，それらのものがすでに存在していること，それらが保護に値するものであること，個人は他人との相互行為から互いに利益を受けるということを前提にしているのである。主権者という独特のものが登場するのは，もっぱら秩序を維持せよという要求に応えてのことである。国家が道徳的な絶対的要請になるのは，伝統，家族，友人を省みない人々による力の放縦な行使から守るだけの価値があるものが存在するというまさにその理由からである。既存の権利との強制的交換は，それによって新しい権利を創設するわけではない。私有財産にかんする憲法的な理解と同様，強制的交換は，権利の存在を前提している。強制的交換は，文化や共同体の意識を作り出すものではない。それは，各人が自分自身の大義名分を掲げて警察官として行為するよう強制したり，そのような行動をとる余地を認める必要をなくすことによって，文化や共同体の意識を保護するのである。国家が生成するのは，完全な自力救済の体制における過誤や力の乱用の確率は耐え難くなる程度に至るという理由による。自然法理論の強さは，個人の権利（とそれに対応する義務）が合意とは独立して存在し，国家の形成に先んじて存在すると主張したところにある。

理論的競争相手

この収用アプローチの威力について若干の実感をもつためには，この見解と近年

非常に影響力をもっている2つの理論的競争相手とを比較してみるのがよいであろう。このアプローチとそれら2つの理論との間には重要な相違点と類似点とが見られる。それらの理論とは，1つはノジック(Robert Nozick)の著書 *Anarchy, State, and Utopia* に連なるものであり，もう1つはロールズ（John Rawls）の著書 *A Theory of Justice* に連なるものである。私はその両者を検討した上で，収用の理論が公的生活における市民の徳性に関するある見解と整合的であるかどうか，また収用の理論自体に反するような過去の行為によって理論が否定されるかどうかを考察することにしたい。

ノジック（Nozick）

ノジックの理論は，収用アプローチの最初の半分，つまり個人の権利を基本原理として尊重するという部分を取り込んでいる。ノジックは，私的所有権制度とそれが生み出す富の不平等を正当化するために，正義に関する「歴史的」原理に大幅に依拠している。ある1時期，この原理は，コモン・ローと憲法に関する議論の中で広く受け入れられていた。ノジックの言う獲得のルールは，物に関する無主物先占ルールにきわめてよく似ている。彼の矯正原理は，不法行為法の領域をカヴァーし，移転原理は，契約法をカヴァーしている。彼の規範理論の1つの大きな魅力は，それが基本的な社会諸制度および人々の実践と非常にみごとに一致している点である。その一致によって，それはその理論的含意を検討するための便利なデータ・ベースとなっている。この理論のもう1つの強さは，非常に調和のとれた和音を響かせることによって，自らの正当化のための大きなコストを不要にしていることである。なぜなら，人々が自分たちの感性に逆らう（ロールズのような）高度に抽象的な理論を受け入れ，自分たちが強い不信の念をもっている手続によって，自分たちに理解できない結果に全面的に帰依させられる場合とは違って，それは，人々にこれまで習慣的に抱いてきた道徳観を放棄せよと説得する必要がないからである。

しかし，ノジックの理論にも難点がある。その第一は，理論の起源と個人の権利の地位に関わる。ノジックは，ロック的，コモン・ロー的伝統にきわめて忠実である。というのは，彼の正義に関する歴史理論は，所有権は誰のものでもない物を占有することによって獲得されるという命題から出発するからである。しかしながら，占有は権原の基礎であるという命題は，必然的な真理ではない。占有と権原との結合は，矛盾を生むことなく否定することができる。まず始源状態においてすべての

物はなんらかの形態の共同所有に属すると主張することは可能である。すると，どのような始源状態を適切とするかをめぐって競合する見解の中からわれわれが1つを選択するには，演繹的でないなんらかの手続がなければならないことになる。ノジックの見解は，自律と自己決定の必要性を是とする直観に依拠している。ある意味では，彼の立場は，私有財産と個人の自由は重要である，なぜならそれらは重要だからだ，あるいはそれらは人間の本性に内在するものだからだということをただ主張しているだけのもののように思われる。自己の正当化を目指すそのような努力は，つねに落ち着きの悪いものである。ただし，その正当化はそういう理由からただちに誤りだということにはならない。ノジックの単純な理論を眺める1つのやり方は，もし自律という人気のある観念を放棄したら，世界はどのように見えてくるかを尋ねてみることであろう。人が殺人，強姦，傷害，窃盗，略奪を無条件に否定しようとするとき，その根拠は何になるであろうか。それらを嫌悪するわれわれの本能は非常に強力であるので，功利主義的計算という流砂の上にもっぱら基礎をおくような個人の権利理論を採用するようなことは嫌われる。だから，征服による奴隷化は，無条件の悪と見なされている[7]。われわれは，無能な奴隷を有能な主人の意志に従わせることから得られる資源の増加が管理と監督を代行させる費用よりも大きい場合に，奴隷制は正当化されるという議論まで真剣に考慮したいのだろうか。それとも，ある人が無能であるということは，他人による後見を支持する議論になるだけだろうか。親子関係は，果たして後見関係なのか，それとも所有関係なのかという問題は本当に決着がついていないのだろうか。単なる信念は倫理理論の理想的な基礎として有効でないかもしれないが，それは次善の選択肢よりはるかに優れている可能性がある。

　ノジックの論法は反功利主義的であって，それが彼の歴史的理論を結果主義的な理論に鋭く対立させることにつながっている。しかし，ある場合には，この非常にリバタリアニズム的な理論を支える直観的な基礎が効用を直接引合に出す見解によって強化されることがある。功利主義は，単なる主張や過去の実践に拠り所を求めようとするのではなく，それ自体正当だとされる目的を推進することにそれらのルールをうまく結びつけるにはどうすればよいかを明らかにしようとする。すべての人が世界Ⅱよりも世界Ⅰにいる場合のほうがより良い境遇になるとした場合，それに従うとすべての人を劣った世界に居残らせることになるような権利に関する議論を持ち出したいと考える人がいるであろうか。たしかに，功利主義の議論にはつね

に大きな欠陥がある。なぜなら，それはすべての小さな判断をなんらかの巨大な社会的構成物に関わらせてしまうからである。それにもかかわらず，適用の誤りを理由にして性急にその理論を攻撃してはならない。大前提を放棄することなく，その誤りをただすことができる場合には，とりわけそうである。

　そう考えてみると，適切な功利主義理論は，個人の自由と私的所有権に対するノジックの実質的コミットメントを強力に支援するものである。ノジックの理論体系の簡明さはたしかに評価できる。というのは，それは，所有者の同意なしに他人が踏み越えてはならない境界を設定することによって，総和がマイナスになるゲームの数を減らすからである。またこの理論は，個人の内的能力であるか外的な事物の中であるかはともかく，非常に多くの力の源を育成する傾向をもっている。それによって，この理論は，競争的な構造を創出し，わずかな人の手中に富と権力が集中することを妨げる傾向をもつのである。無主物先占のルールは，1人の人がすべての物を所有するような状況が非常に起こりにくくする。とりわけ，他人もまた同じ原始的取得の権利を有する場合はそうである。ある特定の物の占有，使用，処分をある個人の手の中に統合すれば，当初の配分の誤りを矯正していくためのその後の取引行為を組織化することがはるかに容易になる。同様に，物の最初の占有者にその物を委ねておくことによって，所有制度が創設され，この制度は，国家の関与なしに始動し，かつ現在の占有者から新しい制度の下における正当な所有者に財産を移転させるための無駄な費用をなくしてしまう[8]。このように見れば，功利主義理論とりわけ直接的でない種類の理論は，日常的な活動と合致し，リバタリアンが非常に尊重するこの単純な経験的ルールと全く矛盾しないように思われる[9]。

　功利主義理論は，人間の差異を無視するとか，権利をその起源ではなく，その効果に依拠させるという言い方でしばしば批判される。しかし，真実は全くその逆である。優れた功利主義者は，未分割共有資源のプールの問題を回避するという理由からだけでも人間の差異を尊重する方向に導かれるに違いない。自律の原理は，この問題を大半克服することができるからである。同様に，将来の幸福は，安定的で適切に確定された権利の制度によって保障される。幸福が享受されるのは，権原が個人の過去の行為に由来して発生し，その行為の効果が理解されて，理性的な計画のための目安となりうる場合に限られる。倫理学における存在論的理論と結果主義的理論との対比は極端過ぎるのである。

　自由と財産の擁護論は，リバタリアンの言葉でも，功利主義者の言葉でも行うこ

とができるが,そうだからといって,分配に関する問題が無視されるということにはならない。福祉国家が登場する以前においてさえ,多くの社会制度は危険を共有しプールするために発達した。家族がこの機能をもっていることは明らかだが,同じ機能は原始社会の大きな氏族に割り当てることも可能である。親密な社会や同朋的組織は,同様な機能を担っていたし,慈善活動に対する自発的支援は,あらゆる種類の外的ショックから社会的紐帯を守って維持する役割を果たしてきた。誰が賢く生まれ,誰がそうでないか,誰が先天的傷害をもっており,誰が偉大な才能をもっているかについては,一定の運が働く。貧しい人,助けを必要とする人に自発的援助を与えること,またそれがきちんと行われるようにするための複雑な私的取決を行うことについて論理一貫して反対できるリバタリアンはいないだろう。国家による強制の危険があるために,移転支払を国家の機能とすることは原理的に不適切であるが,この責務は通常の消費の問題とは単純に言えないので,「不完全な」責務と見ることができる。[10]

まずロックが持ち出し,ノジックも受け入れた始源状態の観念には,ことのほか強いアピール力がある。つまり,人は自らを所有しているが,誰も外界の事物を所有してはおらず,家族の中では自然的地位に付属する相互扶助の義務があるというのである。しかしながら,ノジックのリバタリアニズム的理論は,その主要な課題をなし遂げることに失敗している。なぜなら,それは国家の存在を正当化できないからである。その大きな弱点は,その理論がすべての権原を絶対的なものだとみなし,強制的な交換は,その条件のいかんにかかわらずすべて不当だとして排除するところにある。しかし,ゴネ得やフリーライダーの問題がある以上,交換の強制なしに社会秩序を実現することはできない。ノジックは,多元的で集団的な保護を与える組合の創出に導くような,見えざる手によるメカニズムについて見事な議論を呈示している。[11]しかし,見えざる手によるメカニズムは,ある領域内における排他的な主権者の登場を説明しない。強制的な交換の必要が多数の組合の併存状態から単一の国家への最後の飛躍をさせるのであり,収用の議論がこの一歩を可能にしている。個人の権原は,補償を求める主張としてつねに尊重され,例外がないわけではないが,多くの場合に絶対的なものとされる。

収用の理論ができることには,依然として限界がある。それは,どの保護組合が排他的絶対的なものになるべきかを説明できない。たとえば,それは最大のメンバーを擁する組合に名誉ある地位が与えられてよいかどうかを説明できないのである。

（この段階でさえ，組合の領域の特定の仕方によって，競合する排他性を求める要求の中からの選抜が左右される可能性がある。）大切なことは，権力を掌握するのがどの組合であっても，その組合は差別禁止条項に注意するよう促されること，所属メンバーに対する同一の責務を外部の人に対しても負うという点である。同意なしに拘束されることになる人々は，以前よりも平均的に見て権原の点でより良い地位におかれなければならないとすると，搾取は，完全に排除されないまでも，一層困難になる。一定の強制的交換に対して寛容になる意欲をもって展開するリバタリアニズムの理論は，強制的交換を一切拒否するリバタリアニズムの理論よりも格段に豊かになるであろう。

ロールズ（Rawls）

また，公用収用条項に内在する統治理論には，ロールズをまず連想させる社会契約論的な正義論に酷似する要素とはっきり異なる要素とがある。ロールズは，自由原理と格差原理という2つの中心原理を主張する。[12] 第一の原理によると，社会組織の適切な目的は，他人の自由を侵害することなく行動しようとするすべての個人の自由を拡大することである。第二の原理によれば，当初の自由の状態の変更調整は社会においてもっとも恵まれない人の利益になるように働くものでなければならない。これらの実質的な原理は，反省による均衡というアイデアに訴えることで正当化されている。反省による均衡は，それ自体，適切な実質的ルールを確定するための手続の集合に基礎をおくものである。ロールズが繰り返し尋ねるのは，無知のヴェールの下で社会構造についての根本的な選択を人々が行うとすれば，社会の全構成員はどのような社会慣行を採用するであろうかという問である。そのような状況におかれたとき，彼らのもっている知識は，人間の本性一般と身体的・社会的行動の法則に関わるものに限られる。たとえば，たいていの人は危険を嫌い，自己利益と家族への愛情とある種の義務感が不安定に入り交じったものによって動機づけられているというような知識である。彼らは自分自身の個人的な選好と社会的地位とを全く知らないものとされる。

ロールズの契約論的理論は，素朴なリバタリアニズム的前提からは創り出すことのできない豊かな議論を可能にしているが，他方，ここで詳しく繰り返すまでもない別の種類の強力で馴染みのある批判にさらされる。第一の批判は，ロールズのように抽象的なレベルで契約を用いることを理解するのは全く不可能だというもので

ある。私法における契約は，一般的な社会的善よりも自分自身の特別な地位と選好にはるかに強い関心をもった個々の人の独自な好みを実現させようという試みである。「契約の対象とされるすべての物の価値は，契約当事者の嗜好によって測られるのであり，したがって正しい価値とは，彼らが付与することに同意したものである」[14]というホッブズの主張は，契約自由の表現と正当化として望みうるもっとも簡明なものであろう。自発的交換が想定しているのは，一般的に各人は自分が何に価値を認めるか，どの程度の価値を認めるかについて信頼できる情報をもっているか，それらの点について少なくとも本人の選択を制限しようとする人々よりも本人の方がよりよい情報をもっているということである。利害関係がなく，生身の体をもたない人々による契約を推進する議論は，ある比喩をその限界を超えて引き伸ばそうとするものにほかならない。心理的葛藤と個人の自己利益の痕跡をすべて消去することによって，この理論は，その類推の根底に見られる個人的知識に基づく私的な同意という納得できる見解から大きく逸脱してしまう。契約の比喩は，ロールズの発想の中から一切抹消してしまうのが最善である。なぜなら，契約しようとする集団について求められるすべてのことをその中の１人がしてしまうことができるからである。架空の集団の選好をロールズに考慮させているのは，合意という契約的な観念の魅力の残り香にすぎないのはたしかであろう。彼の理論内容からして，１人の標準的（あるいは平均的？）な人が選択すればそれで充分な筈なのである。

　第二の系列の批判は，ロールズの考察方法は非常な不確実性という問題を抱えており，それは致命的なものだというものである。つまり，ロールズの手続はどのような結果を生み出し，その結果は，創出されるとされる個人の権利義務に関わる通常の制度にどのように結びつけられるのであろうか。ロールズは，自分の制度観が生産に関わる財産の私的所有を容認するかどうかははっきりしないと認めている[15]。それは，それ自体驚くべき不確実性であり，人間の自由あるいはこの規範的論考の力を受け入れようとする人にとっては実に厄介な譲歩である。彼の理論の下で，きわめてふつうの行為，たとえば自分の選んだ相手と結婚することや子供をもつこと，あるいは家を購入する行為は，容認されるのであろうか。この理論がミクロレベルとマクロレベルをしっかりと結びつけるものを何も提供していないことをノジックは適切に指摘している[16]。

　格差原理は，徐々に蜘蛛の巣となって人々を絡めとるようになる。どの個人の行為も，他人がその持物から得る効用に影響を及ぼす。それは，その人の持物がなん

であるかにかかわらない。そこにある次のアイロニーは，すでに明らかであろう。功利主義思想に対する批判の出発点は，それが人間の差異を尊重できないということであった。しかし，それと全く同じ異議をロールズの立場に対しても申し立てることができる。というのは，集団の内部関係に対するこの哲学理論は，人間行動の独立性を論理的に不可能にし，それによって個人の自由をも論理的に不可能にする方向に働いてしまうからである。もし境遇の悪化する人は害を被った人であると見ることができるならば，どのような人間行動も政府による介入の正当化事由を内在させているのである。それは，政府が介入してよいのは他人に対する害悪の発生を防止する場合に限られるという厳格な制約を含むミル流の原理の下においてさえ当てはまる。権利に関するリバタリアンの立場は，このような失態から免れている。その立場には，私有財産の収用と実力および詐欺を防ぐ厳しい条件が含まれており，それを逸脱したときに限って，他人が被る福祉の減少が訴訟によって救済の認められる不法とみなされるのである。それゆえ，いかなる行為も外的な害を発生させるのであるから，すべての決定は集団的なものにならざるをえないのだという言明は，原理的に否定することができる[17]。

　政治的義務の問題についての収用アプローチは，ロールズ理論に対するこれら主要な2つの異議に応答することができる。収用の理論は，生命のない抽象物にかんする権原を取り扱う必要がない。必要とされる実体的な権利を生み出すために複雑な手続に依拠する代わりに，この理論は，先占に始まり所有物の使用と処分に関わるすべての側面をカヴァーするような個人の権利をめぐる実質的な説明から出発する[18]。それによって，ロールズ的手続の非常な不確実性は回避されるのである。

　収用アプローチは，自分自身について不完全な情報しかもたない架空の人間に訴える必要をなくする。すべての人は，自分自身の主人として扱われ，自分の生まれ付きの才能と能力の恵みを最大限に享受する権原をもつものとされる。ある人がこれまで誰の所有でもなかった物の占有を獲得する場合，その人は自分自身の代理人としてそうするわけでも，その人に対する要求をもつ他のすべての人々の受託者としてそうするのでもない。その人は，もっぱら自分自身のためにそうするのである。これとは対照的に，ロールズ的なアプローチは，生来の才能の配分（そして，それを活用することから得られる利得）を道徳的に恣意的なもの，つまり運の産物であるから，保護に値しないとみなしている。各人は自分自身の労働を所有するのだというロックの見解に対するこれほどはっきりした反対はほかにはない。

ロールズの立場には，ロックの立場のもつ応用の容易さは全く見られない。しかし，その代わりにそれは各人に他のすべての人の生産物に対する先取特権を与え，現在から未来に至るすべての人の個人的運命を永遠に絡み合わせてしまう。彼の立場は，エゴイズムという生物の本能と正面から衝突するような義務をすべての人に強制するものである。けれども，エゴイズムは，たとえば，親子といった遺伝的つながりのように，人が他人の得失を考慮する理由なる説明の一部になっている。家族的義務と社会的義務との激しい対立は，人間の義務に関するロールズの描写の中では厳しく抑制されている。それは，あたかもすべての人がなんらかの中央権力の許可を得て，自分自身の労働の成果を享受しているかのようである。そのため，課税は，公共財を供給するために個人の富に求められる費用請求ではなくなり，公衆一般の受託者として人間の才能の生産物を所有する国家がその産物を再利用するための効率的手段と化すのである。これは，個人の自己規定と自己表現の中枢を攻撃する考え方にほかならない。それは，自分自身から距離を置き，自分自身に対して公正であるというようなことを想定するものであるが，それは飽くなき自己利益を追求した過去から進化してきた人間に達成可能な希望とは思えないものである。[19]人はそれぞれ他人の問題にあまりに関与し過ぎる結果，英雄的な試みをもってしてもそこから抜け出すことはできなくなるであろう。この理論は，自由の大義のために展開されたけれども，それが全体主義的濫用の危険を冒していることは一見して明らかである。なぜなら，不適当な人々が社会制御の主要な機構を支配するとしたら何が起こるかを考えてみればよいからである。

　また，それらは，経済的な問題でもある。ロールズ的な見解によると，個人の才能は自然界では恣意的に配分されている。このような個人観察が当初のアンバランスを矯正する社会的な努力を正当化するために用いられ，社会的介入の機会を拡大することにつながっている。コモン・ローにおいては，個々の不法行為はすべて，個人が別の個人に及ぼした害悪をカヴァーするだけである。不可抗力と本人自身の行為による被害は，法的救済が裁判所によるものであれ，立法府によるものであれ，その対象とはならない。しかし，ひとたび生まれつきの才能の配分が社会的な関心事とされるならば，くじ運による自然的相違を中和するための強制が必要になる。そうなれば，不可抗力，つまり自然界の出来事から発生する先天的傷害や雷の被害，場合によっては少なくとも故意になされたのではないある種の自己加害をも含めたすべての害について，それを矯正するための社会的な介入が原理的に正当化される

ことになろう。どちらの見解をとるにしても，正当とされる政府活動の範囲は，その形態や内容を明確に特定することなく非常に拡大される。不可抗力の矯正について，以前に存在したなんらかの状況への復帰ということを論じることは全くできない。なぜなら，復帰すべき基準点はないからである。全体としての補償のレベルを決定する前に，移転を可能にするだけの資源があるというなんらかの保証が必要となろう。なぜなら，被告である不法行為者が無資力であるときには，問題は終了するというような処理では，もはや充分ではないからである。そこでは，私法が使う意味における不法行為者が存在する必要は必ずしもない。したがって，すべての資産は，たとえそれを生まれつき所有する者だと主張する人の保有するものであっても，社会的な解決のために保有されるものだとされてしまう。

　危険をこのように集団化すると，それは，適切に機能している市場が回避しようとするまさに運営上の問題を引き起こしてしまう。もし個人が自分自身を所有していないとすると，そこには古典的な代理費用の問題が発生する。なぜなら，その人は自分自身の労働の費用をすべて負担しなければならない一方，利得の一部しか手元に置くことができないからである。すべての人が生産と収穫との間の対立に気がつくと，問題は慢性化する。もし個人の不幸が社会化されると，それぞれの危険について各人が負担すべき部分を決定するために共有のプールが作られなければならない。このプールは，危険を嫌う当事者が嫌悪する恣意的な個人的差異を排除するようにデザインされる。しかし，このような危険の分散は非常に高価につく。自分が売買したいと望む物に対する明確な権限をもつ人はいないから，そのため所有権は，長期にわたって明確に定義されないままとなり，取引交渉の自由は減少する。この制度は，家族や宗教団体によって提供さる不完全ではあるが自然の危険プールを無視している。

　この制度は，また任意保険市場の形成を阻害する傾向をもっている。逆選別問題（つまり，ほんのわずかな自薦の人たちだけが保険プールに加わること）を規制しようと努力する中で，この制度はモラルハザードの危険，つまり人々が自分の便益をすべて享受する一方で，自分が負担全体について引受けるべ割合を減少させる方策をとろうとする傾向を強める。天然資源開発から得られる教訓は，未分割共有資源のプールにするというやり方は，資源の性質上どうしてもやむを得ない場合に限って採用されるべきだということである。個人の所有権が明確に定義できる場合，未分割共有資源のプールにするというやり方は，避けるべきである。土地と石油と

の扱いが異なるのは，そういう考慮によるのである。ロールズ的な本能は，正反対の方角を向いている。人間の身体には自然の境界があるので，古典的自由主義理論が示したように，それによって個別所有権の１つの理想的な候補となり得る場合であるにもかかわらず，すべてのものが未分割共有資源のプールに投げ込まれてしまう。

　全体主義的行き過ぎの危険は大きくなる。なぜなら，社会統制拡大の正当化がその中に組み込まれているからである。これまで前例のない領域で集団的取組が形成されるとしても，それは自己利益を一掃するものではない。自己利益は，その新しいそして破壊的な発現方法を示すだけである。生まれつき才能に恵まれた個人は，社会の有する先取特権の具体的な表現である課税や外的なコントロールを避けるためにその才能を隠そうとするであろう。彼らの行動は，他の人々の側に彼らの「個人的」問題をモニターするための強い正当化根拠を提供する。「個人的」問題は，完全に個人的であることなどありえなくなる。なぜなら，そこには集団的な財つまり不労所得である個人の才能の利用と活用という面がつねに含まれるからである。ロールズ的制度は，より公正な配分を作りだすことを狙って設計されている。しかし，それがあるがままの人々を受け入れるならば，その代償としてパイは途方もなく小さくなる。それとともに，いかなる社会秩序であれ，その不可欠な結合材となっている個人の責任や自尊心を暗黙のうちに減少させてしまう。そうだとすれば，人間を相互に所有する制度を採用するのは適切だろうか。出発点としては，労働の個人的所有に関するロックの信念のほうがはるかに単純であり，洞察に満ちている。交換の強制制度と結合するとき，それはより一貫し，バランスのとれた統治と社会の理論を提供する。

　以上の議論は，収用アプローチがロールズ理論の要素を取り込むことができないということを言っているわけではない。現物による黙示の補償をするかどうかを決定する場合，それはしばしば当事者が無知のヴェールに覆われているかどうかに左右される。ロールズの場合，ヴェールは架空に構成されたものであるが，公用収用条項の場合，それは人生の１つの単純な事実であり，架空の構成物に関する疑念から免れている。具体的個人は，自分のもつ活力をあるだけ使って，みずからの自己利益を自由に追求している。しかし，（不法行為責任のような）一定の一般的ルールが存在し，それらは将来においてある個人にプラスにもマイナスにも働きうるし，社会に生存する他の人々にもプラスにもマイナスにも働きうるものである。自己利

益をもとに活動しながら，個人は全体の富を最大化するであろう。なぜなら，それが自分のパイの分前を最大化する最善の方法だからである。

　第二に，ロールズの格差原理は，公用収用条項の平等保護的次元と呼ばれることのある，比例原理に反する負担賦課の有無というテストと非常に近い関係にある。格差原理は，ロールズ的制度の内部では，社会において最悪の境遇にある人々の状況を改善するかどうかを見て，さまざまな制度的取決の健全さを判定するための1つの方法になっている。しかし，格差原理は，許される取引の強制とそうでない強制とを識別するロック的な権原制度と結合する場合に，はるかに適切に機能するようになる。このルールの目的は，各人をより価値のある確定した権利の集合に移行させることである。富の増加に伴って分前の大きな変化が起こる場合，全員が社会的利得の分配に平等に参加し，富の序列が集団的行為によって影響を受けないようにするために補償が求められるのである。これに対して，ロールズの格差原理は，富やその他の便益の分配を抑え，よい境遇にある人々の立場をより不運な人々の便益のために妥協させる傾向をもっている。格差原理に含まれる再分配的要素は明白である。たしかに，保険と危険嫌悪というアイデアを持ち出して（事実，ロールズもそうしている），すべての人はそのような取決を受け入れるであろう，なぜならすべての人が無知のヴェールに覆われているときには，極端な成功による利得は極端な窮乏による損失よりも小さいからであると論じることはできる。しかし，基準線がある方がない場合よりもはるかに容易に変更を行いやすいのであるから，個人の自律と私的所有権の基盤本体は揺らぐことなく維持される。危険嫌悪も依然として重要性を失わない。なぜなら，それは，偶然的な便益を含む補償パッケージの割引評価と，不確実な支払に代えて確実な支払を行う政府行動に対する好意的態度とを要求するからである。それにもかかわらず，危険嫌悪は，あくまでもパッケージの1つの要素にとどまるのであって，パッケージそのものになることはない。

市民の徳性

　収用理論に対する最後の批判は，非常に異なった陣営からなされる。私有財産の重要性と統治諸制度の脆弱性を強調する理論は，政治的生活のもっとも高い理想の理解にとって決定的に重要な市民の徳性の役割を無視しているという指摘がしばしばなされている。市民の徳性とは，公的サービスへの献身，弱者の保護，文化芸術の推進，公的生活への参加を意味する。たしかに，実力行使と詐欺の放棄を人間の

もっとも高貴な努力として扱うような世界観にはどこかに問題がある。音楽, 芸術, 文学, 科学, そして人道主義的努力は, そのような世界観に雄弁に反対することができる。しかし, 公事における市民の徳性は, 私事における幸福に似ている。それを人間行為の直接の目的とすることは, それが実現されないことを公言するようなものである。思慮深くその逆を考えることが適切である。個人的幸福が裕福で生産的な生活の副産物であるように, 市民の徳性も健全な制度的取決の副産物なのである。収用アプローチは, 市民の徳性を支える方向で作用するものであるが, それは, その徳の明らかな優秀性の吹聴によってではなく, その徳が開花することのできる健全な制度的環境の創出によってである。

考えるべきことは, 徳性と貧困は両手を携えていくものではないという点である。生死の境まで追いつめられた人は, 他人に援助を与えることはできない。飢餓は, 恐怖を生み, 恐怖は攻撃性を育てる。攻撃性は, 対立を作り, 対立は市民性の混乱と退廃を育てる。したがって, 市民の徳性は, 大半の人を生死の境から離れたところにおいておくのに充分な個人の自由と安全と富の存在に依存している。これらの政治的条件を保証する傾向を有するのはどのような制度の集合であろうか。第一は, ふつう総和をプラスにするゲームである自発的取引行為を可能にするものである。なぜなら, 人々はもっぱら自分の所有物を取引するからである。第二は, 総和をマイナスにするゲームをする傾向をもつ立法府の抑制である。立法府がそういう傾向をもつのは, それが他人の所有物を取引対象とすることを人々に許すからである。市場の保護を語ることは, 人が欲しいままに行動する不当な自由について語ることではない。最低限言えることは, 通常の契約法は, 実力行使, 強迫, 不実表示, 他人の窮状に付け込む行為をどれも認めていない。契約法は多くのことを禁じているが, その違反頻度の高さから判断すれば, その命じるところに従うことは容易ではない。また, 自発的な取引行為のすべてを許可する必要もない。たとえば, 反トラスト法は, 独占のようなマイナスの社会的結果を伴う自発的取引行為を防止しようとして声を大にしているのである。同じく, 立法府の危険について語ることは, 立法活動のすべてを非難することではない。というのは, 警察, 高速道路, 未分割共有資源のプール資源の規制のような公共財を私的市場は提供できないからである。

市民の徳性は, もし党派が公的な場で何の拘束もなく行動するのであれば, つねに攻撃を受けることになるであろう。市民の徳性を備えた人々は, けじめのない農家への補助金や輸入に対する保護のような当初から否定されるべき提案を抑え続け

なければならない。有徳の人々にそれができなくなれば、シニカルな感情がはびこり、どうして自分も他人同様に自分の分前をとってはならないのかと考えるようになるに違いない。非生産的で、非協力的なゲームが始まり、すべての人が間違いなく敗者となってしまう。それは、控え目ではあるが、人間の人間に対する戦いの1つの形態であり、より上品ではあるが、所を変えただけの依然として破壊的なゲームになっただけのことである。そのような世界においては、各人は自分の分前を当然のごとく主張できるであろう。なぜなら、他の誰もが自分の分前をもっているか、もとうとするからである。どのようにして市民の徳性は、永続的に存在するこの誘惑から逃れることができるのだろうか。政治生活におけるグレシャムの法則に従って、悪が善を駆逐することであろう。

　徳を育てる唯一の方法は、立法活動の権謀術策の中で不法な利得を手にする機会を減少させることであろう。市民の徳性は、私人の慈善活動から生まれることもありうるし、防衛、高速道路、裁判所に支出すべき額の決定や宣戦布告と講和の時期の決定のような公共財の提供に責任をもって参加することからも育成されうるものである。それらの事項自体は、どのように想像を広げてみても、公用収用条項によって規律できるものではない。ただ、市民の徳性は、裁判所が個人の自律や所有権の保護を拒否するような世界では栄えることはできない。それゆえ、公用収用条項は、市民の徳性が育つ土壌を改良するものなのである。それは、立法過程における敗者について、事の前後を通じて彼らの地位が変わらないようにする権利を保持させよと要求することによって濫用を抑制しているのである。

過去の不正義
　これまでのところ、収用の原理をその競争相手となる政治秩序に関する考え方と対比して理論的検討を行ってきた。しかし、次のような主張がなされるかもしれない。この理論は不完全である、なぜならそれは権利の配分における過去の不正義についての説明ができないからだ。たとえ、その規範的な理論が取引の強制を許す一方で私有財産を保護するものだとしても、これまでの過ちは現在の権原関係をすべて根底から覆してしまう。現在蓄積されている富の多くは、不適切な方法で獲得されたものであり、それらの問題点は今日存在する制度にも必然的に継承される。このゲームを今そのままフェアに行うべきだと主張することは（そこに、フェアに行うにはどうすればよいかをわれわれが知っているという前提が置かれていること自

体は，適切だが），現状の問題点を永続させることになる。この規範理論の前提条件が満たされていないのであるから，たとえ白紙状態つまり自然状態においてその理論がどれほど強力であっても拒否されざるを得ない，と。

この主張は，第19章で福祉受給権に関連して考察した同様の問題についても反対の立場をとるであろう。そこでこの主張が展開したのは，根底にある期待の圧力があまりにも強力であるため，その憲法上の根拠がどれほど薄弱であろうと，ニュー・ディール以降になされた社会立法をなかったものとすること，とくに憲法上の手段によってなかったものとすることはできないというものであった。ところが，ここでは奇妙な逆転が見られる。というのは，この主張は，ここでは，現状の秩序について形成されてきた事後的信頼を重視せよという主張よりも正義は最初から貫かれねばならないという主張の方を優先させているからである。ともかく，この点について確定的な答は存在しない。

この主張を取り扱う1つの方法は，その原理を私法の枠内において，権原が第三者に存在する旨の抗弁（jus tertii）の問題と類比してみることであろう。この抗弁に関するもっとも単純な事例は，A自身が所有する物をBが奪い，その物をCがさらにBから奪う場合である。問題は，Bの権原に瑕疵があることがCからその物の占有を回復しようとするBの訴えを妨げる充分な理由となるかである。コモン・ローは，妨げる充分な理由にはならないとする。仮にルールが逆であったらどうなるかを考えてみよう。BがCから占有を回復できないとすると，CがBからその物を奪うことを妨げる方法がそもそもないことになる。しかし，Cは，権原を確保していないのだから，Cは今度はDが自分からその物を奪うことを妨げることはできない。Bの訴えを拒否すると，いったん所有物の占有が権原の正当な連鎖から外されてしまうと，それは私的所有権の領域の外に永久に留まらざるを得ないという不幸な結果を生むことになる。そうなると，法が回避しようと努力する未分割共有資源のプールの問題が根絶できないことになる。生産に使用できない資源の部分が増加し続けるということを考えれば，それが経済発展と社会の平和に及ぼす帰結は容易に推測できるであろう。

したがって，相対的権原の法理は，この問題に対するコモン・ローの対処法なのである。Bは，自分の不法によって，AとAを介して権利主張する人以外のすべての人に主張できる対世的で優越的権原をもつのである。全く赤の他人であるCがBの所有物を奪い，Bはそれ物自体か，それからの収益を取り戻すとしよう。しかし，

Aは，このどちらの行為もBに対する訴訟か，占有する当事者に対する直接の訴訟によって止めさせることができる。しかも，話はここで終わりにはならない。Bは，死亡して，自分の訴訟原因をDに残すかもしれない。Cは，死亡して，自分の所有物をEに残すかもしれない。資産が相続された範囲において，DにはEに対する訴訟原因が発生する。なぜなら，相対的権原関係は，人間と世代を超越するからである。

　しかし，Aとその相続人は，つねに訴える権利を保持できるとは限らない。所有権原については，契約上の請求権と同様に，時効に関する制定法が昔からの権原を記録簿から削除するのに是非とも必要とされているからである。時効取得に関する古典となった論文が指摘するように，正当だが古い主張を否定することは，正当な権原を止むことのない攻撃から守るために払うだけの価値のある代償なのである。紛争の速やかな処理を強制することから得られる社会的利得は，あまりにも大きいので時効制度がない場合よりも制度がある場合のほうがすべての人の境遇は向上するのである。これらの制定法による所有権の破棄はすでに検討した黙示の現物補償の理論によって完全にしかも容易に正当化される。私法は，不法な行為の帰結を本来の所有者の主張とそれ以外の人々という明確な区別を設けることによって特定することができる。つまり，瑕疵のある占有は，所有者に対しては有効ではないが，対世的には決定的に有効である。ひとたび，瑕疵のある権原が時効に関する制定法によって洗浄されれば，相互的利益となる取引行為の正常な過程が，理想的な状況からの逸脱が以前に行われているにもかかわらず，すべての人の分前を向上させるのである。

　さしたる問題もなく，この理論は公的領域にも持ち込むことができる。時効に関する制定法は，あるの集団のために収用された所有物について別の集団の要求する補償要求を（われわれの用いる総合計原理によって）すべて切り捨てるかもしれない。たとえば，所有物がインディアンから収用されたという事実は，その所有物を現在の所有者からインディアンでない貧困者に再分配してはならない原理的な根拠を提供するものではない。しかし，問題は通常それほど単純ではない。というのは，それぞれの請求者がAつまり本来の所有者の立場にあるのか，それともCつまり権原とは無関係な人の立場にあるのかを尋ねなければならないからである。この事実問題は，しばしば厄介なものである。なぜなら，請求者の何人かは本来の所有者の子孫であり，他の何人かは無関係な人であり，また別の何人かはその両方の要素を

もっていることがあるからである。請求の分別をすることは，行政的費用と過誤の費用とを持ち込むことであり，それはすぐに分析能力を越えてしまう。無権限占有と権原が第三者に存在する旨の抗弁の法理は，便益と負担を世代を超えて追跡できるということに基づいている。実際には，当初の過誤と現在の状況との間には非常に多くの誤った段階が介在しているので，ちょうど社会保障制度が実施されて50年たった後にすべてをご破算にすることができないのとまさに同じように，話を元に戻して，正義を行うことは全く不可能である。そのような努力をしても，それが矯正する以上の過誤をもたらすであろう。そもそも，誰もが，自分は不当な政府行動の被害者であり，その加担者ではないと主張できるのであろうか。個々の請求を分別するという努力は，全く説得力に欠けている。奴隷制を理由として黒人を，また，土地剝奪を理由としてインディアンを無条件で援助しようとするというような試みは，大きな障害に直面する。完全な没収には至らないような不当な規制が大量に存在したことを前提として，その他の請求者もリストに加えることを許すべきであろうか。本当に実施すると，間違いなく歪曲されてしまうような補償制度を動かそうとして，なんら咎のない当事者の保持する分を含めて，富全体を減少させるようなことをするのは，本当にやるだけの価値のあることであろうか。

　大量の請求をその実質的正当性について審査する場合の実施上の障害を考えてみよう。まず，害を受けた当事者がその害を受けなかったとしたらどのような境遇に置かれたであろうかを推察することが容易ではない。奴隷の子孫のアメリカにおける生活は，アフリカにおける生活より劣っているであろうか。別のよりよい条件に基づいて移民が行われたと考えられるであろうか。合衆国によって屈従させられたインディアンの部族は，多くの部族間戦争に見られたように，競争相手の部族によって殺戮されることはなかっただろうか。訴訟原因が論証されるとしても，それに対する救済は何であろうか。奪われた所有物を特定できない場合や，自分の権利主張に争いの余地はないと合理的に信じる理由をもつ善意の購入者によって所有物が改良されている場合，それを回復することは可能だろうか。われわれは，救済を金銭賠償に限定するだろうか。その場合，誰からいくら回復するのか。過去の不正義をなくす目的で設けられるような政府の社会補償プログラムの下では，その支払について調整計算を行うべきであろうか。奴隷制によって不利を強いられてきた黒人は，まとまった交付金，社会補償給付，私的な慈善活動からすでにどの程度の支払を受けているのであろうか。連邦政府によるインディアンに有利なあるいは不利な

試みについてはどうであろうか。もしこれらの問題が適用可能な私法的ルールの集合の下ですべての個人に関わるものとして訴訟対象とされるならば，これらに答えるための情報を入手することすら誰にもできないであろう。

　権利の基本線が確定しないだけでなく，補償の源もまた問題を抱える。補償の負担はすべて国家に課されると論じることは可能である。しかし，それは，国家が過去の不法になんら直接的な責任をもたない個人に課税（つまり収用）しなければならないという厄介な問題を隠蔽するにすぎない。多くのアメリカ人は，奴隷制の廃止後にこの国に到来した。たとえば，1880年から1920年にかけての東欧からの大移住がそうである。それ以前にアメリカに居住した多くの人々は，奴隷制廃止のために戦い，命をささげた。過去をなかったことにする費用は，将来を変えていこうとする費用よりも大きい。最悪の濫用を矯正するために妥当な費用で限定的な措置をとることは，可能であろう。そのような措置は，近年のカースト制による差別やアパルトヘイトによって苦境にあった国における方が，アメリカにおけるよりも正当化することが容易であろう。筆者の判断によれば，過去の不法を矯すために膨大な社会的な富の移転を行おうとする努力は，適切な程度をはるかに超える緊張を作り出す。したがって，すべての過誤を津波に見舞われて一挙に発生したものとするのが，苦境の中での最善の選択であろう。福祉受給権に対する場合とは対照的に，私はカースト制やアパルトヘイトを維持したいと望む人々の信頼を根拠とする主張についてなんらの重要性も付与しない。しかし，矯正のいかなる原理についても限界のあることを認識し，基礎を全く新たに築き直そうと努力するよりも，われわれの手元にある基本線から建設を始めることが最善である。

　以上をもって，われわれは議論を完全に一通り検討した。憲法の問題としても，政治理論の問題としても，個人と個人，個人と国家との間の紛争を解決するための正義と不法にかんする共通の考え方を呈示することは可能である。これらの原理は，単一の価値に依拠するのではなく，3つの有力な思想，つまりリバタリアニズム，功利主義，再分配主義の糸を撚り上げて，個人の権利と政治的責任にかんする整合的な理論に統合しようとするものである。残る困難は，われわれの歴史とわれわれが組織した法制度の複雑さを前提とする，事実に関するものである。以上に構築して見せたように，公用収用条項に関する本書の議論は，私有財産と公法との間に決定的に重要な絆を提供する。この絆に関する従来の裁判所の英知は，全体図のすべての重要な要素を認識していたにもかかわらず，私有財産あるいは制限された政府

について重大な関心を寄せる人に対しては正当に擁護できないような仕方でそれらの要素を組み合わせていたのである。判例に関する本書の幅広い検討は，私法と公法との知的文化的統一性を論証するために，個人の権利と政治的制度との間のつながりを再構築する道筋を明らかにするように組み立てられているのである。

1　有限責任は異常現象だとしてしばしば攻撃されるが，それはまさにこの見解を根拠にしている。自由を基礎とする分析の枠組の中では，契約上の主張をする人の立場について格別の問題は生じない。なぜなら，ある請求を満足させるために会社資産にだけ手をつけるという合意は，抵当権者の担保権を対象財産だけに限定する制限付抵当権同様になんら問題はないからである。不法行為法上の請求については，全く事情が異なる。そこでは，会社形態の正当性は，複雑な交換の強制の集合としてもっともよく理解できる。有限責任の対価として，会社は，予想される危険に対処する趣旨で責任保険を掛けることを強制される可能性があるが，それは妥当である。もっと一般的な言い方をすれば，自分の被用者の行為について有責であるという代理法の一般的原則を前提とすると，投資家は有限責任でなければ，資金をプールして投資するというようなことは，あえてしないであろう。したがって，有限責任は，訴訟を責任ある当事者について有利あるいは不利にするものであって，それを通して取引費用を減少させるのである。その一般性をもった性質と積極的な福祉効果を考慮すると，有限責任は，黙示の現物による補償のための基準に合致しているという結論を引き出すのは容易である。

2　主観的な選好を重視する主張は，Frank I. Mickelman, "Ethics, Economics and the Law of Property," in *Ethics, Economics, and the Law* 3 (J. Roland and John W.Chapman eds.) (NOMOS Monograph No. 24, 1982) で展開されているが，その主張は Harold Demsetz, "Professor Michleman's Unnecessary and Futile Search for the Philosopher's Touchstone," id. at 41 で厳しく批判されている。

3　原理的にいえば，裁判官には絶対的な免責は必要ではなく，裁判官が管轄権を逸脱したり，犯意をもって行為した場合には，責任を負うべきだという議論は可能である。しかし，そのやり方には大きな危険が伴う。なぜなら，敗訴した当事者は，例外を見つけて何とかしようとするからである。そういう理由から絶対的免責は，Aの財産を誤ってBに与えた判決について，裁判官に対する訴訟を表面的には許しているかのように見える公民権法1983条のような制定法の下においてさえ，依然として不可侵のものとして残っている。See Pierson v. Ray, 386 U.S. 547 (1967). 公職に関わる民事訴訟からの免責と裁判官の職務逸脱に関する別の監督方法との関係についての私の見解は，Richard Epstein, "Private-Law Models for Official

Immunity," 1978 *Law and Contemp. Probs.* 53 参照。

4　See Coppage v.Kansas, 236 U.S. 1 (1915).

5　See Robert Nozick, *Anarchy, State, and Utopia* ch.7 (1974).

6　このテーゼに関するもっと詳しい検討については，Richard A. Epstein, "Posession as the Root of Title," 13 *Ga. L. Rev.* 1221 (1979) 参照。

7　契約による奴隷の問題は，はるかに難しい。しかし，2つの点に注目しておくべきである。第一は，実際にそれが行われたという実例はあまりに稀なので，強制や詐欺による以外にそれが実際に行われるとは考えにくいという点である。年季奉公による使用人契約でさえ期限があり，主人には特別な義務が課されている。第一ほどにはよく気づかれることはないが，第二は，奴隷はまた自分たちの子供の権利についての取引をしているのであり，それは彼らの自然的な義務に反しているという点である。第三は，奴隷化は個人が公的な統治に参加する気持ちを失わせる効果をもつという点である。これらのどの点も決定的なものではないし，それに対する反対例をもちだすことができるけれども，それら全体をまとめた議論の重さからすると，交換の強制と現物による黙示の補償という理論が認めるように，奴隷制を完全に禁止する方がすべての人の境遇はよくなるという見解が支持されるであろう。

8　Donald Wittman, "Liability for Harm or Restitution for Benefit?" 13 *J. Legal Stud.* 57 (1984).

9　See John Gray, "Indirect Utility and Fundamental Rights," 1 *Soc. Phil. and Pol.* 73 (1984).

10　第19章参照。

11　Nozick, supra note 5 at 12-25.

12　John Rawls, *A Theory of Justice* (1971).

13　Ronald Dworkin, "The Original Position," 40 *U. Chi. L. Rev.* 500 (1973).

14　Thomas Hobbes, *Leviathan*, ch. 15 (1651).

15　Rawls, supra note 12, at 270-274.

16　Nozick, supra note 5, at 204-213.

17　詳しい議論については，Richard Epstein, "Intentional Harms," 4 *J. Legal Stud.* 391, 421-422 参照。この論文は，権利侵害なき損害を論じるものである。権利侵害なき損害とは，目的をもった人間行為がすべて訴訟による救済の対象にならないようにして，補償対象となる害を制限するためのコモン・ロー上のテクニックである。

18　第7章と第8章を見よ。

19　See, generally, Jack Hirshleifer, "Economics from a Biological View-point," 20 *J. Law & Econ.* 1 (1977). 筆者自身の見解については，Richard A. Epstein, "A Taste for Privacy? Evolution and the Emergence of a Naturalistic Ethic," 9 *J.*

Legal Stud. 665 (1980).「経済学に対する社会生物学の1つの大きな貢献は，嗜好そのものが識別可能な諸原理によって規律されているということ，また自己利益は，経済学の単なる前提にとどまるものではなく，全体として調和のとれるように見える1つの生物学的結論であるということを明らかにしているところにある。」Id. at 679.

20　See, e.g., Frank I. Michelman, "Politics and Values or What's Really Wrong with Rationality Review?" 13 *Creighton L. Rev.* 487 (1979). Frank I. Michelman, "Property as a Constitutional Right," 38 *Washington & Lee Law Rev.* 1097 (1981); Carol Rose, "*Mahon* Reconstructed: Or Why the Takings Issue Is Still a Muddle" 57 *So. Cal. L. Rev.* 561 (1984).

21　See, e.g., F. Pollock and R. Wright, *Possession in the Common Law* 91-93 (1888); The Winkfield [1902] p.42.

22　Henry Ballantine, "Title by Adverse Possession," 32 *Harv. L. Rev.* 135 (1918).「[無権限占有事件に関する時効を対象とする]この制定法は，努力を重ねる不法侵入者が行った不法行為についてその者に報償を与えることを目的としていないし，不注意で怠惰であった所有者が自分の権利の上に眠っていたことについて懲らしめることも目的としていない。最大の目的は，公然と一貫して主張されているすべての権原を自動的に安堵させ，正当な権原の証明を提供して，権原移転過程の過ちを修復するところにある。」換言すると，正当な権原が以前の所有権に関する誤った主張から保護されるのは，不当な主張もまたそのように保護される場合に限られるのである。

23　第14章を見よ。

監訳者解説

本書は，Richard A. Epstein, Takings: Private Property and the Power of Eminent Domain (Harvard University Press, 1985) の全訳である。著者のエプスタインは，1943年生まれであり，現在，合衆国のシカゴ大学ロー・スクールの教授である。1964年にコロンビア大学を卒業し，1966年には，オックスフォード大学でも学士号を取得している。その後，イェール大学ロー・スクールに進学し，在学中には法学雑誌イェール・ロー・ジャーナルの編集に携わり，1968年に学位 LL.B. を取得した。弁護士資格は，1969年にカリフォルニア州で得た。1968年から南カリフォルニア大学ロー・スクールで教鞭をとり，1973年にシカゴ大学ロー・スクールの教授となった。

これまでに担当した科目は，憲法，契約法，不動産法，不法行為法，税法，製造物責任法，など幅広い。エプスタインは多作であり，以下のような著作のほか，多くの編著・論文がある。

Modern Products Liability Law: A Legal Revolution (Quorum Books, 1980)
Forbidden Grounds: The Case against Employment Discrimination Laws (Harvard University Press, 1992)
Bargaining with the State (Princeton University Press, 1993)
Simple Rules for a Complex World (Harvard University Press, 1995)
Principles for a Free Society: Reconciling Individual Liberty with the Common Good (Perseus Books, 1998)

本書のテーマは，公用収用（あるいは強制収用）である。この法制度は，昔から存在し，人々の権利を公共の目的のために人々の同意なしに（たとえ人々が反対しても）剥奪するという機能をもっている。その意味では，これは人々の権利に影響

を与えるきわめて重大な意味をもった社会制度である。しかし，空港建設や道路・鉄道建設，大規模開発などの場合を除いて，それが一般には注目されることはあまりないし，法律の学科目としても法学部の教育プログラムの中でそれほど中心的な位置を占めていない。

しかし，合衆国では，1970年代以降，公用収用の問題は，独特の社会的文脈の中で頻繁に法学者によって取り上げられ，研究領域としても活発な展開を示している。議論で取り上げられている論点は，一見したところは法的なものであるが，その実質的な内容は，法的問題にとどまるのではなく，国家の役割や社会的権力の限界をめぐる社会哲学，国家哲学の基本的問題につながるものであった。その議論の広がりは，公用収用が合衆国という社会の政治的・哲学的スタンスの根幹に関わるものだという合衆国の知識人の認識を前提にして，初めて理解することができる。

出発点にある暗黙の前提は，1930年代のいわゆるニュー・ディールである。伝統的に限られた機能しか果たしていなかった合衆国の連邦政府は，19世紀の終わりころから徐々に大きくなり始めたが，ニュー・ディールと第二次世界大戦をきっかけとして急速に巨大化していった。それは，貧困や社会的差別，その他の社会問題を克服すべきだという政治の大義名分と結びついていた。連邦政府が積極的な政策を幅広く遂行して社会改革を目指そうとすれば，まず必要になるのが資金である。この資金は，累進税その他の方法で集められ，さまざまな目的のために支出された。金銭の流れを機能的に見れば，それは所得の再分配，つまり政府が税を負担できる社会階層から強制的に資金を集め，これを不遇な社会階層のために使うということであった（もちろん，すべての税がそのような目的に使用されたわけではない）。税を負担できる社会階層といっても，ここでは必ずしも大金持を想定する必要はない。税を負担できる能力をもつ限り，たとえ裕福でない人々であっても，政府の政策のための資金を提供したのである。

問題は，なぜ人々が積極的な政府活動の資金を負担しなければならないかであった。それは，自発的な寄付であればともかく，自分に何の見返りもないように思われる事柄のために，なぜ強制的に資金を提供しなければならないのか，という素朴ではあるが，明快な疑問から出たものであった。

1970年代の合衆国は，社会哲学の領域で多くの注目される書物が刊行された時代であった。たとえば，実質的な正義論を復活させたとされるロールズの書物は，1971年に発表された (John Rawls, *A Theory of Justice* (Harvard University Press,

1971)。この書物は，社会は，原則として，人々の平等をまず実現すべきであるという主張を精緻な正義論の形で示したものである。このロールズの理論を批判し，新しい対極的見地を提示した書物として名高いノジックの『アナーキー・国家・ユートピア』(Robert Nozick, *Anarchy, State, and Utopia* (Basic Books, 1974) は，1974年に刊行された。中央集権的で計画主義の政府を理論的に厳しく批判した経済学者のハイエクによる3巻の書物も1970年代後半に出版されている (F. A. Hayek, *Law, Legislation and Liberty: A New Statement of the Liberal Principles of Justice and Political Economy* (Routledge and Kegan Paul, 1973-1979)。1980年には，フリードマン夫妻の『選択の自由』(Milton & Rose Friedman, *Free to Choose: A Personal Statement* (Harcourt Brace Jovanovich, 1980) がベストセラーとなった。この書物は，平等な分前を保証しようとする体制にいかに問題が多いかを平易な言葉で語って，政府の介入の問題点を指摘した。1960年代以降大きく発展しつつあった「法と経済学」と呼ばれる法学の新しい学派は，市場の重要性を指摘し，政府の規制や介入の問題点を批判した。

こうしてニュー・ディール以降の連邦政府の行動が厳しい理論的批判にさらされたが，その一方で人種差別の克服，社会的弱者の保護，性差別その他の問題には，政府の関与が必要であり，権利の保護が不可欠であるという見解も強力に主張された。ドウォーキンの権利擁護論 (Ronald Dworkin, *Taking Rights Seriously* (Harvard University Press, 1978) や批判的法学研究運動に属する人々には，そのような傾向が見られる。アッカーマンの議論は，ある意味で両派の中間点を見出そうとする試みとして解釈することができるかもしれない (Bruce A. Ackerman, *Social Justice in the Liberal State* (Yale University Press, 1980)。

他方，1970年代の合衆国は，ベトナム戦争その他が原因となって薬物，伝統的な結婚からの離脱，家庭内暴力，同性愛など多くの社会問題が表面化した時代でもあった。このような社会問題の一因が個人の自由を保護しすぎたことにあるのではないかという議論も次第に強く主張されるようになる。共和主義あるいは共同体主義と呼ばれるような思潮は，合衆国の支配的な思想であった個人主義やリベラリズムに挑戦するようになる。マッキンタイアーの書物 (Alasdair MacIntyre, *After Virtue: A Study in Moral Theory* (University of Notre Dame Press, 1981) は，その動きを象徴するものであろう（共同体主義については，『現代における〈個人―共同体―国家〉』(法哲学年報1989, 有斐閣，1990年) 参照）。

合衆国の政治体制の基礎となる考え方をめぐる活発な議論は，その後も継続して現在に至っている。今回訳出したエプステインの書物は，ノジックの発想にいくつかの重要な点で似た雰囲気をもっている。しかし，最終章で彼が指摘しているように，彼は国家あるいは社会による財の強制的移転（しばしば取引の強制という表現で語られる）を承認しており，その点ではノジックとは明らかに異なる立場を採用している。それにもかかわらず，エプステインの議論をノジック以降の社会哲学の議論と重ね合わせることによって，連邦政府批判をめぐる重要な論点をより幅広い角度から位置づけることができるように思われる。

　本書の記述から容易に読み取ることができるように，この書物の特徴は，社会哲学や法学基礎理論にかんする議論を幅広く視野に収めながら，検討を具体的な事件処理の法理論のレベルで展開しているところにある。彼がとりあげている財産法（とくに不動産法），契約法，不法行為法は，コモン・ローと呼ばれる英米法の核心部分を形成するものであり，それらの法分野で発生しているさまざまな問題を憲法の収用条項と関連づけるという試みは，きわめて野心的なものである。それは，合衆国の政治理論と法理論を統合しようとするものであり，法実務を動かしている法理論の関連領域の広さをわれわれに認識させてくれる。リベラリズムの伝統に立つ国家と法を抽象的レベルと具体的な事件のレベルとの双方で検討する資料として本書は大きな意味をもっている。最近，日本語に翻訳されたバーネット『自由の構造』（嶋津格・森村進監訳，木鐸社，2000年）（原著，Randy Barnnett, *The Structure of Liberty: Justice and the Rule of Law* (Oxford University Press, 1998)) などとあわせて読むことによって，合衆国における国家理論と法理論の動きの一端をより重層的に理解することができるであろう。

　本書の訳出作業では，それぞれの担当者が翻訳原稿を用意し，監訳者が検討して，さらに翻訳原稿を作り，最終的に監訳者が用語や文体の統一にあたるという方針を採用した。訳出にあたっては，原則として訳者による注を入れないこととした。固有名詞は，姓のみをカタカナで表記し，初出のところで姓名の原綴りを入れた。英米法では，判例は当事者の名前で引用されるが，翻訳では名前をカタカタ表記せず，原則としてそのままの形で引用し，判例であることをはっきりさせるため，「事件」という表記を追加した。原文のイタリック体のうち，強調である場合は，訳文に傍点をつけたが，ラテン語表記の場合は，訳出するだけでとくに傍点をつけなかった。

原著には，判例索引と事項索引の両方が収録されているが，本書では，事項索引の項目は，原著の索引を参考にしながら，別途作成した。したがって，本書に収録されている事項索引項目は，原著と同じではない。

　本書の訳出担当は，次の通りである（括弧内は，所属と専門領域）。

　　緒言，14章，15章，結論　松浦好治（名古屋大学大学院法学研究科教授，法情
　　　報論，法思想史）
　　1章，2章，3章　山口　聡（國學院大學法学部助教授，法哲学）
　　4章　菅冨美枝（大阪大学大学院法学研究科博士後期課程，法理学）
　　5章，6章，17章　松本和彦（大阪大学大学院法学研究科助教授，憲法）
　　7章，8章　瀬戸山晃一（大阪大学大学院法学研究科博士後期課程，法理学）
　　9章，10章　田中規久雄（大阪大学大学院法学研究科講師，法情報学）
　　11章，12章　小林和之（フリーライター，規範工学）
　　13章　藤本利一（立命館大学法学部助教授，民事訴訟法）（松浦と共訳）
　　16章，19章　山本陽一（香川大学法学部助教授，法哲学）
　　18章　福島力洋（熊本大学法学部講師，憲法，社会情報論・情報法）

　本書の刊行にあたっては，木鐸社編集部の坂口節子さんのご高配をえた，訳者を代表して，厚く御礼申し上げる。

判 例 索 引

Aaron v. City of Los Angeles　75
Adair v. United States　328, 331
Adkins v. Children's Hospital　331
Agins v. City of Tiburon　128, 226, 319, 320, 321, 330
Allen v. Flood　266
Allnut v. Inglis　211
Almota Farmers Elevator & Warehouse Co. v. United States　100, 101, 102, 176, 182, 206, 226, 330
Ambler Realty Co. v. Euclid　172
Andrus v. Allard　98, 128
Armstrong v. United States　60, 61, 62, 231
Avery v. Van Deusen　212
Bamford v. Turnly　73, 304
Barron v. Baltimore　30
Batten v. United States　67, 68, 69, 88, 137, 275
Bell's Gap R. R. Co. v. Pennsylvania　386
Berman v. Parker　191, 206, 208, 210, 213
Bimberg v. Northern Pacific Ry.　250
Bivens v. Six Unknown Federal Narcotics Agents　64
Block v. Hirsh　204, 213, 225, 226
Boomer v. Atlantic Cement Co.　210
Booth v. Rome,W.&O.T.R.R.Co.,　75
Boston & Roxbury Mill Corp. v. Newman　211, 212
Boston Chamber of Commerce v. City of Boston　76
Brandenburg v. Ohio　173
Brown v. Board of Education　380, 389
Butz v. Economou　64
Carlson v. Green　64
Carmichael v. Southern Coal & Coke Co.　32, 362, 364, 365, 366, 372
Carolene Products　252
Charles River Bridge v. Warren Bridge　177
City of Los Angeles Dept. of Water and Power v. Manhart　367, 368
City of Oakland v. Oakland Raiders　211
City of Pittsburgh v. ALCO Parking Corp.　167
Clements v. London & Northeastern Railway　186, 307
Clover Leaf Creamery Co. v. State　169, 170, 173, 246
Cole v. La Grange　353
Collin v. Smith　172
Colls v. Home & Colonial Stores　304
Commonwealth Edison v. Montana　342, 354
Commonwealth v. Spear　187
Community Redevelopment Agency of Los Angels v. Abrams　70, 104
Consolidated Rock Products v. City of Los Angeles　231
Construction Industry Ass'n v. City of Petaluma　150
Contributors to Pa. Hosp. v. Brooklyn　116
Copart Industrues Inc. v. Consolidated Edison Co.　75
Coppage v. Kansas　307, 331, 332, 412
Dames & Moore v. Regan　263
Davis v. Passman　64
Dayton Mining Co. v. Seawell　201, 204
Doca v. Marina Mercante Nicaraguense, S. A.　228
Douglas v. Seacoast Products, Inc.　265
Duke Power Co. v. Carolina Environmental Study Group, Inc.　286, 287
Eaton v. B.C. & M.R.R.　66, 67, 88
Edwards v. Lee's Administrator　73
E. Hulton & Co. v. Jones　116

Elliff v. Texon Drilling Co.   257
Emery v. Boston Terminal Co.   100, 101
Employer's Liability Cases   308
Ensign v. Walls   152
E. R. Squibb & Sons, Inc. v. Sindell   309
Ervine's Appeal   252
Erznoznik v. City of Jacksonville   162, 173
Euclid v. Ambler Realty   156, 158, 159, 160, 163, 165–69, 172, 310
Falbrook Irrigation District v. Bradley   353
Feldman Holding Co. v. Brown   212
Flaherty v. Moran   305
Fletcher v. Rylands   74, 186, 304
French v. Barber Asphalt Paving Co.   354
Fuller v. United States   231, 232, 264
Gertz v. United States   74
Giles v. Walker   151
Goldblatt v. Town of Hempstead   128
Greenleaf Lumber Co. v. Garrison   96
Green v. Biddle   111, 114
Greer v. Connecticut   265
Griffiths v. Early of Dudley   186, 307
Griffith v. Connecticut   331
Grossjean v. American Press Co.   353
Groves v. John Wunder Co.   225
Haas v. City and County of San Francisco   152, 316, 318, 319, 321, 372
Hadachek v. Sebastian   145
Hague v. Wheeler   266
Hammonds v. Central Kentucky Natural Gas Co.   266
Harbison v. City of Buffalo   228, 329
Hawaii Housing Authority v. Midkiff   150, 191, 208,
Hay v. Cohoes Co.   75
Head Money Cases   355
Head v. Amoskeag Mfg. Co.   212
Helvering v. Bruun   115
HFH, Ltd. v. Superior Court in Los Angeles County   130, 187, 314, 316, 321
Hodel v. Virginia Surface Mining and Reclamation Ass'n   149
Hughes v. Oklahoma   265
Ives v. South Buffalo R. R. Co.   289, 290, 296, 306
Just v. Marinette County   146, 147
Kaiser Aetna v. United States   90, 91
Kawananakoa v. Polyblank   73
Keeble v. Hickeringill   114
Keokuk Hamilton Bridge Co. v. United States   62
Knowlton v. Moore   352, 355, 358
Kuzniak v. Kozminski   305
Laird v. Nelms   59, 63
Lamson v. American Axe & Tool Co.   186
Lochner v. New York   32, 134, 135, 155, 172, 328, 331
Londoner v. City & County of Denver   354
Long Island Water Supply Co. v. Brooklyn   116
St. Louis Cordage v. Miller   186
Lyon v. Fishmongers' Co.   96
Magnano Co. v. Hamilton   353
Magoun v. Illinois Trust & Savings Bank   352
Maher v. City of New Orleans   314
Malone v. Commonwealth   304
Marcus Feldman Holding Co. v. Brown   212
Marshall v. Ranne   186
Martin v. District of Columbia   337, 354
Martin v. Harrington Richardson, Inc.   172
Matter of Gifford   267
Matter of New York City Housing Authority v. Muller   213
Maye v. Tappan   73
Mayor of Bradford v. Pickles   266
McCulloch v. Maryland   356
Meistrich v. Casino Arena Attractions, Inc.   186
Merriam v. McConnell   151
Metromedia, Inc. v. City of San Diego

165, 329
Michelin Tire Corp. v. Wages   356
Midkiff v. Tom   214
Miller v. Schoene   138, 142, 143
Miller v. Troost   211, 212
Minneapolis Star and Tribune Co. v. Minn. Comm'r of Revenue   353
Minnesota v. Clover Leaf Creamery Co.   169, 170
Missouri Pacific R. Co. v. Nebraska   210
Monongahela Navigation Co. v. United States   77
Moore v. City of East Cleveland   167, 168
Mugler v. Kansas   150, 156, 157, 161, 162, 166
Munn v. Illinois   211, 306
Murdock v. Stickney   212
Myers v. United States   62, 63
New York Central R. R. v. White   129, 291, 306
New York City Housing Authority v. Muller   213
New York Times Co. v. Sullivan   49, 109
New York Trust v. Eisner   352
Northwestern Fertilizing Co. v. Hyde Park   138, 142, 177
Norwood v. Baker   337
Ohio Oil Co. v. Indiana   258, 266
Olson v. United States   214, 226
Omnia Commercial Co. v. United States   112
O'Shea v. Riverway Towing   228
Othen v. Rosier   212
Overseas Tankship (U. K.) Ltd. v. Morts Dock and Engineering Co., Ltd.   305
Pacific Gas & Electrical v. State Energy Res. Conserve. & Dev. Comm'n.   227
Parkersburg v. Brown   353
Patterson v. Colorado   173
Paul v. Davis   109
Pendoley v. Ferreira   152
Penn Central Transportation Co. v. City of

New York   86, 216, 220, 221, 222, 223
Pennsylvania Coal Co. v. Mahon   74, 85, 129, 231
Pension Benefit Guaranty Corp. v. Gray & Co.   308
People ex rel. Griffin v. Mayor of Brooklyn   354
People ex rel. Post v. Mayor of Brooklyn   354
Pickens v. Railroad Comm'n   267
Pierson v. Post   265
Pierson v. Ray   411
Pinnick v. Cleary   130, 307
Ploof v. Putnam   150
Polemis, in re   305
Poletown Neighborhood Council v. City of Detroit   75, 106, 115, 213
Pollock v. Farmers Loan and Trust   356
Pruitt v. Allied Chemical Corp.   266
Prune Yard Shopping Center v. Robins   86, 88
Pumpelly v. Green Bay Co.   56, 61, 62, 66, 67, 68, 83,
Railroad Comm'n v. Rowan & Nichols   267
Railroad Retirement Board v. Alton R. R.   297
Regional Rail Reorganization Cases   355
Richards v. Washington Terminal Co.   68, 88, 274, 276
Rideout v. Knox   277
Robert Addie & Sons (Collieries), Ltd. v. Dumbreck   186
Rose v. Groves   96
Rose v. State   96
Rossmiller v. State   259, 260, 261
Rowland v. Christian   186
Ruckelshaus v. Monsanto Co.   115, 129, 150, 209
Russian Hill Improvement Ass'n v. Bd. of Permit Appeals   330
Rylands v. Fletcher   66, 74, 88, 186, 303,

304, 389
St. Louis-San Francisco Ry. Co. v. Matthews 73
San Diego Gas & Electric v. City of San Diego 222
Sawyer v. Commonwealth 105, 106
Schneider v. District of Columbia 206
Scranton v. Wheeler 94
Second Employers' Liability Cases 306, 308
Shelly v. Boothe 267
Sibson v. Hampshire 148
Sindell v. Abbott Laboratories 302, 303, 309
Smith v. Baker & Sons 186
Smith v. City of Boston 304
Smyth v. Ames 323, 324
Southern California Edison Co. v. Bourgerie 95
Spano v. Perini Corp. 75
Stanley v. Georgia 150
Stephens County v. Mid-Kansas Oil & Gas Co. 266
Steward Machine Co. v. Davis 386
Sturges v. Bridgman 151
Swetland v. Curtiss Airports Corp. 276
Tarlenton v. McGawley 114
Teamsters Local 695 v. Vogt, Inc. 172
Teleprompter Co. v. Loretto 197
Texaco, Inc. v. Short 211
Thomas v. Quartermaine 186
Thornburg v. Port of Portland 75
Thornhill v. Alabama 172
Titus v. Bradford, B. & K. R. R. 186
Transportation Co. v. Chicago 304
Union Bridge Co. v. United States 96
United States v. Bodcaw Co. 77
United States v. Butler 344
United States v. Carolene Products 252
United States v. Carroll Towing Co. 58
United States v. Causby 67, 74
United States v. Central Eureka Mining Co. 74, 128
United States v. Chandler-Dunbar Water Power Co. 93
United States v. Chicago, M., St. P. & P. R. R. 96
United States v. Commodore Park Inc. 96
United States v. Cress 93
United States v. 546.54 Acres of Land 225
United States v. Fuller 175, 176, 177, 182, 231
United States v. General Motors Corp. 80
Unite States v. Miller 76
United States v. 1,380.09 Acres of Land 77
United States v. Petty Motor Co. 101
United States v. Ptasynski 341
United States v. Rands 96
United States v. Reynolds 76
United States v. Rio Grande Dam & Irrig. Co. 94
United States v. Security Industrial Bank 267
United States v. Twin City Power Co. 95
United States v. Westinghouse Co. 226
United States v. Willow River Power Co. 89, 93
Usdin v. Environmental Protection Department of New Jersey 148
Usery v. Turner-Elkhorn Mining Co. 297, 299
Vesely v. Sager 172
Village of Belle Terre v. Boraas 167, 168, 169
Vincent v. Lake Erie Transportation Co. 73, 150
Webb's Fabulous Pharmacies, Inc. v. Beckwith 31, 32
Westmoreland & Cambria Natural Gas Co. v. DeWitte 266
Whitney v. California 173
Wickard v. Filburn 95, 356
Yukon Equipment, Inc. v. Fireman's Fund Insurance Co. 306

事 項 索 引

一般損害　275-76
営業権　70-71, 98, 102-06, 127
過去の不正義　406, 409
過失相殺　283
空中権　79, 83, 220-21, 276
経済規制立法　299-301
現地基準ルール　271, 273-74
広告看板の禁止　142, 165-66
公有水　91, 256, 259
国家権力　133, 141, 179
国家　15-27
ゴネ得　17, 203, 205-07
誤判　249
財産ルール　121
差止　35, 38, 57, 93, 121, 144, 153-54, 160, 231, 270-72, 276, 341, 355, 373
始源状態　22-24, 253-55, 261, 281, 394-97
支持地役権　279
市場占有率に比例した責任　302-03
慈善　290-92, 371-379
失業給付　359, 362-63, 366, 369, 387
実体的デュー・プロセス　150, 307, 327, 333, 363
湿地帯の保護　146, 149
失当な行為 (misfeasance)　280, 283
私法とのアナロジー　25, 71, 105, 123-24, 127, 135, 239-40, 380, 407
司法府の謙譲　108, 118, 128, 155, 170-71, 205, 223, 312, 321, 327
市民の徳性　394, 404-05
修正第1条　41, 44, 64, 74, 87-88, 133, 156, 161-67
出訴期限法　111, 144, 284-85, 300, 315
将来的な不便　97-98, 102, 110
侵害を伴わないニューサンス　277
塵肺症　299-300
水力施設法　199-205, 272, 360
生活空間の相互利用　271-74, 277, 287

性差を考慮した年金　366
相互的独占　19, 209, 277-8
総和がプラスになるゲーム　242, 332, 405
総和がマイナスになるゲーム　236-7, 244, 312, 347, 405
ゾーニング　32, 45, 119, 126, 128
損害拡大防止　107
代議制統治　65, 117, 134, 216, 391
対世的効力　78, 80, 82, 97, 109, 255, 407-408
代理費用　250, 402
単純不動産権　83, 121, 194, 208
治水規制立法　146, 148
賃料規制　204-09, 213,
適法性の原理　141
DES　302-03
デュー・プロセス　32, 35, 64, 110, 116, 118, 129, 133, 156, 166-69, 248, 298-99, 322, 328, 353
特別損害　275-76
都市再開発　70, 1104, 204, 206, 355
土地改革　204, 208-2209
取引費用　緒言, 154, 235-36, 254, 262, 265, 272, 277, 312-13, 411
難事件　138, 235
ノジック (Nozick)　394-97, 399
賠償責任ルール　117-22, 129, 144, 229-30, 258, 392
破壊　53-57
破産　210, 256, 261-63, 267, 355, 368
平等保護　34, 64, 133, 156, 169-171, 244-48, 252, 327-28, 333, 404
比例原理に反する負担賦課　77, 231-35, 238-48
不作為　59, 154, 280, 283
フリーライダー　17, 254, 264, 371, 391, 397
便益と負担　230-245, 299-304
法諺　269, 276
法的侵害なき損害　104, 127, 230, 315

ボーナス　203, 215-16
保険による担保　301-02
没収　41, 44, 124, 148, 219, 225, 263, 284, 293, 295, 323, 333-34, 339-40, 380, 409
無権限占有　409, 413
無主物先占　22-24, 92, 108, 253-61, 396
無償給付　359-61, 366, 368-79, 381-83, 386
名誉毀損　41-45, 109-110

黙示の同意　26-27
善きサマリア人　283, 374
リバタリアニズム　18, 395, 397-98, 410
労働者災害補償法　288-89, 291-97, 301, 306-08
ロールズ (Rawls)　244, 281, 394, 398-401, 403-04
露天掘り採掘　146, 149

Copyright © 1985
by the President and Follows of Harvard College
This translation of Takings: Private Property and the Power
of Eminent Domain by Richard A. Epstein
originally published in English in 1985
is published by arrangement through Orion Literary Agency,
Tokyo

公用収用の理論：公法私法二分論の克服と統合

- ●2000年11月30日　第1版第1刷印刷発行©
- ●著　者　リチャード A.エプステイン
- ●監訳者　松浦好治
- ●発行者　能島　豊
- ●発行所　㈲木鐸社
- ●住　所　東京都文京区小石川5-11-15-302
- ●電話・FAX番号　(03)3814-4195
- ●郵便振替番号　00100-5-126746
- ●印刷　アテネ社
- ●製本　関山製本社

ISBN4-8332-2298-1 C3032

〔「法と経済学」叢書1〕
「法と経済学」の原点
松浦好治編訳
A5判・230頁・3000円（1994年）ISBN4-8332-2194-2
ロナルド・コース＝社会的費用の問題（新沢秀則訳）
G・カラブレイジィ＝危険分配と不法行為法（松浦好治訳）
E・ミシャン＝外部性に関する戦後の文献（岡敏弘訳）
解説　松浦好治
　本書は，「法と経済学」とよばれる法学研究のアプローチの出発点となった基本的文献を収録し，発想の原点を示す。

〔「法と経済学」叢書2〕
不法行為の新世界
松浦好治編訳
A5判・180頁・2500円（1994年）ISBN4-8332-2195-0
R・ポズナー＝ネグリジェンスの理論（深谷格訳）
G・カラブレイジィ／メラムド＝所有権法ルール，損害賠償法ルール，不可譲な権原ルール（松浦以津子訳）
　1970年代から急速な展開をみせ始めた「法と経済学」研究は，アメリカ法学の有力な一学派となり，本格的な競争と論戦に入ってゆく。本書は，70年代初期の代表的論文を収録。

〔「法と経済学」叢書3〕
法と経済学の考え方　―政策科学としての法律学
ロバート・クーター著　太田勝造編訳
A5判・248頁・3000円（1997年）ISBN4-8332-2248-5
1．最善で正義にかなった法：法の経済分析の価値的基盤
2．コースの費用
3．価格と制裁
4．不法行為，契約，所有権の統合：予防の理論モデル
(1)と(2)が法と経済学の基礎理論，(3)と(4)で民事法から刑法までカバーするクーターの統一的見地を提示する。

法に潜む経済イデオロギー
R. P. Malloy, Law and Economics, 1990.
R・マーロイ著　馬場孝一・国武輝久訳
A5判・200頁・2200円（1994年）ISBN4-8332-2196-9
■法と経済学への比較論的アプローチ
　法と経済学の研究がみせる拡がりについて，総合的な概説を試みた入門書。ことに，保守主義，自由主義，左翼共同社会主義，ネオ・マルクス主義，自由至上主義，古典的自由主義というイデオロギー上の区分法の提示は，法と経済学に関する新思考方法を創出するものとして注目される。